Ruprecht Vondran

Brückenköpfe

Ruprecht Vondran

Brückenköpfe

Im Dienst der deutsch-japanischen Partnerschaft

wbg Academic

Die Deutsche Nationalbibliothek verzeichnet diese Publikation
in der Deutschen Nationalbibliographie; detaillierte bibliographische
Daten sind im Internet über http://dnd.d-nb.de abrufbar

wbg Academic ist ein Imprint der wbg

Die Herausgabe des Werkes wurde durch die
Vereinsmitglieder der wbg ermöglicht.
Umschlagsabbildung: Kanjo Take
Satz und eBook: Satzweiss.com Print, Web, Software GmbH
Gedruckt auf säurefreiem und
alterungsbeständigem Papier
Printed in Germany

Besuchen Sie uns im Internet: www.wbg-wissenverbindet.de

ISBN 978-3-534-40522-0

Elektronisch sind folgende Ausgaben erhältlich:
eBook (PDF): 978-3-534-40524-4
eBook (epub): 978-3-534-40523-7

Inhalt

(Foto: Kanjo Take, Kunstraum 49 Düsseldorf)

In Erinnerung an erlebnisreiche Jahre in Japan von 1969–1973 widmet der Autor dieses Buch seiner Frau Jutta Vondran: gemeinsam haben wir die aufgehende Sonne gesehen

Die bewegende Kraft der Geschichte

Deutsche und Japaner hatten sich viel vorgenommen. Sie wollten 2011 das 150. Jubiläum einer gemeinsamen Geschichte feiern. Dabei hatten sie den Freundschafts- und Handelsvertrag im Blick, den das Königreich Preußen und das japanische Shogunat 1861 geschlossen haben. Der Entscheidung, diesen Abschluss besonders zu würdigen, waren sensible diplomatische Beratungen des deutschen Auswärtigen Amtes und des japanischen Gaimusho vorausgegangen. Nach außen ist das kaum in Erscheinung getreten. Beiden Seiten war daran gelegen, darüber eher Stillschweigen zu bewahren. Der Grund: Beide Parteien hatten an der damaligen Vereinbarung nicht ganz freiwillig zusammengewirkt. Wenige Jahre zuvor hatten die USA unter Druck die Öffnung einiger japanischer Häfen und eine völkerrechtlich verbindliche Zusicherung erwirkt, die den Amerikanern erhebliche konsularische und handelspolitische Vorteile sicherte. Sie waren dabei nicht zimperlich vorgegangen. Ihr kommandierender Admiral hatte damit gedroht, die japanische Hauptstadt Edo, heute Tokyo, in Brand zu schießen. Diese US-Verhandlungserfolge vor Augen zogen einige andere Großmächte mit durchaus kolonialistischen Erfahrungen nach. Auch sie setzten gegenüber dem von Bürgerkriegen erschütterten und geschwächten Land ähnliche Privilegien durch – ohne eine Gegenleistung dafür zu bieten.

Berlin wollte nicht zurückstehen. Im Blick hatte es nicht nur handelspolitische Interessen. Auch andere außenpolitische Gründe spielten eine Rolle. Preußen wollte seinen Anspruch auf eine Vormachtstellung in Deutschland gegenüber rivalisierenden Absichten Österreichs geltend machen. Mit anderen Worten: Auch Berlin wollte an dem, was in Fernost offenbar preiswert zu haben war, einen Anteil haben. Das blieb in Japan natürlich nicht verborgen. Deshalb war der mit allen Vollmachten ausgestattete Unterhändler, Graf Eulenburg, keineswegs sonderlich willkommen, als er mit einer kleinen Flotte im Herbst 1860 vor Tokyo Anker warf. An Höflichkeit fehlte es zwar nicht. Aber auf japanischer Seite ständig wechselnde Gesprächspartner machten über viele Monate „langes Wasser". Von militärischen Zwischenfällen unterbrochen, standen die Gespräche – so ist es dem Tagebuch des Verhandlungsführers zu entnehmen – mehrfach vor dem Abbruch. Es dauerte fast ein halbes Jahr, ehe am 24. Januar 1861 eine Vereinbarung unterzeichnet werden konnte, die offiziell als „Freundschafts- und Handelsvertrag" geführt wird. Eine Bezeichnung, die in die Irre führt. Den Konzessionen, die den Japanern abgerungen wurden, stehen auf deutscher Seite keinerlei Zugeständnisse gegenüber.

Kann man ein solches Ereignis feiern? Die Japaner selbst entkleideten es aller schmückenden Girlanden und bezeichneten das Papier schon bald als „Ungleichen Vertrag". Damit ordneten sie es in eine Kategorie von Vereinbarungen ein, die von Kolonialmächten in Südostasien, aber auch in anderen Weltregionen zur Camouflage einseitiger Machtansprüche in großer Zahl geschlossen worden sind. Für mehrere Jahrzehnte bestand japanische Außenpolitik zu einem wesentlichen Teil in dem Bemühen, diesen Vertrag, den sie als nationale Schmach ansah, aufzuheben. Die Zeit ist ein guter Arzt; der Ablauf von Jahren heilt manches. Eine positive Neubewertung der geschilderten Ereignisse hat Tokyo jedoch niemals vorgenommen. Es belegt das Thema mit Schweigen. Andere Länder gehen noch einen Schritt weiter. Sie schließen mit Nachdruck aus, „ungleiche Verträgen" einer politisch-kosmetischen Korrektur zu unterwerfen. Dafür das Beispiel China. Wenige Monate nach Abschluss des deutsch-japanischen „Freundschaftsvertrags" handelte der deutsche Diplomat Max von Brandt ein Abkommen ganz ähnliches Charakters – übrigens mit französischer Hilfe – mit Peking aus. Deshalb stand mit Blick auf den Kalender im Jahr 2011 dort eigentlich noch ein weiteres 150. Jubiläum an. Politische Erkundungen, die im Vorfeld stattfanden, ergaben jedoch, dass das Reich der Mitte Wert darauf legt, diesen Termin auf keinen Fall mit einem feierlichen Akzent zu würdigen.

Vor diesem Hintergrund wird deutlich: Die Entscheidung, die Berlin und Tokyo gemeinsam zu Gunsten einer Feier getroffen haben, ist deshalb von ganz besonderem Gewicht. Denn sie zeigt in eine ganz andere Richtung: Sie ist versöhnlich – dafür dürfen wir Deutsche uns besonders bedanken. Sie setzt ein Zeichen, dass unsere beiden Völker 150 Jahre vertrauensvoll-partnerschaftlich miteinander verbunden sind. Und verpflichtet beide Teile, alle Kraft zu sammeln, um dieser Freundschaft auch eine Zukunft zu geben. Wir feiern nicht ein Datum und das, was an diesem Tag völkerrechtlich verbindlich wurde. Wir feiern den Anstoß, den dieser Tag gegeben hat, und alles, was daraus werden konnte und werden kann.

Deutschland war nicht auf der Landkarte

In den Verhandlungen der Eulenburg-Delegation 1860–1861 ist das Potential Deutschlands zum ersten Mal für Japan sichtbar geworden, abgesehen von einzelnen Kulturleistungen, die gelegentlich den Weg nach Fernost gefunden hatten. Zuvor hatte weder der „Deutsche Bund", noch der „Zollverein", noch der „Norddeutsche Bund" Strahlkraft, schon gar nicht die vielen kleinen Dynastien, die Deutschland bis zur Reichsgründung ausmachten. Sie wurden in Japan nicht wahrgenommen und kamen als Vertragspartner überhaupt nicht in Betracht. Noch ein Jahrzehnt später, als die japanischen Fürstendelegationen auf Reisen gingen, um weltweit Modelle für den Staatsaufbau zu suchen, gaben sie – zunächst – selbst dem Königreich Preußen wenig Gewicht und Raum. Erst ab 1871 war Deutschland ein wichtiger Eintrag auf der japanischen Landkarte. Das gilt auch für die Iwakuramission und ihre „fact finding" Suche. Sie musste ihre Reiseroute neu fassen und mehr, als ursprünglich geplant, Termine für Deutschland einplanen.

Der Besuch bei Krupp in Essen, die Beratungen in der Zentrale des Reichs in Berlin, die Gespräche mit deutschen Hochschullehrern, insbesondere den Staatsrechtlern, änderten den japanischen Kompass noch mehr. Man darf diplomatische Beziehungen nicht überschätzen. Aber ohne den Rahmen, der 1861 geschaffen worden ist, wäre es nicht zu den genannten Begegnungen und den vielen hier angebahnten, aber nicht erwähnten Kontakten gekommen.

Punktuelle Anregungen, auch wenn sie auf guten Boden fallen und aufgegriffen werden, rücken zwei Völker, die im Laufe ihrer Geschichte sehr eigene Kulturen entwickelt haben, rund 10 000 Kilometer voneinander entfernt leben und mit recht unterschiedlichen Umfeldbedingungen zurecht kommen müssen, nicht enger zusammen. Aber nachdem ein Anfang gemacht war, entwickelte sich ein immer mehr verdichtendes Netz, an dem viele verschiedene akademische Disziplinen, Berufsgruppen und politische Verantwortungsträger beteiligt waren. Das war von größtem Wert. Denn Japan, Jahrhunderte lang von naturwissenschaftlicher Entwicklung abgekoppelt, war 1861 mit Arbeitsteilung und Industrialisierung noch nicht vertraut. Es besaß weder leistungsfähige Verwaltungsstrukturen noch kannte es politische Gewaltentrennung. Aber es hatte den unbändigen Willen, seinen Platz in der Welt neu zu bestimmen, seine Selbständigkeit zu verteidigen; vor allem aber zu lernen und dafür notfalls auch Opfer zu bringen.

Das wurde in Deutschland gut verstanden. Es war noch in einem Selbstfindungsprozess, hatte aber schon etliche Stufen hinter sich gebracht. Japan suchte auf breiter Front Expertise. Gegenüber seinen Wünschen zeigte sich Deutschland besonders aufgeschlossen. Zwar boten auch andere ihre Hilfe an. Aber allein aus unserem Lande folgten hunderte von ausgewiesenen Fachleuten den japanischen Angeboten, zumal sie mit Honoraren großzügig ausgestattet waren. Fast alle dieser Freiwilligen nahmen ihr Mandat über mehrere Jahre, manche jahrzehntelang wahr. Einige sahen hier sogar ihre Lebensaufgabe, suchten ihre Lebenspartner im Gastland und setzten mit ihrer Arbeit besonders wichtige Akzente. Das wird in diesem Band in 20 Kapiteln deutlich. Was als Anschubhilfe begann, entwickelte in der Folgezeit oft Dauer. Selbst nach politischen Verwerfungen – hier ist vor allem der Erste Weltkrieg zu nennen, in dem sich Deutsche und Japaner als Gegner gegenüberstanden – wurden abgerissene Fäden schnell wieder geknüpft. Bei einem Lehrer-Schüler-Verhältnis blieb es nur für eine kurze erste Zeit. Schon bald trafen sich die Partner auf gleicher Augenhöhe.

Es ging nicht nur ums Geldverdienen

Es ist ein weitgehend gesicherter, allgemeiner Erfahrungswert: Die „Expatriots“, die auf Station im Ausland sind, bilden zwei deutlich unterscheidbare Gruppen. Da sind zum einen diejenigen, denen üppigere Einkommen das bei weitem Wichtigste sind. Und da sind die anderen, denen bei allem Erwerbsstreben auch daran liegt, ein vertieftes Verständnis für das Gastland, seine

Kultur, sein Menschen und das weitere Umfeld zu gewinnen. Von den Deutschen in Japan gehören erfreulich viele zur zweiten Gruppe. Und dies von Anfang an. Dafür ein Beleg von einigem Gewicht: Schon wenige Jahre nach Aufnahme der diplomatischen Beziehungen schlossen sich deutsche Diplomaten, Wissenschaftler und Kaufleute, aber auch andere zur „Deutschen Gesellschaft für Natur und Völkerkunde Ostasiens" zusammen. Sie trägt noch heute den etwas steifen, aber traditionsreichen Namen, ist aber vor allem unter dem Kürzel „OAG" bekannt. Weit über ihr berufliches Aufgabenfeld hinaus leisteten ihre Mitglieder seriöse Forschungsarbeit. Sie machten ihre Erkenntnisse in wissenschaftlichen Publikationen öffentlich zugänglich. Auch emotionales Engagement ist hier spürbar. Von anderen Nationalitäten ist Gleichwertiges wenig bekannt. Lediglich die „Japan-British Society" ist in diesem Zusammenhang zu nennen. Traurig, aber wahr: Heute muss die OAG, fast so alt wie die deutsch-japanischen Beziehungen, um ihr Überleben kämpfen. Unterstützung aus Deutschland fließt nur spärlich.

Leider gibt es noch andere betrübliche Nachrichten. Das sorgfältig, von vielen sogar besonders liebevoll auf beiden Seiten vorbereitete Programm zur Feier des 150. Jubiläums konnte 2011 nur zum Teil umgesetzt werden. Die Tsunamiwellen überrollten die Planung, vor allem auf japanischer Seite. Angesichts der Verwüstungen und der vielen Toten stand im Raum, das Jubiläum ganz abzusagen. Dazu ist es nicht gekommen. Stattdessen gab es Feiern der leisen Töne und des stillen Gedenkens … und der Hoffnung auf bessere Zeiten. Der Gedanke kam auf: Unbelasteter und glanzvoller zugleich soll 10 Jahre später das 160. Jubiläum gefeiert werden. Jetzt, zu Beginn 2021, ist leider offen, wie sehr und wie lange uns die Covid 19 Pandemie in Atem halten wird. Trotzdem ist der Wille spürbar, alle Möglichkeiten zu nutzen, um dieses Vorhaben zu einem Erfolg zu machen. Wenn die Nacht besonders dunkel ist, leuchten die Feuer der Freundschaft besonders hell.

Auch das Buch hat eine Geschichte

Was auch geschieht, dieses Buch wird im 160. Jubiläumsjahr erscheinen. Der Verfasser hat die Lebensskizzen, die er hier öffentlich vorlegt, neben einem fordernden Beruf, seinem politischen Engagement im Deutschen Bundestag und seiner Arbeit für eine Reihe von Stiftungen zusammengetragen. Nicht aus allgemeinen wohltönenden Reden, sondern aus lebensprallen Beispielen soll deutlich werden, dass die Partnerschaft mit Japan vielen Deutschen seit vielen Generationen ein wichtiges Anliegen ist. Diese Partnerschaft öffnet den Blick, lässt erkennen, was uns gemeinsam ist, markiert aber auch Unterschiede, bereichert und ermutigt, das Richtige zu tun. Darin wissen wir uns mit unseren japanischen Freunden einig.

An dieser Stelle danke ich meiner Frau Jutta, die mit mir von 1969–1973. mehr als drei Jahre, in Japan gelebt hat. Seither kommen wir jährlich einmal auf Reisen zurück: „Gemeinsam haben wir die aufgehende Sonne gesehen". Bei der Abfassung dieses Buchs war sie mit Anregungen,

Ermunterung und Ermahnung zur Stelle. Als erste hat sie die Texte auf Lesbarkeit durchgesehen und dabei mit Kritik nicht gespart. Meine erwachsenen Kinder Nikolaus, Caroline, Florian und Friederike waren dafür verantwortlich, dass die entstandenen Produkte auf ihrer heute unverzichtbaren elektronischen Reise nicht im Off-Off verloren gingen. Die Lektorin Katja Karau hat umfassend für Ordnung gesorgt. Dem Künstler Kanjo Take ist es gelungen, dass Worte nicht in einer Bleiwüste verdurstet sind. Und Claudia Gehre hat den Verlag „Wissenschaftliche Buchgesellschaft" (wbg) – Dr. Jan-Pieter Forßmann und Dr. Jens Seeling – überzeugt, einer guten Sache zu dienen, der Förderung der deutsch-japanischen Beziehungen. Hürden auf dem Weg zur Realisierung hat Lea Eggers mit Elan zur Seite geräumt. Neben der hier vorliegenden deutschen Ausgabe wird es auch eine Übersetzung für ein japanisches Publikum aus der Feder von Rie Suzuki-Fastabend, die ein Stück harter Arbeit zu leisten hatte, geben. Ihnen allen ein herzlicher Dank!

Neugier muss lebendig bleiben

Wird das, was uns wichtig ist, Bestand haben? Wir wissen es nicht. Der Blick in die Zukunft ist uns versperrt. Garantien gibt es keine. Aber einige Wegmarken sind erkennbar:

- Der hier angesprochenen Geschichte einer Völkerverständigung Zukunft zu geben, ist weiterhin der Wunsch vieler Deutscher. Darin wissen sie sich einig mit einer großen Zahl japanischer Freunde. Sie sind sich bewusst, dass das Interesse aneinander einer Pflege bedarf.
- Die Politik kann günstige Rahmenbedingungen für eine Begegnung auf gleicher Augenhöhe schaffen – nicht mehr, aber auch nicht weniger. Sie könnte zum Beispiel im Bereich Wissenschaft Leuchttürme bauen. Es geschieht zu wenig.
- Temporäre Ungleichgewichte müssen nicht schädlich sein. Asymmetrie – das wissen wir aus der Kunst – muss nicht lähmen, sondern kann positive Spannung schaffen. Aber sie darf nicht von Dauer sein. Sonst besteht Gefahr einer Mutation – hin zu einer wechselseitigen Gleichgültigkeit.
- Denn Neugier aufeinander muss lebendig bleiben. Stirbt sie, so ist das Ende jeder Partnerschaft und jeder Freundschaft absehbar. Das gilt nicht nur für persönliche Beziehungen, sondern auch für die Verständigung von Völkern.

Deutschland und Japan haben eine nicht sehr lange, aber eine sehr reiche gemeinsame Geschichte. Viele haben daran mitgewirkt. Einigen aus diesem Kreis hier Kontur und Stimme zu geben, ist das Anliegen dieses Buches. Wenn dies gelingt, hat Geschichte nicht nur eine bewegende, sondern auch eine bewahrende Kraft. Doch ein Risiko steht leider im Raum: „Wenn eine Kultur einen Punkt erreicht hat, an dem geglaubt wird, dass alles allem gleicht, wenn alles gekauft und verkauft und alles durch alles andere ersetzt werden kann und nichts mehr unschätzbar ist, dann wissen wir, dass Geschichte als solche nutzlos ist. Es gibt dann absolut nichts zu lernen aus der Vergangenheit. Alles, was dann noch zählt, ist der Genuss in der Gegenwart" (Achille Mbembe). Es liegt in der Absicht dieses Buches, einer Geschichtsvergessenheit, in der nur noch der Genuss der Gegenwart zählt, entgegenzuwirken.

Wer macht Geschichte?

Der im 19. Jahrhundert lebende, seinerzeit hochangesehene deutsche Historiker Heinrich von Treitschke (1834–1896) hatte eine klare Position: „Wäre die Geschichte eine exakte Wissenschaft, so müssten wir imstande sein, die Zukunft der Staaten zu enthüllen. Das können wir aber nicht, denn überall stößt die Geschichtswissenschaft auf das Rätsel der Persönlichkeit. Personen, Männer sind es, welche die Geschichte machen [...]."[1] Doch darüber ist man sich keineswegs einig. Eine Historikerschule, für die beispielsweise Hans-Ulrich Wehler, steht, findet Anlass zu heftigster Kritik. Sie sieht darin eine idealistische Überbewertung einzelner „Heroen" und stellt dem eine kollektivistische Sicht entgegen. Das bewegende Element der Geschichte seien gesellschaftliche Entwicklungen, Veränderungen in den sozialen und ökonomischen Rahmenbedingungen. Diese historische Schule lenkt das Augenmerk beispielsweise auf die Geschichte der Arbeiter und der Arbeiterbewegung und ähnliche epochemachende Umschichtungen.

Für das vorliegende Buch ist dieser Meinungsstreit von Bedeutung, soll doch hier der Versuch unternommen werden, die Leistungen großer Persönlichkeiten zu würdigen, die die deutsch-japanischen Beziehungen über einen langen Zeitraum hinweg geprägt und damit eine Brücke zwischen unseren Völkern gebaut haben. Sie sollen hier als *Brückenköpfe* bezeichnet werden. Darunter sind einige (wenige), die bereits an anderer Stelle, in einem 2005 vom *Japanisch-Deutschen Zentrum Berlin* (jdzb) veröffentlichten Band *Brückenbauer: Pioniere des japanisch-deutschen Kulturaustausches,* von japanischen Autoren für ein japanisches Publikum kurze Würdigung gefunden haben. Auf diese Publikation nimmt denn auch der Titel des vorliegenden Werks ausdrücklich Bezug.

Neben den beiden einander widersprechenden Theorien gibt es noch eine dritte Geschichtsauffassung, die zwischen diesen beiden Positionen die Mitte hält, nämlich „dass Geschichte überhaupt nicht gemacht werden kann, sondern allenfalls das ist, was dabei herauskommt,

[1] Genannt sind hier ausdrücklich Männer. Das entspricht dem Verständnis der damaligen Zeit. Der Verfasser geht davon aus, dass hier, aber auch sonst in diesem Buch – soweit es an anderen Hinweisen fehlt – jeweils auch Frauen gemeint sind.

wenn Männer versuchen, Geschichte zu machen [...]."[2] Diese Position machen wir uns hier zu eigen. Für die „Brückenköpfe" im Sinne dieses Buches gilt, „dass große Menschen ein bildender Umgang sind, in welcher Weise man sich auch mit ihnen beschäftigen mag. Wir können einen großen Mann nicht betrachten – sei es auch noch so oberflächlich – ohne etwas durch ihn zu gewinnen."[3] So hat es uns Thomas Carlyle (1795–1881), der schottische Essayist und Historiker, hinterlassen. Wir befinden uns also in guter Gesellschaft.

Das vorliegende Buch enthält insgesamt zwanzig Porträts aus verschiedenen Zeiten und Lebenswelten. Es erfasst bei Weitem nicht alle Namen, die der Erwähnung wert wären. Das Netzwerk der deutsch-japanischen Begegnungen ist sehr viel dichter, als es in diesem Rahmen darzustellen ist. Aber schon hier finden sich sehr unterschiedliche Lebensbilder – von Professoren, Ärzten, Architekten, Diplomaten, Kunsthistorikern, Politikern und Wirtschaftsfachleuten, die Japan geholfen haben, seinen Weg in die Moderne zu finden. Diese Sammlung erhebt nicht den Anspruch, neue biografische Erkenntnisse zu vermitteln. Ihr geht es vielmehr darum, den Bauteil jedes einzelnen hier angesprochenen „Handwerkers" an der großen Brücke, die uns mit Japan verbindet, sichtbar zu machen. Auf diese Weise wird die Vielfalt der kulturellen, wirtschaftlichen, wissenschaftlichen und politischen Kontakte, die in ihrer Summe die deutsch-japanischen Beziehungen ausmachen, besonders deutlich. Es versteht sich aus dem Zusammenhang – sei aber vorsorglich angemerkt – dass der Begriff „Brückenköpfe" hier keinen martialen Beiklang hat. Was Militärs darunter verstehen, ist etwas ganz Anderes.

Ist Seelenverwandtschaft ein Mythos?

Geschichte hat Bindungskraft. Sie wirkt auch dann, wenn man sich wenig damit beschäftigt. Aber sie ist umso wirksamer, je mehr man davon weiß. Kimura Keizō, Botschafter a. D., ist von einer „Seelenverwandtschaft" überzeugt, „die es Japanern und Deutschen innerhalb kurzer Zeit erlaubte, miteinander Freundschaft zu schließen."[4] Die ehemalige Generalsekretärin des *jzdb*, die deutsche Diplomatin Angelika Viets ist sie in ihrer Wortwahl deutlich zurückhaltender. Für sie ist der Gedanke, der deutsche Einfluss auf das japanische Geistesleben genieße einen besonderen Stellenwert, „aus wissenschaftlicher Sicht ein Mythos."[5] Darüber hinaus spricht sie

2 Demandt, Alexander (2009): „Die fatalen Männer", in: *DIE ZEIT*, Nr. 03/2009, 8. Januar 2009.

3 Carlyle (2011): S. 152.

4 Kimura (2005): S. 11.

5 Viets (2005): S. 15.

nüchtern aus, was auch durch sozialwissenschaftliche Erhebungen hinlänglich belegt ist, nämlich dass die vorhandene traditionelle Basis „zu bröckeln beginnt."[6] Was sie dabei ins Auge fasst, ist der Umstand, dass die Zahl der von positiven Erinnerungen geprägten deutschfreundlichen älteren Menschen in Japan immer mehr an Gewicht verliere und einer auf die USA, zunehmend aber auch auf die asiatischen Nachbarländer orientierten jüngeren Generation Platz mache. Und auch, so ist zu ergänzen, hat Deutschland die Blickrichtung gewechselt. Noch stärker als in der Vergangenheit wird die Entwicklung innerhalb der USA wahrgenommen. Im Zuge der europäischen Einigungsbewegung, und nicht zuletzt befördert durch einen regen Jugendaustausch, ist auch in Deutschland das Interesse an den europäischen Nachbarvölkern viel mehr in den Vordergrund gerückt, als es noch vor Jahrzehnten der Fall war.

Dennoch behauptet Japan einen festen Platz in Herz und Hirn der Deutschen. Dabei stehen die oben angesprochenen Sichtweisen nur in scheinbarem Widerspruch zueinander. Der ehemalige japanische Botschafter Kimura mit reicher Deutschlanderfahrung hat durchaus Recht, wenn er zum Ausdruck bringen will, dass die Verbindung der beiden Völker weit mehr ist als nur eine wirtschaftlich und politisch begründete Interessengemeinschaft. Die ökonomische Relevanz dieser Beziehung darf ohnehin nicht überschätzt werden sollte. Der wirtschaftliche Austausch hat durchaus Potenzial, das durch ein entsprechendes Freihandelsabkommen genutzt werden könnte, ist aber seit Jahrzehnten eher gering. In der deutschen Exportbilanz ist das Zielland Japan zwar qualitativ von einiger Bedeutung, hat aber quantitativ mit lediglich ein bis zwei Prozent Anteil an der deutschen Gesamtausfuhr vergleichsweise wenig Gewicht. Der deutsche Chinahandel ist um ein Vielfaches größer. Blickt man umgekehrt auf die japanischen Gesamtexporte, kommt man zu ähnlichen Zahlen. Deutschland ist zwar der größte Abnehmer japanischer Produkte in Europa. An den Gesamtausfuhren des Insellandes hat es aber trotzdem nur geringen Anteil. – In politischer Hinsicht haben Deutschland und Japan manches gemeinsam: Demokratie, Rechtsstaatlichkeit, Meinungsfreiheit, Liberalität und vieles mehr. Aber solcherart Gemeinsamkeiten teilen sie mit einer ganzen Reihe anderer Nationen. Diese Wertegemeinschaft ist wichtig; sie verdient es, genutzt und ausgebaut zu werden. Doch sie allein verleiht der bilateralen Beziehung der beiden Länder keine Exklusivität, keinen Stellenwert, der zu einer besonderen Hervorhebung berechtigt.

Von viel größerem Gewicht ist die bereits eingangs angesprochene geschichtliche Erfahrung, die Deutschland und Japan miteinander verbindet, auch wenn man das nicht „Seelenverwandtschaft" nennen muss. Den kleinen Tisch weltpolitischer Gestalter, an dem die Großmächte bereits Platz genommen hatten, erreichten beide Länder erst als späte Gäste: Deutschland 1871 nach einem mühsamen Einigungsprozess, der unter Bismarcks Führung zur Gründung des Deutschen Reiches geführt hatte. Japan hingegen hatte seine Einheit zwar schon Anfang des 17.

---

[6] Ebd., S. 15.

Jahrhunderts erreicht, sich dann jedoch die folgenden 250 Jahre gegenüber anderen Nationen völlig isoliert. Erst nach der Meiji-Restauration von 1868 war Japan bereit, auf der großen Weltbühne mitzuspielen. So machten beide Völker zu jener Zeit dieselbe Erfahrung: Am Tisch der Großen waren alle Plätze besetzt. Deutschlands und Japans Anspruch auf Mitwirkung war alles andere als willkommen. Erst als sie in Kriegen – Japan in der Auseinandersetzung mit China und Russland, Deutschland im Kräftemessen mit Frankreich – Stärke bewiesen hatten, rückten die anderen ein Stück zur Seite. Es kann daher nicht überraschen, dass Japan und Deutschland in ihrer Rolle als unbequeme Außenseiter gemeinsame Interessen erkannten. So entwickelten sich Formen der Zusammenarbeit, die dadurch erleichtert wurde, dass beide in ihrer staatlichen Entwicklung noch ganz am Anfang standen. Sie nahmen einander stärker wahr, als das normalerweise auf internationaler Ebene üblich ist, und entdeckten am jeweiligen Partner Qualitäten, die ihnen selbst auch wichtig waren. Auf diese Weise entstand ein Grundvertrauen, das auch heute noch durchaus tragfähig ist.

Wichtig ist aber auch dies: Sie haben nicht nur nebeneinander den Aufstieg geschafft und anschließend den erreichten Höhenweg geteilt. Auch das Virus nationaler Selbstüberschätzung hat sie fast gleichzeitig befallen und die in beiden Ländern vorhandenen inneren Widerstandskräfte schnell überwunden. Danach blieben ihnen grausame Niederlagen nicht erspart. Doch selbst im unvermeidlichen Unglück bewiesen sie Stärke. Zur Überraschung der Siegermächte gelang beiden Ländern nach 1945 ein schneller Wiederaufstieg. Der Platz am Tisch der Großmächte allerdings blieb ihnen auch weiterhin versagt. Beide bemühten sich vergebens um ein Mandat als ständiges Mitglied im UN-Sicherheitsrat. Lediglich in der größeren Runde regionaler Führungsmächte fanden sie einen Sitz – auch dieses Mal nebeneinander.

Bezug zur Gegenwart ist unverzichtbar

Im vorliegenden Buch geht es nicht nur darum, Vergangenes wieder erfahrbar zu machen. Mag Nostalgie auch ein besonders wärmendes Gefühl sein, so ist sie mit Sicherheit kein „Geschäftsmodell“ für die Zukunft. Die Vermittlung von Lebensbildern aus der Vergangenheit ist notwendig, aber längst nicht genug. Wir alle stehen auf den Schultern unserer Vorfahren. Aber „Geschichte ohne Bezug zur Gegenwart ist totes Wissen“[7], wie Alfred North Whitehead (1861–1947) behauptet. Der Philosoph, der in Harvard gelehrt hat, geht sogar noch ist einen Schritt weiter: „Ich halte solch losgelöstes Wissen nicht nur für unnütz und tot, sondern sogar für schädlich,

[7] Whitehead zitiert nach Lesch / Forstner (2020): S. 46.

denn es entwertet die Gegenwart. Sie können einem jungen Geist eigentlich keinen tödlicheren Schaden zufügen als durch die Geringschätzung der Gegenwart."[8]

Dass ein solches Risiko besteht, sollte man nicht leichtfertig von der Hand weisen. Um sicherzustellen, dass dieses Buch nicht damit beladen wird, bietet es nicht nur den Fakten der Vergangenheit Raum – und damit, um bei Whitehead zu bleiben, dem „toten" oder gar „tödlichen" Wissen – sondern sucht darüber hinaus Antworten auf eine Reihe von zukunftsorientierten Fragen: Woraus besteht das Fundament der deutsch-japanischen Partnerschaft? Was davon ist bereits weggebrochen? Was ist gefährdet? Vor allem aber: In welche Richtung müssen wir uns bewegen, wenn wir dem Erbe, das uns die „Brückenköpfe" hinterlassen haben, auch in Zukunft gerecht werden wollen? Als Antwort auf diese Fragen findet sich im Anschluss an den Abschnitt der Lebensbilder ein weiteres Kapitel mit einigen Denkansätzen – nicht mehr und nicht weniger. Eine Flucht in die Vergangenheit darf es jedenfalls nicht geben.

Die heutige Generation steht vor der Entscheidung, ob sie die Substanz, die in diesen Lebensbildern Kontur und Farbe bekommen soll, erhalten und bereichern will oder diesem aus der Vergangenheit überlieferten Wissen keine Beachtung mehr schenken möchte. Ganz einfach ist diese Entscheidung nicht. Schlägt man bei Goethe nach, so findet man den Rat: „Was man nicht nutzt, ist eine schwere Last. Nur was der Augenblick erschafft, das kann er nutzen" (Faust I).

8 Ebd., S. 46f.

01. Caspar Schamberger (1623–1706)
In Japan unvergessen – in Deutschland unerkannt

Die im Dunkeln sieht man nicht. Das gilt nicht nur für Zeitgenossen, die – aus welchen Gründen auch immer – nicht im Licht stehen. Und gleichermaßen für diejenigen, die nach einer achtbaren Lebensleistung mit großen Ehren zu Grabe getragen werden, danach aber immer mehr in Vergessenheit geraten. Die Medizingeschichte Japans kennt vor allem drei deutsche Namen, die auch Gegenstand der folgenden Kapitel sein werden, nämlich Engelbert Kaempfer, Philipp Franz von Siebold und Erwin Bälz. Dabei gibt es auch andere, die durchaus prägend gewirkt haben. 1999 ist mit Wolfgang Michels *Von Leipzig nach Japan*[9] ein Buch erschienen, das sich mit einer solchen Persönlichkeit befasst und größere Beachtung verdient. Es zeichnet den Lebensweg von Caspar Schamberger nach, eines Sachsen, der bereits im 17. Jahrhundert auf abenteuerliche Weise nach Japan reiste, wo er zwar durchaus erfolgreich als Chirurg wirkte, in seiner Heimat Deutschland aber dennoch bis heute vor allem als Handelsmann wahrgenommen wird. Schamberger ist vermutlich der erste Deutsche, der in Japan tiefere Spuren hinterlassen hat, die selbst heute noch aufzufinden sind: Sein Name steht in Japan für eine medizinische Tradition: die *Chirurgie im Stile Caspars*, auch Caspar-Schule genannt. Hierin spiegelt sich nur der Vorname Schambergers wider, da dessen Familienname für japanische Zungen schwer auszusprechen war.

Doch wie sah das Japan aus, in das Schamberger 1649 gelangte? Mit den Europäern hatte es bereits wechselvolle Erfahrungen gemacht. Die ersten Ankömmlinge waren die Portugiesen gewesen: sie gingen 1543 an Land und wurden durchaus freundlich begrüßt. Der Handel mit ihnen war den Japanern willkommen. Besonders begehrt waren ihre Feuerwaffen, die sie im Austausch gegen andere Güter anboten. Auch die Jesuiten-Padres, die mit ihnen kamen, hatten zunächst freie Hand bei ihrer Missionsarbeit. Innerhalb weniger Jahrzehnte bekannten sich 300 000 Japaner zum katholischen Glauben. Der einheimischen Geistlichkeit gefiel das naturgemäß wenig. Kritisch wurde es aber erst, als sich die Missionare in einer Zeit, in der es in Japan heftige innenpolitische Kontroversen gab, in die inneren Angelegenheiten einmischten: Toyotomi Hideyoshi (1537–1598) kämpfte um die Vorherrschaft; sein Nachfolger Tokugawa

[9] Michel, Wolfgang (1999): *Von Leipzig nach Japan. Der Chirurg und Handelsmann Caspar Schamberger (1623–1706)*, München: iudicium Verlag.

Ieyasu (1543–1616) brach die letzten Widerstände rivalisierender Daimyōs[10] und begründete für annähernd 250 Jahre die Herrschaft seines Hauses über das Inselreich. Er und vor allem seine Nachfolger sahen in den Portugiesen, die noch dazu in den Bauernkriegen unglücklich Partei genommen hatten, eine Gefahr für die Einheitsbewegung. Kurzerhand verwies Tokugawa Iemitsu (1604–1651) im Jahr 1639 alle Portugiesen des Landes und verbot zugleich das Christentum. Damit begann die Epoche, in der das machthabende Militärregiment (Shōgunat) Japan konsequent gegen Einflüsse von außen abschirmte. Sie sollte bis zur Mitte des 19. Jahrhunderts dauern. Nach der Vertreibung der Portugiesen waren die Niederländer die einzigen in Japan geduldeten Europäer – sie waren Protestanten und konnten somit behaupten, einer anderen Glaubensgemeinschaft anzugehören als die Portugiesen. Nur ihnen war es fortan gestattet, ausgehend von Dejima, einer kleinen Insel vor Nagasaki, einen sorgfältig kontrollierten Handel zu treiben – und so standen denn die ersten Deutschen, die ihre Spuren in Japan hinterlassen sollten, in Diensten der holländischen Krone. Zunächst waren es vor allem Ärzte, und Caspar Schamberger war einer von ihnen. Wenn man der Forschung Glauben schenken darf, ging er in Nagasaki an Land und nahm wenige Wochen später seine Arbeit als Chirurg in der Faktorei – der niederländischen Handelsniederlassung – auf. Somit kam er ein Menschenalter früher nach Japan als etwa Engelbert Kaempfer (1651–1716), der vielen als Pionier gilt, obwohl dieser erst im September 1690 japanischen Boden betrat. Kaempfer jedoch war nicht nur ein guter Beobachter, sondern brachte alles, was ihm begegnete, zu Papier; seine Aufzeichnungen sollten das Japanbild einer ganzen Epoche prägen. Von Schamberger jedoch sind keine Schriften ähnlicher Qualität erhalten. Zwar gab es seine *Japponische Reiß=Beschreibung*, die von späteren Autoren auch als Quelle herangezogen wurde, doch gilt diese heute als verloren. Auf dem Gebiet der Chirurgie leistete er – gemessen an den seinerzeit in Japan herrschenden Verhältnissen – Bahnbrechendes. Die *Chirurgie im Stile Caspars* eroberte sich einen festen Platz in Japans Medizingeschichte und wurde zum Gegenstand aufwendiger Forschung und mannigfacher Spekulation.[11]

Im Gegensatz zu vielen seiner Nachfolger – zu nennen ist besonders Philipp Franz von Siebold (1796–1866) – die systematisch umfangreiche Sammlungen anlegten – Fauna und Flora, Kunsthandwerk und Folklore, Landschaftsbilder, geografische Daten und vieles mehr und zudem ihre Ergebnisse sorgfältig publizierten, findet sich bei Schamberger nichts von alledem; jedenfalls soweit wir es wissen. Wohl aber hat auch er japanische Ärzte in seinem Fach unterwiesen und Kranke, auch aus höfischen Kreisen, behandelt. Schambergers Spuren finden sich

[10] Daimyōs, im Deutschen häufig auch als Fürsten bezeichnet, waren lokale Herrscher im feudalen Japan.

[11] Stellvertretend sei hier nur der Titel einer 1938 erschienenen medizinhistorischen Veröffentlichung von Kishimoto Hiroshi genannt: *Honcho Oranda geka iwayuru Kasuparu-ryū geka no hon* (dt. *Holländische Chirurgie in Japan, sogenannte Caspar-Schule*).

in den Aufzeichnungen seiner Zuhörer. Inzwischen hat die Wissenschaft zumindest einen Teil davon freigelegt. Außerdem hat sie die umfangreichen Akten aus der Faktorei von Dejima, wo Schamberger angestellt war, als Quellen nutzen können. Trotz alledem ist seine Zeit in Japan bis heute nur lückenhaft rekonstruierbar. Über den Lebensabschnitt, den er nach seiner Rückkehr in der Heimat verbrachte, wissen wir wieder Genaueres. Doch hatte er zu dem Zeitpunkt bereits seinen Beruf gewechselt – aus dem Chirurgen war ein Kaufmann geworden.

Ein Mann von besonderer Statur

Auch wenn wichtige Konturen seines Schaffens unscharf geblieben sind, so ist Caspar Schamberger für den deutsch-japanischen Kulturaustausch dennoch ein Mann von Statur. Vor ihm hatten zwar schon andere Deutsche in Dejima Dienst getan, so z. B. Hans Pauts aus Oschersleben, Jürgen Henseling aus Marburg oder Karl Kempf aus Landau. Und auch nach Schamberger sollten weitere folgen, wie etwa Johannes Wunsch aus Erfurt, Hans Jürgen Hancke aus Breslau oder Franz Braun aus Rothenburg. Doch beschränkt sich unser Wissen über sie auf ihren Namen und ihre Herkunft, darüberhinausgehende Spuren haben sie nicht hinterlassen.

Schamberger allerdings ragt aus vielerlei Gründen aus dieser Reihe deutlich hervor: Reisende, die Japan im frühen 17. Jahrhundert und in der Folgezeit bis zur stufenweisen Öffnung des Landes in der zweiten Hälfte des 19. Jahrhunderts besuchten, konnten dort in der Regel nur kurze Zeit bleiben. Die japanische Isolationspolitik suchte die Verweildauer zu beschränken. Schamberger dagegen blieb mehr als zwei Jahre im Land. Die Beweglichkeit von Besuchern war in aller Regel stark eingeschränkt; sie konnten das winzige Eiland Dejima kaum verlassen. Entsprechend eng war ihr Erfahrungshorizont. Schamberger hingegen hatte die Gelegenheit, im Tross des holländischen Gesandten in die Hauptstadt Edo (das spätere Tokyo) zu reisen und dort ein halbes Jahr zu verbringen, ja, in der Folge hatte er sogar die noch seltenere Gelegenheit, ein zweites Mal dorthin zu reisen.

Darüber hinaus verließ er die enggesteckten Grenzen seines Faches und beschäftigte sich mit den Heilpflanzen Japans. Auch darin dürfte er sich von seinen Vorgängern unterschieden haben. Aber zum einen entsprach dies seinem Naturell und zum anderen war es wohl auch notwendig, da der Nachschub an medizinischen Heilmitteln, auf die auch ein Chirurg nicht verzichten konnte, unregelmäßig und teuer war. Die Wissenschaft geht heute davon aus, dass Schamberger damit Vorarbeiten für ein Standardwerk der japanischen Heilmittelkunde leistete: *Yamato Honzō* (dt. *Heilmittel Japans*), das 1709 von Ekiken Kaibara (1630–1714) vorgelegt wurde und als Höhepunkt einer eigenständigen japanischen Pflanzenkunde gilt.

Schambergers chirurgisches Können verhalf dem Handelsplatz Dejima zu einer neuen Qualität. Für die Japaner war diese winzige Niederlassung der Holländer zunächst vor allem von kaufmännischem Interesse. Doch für eine kleine Oberschicht wurde dieser Vorposten des Westens von nun an auch Gegenstand ihrer wissenschaftlichen Neugier. Da alle sich dort entwickelnden Aktivitäten den Niederländern zugeschrieben wurden, trug Caspar Schamberger nicht unwesentlich dazu bei, der sogenannten „Hollandkunde" (jap. *rangaku*) zu einiger Bedeutung zu verhelfen und nicht zuletzt eine Neuorientierung vorzubereiten, die schließlich ab Mitte des 19. Jahrhunderts mit der Meiji-Restauration[12] ihren Durchbruch erleben sollte.

Schamberger war kein Triumph einer übermächtigen Westmedizin

Bei alldem sollte man allerdings auch die Grenzen nicht vergessen, innerhalb derer Caspar „operierte" – was an dieser Stelle sowohl im wörtlichen als auch im übertragenen Sinne zu verstehen ist: Im Konfuzianismus, der ausgehend von China in Japan bereits seit langem immer mehr an Einfluss gewonnen hatte, stellte die Unversehrtheit des Körpers ein wichtiges Gebot dar. Einschnitte in das Innere eines Menschen wurden als Eingriffe in die kosmische Harmonie verstanden. Diese Haltung bestimmte auch die Möglichkeiten der Chirurgie. Sie wurde als äußeres Fach (*geka*) betrachtet, was gleichermaßen ihren Aufgabenbereich wie ihren sozialen Rang umreißt. Der *Hauptweg* (*hondō*) war der inneren Medizin vorbehalten, die ohne Skalpell auskam.

Nach allem, was wir wissen, bewegte sich Schamberger im Bereich der „niederen Chirurgie". Das ergibt sich aus dem, was seine Schüler durch ihre Mitschriften über Generationen hinweg in immer neuen Kopien weitergaben. Und es zeigt sich ein begrenzter Themenkatalog:

> Hinweise auf Starstich, Steinschnitt, Trepanationen (Schädelöffnungen), Amputationen oder ähnliche Eingriffe, die im Abendland zum Arbeitsbereich eines ambitionierten Chirurgen zählten, sucht man hier vergeblich. Das glühende Brenneisen und der im Westen noch Anfang des 19. Jahrhunderts praktizierte Aderlaß blieben den Japanern ein Greuel.[13]

In diesem Zusammenhang sind auch die zeitgenössischen Abbildungen von Interesse, die sich in den überlieferten Schriften finden. Sie zeigen weder Muskulatur noch innere Organe, sondern Trakte und Kanäle, durch die die innere Energie fließt. Diese Einschränkung der bildhaften Darstellung hat durchaus Gründe: Japanische Ärzte, die sich in der chinesischen Tradition sahen, schenkten den Funktionen einzelner Organe wenig Aufmerksamkeit. Auch für die

---

12 Der Begriff *Meiji-Restauration* (jap. *Meiji ishin*) bezeichnet formal die Erneuerung der Macht des Tennō und die Abschaffung des Shōgunats in Japan ab 1868, ein Prozess, der mit dem Aufbau eines neuen politischen Systems nach westlichen Vorbildern und der völligen Umgestaltung der japanischen Gesellschaft einherging (vgl.: https://de.wikipedia.org/wiki/Meiji-Restauration).

13 Michel (1999): S. 171.

Chirurgen, die Schambergers Instruktionen folgten, lag das tiefe Innere des Körpers zunächst jenseits ihrer Zuständigkeit. Sie pflegten, wie wir es heute nennen würden, eine „Ganzheitsmedizin". In der Tradition der Bader befassten sie sich mit begrenzten Eingriffen in den Körper sowie mit Brüchen, Wunden und Geschwülsten, allerdings auch mit Geburtshilfe. Alles andere kam später. Erst Jahrzehnte, nachdem Schamberger die japanischen Inseln verlassen hatte, wurden Abbildungen europäischer Anatomiebücher kopiert. Das bringt Wolfgang Michel zu folgendem Fazit:

> Man sollte sich daher vor dem Schluß hüten, daß mit der „Chirurgie im Stile Caspars" eine übermächtige westliche Medizin ihren fernöstlichen Triumphzug angetreten hätte. Lange begnügten sich die japanischen Ärzte aus vielerlei Gründen mit praktisch anwendbaren Grundtechniken und Rezepten.[14]

Auch an anderer Stelle ist der Literatur zu entnehmen, dass die innere Medizin zu Zeiten Schambergers und noch lange danach fest in den Händen der einheimischen Ärzte lag. Neben Medizinern der chinesischen Schule betätigten sich in diesem Bereich auch viele konfuzianische Gelehrte, die eigentlich andere Fachinteressen hatten, aber ihren Unterhalt mit medizinischen Leistungen verdienten. Von den Portugiesen, die vor den Holländern in Kyūshū großen Einfluss hatten, ist bekannt, dass sie den zum Christentum konvertierten japanischen Mönchen im Rahmen der Krankenversorgung die innere Medizin überließen, den Bereich der Chirurgie jedoch in westliche Hände gaben.

Insel-Alltag und Chancen einer Reise in die Hauptstadt

Das Leben auf Dejima war keineswegs idyllisch. Die Insel bestand aus einer im Mündungsbereich des Nakajima-Flusses künstlich aufgeschütteten Sandbank. Sie war in der Endphase der Christenverfolgung in der Zeit von 1634 bis 1636 entstanden – ursprünglich, um noch verbliebene Portugiesen aufzunehmen – und hatte, sowohl von der See- als auch von der Landseite rund um die Uhr bewacht, durchaus Ähnlichkeiten mit einer Gefängnisanlage. Selbst der *Kapitan*, wie der Leiter der niederländischen Ostindien-Kompanie (*Verenigde Oostindische Compagnie – VOK*) genannt wurde, durfte sie nur bei wenigen Gelegenheiten zu kurzen Spaziergängen verlassen. Sieht man von einer gewissen Hektik ab, die aufkam, sobald ein Schiff im Hafen anlegte, waren Langeweile und Bewegungsmangel die großen Gegner der Besatzung. Nur für einen kleinen Kreis gab es ein- bis zweimal im Jahr eine Ausnahme, wenn sich der Kapitan oder ein

---

[14] Michel (1999): S. 175.

hochrangiger Gesandter aus den Niederlanden mit einer kleinen Führungstruppe, begleitet von einem großen Tross von Lastenkulis unter Bewachung von Schwertträgern auf den Weg nach Edo machte, um dem Shōgun dort ihren Respekt zu bezeugen.[15]

Aufgrund seines umfangreichen Fachwissens erregte Schamberger, der ursprünglich nur für die ärztliche Betreuung der Handelsmission in Dejima zuständig war, zunehmend die Aufmerksamkeit seiner japanischen Gastgeber. Deshalb bekam er die Chance, an der Exkursion nach Edo teilzunehmen. Der erste Teil des Weges – bis nach Osaka – wurde entlang der Küste mit dem Schiff zurückgelegt. Von dort aus ging es entlang des *Tōkaidō*, des „östlichen Seewegs", zu Lande annähernd 500 Kilometer weiter bis in die japanische Hauptstadt. Es war ein gewaltiger Zug, der sich von Osaka aus in Bewegung setzte. Er umfasste ca. 200 Pferde und insgesamt mehr als 300 japanische Begleiter. Große Lasten ergaben sich nicht zuletzt wegen der üppigen Zahl an Geschenken, die, protokollarisch abgestimmt, nicht nur in Edo, sondern auch an den zu überquerenden Lehensgrenzen erwartet wurden. Der Zug kam nur langsam voran. Für eine solche Reise wurden mindestens zwei Monate angesetzt. Tatsächlich jedoch dauerte sie angesichts der Wartezeiten im Vorfeld von Audienzen, die zum höfischen Ritual gehörten, deutlich länger. Zum Vergleich: Der Shōgun verfügte über ein System schneller Läufer, von denen es hieß, sie bewältigten die Strecke Kyōto–Edo in wenigen Tagen.

Trotz der strengen Überwachung vonseiten der japanischen Begleiter bot eine solche Reise nach Edo eine der besten Gelegenheiten, Näheres über Land und Leute zu erfahren. Obwohl von Schamberger selbst dazu keine Aufzeichnungen überliefert sind, wissen wir doch relativ viel über die Geschehnisse unterwegs, denn in den Tagebüchern der Faktorei wurden Termine und sonstige Vorkommnisse recht genau verzeichnet. Sie waren nicht zuletzt deshalb derart präzise – so ist zu lesen – weil die Zahl der auf Dejima berichtenswerten Ereignisse ansonsten sehr begrenzt war.

Caspars Chirurgie macht Schule

Aber für Caspar Schamberger war die Reise nach Edo noch aus einem anderen Grund von besonderer Bedeutung. In Dejima hatten die Kaufleute das Sagen. Er selbst musste in eher untergeordneter Stellung – inmitten seiner Salben, Öle und Tinkturen – auf Patienten oder Schüler warten. Während auf der Insel von außen kommende offizielle japanische Gäste nur auf ausdrückliche, selten erteilte Zuweisung in seine Nähe kamen, wurden ihm unterwegs viel häufiger Ratsuchende zugeführt. Zudem waren diese dann oftmals von hohem Stand – darunter japanische Würdenträger, zu denen selbst seine Vorgesetzten kaum Zugang hatten.

---

15 Seit der erste Shōgun *der Tokugawa-Dynastie, Tokugawa Ieyasu, im Jahr 1609 die Handelsaktivitäten der Niederländer in Japan genehmigt hatte, waren die Vertreter der VOC verpflichtet, einmal im Jahr nach Edo zu reisen, um dort in einer Zeremonie ihre Reverenz zu erweisen.*

Den Aufzeichnungen ist zu entnehmen, dass beispielsweise der Schlossherr von Odawara nach Schamberger verlangte, damit er sich dessen „Accident“ am Arm ansähe. Er behandelte denselben mit einer „erwärmte[n] Mischung aus Terpentinöl, Lorbeeröl, Gewürznelkenöl, Fuchsöl, Steinöl und Kamillenöl“[16] und hinterließ damit bei seinem Patienten bleibenden Eindruck: Schlossherr Inaba war fortan sehr an der westlichen Medizin interessiert und gab in den folgenden Jahrzehnten zahlreiche Bestellungen an Heilmitteln und Instrumenten auf.[17] Auch der Sekretär eines Gouverneurs suchte seinen Rat, in diesem Fall mit einem Problem an der Schulter. Ähnliches geschah häufiger, denn man darf eines nicht vergessen: Trotz der Reichseinigung unter der Tokugawa-Dynastie waren es unruhige Zeiten. Mehrere Tausend entwurzelter Samurai streiften auf der Suche nach einem neuen Herrn durchs Land. Noch dazu kam es durch die Einführung von Feuerwaffen zu ganz neuartigen Wunden, was wiederum eine erhöhte Nachfrage nach chirurgischen Leistungen zur Folge hatte.

Schon in Nagasaki hatte Schamberger mit seiner Lehrtätigkeit begonnen. Kurz nach seiner Ankunft hatte ihm der ihm zugeordnete Dolmetscher im Auftrag des japanischen Gouverneurs vier Männer vorgestellt, „die nach Art buddhistischer Mönche den Kopf geschoren hatten“[18]. Es handelte sich um Ärzte, denen er sein chirurgisches Wissen vermitteln sollte. Später, in Edo, erreichte ihn die Anweisung des Shōgunats, nicht mit dem Haupttrupp nach Nagasaki zurückzukehren, sondern gemeinsam mit drei anderen Spezialisten zu Ausbildungszwecken am Hofe zurückzubleiben. Während seine Kollegen für die Unterweisung in der Schießkunst mit Mörsern und die Einführung in die für Ballistik und Kartographie so wichtige Mathematik zuständig waren, sollte Schamberger seine Lektionen im Bereich der Chirurgie, mit denen er bereits begonnen hatte, noch weiter vertiefen. Er stellte sich dieser Herausforderung und wurde bei seiner Abreise ein halbes Jahr später für seine Leistungen fürstlich entlohnt.

An Schambergers chirurgischer Arbeit und insbesondere an dessen Lehrtätigkeit nahm der höchst einflussreiche japanische Großinspekteur Inoue Masashige (1585–1661) persönlich Anteil. Während es üblicherweise langer Wartezeiten bedurfte, bevor hohe Beamte bereit waren, Fremde zu empfangen, ließ Inoue den Chirurgen Caspar bei dessen zweiten Besuch in Edo gleich nach dessen Ankunft zu sich kommen. Der Staatsmann rief nach ihm, um sich die mitgebrachten Medikamente und medizinischen Gerätschaften erklären zu lassen. In der Folgezeit kam es vonseiten Inoues zu einer Reihe von Gesten, die Ausdruck seines besonderen Wohlwollens waren. Nicht zuletzt könnte es seine schützende Hand gewesen sein, die der *Caspar-Chirurgie* mehr und mehr Raum verschaffte.

---

16 Michel (1999): S. 117.

17 Vgl. Michel (1999): S. 118.

18 Michel (1999): S. 81.

Dennoch sollte es nach Schambergers Abreise noch viele Jahre dauern, bevor seine neue Lehre Schule machte. Besondere Bedeutung kommt in diesem Zusammenhang dem Arzt Kawaguchi Ryōan zu, der (wie auch Schambergers Dolmetscher Inomata) aus dem Fürstentum Hizen stammte, sich aber in Nagasaki niedergelassen hatte. Vermutlich war Kawaguchi einer von denen, die schon in jungen Jahren Schambergers Vorlesungen gehört hatten. Er selbst bezeichnete sich als „Caspars Schüler". Seine Schriften lassen erkennen, dass er sich dessen Rezepte und Therapien zu eigen gemacht hatte. Nachdem der deutsche Chirurg Japan verlassen hatte, suchte Kawaguchi auch mit dessen Nachfolgern auf Dejima Kontakt. Sein Wissen gab er an die Mitglieder des eigenen Clans weiter, zum Teil in Form von Geheimpapieren. So wurde Kawaguchi zum Stammvater einer langen, bis ins 20. Jahrhundert hineinreichenden einflussreichen Ärzte-Dynastie, die dieser Tradition – natürlich unter beständiger Prüfung und Erweiterung des Wissens – verpflichtet blieb.

Gefährliche Weltreise, glückliche Heimkehr und tragisches Ende

1643 reiste Schamberger mit dem holländischen Admiralsschiff *Eiland Mauritius* aus Amsterdam ab und kehrte erst 1655 in seine Heimatstadt Leipzig zurück. Insgesamt war er also zwölf Jahre lang auf den Weltmeeren und auf fremden Kontinenten unterwegs. Mehrfach lief er die niederländische Zentrale in Batavia an. Er überlebte zwei Schiffbrüche. Japan war nur eine Station auf seiner Reise. Am 1. November 1651 verließ er das Land. Sein Aufenthalt hier war also auf etwas mehr als zwei Jahre begrenzt. Der Weg führte ihn nach Persien sowie nach Goa, Ceylon, Formosa und möglicherweise zu nicht dokumentierten Zielen im südostasiatischen Raum, bevor er wieder die weite Reise in die Heimat antrat. Fürwahr ein großes, gefahrvolles Wanderdasein, für das es einer starken Natur bedurfte.

Eine Art Reiseführer aus jener Zeit namens *Instruction wie eine Reise sowohl zu Wasser als zu Land nach Indien anzustellen sey* berichtet über das Schicksal solcher Abenteurer. Einige seien mit Gottes Hilfe, sonderlichem Fleiß und guter „Capazität" zu hohen Ehren und einträglichen Ämtern gekommen; viele andere jedoch seien in geringer Position verblieben und „oft aus Ungeduld, in viel Unordnung, zu ihrer eigenen Schand und Schaden' geraten" und hätten als arme Maus in der heimatlichen Kirche Zuflucht suchen müssen.[19]

Für Schamberger traf keine dieser Alternativen zu. Er hielt zwischen beidem die Mitte. Nach seiner Rückkehr heiratete er eine Frau aus guter Familie und erwarb nach einer längeren Zeit der Bewährung das Bürgerrecht der Stadt Leipzig. Bereits nach vier Jahren verlor er Frau und Kinder und suchte in zwei weiteren Ehen Glück und Nachwuchs. Er entschied sich für einen Berufswechsel,

---

19 Ebd., S. 182.

wurde Handelsmann und erwarb ein beachtliches Vermögen: sowohl ansehnlichen Grundbesitz im Stadtzentrum als auch – als Status-Symbol nach adligem Vorbild – einen herrschaftlichen Park vor den Toren Leipzigs. Beides ist aus Grundbüchern und alten Plänen noch heute nachweisbar.

Herausforderungen und Lasten blieben ihm dennoch nicht erspart. Wie sich aus Gerichtsakten ergibt, war er in eine Reihe von langjährigen Rechtsstreitigkeiten verwickelt. Die meisten seiner elf Kinder, die ihm noch geschenkt wurden, musste er bereits zu seinen Lebzeiten zu Grabe tragen. Auch seine letzten beiden Ehefrauen gingen ihm im Tod voraus. Einer seiner Söhne allerdings, Johann Christian (1667–1706), kam zu hohen Ehren. Er studierte im sächsischen Freiberg Chemie („Probier-Kunst"), dann Medizin an der heute fast vergessenen, damals jedoch berühmten Universität Altdorf bei Nürnberg, wo bereits der kaiserliche Generalfeldmarschall Wallenstein (1583–1634) und der Philosoph Gottfried Wilhelm Leibniz (1646–1716) ihre akademische Ausbildung genossen hatten. Johann Christian wurde Rektor der Leipziger Universität und trug damit auch zum Ruf der Familie Schamberger bei.

Als Caspar Schamberger, geboren am 11. September 1623, am 8. April 1706 starb, hatte er mit 82 Jahren ein geradezu biblisches Alter erreicht, was in jener Zeit durchaus ungewöhnlich war. Sein letzter Lebensabschnitt ist umfangreich dokumentiert. Als er schließlich aus dem Leben schied, war er eine „große Leiche". In betuchten Leipziger Kaufmannsfamilien wurden Trauerfeiern in großem Stil abgehalten. In Schambergers Fall geriet sie sogar so aufwendig, dass der Kurfürst die Notwendigkeit sah, zur Mäßigung aufzurufen. Besonderes Augenmerk wurde auf die Leichenrede gelegt. Die für Caspar Schamberger verfasste Rede ist im *Katalog der fürstlich Stolberg-Stolberg'schen Leichenpredigten-Sammlung* erhalten geblieben:

> Sechsundsechzig Seiten umfasste diese Predigt, die selbst bei zügigem Vorlesen gute zwei Stunden gedauert haben dürfte. In einer erdrückenden Aneinanderreihung von Bibelzitaten spendete Seligmann den Hinterbliebenen und Trauernden Trost; vielleicht war auch eine gewisse Betäubung der Sinne erwünscht.[20]

Man könnte meinen, dass diese Predigt sei eine ergiebige Quelle zu allen Facetten seiner Lebensgeschichte. Das ist jedoch nicht der Fall. Hier wird das gottesfürchtige Leben des Verstorbenen ins Licht gestellt. Seinen bürgerlichen Tugenden gelten blumige Worte. Zu der großen Ostasienreise hingegen heißt es nur, gewiss habe „kein kleiner Muth" dazu gehört, „wenn einer etliche tausend Meilen sich in die wütende See wagen soll"[21], Diese Leichenpredigt ist eher als Warnung vor „großer Fahrt" zu verstehen. Den Leipziger Bürgern war der Kaufmann wichtiger als der Welt-

20 Michel (1999): S. 216.

21 Ebd., S. 217.

reisende. Das erklärt jedenfalls, warum diese Predigt mit Blick auf die bewegten Jugendjahre des Verstorbenen so wenig ergiebig ist.

Dem Vergessen entrissen

An dieser Stelle soll der Autor des Buches gewürdigt werden, das diesem Bericht zugrunde liegt: Wolfgang Michel war über viele Jahr Professor für vergleichende Sprach- und Kulturwissenschaften an der Universität Kyūshū in Fukuoka. Mit seinem Buch *Von Leipzig nach Japan – Der Chirurg und Handelsmann Capar Schamberger (1623–1706)*, das 1999 im iudicium-Verlag erschienen ist, hat er eine fundierte wissenschaftliche Arbeit vorgelegt. Darin bietet er nicht zuletzt wichtiges Quellenmaterial an, das eine weiterführende Forschung ermöglicht. Es ist besonders hervorzuheben, dass er das Wissen dazu aus vielen Ecken, aus japanischen, niederländischen, deutschen und anderen internationalen Quellen zusammengetragen hat.

Das Bild des „Vaters der japanischen Chirurgie" ist mittlerweile auch in Japan etwas verblasst. Aber dennoch gilt nach wie vor – in Japan unvergessen, in Deutschland noch immer (weitgehend) unerkannt.

Eine Frage bleibt allerdings weiterhin offen: Warum hatten japanische Medizinhistoriker ein so großes Interesse an einem Arzt, der keine richtungsweisenden Lehrbücher geschrieben hat und sich auch in seiner chirurgischen Praxis eher im herkömmlichen Bereich bewegte? Als Erklärung bietet sich an, dass Schamberger den Eingriff in das Innere des menschlichen Körpers, in einen nach herrschender Lehre unantastbaren Bereich, wagte. Konsequent und mit Selbstbewusstsein. Seine Heilerfolge sprachen für ihn. Damit führte er die Medizin in Japan über eine Schwelle. Man könnte sogar von einem Tabubruch sprechen. Derlei Grenzüberschreitungen sind bis heute umkämpft. Um die Dimension anzudeuten, sei nur an die ersten Schritte auf dem Weg zur Transplantations-Chirurgie oder die gegenwärtig kontrovers geführte Debatte über Eingriffe in die Keimbahn des Menschen erinnert.

Am Ende seines Buches gibt Wolfgang Michel einen Hinweis auf eine 1704 erschienene Veröffentlichung, in der *Schambergers Japonische Reiß-Beschreibung* zitiert wird. Der Biograf kommt zu dem Schluss, dass es sich nur um eine Handschrift, also um ein Manuskript handeln kann, das niemals gedruckt worden ist. Trotz hervorragender Forschungsarbeit konnte er nicht alles freilegen, was wissenswert wäre. Er schließt hoffnungsvoll mit der Frage: „Oder sollte Caspar Schambergers ‚Japanische Reisebeschreibung' vielleicht doch noch unbemerkt in einer Sammlung schlummern?"[22]

---

22 Michel (1999): S. 223.

02. Engelbert Kaempfer (1651–1716)
Erster Blick auf die lange verschlossene Kultur Japans

Am Anfang seines Lebens war ihm der Auszug in die Ferne nicht vorgezeichnet. Engelbert Kaempfer kam am 16. September 1651 in Lemgo in der Grafschaft Lippe zur Welt. Zu jener Zeit, kurz nach dem Dreißigjährigen Krieg, war das geistige Klima dort nicht uneingeschränkt zuträglich. Lemgo wird in den Annalen als Stadt aufgeführt, in der noch immer Hexen verbrannt wurden, als andernorts schon längst die Aufklärung in Blüte stand. Kaempfer kam aus studiertem Haus. Sein Vater war evangelischer Pfarrer an der Nicolaikirche in Lemgo. Er schickte den Sohn, möglicherweise um ihn dem vom Aberglauben überhitzten Klima zu entziehen, in die etliche Kilometer entfernte Stadt Hameln zur Lateinschule. Später setzte Kaempfer seine Ausbildung in der Hansestadt Lüneburg fort, die über ihren blühenden Handel mit fernen Ländern verbunden war. Zudem wehte dort ein geistig frischerer Wind. Von hier ging er weiter nach Lübeck. Obwohl von Hause aus finanziell nicht besonders üppig ausgestattet, legte Kaempfer seine Ausbildung breit an. In Danzig und Thorn widmete er sich klassischen und modernen Sprachen, der Philosophie und Geschichte. Erst später, in Krakau, begann er Medizin zu studieren. In Königsberg setzte er dies fort. Er war welthungrig, wissensdurstig und darauf bedacht, möglichst weitgereisten und gelehrten Männern zu begegnen. Dabei nahm er in Kauf, dass er sich zeitweise auch als Hauslehrer durchschlagen musste.

Nach langem Anlauf eine entscheidende Wende

Seine Chance kam, als er nach Schweden ging, wo er 1683 erfuhr, dass der schwedische König eine Gesandtschaft nach Russland und Persien plante. Leiter sollte ein Niederländer sein. Er bewarb sich erfolgreich um den Posten als Legationssekretär. Das war die entscheidende Wende, denn diese Aufgabe sollte ihn – größtenteils auf dem Landweg – von Stockholm über Helsinki, Nowgorod, Moskau, Gorki und Astrachan ans Kaspische Meer und von dort über Baku, Isfahan und Persepolis bis nach Bandar Abbas am Persischen Golf bringen, wo er etwa zweieinhalb Jahre als Arzt in einer holländischen Faktorei arbeitete. Von dort brach er 1688 nach Indien auf, wo er etwa ein Jahr an der Malabar- und der Koromandelküste sowie auf Ceylon seine bereits unterwegs begonnenen Landes- und Naturstudien fortsetzte. Im Herbst 1689 traf er in Batavia ein, dem heutigen Jakarta. Etwa ein Jahr später reiste er von dort – mit einem Zwischenaufenthalt in Siam – nach Japan. Den Weg zu dieser vorerst letzten Station seiner Reise hatte ihm Ludwig Fabricius gewiesen, der Leiter der schwedischen Mission, dem er als Sekretär gedient und der ihn der Niederländischen Ostindien-Kompanie als Chirurg fohlen hatte.

In der Wahl seiner Reiseziele war Kaempfer niemals ganz frei. Dennoch galt sein Interesse besonders dem Imperium der Holländer, dessen Grenzen Ende des 17. Jahrhunderts sehr weit gefasst waren, da die tüchtigen niederländischen Seefahrer zu dieser Zeit überall dort ihre Faktoreien aufbauten, wo der Handel ergiebige Erträge versprach oder das Netzwerk ihres Seeverkehrs einen Stützpunkt erforderte. In Japan besaßen sie nach dem Abzug der Portugiesen nur die winzige Handelsmission auf Dejima. Vom Umfang der Arbeit und der dort zu erwartenden materiellen Ausstattung her handelte es sich um eine eher kleine Aufgabe. Doch sollte Großes daraus werden.

Auf seinem langen Weg über die vielen sehr unterschiedlichen Stationen hinweg hatte Kaempfer Länder, Völker, Tier- und Pflanzenwelten studiert. Seine Aufzeichnungen fasste er später unter dem Titel *Amoenitates exoticae* (dt. *Exotische Köstlichkeiten*) zusammen. Das Buch erschien 1712 und sollte – Tragik einer großen wissenschaftlichen Persönlichkeit – das einzige umfassende Werk sein, das Zeit seines Lebens veröffentlicht wurde, denn Kaempfer verfügte nicht über die umfangreichen materiellen Güter, die für weitere Publikationen seiner Arbeit notwendig gewesen wären. Obwohl mit einem klaren Blick für das Wesentliche sowie analytischem Verstand ausgestattet, hat er es niemals zu Wohlstand gebracht.

In einer Welt, die alles daransetzte, möglichst große Handelsgewinne einzufahren, musste er als Außenseiter gelten. Für seine Mitreisenden, die in aller Regel nach schnellem Reichtum strebten, war er nichts weiter „als ein kleiner schlecht bezahlter Angestellter“, wie es einer seiner Biografen formulierte. Zwar teilte er mit ihnen Risikobereitschaft, Mut und Unternehmungsgeist – Eigenschaften, die für derlei abenteuerliche Reisen auf den schwankenden Planken von Segelschiffen notwendig waren. Doch im Unterschied zu anderen Besatzungsmitgliedern ging es ihm vor allem darum, die fremde Welt, die wissenschaftlich noch kaum erforscht war, zu verstehen und zu beschreiben. Ungewollt wurde er Zeuge europäischer Demonstrationen nicht gerechtfertigter Überlegenheit, kolonialer Rücksichtslosigkeit und weit verbreiteter Raffgier. In einem Umfeld, in dem viele versuchten, sich die Taschen zu füllen, hatte er große Schwierigkeiten, an das Geld für die Medikamente zu kommen, die er für seine Patienten brauchte, und sein Honorar einzufordern.

Im Folgenden soll Kaempfer möglichst häufig selbst zu Wort kommen; auf diese Weise wird am ehesten deutlich, wie er die Welt und insbesondere Japan sah. Dabei berichtet er vorwiegend aus der Perspektive der kleinen Insel Dejima, versteht es aber zunehmend, auch deren näheres Umfeld in seine Betrachtungen einzubeziehen Beinahe einhundert Jahre lang sollte Europa das ferne Nippon fast nur durch seine Augen sehen. An vielen Stellen seiner Aufzeichnungen wird deutlich, dass Kaempfer ein hohes Maß an gesellschaftlichem und volkskundlichem Interesse sowie an sozialer Sensibilität besaß. Darauf liegt auch hier der Akzent; seine ebenfalls bedeutenden Studien zu Flora, Fauna und Geografie hingegen sollen nicht Gegenstand der Betrachtung sein.

Den Japanern begegnete er, im Gegensatz zu manch anderem Reisendem, mit großem Respekt. In seinen Aufzeichnungen berichtet er an einer Stelle z. B. davon, wie sich Ausländer, die als Gäste gekommen waren, zu Herren des Landes aufwarfen und die Landessitten verletzten. Er hatte dabei einen portugiesischen Geistlichen im Sinn, der auf dem Weg zum Hofe einem kaiserlichen Staatsbediensteten begegnete:

> Nach Landesgebrauch hätte er stillhalten und ihm seinen Respekt beweisen müssen, aber der stolze Priester ließ sich stolz weitertragen, ohne dem Großen die mindeste Höflichkeit zu beweisen. Dieser säumte dann nicht, noch in der ersten Hitze seiner Bewegung dem Kaiser diese grobe Beleidigung und den unerträglichen Stolz dieser fremden Nation vorzustellen.[23]

Hingegen lässt Kaempfer die Höflichkeit, die das alte Japan seinen ausländischen Gästen entgegenbringt, nicht unberührt:

> Die Wege werden für uns mit Besen gekehrt und in den Städten und Dörfern wider das Stauben begossen; der lärmende Pöbel, Arbeiter und müßige Zuschauer werden zur Seite gejagt, und die Leute in den an der Straße gelegenen Häusern sitzen nur im hinteren Teil derselben von weitem oder im Vorderhause hinter der Matte kniend, um uns in tiefer Stille vorbeiziehen zu sehen. […]
>
> Privatfußgänger oder Reiter müssen von dem öffentlichen Weg und ihren Pferden abtreten und mit entblößtem Haupte und niedergebeugtem Leibe unseren Vorbeizug abwarten.[24]

Aus den Erfahrungen, die Kaempfer auf seinen Reisen durch Japan in den von ihm besuchten Gasthäusern macht, schließt er auf den allgemeinen Volkscharakter. Sehr freundlich spricht er z. B. von den Wirtsleuten, die ihm begegnet sind:

> Keine Nation in der Welt tut ihnen hierin etwas vor, wie wir das bei allen auf der Reise vorfallenden Besuchen gefunden haben; ja, ihre Lebensart von dem geringsten Bauern bis zu

---

23 Scurla (1982): S. 46.

24 Ebd., S. 110ff.

dem größten Herrn ist so artig, daß man das ganze Reich eine hohe Schule der Höflichkeit und guten Sitten nennen möchte.[25]

Gewinnende Höflichkeit und abgrundtiefes Misstrauen

An anderer Stelle muss er erfahren, dass den Ausländern zugleich auch ein abgrundtiefes Misstrauen entgegenschlägt. Das gefällt ihm ganz offensichtlich wenig, zumal er selbst dann argwöhnisch beobachtet wird, wenn er seine Notdurft verrichtet:

> Sobald ein Holländer vom Pferde steigt, welches ohne die höchste Not nicht einmal gerne gesehen wird, muß der Führer oder Vorreiter und darauf der ganze Zug stillhalten, der Dosin[26] samt den beiden Häschern auch absitzen und sich neben den Holländer stellen. Diese bösen Geister umgeben uns überhaupt auf der ganzen Reise dergestalt, daß sie auch da, wo uns die Natur hintreibt, nicht von uns weichen. Der Bugjo oder Hauptführer unseres Trains studiert täglich in seiner Instruktion sowie in den Journalen von den zwei nächst vorher abgelegten Aufführungen oder Reisen nach dem kaiserlichen Hofe, um sich in allem auf das pünktlichste (so lieb ihm seine Ehre und sein Leben ist) danach zu richten. [...]
>
> Sobald wir da ankommen, werden wir ohne das geringste Verweilen (wozu wir auch wegen des mutwilligen Zuschreiens der Gassenbuben eben keine Lust haben) von unseren Häschern durch das Haus in unser Gemach geführt, wo uns dann nichts als der kleine Hinterhof zum Ausgange vergönnt ist, indem sie alles übrige, was sie nach dem Felde oder nach einer hinteren Gasse zu an Fenstern, Türen oder sonst finden, zuschließen und vernageln lassen, um uns, wie sie sagen, vor Dieben zu hüten, eigentlich aber wie Diebe und Ausreißer zu bewahren. Auf der Rückreise indes, wenn wir uns erst Zutrauen erworben haben, finden wir diese Vorsicht um ein merkliches vermindert.[27]

Ganz offensichtlich missfällt ihm, wie der Staat die Freiheitsräume seiner Bürger einschränkt. Nicht nur ausländische Gäste werden ständig überwacht, auch einheimischen Bürgern gilt das Misstrauen der Obrigkeit. Spitzeldienste werden belohnt. Kaempfer berichtet über seine zahlreichen Begleiter bei den Vorbereitungen einer Hof-Reise:

---

25 Ebd., S. 117.

26 Als Dosin bzw. Dōshin werden Polizeioffiziere bzw. Schutzmänner bezeichnet.

27 Scurla (1982): S. 113f.

Es sollte dieses zwar den Anschein haben, als ob denen, so den Kaiser zu sehen verlangten, hiermit eine Ehre erzeugt würde. In der Tat aber war die Absicht, die man mit dieser Eskorte verbarg, eine ganz andere und der gleich, die man bei Spionen und Gefangenen hat; es sollte nämlich dadurch verhütet werden, daß unterwegs keine verdächtige Unterhandlung und Gemeinschaft mit den Eingeborenen des Landes gepflogen, daß ihnen nicht etwa Kreuze, Bilder, Reliquien oder was sonst auf das Christentum einige Beziehung hat in die Hände gespielt, daß ihnen nicht durch Verkauf oder Verehrung einige fremde Sachen und Seltenheiten aus christlichen Ländern beigebracht würden und daß nicht etwa gar einer sich abschleichen und zur Fortpflanzung des Christentums oder Erregung sonstiger nachhaltiger Unruhen im Lande verstecken möge.[28]

Er berichtet auch, dass die Begleiter, „vor der Abreise sich noch mit Eid und Blut schriftlich verbinden müssen, dass sie alles, was sie von den Holländern oder auch selbst von ihren eigenen Landsleuten auf der Reise Verdächtiges hören oder sehen mögen, anzeigen wollen."[29]

Er missbilligt, mit welcher Härte Christen verfolgt werden. Sein schonungsloser Bericht über die „Hölle" zeigt dies sehr deutlich:

Man versteht unter diesem Namen den Gefangenenhof [...]. Außer den gewöhnlichen Verbrechern hält man hier auch alle diejenigen gefangen, welche des Verbrechens des Schleichhandels oder der christlichen Religion überführt sind oder doch beschuldigt werden. Daher die Zahl der Gefangenen in dieser Hölle öfters über hundert, und wenn häufige Exekutionen vorfallen, doch nie unter fünfzig ausmacht. [...]

Die Gefangenen sind von verschiedenen Klassen, einige zum Tode verdammt, andere nur wegen Verdachts und andere auf ewig gefangen. Zu diesen letzteren gehören besonders diejenigen, welche man Bungoso, d. i. Geschmeiß aus Bungo nennt. Unter diesem Namen versteht man die Christen, deren mit Weibern und Kindern hier noch etwa fünfzig gefangengehalten und auch noch zuweilen einige aufgebracht werden, welches zuletzt noch im Jahre 1688 geschah. Diese guten Leute wissen vom christlichen Glauben weiter nichts als den Namen des Seligmachers, wollen aber doch bei ihrem einfältigen Bekenntnis viel lieber sterben als durch Verleugnung ihres Heilandes sich die Freiheit erwerben, die sie unter dieser Bedingung bekommen könnten.[30]

Die vorgefundene straffe Hierarchie der japanischen Gesellschaft wird besonders deutlich, wenn Kaempfer einen Daimyō oder einen anderen großen Herrn auf dem Weg in die Hauptstadt be-

---

[28] Ebd., S. 58f.

[29] Ebd., S. 59.

[30] Scurla (1982): S. 50f.

schreibt. Wie ein Schauspiel in vielen Akten führt er den Lesern auf unzähligen Seiten sämtliche Einzelheiten vor Augen. Hier nur dies:

> So ist es uns denn begegnet, daß ihr Vortrab, der aus den geringen Bedienten, Bagageführern und Troßknechten besteht, allemal zwei Tage lang, jedoch in zerteilten Haufen bei uns auf unserer schleunigeren Fortreise vorbeigezogen, ehe wir den Landesfürsten selbst mit seinem Hofschwarm in einer regelmäßigen Ordnung gesehen haben, welches erst am dritten Tage zu geschehen pflegte.
>
> Einen Zug der mächtigsten Daimio oder Landesfürsten schätzt man mehr oder weniger auf 20 000, den eines Sjomjo auf die Hälfte und den eines kaiserlichen Stadt- oder Landgouverneurs, nach den verschiedenen Einkünften und Würden, auf ein- oder mehrere hundert Köpfe. Wenn zwei oder mehr solcher volkreicher Aufzüge auf einmal zugleich geschehen sollten, so würde einer dem anderen großes Hindernis und Ungelegenheit verursachen, besonders wenn sie in ein und demselben Sjuku oder Flecken zusammenträfen, welcher mit allen seinen Häusern ohnedies nicht einmal hinreicht, das Gefolge eines einzigen Daimio zu beherbergen. Es lassen daher, um dem zuvorzukommen, die großen Herren, und zwar die größeren einen Monat, die geringeren ein oder zwei Wochen vorher, die Herbergen und Sjuku für gewisse Tage in Beschlag nehmen und die Zeit ihres bevorstehenden Durchzuges in allen Dörfern, Flecken und Städten kundmachen. Dieses geschieht vermittels eines vor und hinter jedem Dorf und Flecken auf einer ziemlich hohen Stange von Bambus aufgerichteten schmalen, mit wenig Charakteren beschriebenen kleinen Brettes, worauf die Nachricht befindlich ist, an welchem Tage des Monats dieser oder jener Herr daselbst durchreisen, zu Mittag speisen oder das Nachtlager nehmen werde.[31]

Tagesgewohnheiten und das pralle Leben

Aber auch allen Erscheinungen des täglichen Lebens begegnet er mit wachen Augen. So finden sich zur Kleidung der Zeit Aufzeichnungen, die recht anschaulich sind. Als er beispielsweise anstelle einer textilen Bekleidung Papier entdeckt, bringt er sein Erstaunen darüber zum Ausdruck:

> Man vergißt auch nicht, sich auf der Reise mit einem Regenmantel zu versehen. Es ist derselbe von gefirnißtem und in Öl getunktem doppeltem Papier gemacht und so weit und lang, daß man Pferde und Ladung damit bedecken und schützen kann. Es scheint,

31 Ebd., S. 102.

> als ob die Japaner dessen Gebrauch samt dem Namen (Kappa) von den Portugiesen entlehnt haben. Die Fußgänger haben beim Regenwetter an dessen Statt Röcke von eben dem gleichen Papier.[32]

Die Beschreibung der Kochkunst lässt erkennen, dass er nicht nur an reich gedeckten Tischen saß, sondern ebenso Anteil daran nahm, was bei den einfachen Leuten auf den Teller kam. In aller Ausführlichkeit berichtet er von sehr einfachen Gerichten:

> [...] von anderen inländischen schlechten Gerichten zu schweigen, die vorzeiten der unkultivierte Boden und der Hunger den Einwohnern angewiesen und die aus verschiedenem Samen- und Wurzelmehl in mancherlei Figur und Farbe gekocht oder gebacken werden. Die gewöhnliche Brühe zu dieser und dergleichen Kost ist ein wenig Soje, mit Saki gemäßigt und mit scharfen Sansjo-Blättern belegt, auch mit feingeschnittener Ingwerwurzel und Limonenrinde vermischt oder nur mit trockenem Ingwer, Sansjo oder anderem inländischem Gewürzpulver bestreut.
>
> Außerdem findet man in den schlechten Buden und auf den aufgestellten Tischen mancherlei Zuckerwaren von verschiedener Figur und Farbe, die zwar etwas Lüsternes fürs Auge, aber nicht für den Geschmack haben, indem sie sparsam bezuckert und gewöhnlich so zähe sind, daß man beim Kauen nicht die Zähne voneinander bringen kann.[33]

Auch die (selbst heute noch) spezielle Badekultur Japans hat Kaempfers Interesse auf sich gezogen. Die Ausstattung der Bäder beschreibt er in allen Einzelheiten. An dieser Stelle nur seine Hinweise auf die Lebensgewohnheiten der Menschen, insbesondere auf Reisen:

> Weil es die Gewohnheit der Nation mit sich bringt, sich auf der Reise alle Tage zu baden, ein Mittel sowohl wider den Schweiß als die Müdigkeit der Glieder, so wird auch täglich gegen Abend das Bad desto eher warm und fertig gehalten, da ein Japaner wegen seiner leichten Entkleidung nicht viele Hindernisse hat, sich dessen, wenn es ihm einfällt, zu bedienen; denn sobald er seinen Gürtel gelöst und mit einem Wurfe alle seine Kleidungsstücke hinter sich hat abfallen lassen, steht er, außer dem Schambande, mutternackend da.[34]

Es gibt auch Beobachtungen, die dem Europäer besonders skurril erscheinen:

---

32 Scurla (1982): S. 66.

33 Ebd., S. 100.

34 Ebd., S. 96.

> Unter die Einwohner von Nagasaki könnte man auch fast die Hunde rechnen, die wie ordentliche Bürger der Stadt angesehen werden, doch nicht mit solcher Strenge wie an andern, besonders den kaiserlichen Orten. Auf allen Gassen liegen diese Tiere in großen Mengen und weichen keinem Pferde oder Menschen aus dem Wege. Kein Mensch darf sie töten, außer der Büttel auf Befehl der Obrigkeit, wenn sie jemand umgebracht oder sonst den Tod verdient haben. Die Kranken und vor Alter Unvermögenden werden auf jeder Gasse in besonderen Gemächern (Bauern) unterhalten. Wenn sie gestorben, werden sie auf die Berge gebracht und gerade wie Menschen beerdigt.[35]

Schiffbau, Architektur und Verkehr zeugen vom Stand der Zivilisation

Zum Stand der Technik zur Zeit seines Aufenthalts gibt Kaempfers Bericht an verschiedenen Stellen ausführliche und detailgenaue Auskünfte. Am Beispiel des Schiffbaus wird dies besonders deutlich. Seine Worte setzt er dabei so präzise, dass man auch ohne Bild und Plan einen Nachbau riskieren könnte. Auch hier wird dem Sicherheitsdenken der Zeit Rechnung getragen:

> Der Bauch des Schiffes ist wenig und fast gar nicht gewölbt und läuft unter Wasser nach dem Kiele gerade zu. Der Spiegel oder Rücken ist platt und breit und hat in seiner Mitte eine Öffnung, die beinahe bis auf den Grund geht und wodurch man von hinten in den Raum sehen kann. Eben hier ist auch das Steuerruder bequem angebracht, wie denn der Kaiser, nachdem er den Fremden den Zugang in seine Staaten erschwert, ausdrücklich verordnet hat, daß alle Schiffe nicht mit geschlossenem Rücken, sondern mit einer solchen Öffnung gemacht und gebraucht werden müssen, damit es kein Eingeborener wagen könne, in die offene See und aus dem Lande zu fahren.[36]

Die fremdländische Architektur hat es Kaempfer ebenfalls sehr angetan. Dabei belässt er es nicht bei der Beschreibung von Gebäuden, sondern flicht Anmerkungen zur soziologischen Struktur ein, zu den Eigenschaften der Bewohner und ihrem Bemühen um vorsorglichen Schutz vor den Naturgewalten:

---

[35] Ebd., S. 55.

[36] Scurla (1982): S. 78f.

> Nach den Reichsgesetzen darf kein Zivilgebäude mit Inbegriff eines Giebels über sechs Kin[37] hoch sein, wie denn die Wohnhäuser selten einmal diese Höhe haben, sondern nur die Scheuern. Der Dairi[38], der weltliche Kaiser und die Landesfürsten behelfen sich selbst mit Palästen von einem Stockwerke. Man trifft zwar in den gemeinen Stadt- und Bürgerhäusern zuweilen ein zweites Stockwerk an, aber es ist sehr niedrig [...].
>
> Die Ursachen dieser Bauart sind die vielen Erdbeben in diesem Lande, wodurch nicht nur steinerne und hohe, sondern auch niedrige und leichte Gebäude einstürzen. Dahingegen befleißigt man sich einer ungemeinen Sauberkeit, Zierde und Bequemlichkeit, die auch in niedrigen hölzernen Häusern gar wohl statthaben können. [...]
>
> So habe ich auch wahrgenommen, daß die Festigkeit der Dächer, die mit Schindeln gedeckt sind, auf einem so schweren dicken Balken, als man ihn nur haben kann, beruht und daß das oberste Stockwerk allzeit von gröberem Holze gemacht ist. Der Grund davon, sagt man, sei, weil bei einer Erderschütterung das untere leichte Gebäude durch das obere niedergedrückt und ineinander gehalten werde.[39]

Die einheimische Gartenkunst auf kleinstem Raum empfindet der sowohl auf Dejima als auch auf Reisen recht beengt lebende Berichterstatter als eine besondere Wohltat. Das gilt vor allem, wenn er dabei ganz ungewöhnliche Entdeckungen macht:

> Wo der Raum [...] zu eng ist, da findet man wenigstens einen gepfropften alten Pflaumen-, Kirsch- oder Aprikosenbaum, der für desto edler, kostbarer und werter gehalten wird, je älter, krummer und ungestalteter er ist. Diese Bäume sind oft durch die Länge des Raumes horizontal geleitet, geschoren und bis auf ein oder zwei Äste gestutzt, damit sie größere Blüten tragen. Sie geben alsdann zu ihrer Zeit diesem Winkel mit ihren fleischfarbigen doppelten und unglaublich vollen Blüten das herrlichste Ansehen, tragen aber keine Früchte.[40]

Ebenso widmet er Nippons „Verkehrswirtschaft" im weitesten Sinne lange Passagen. Ganz offensichtlich ist er beeindruckt, wie schnell und sicher Nachrichten, Menschen und Güter zu reisen vermögen. So berichtet er über die Herbergen für Reisende:

---

37 Kin=Längenmaß, 1 Kin entspricht 1,818 m.

38 Dairi bedeutet etwa „Großes Innere" und bezeichnet eigentlich den Kaiserpalast, im übertragenen Sinne jedoch auch die Person des Tennō.

39 Scurla (1982): S. 81f.

40 Ebd., S. 98.

> Sie liegen je anderthalb bis vier Meilen voneinander, sind aber auf der kleinen Landstraße über Kjusju nicht so ordentlich und gut als auf Nippon eingerichtet, wo von Osaka bis Yedo 56 davon passiert werden. Die Häuser selbst sind nicht zur Wirtschaft, sondern nur zur Stallung der Pferde gebaut und mit einem vorliegenden Platze versehen, damit da, ohne die öffentliche Straße zu sperren, das Nötige bei der Abwechselung geschehen kann. Viele Schreiber und Buchhalter besorgen den Unterhalt des Postwesens und müssen die Rechnung davon bei der herrschaftlichen Kammer ablegen. Der Preis für die Passagiere ist im ganzen Reich festgesetzt und von der einen Sjuku bis zur nächsten nicht nur nach der Distanz, sondern auch nach der Beschaffenheit eines bösen oder guten Weges, teuren oder wohlfeilen Futters und anderer Umstände reguliert.
>
> Auch stehen hier zur Fortbringung der kaiserlichen und landesfürstlichen Briefe Tag und Nacht Postläufer bereit; diese bringen selbige ohne den geringsten Verzug in ununterbrochenem Laufe bis zur nächsten Post und tragen sie in einem schwarz lackierten Kästchen, das mit dem Wappen des Absenders bemalt ist, vermittels eines daran befestigten Stabes auf der Schulter.
>
> Von diesen Boten laufen stets zwei miteinander, damit, wenn dem einen etwas zustößt, der andere seinen Dienst versehen und mit dem Kästchen zur Stelle eilen kann. Wenn er eben Briefe vom Kaiser trägt, alsdann muß ihm alles, ja selbst ein fürstlicher Train[41] ausweichen, um seinem Laufe nicht hinderlich zu sein, welches er dann jedesmal mit einem Geläute von fern andeutet.[42]

Edo – der Höhepunkt einer ereignisreichen Reise

Die Reise von Nagasaki bis Edo, die über Wasser und Land 29 Tage in Anspruch nimmt, beschreibt Kaempfer mit vielen Details. Besonderen Raum nehmen dabei die Empfänge in Osaka und Miyako (Kyōto) ein. Hier kann jedoch nur der Höhepunkt der Reise, die Ankunft und der Ablauf der Begegnungen bei Hofe, gewürdigt werden. Die Stadt Edo stellt sich ganz anders dar als das heutige Tokio:

> Wie in anderen Städten des Reiches sind auch in Jedo die Häuser klein und niedrig, aus tannenem Holz und leinernen dünnen Wänden gemacht, inwendig mit papiernen Schauben und Fensterjalousien, der Boden mit ausgestopften feinen Binsenmatten belegt, die Dächer mit tannenen Schindeln gedeckt und die ganze Maschine gleichsam aus der brenn-

---

[41] Reisezug, Reisegesellschaft.

[42] Scurla (1982): S. 89f.

> barsten Materie zusammengefügt, so daß sie gar leicht Feuer fangen kann. Oben unter dem Dachgiebel hält man zwar fast durchgängig ein Gestell, das einen Zuber mit Wasser nebst ein paar Besprengkolben in sich faßt, wohin man durch Hilfe einer von außen hängenden Leiter bequem hinaufsteigen kann. Kaum aber ist dieses Mittel wider ein glimmendes, schwelendes Feuer hinreichend, weil dadurch die Gewalt einer um sich greifenden Glut sich keineswegs dämpfen läßt, sondern derselben durch Niederreißen der nächsten, noch unbeschädigten Häuser gewehrt werden muß, wozu sich alsdann die Feuerkompanie einfindet, welche tags und nachts in der Stadt umherzieht.[43]

Das Feuer gehörte in Edo ganz offenbar zum alltäglichen Risiko. In der kurzen Zeit seines Aufenthalts in der Hauptstadt beobachtet Kaempfer mehrfach Brände, die nicht nur einige Häuser, sondern ganze Straßenzeilen in Schutt und Asche legen:

> Man sagte uns, daß vier Tage vor unserer Ankunft 40 Straßen und auf denselben an die 4000 Häuser durch eine Feuersbrunst in Asche gelegt wären, wie denn auch selbst an diesem Abend anderthalb bis zwei Meilen von unserer Herberge gegen Osten ein Feuer ausbrach, das jedoch nur mit Verlust von wenigen Häusern gelöscht wurde.[44]

Nur wenige Tage später vermerkt Kaempfer:

> Anderthalb oder vielmehr in gerader Linie eine Meile nach Westen hin brach am Abend bei einem starken Nordwind ein großes Feuer aus, das 25 dort sehr breite Straßen und 600 Häuser verzehrte und erst in vier europäischen Stunden gelöscht werden konnte. Man sagte, es wäre von Mordbrennern, von denen man zwei ertappt, angelegt gewesen.[45]

Das Äußere des kaiserlichen Palastes weist noch heute die Merkmale auf, über die Kaempfer bereits damals, vor über 300 Jahren, berichtet:

> Die kaiserliche Residenz liegt auf einem etwas erhöhten, jedoch ebenen Hügel und wird von einem breiten mit Quadersteinen aufgemauerten Graben umgeben, der vornehmlich an der Schloßseite mit ungeheuer großen Werksteinen in die Höhe etwas schräg aufgeführt, dahinter mit Erde gefüllt und oben mit langen Gebäuden besetzt und mit gefachten, turmförmigen, viereckigen Wachthäusern befestigt ist. An der Mauer selbst sind hervor-

43 Ebd., S. 203.

44 Ebd., S. 208.

45 Ebd., S. 209.

> stehende steinerne Bollwerke nach den Regeln der Kriegskunst angebracht, besagte Werksteine aber nur übereinander angelegt und mit keinem Kalk oder sonst einer Klammer verbunden, weil man meint, daß sie bei einem Erdbeben auf solche Weise der Bewegung und Erschütterung eher nachgeben und also das ganze Gemäuer unbeschädigt erhalten könnten.[46]

Ganz offensichtlich ist Kaempfer auch auf das ganz ungewisse „Hörensagen" angewiesen. Hier ein Beispiel, das möglicherweise in den Bereich der Legende gehört:

> Man sagte mir, daß auch noch ein unterirdischer Saal oder Keller in dem Residenzschloß vorhanden sei, dessen obere Decke aus einem platten, weiten und mit Wasser angefüllten Kessel bestehe und wohin sich der Kaiser zur Zeit eines Donnerwetters der Sicherheit halber verfüge, weil dann der Blitz in dem Wasser verlöschen könne. Ferner hat man hier zwei vor Feuer und Raub wohlverwahrte, mit den kaiserlichen Schätzen angefüllte Magazine, deren Dächer von schwerem Kupfer und die Türen von starkem Eisen gemacht sind.[47]

Huldigung der kaiserlichen Majestät

Der Bericht über die Residenz des Shōgun, des „weltlichen Kaisers", und ihre Ausstattung füllt viele Seiten. Auch die Fantasie des Berichterstatters könnte hier „mitgebaut" haben. Eine auch nur andeutungsweise Wiedergabe würde den Rahmen dieser Veröffentlichung sprengen. Auf eine möglichst genaue Schilderung der höfischen Zeremonien sollte jedoch nicht verzichtet werden. Bei der hier wiedergegebenen Huldigung und der zeremoniellen Übergabe der Tributgeschenke war Kaempfer vermutlich nicht als Augenzeuge zugegen (sie „ließen uns aber zurück"), doch vertraut er hier vermutlich auf den Bericht seines „Residenten", wie der Leiter der holländischen Faktorei auf Dejima auch genannt wird:

> Kaum daß er hineingetreten sein mochte, gab eine überlaute Stimme mit „Hollanda Capitan" das Zeichen, daß er sich nähern und seine Ehrerbietung ablegen sollte, worauf er zwischen dem Ort, wo die Geschenke nach der Ordnung lagen, und dem hohen Sitzplatz der kaiserlichen Majestät, so weit man es ihm anwies, auf Händen und Füßen herbeikroch, das Haupt, auf dem Knie liegend, bis zum Boden neigte und sich ganz stillschweigend ebenso und wie ein Krebs wiederum kriechend zurückzog. Hierin besteht die ganze kurze

[46] Ebd., S. 205f.

[47] Ebd., S. 207.

Zeremonie bei der mit so vielen Umständen zubereiteten Audienz. Mit der, welche jährlich die großen Landesherren haben, geht es nicht anders zu, ihre Namen werden ebenfalls abgerufen, sie bezeugen sodann ihren demütigen und gehorsamen Respekt und kriechen rücklings wieder davon.[48]

Dies war aber nur der erste Teil der Zeremonie. Zwei weitere sollten folgen. Zunächst eine Form der Befragung, die recht deutlich macht, wie wenig man selbst am kaiserlichen Hof von der „Welt draußen" wusste und wie groß zugleich das Interesse war, mehr davon zu erfahren. Hier spricht Kaempfer offenbar aus unmittelbarer Zeugenschaft:

> Jetzt aber und seit zwanzig Jahren hat man angefangen, die mit der Gesandtschaft gekommenen Holländer nach der ersten Audienz tiefer in den Palast einzuführen und sie der Kaiserin, den dazu eingeladenen Prinzessinnen von Geblüt und den übrigen Hofdamen zum Vergnügen und zur Betrachtung vorzustellen, wobei der Kaiser nebst dem Frauenzimmer hinter Jalousien verdeckt, die Reichsräte und die übrigen bei einer Audienz verordneten hohen Bediente aber öffentlich zugegen sitzen.
>
> [...] Verschiedene der geschorenen Hofleute (diese sind nämlich die Tempelherren, Ärzte, auch Tafel- und Küchenbedienten) kamen alsbald zu uns und taten Fragen nach unserem Namen, Alter und anderen Kleinigkeiten. Die vorgezogenen vergoldeten Schirmwände aber befreiten uns kurz darauf von ihnen und dem ganzen vorbeigehenden Hofschwarm. [...] Hinter der Jalousiematte, nicht weit von uns zur rechten Hand, saß der Kaiser mit seiner Gemahlin, deren Gesicht ich ein paarmal, während ich auf kaiserlichen Befehl etwas tanzte, als sich die Matte mit einer kleinen Öffnung neigte, erblicken und eine bräunliche, runde, schöne Gestalt mit europäischen schwarzen Augen, voller Feuer und Leben an ihr wahrnehmen, auch nach Verhältnis ihres Kopfes eine große Statur und ein etwa 36-jähriges Alter mutmaßen konnte.
>
> Wenn ich von Jalousiematten rede, so verstehe ich darunter von gespaltenen feinen Rohrstöcken gemachte Hängedecken, die ungefähr eine Spanne lang voneinander einen seidenen Durchschlag haben und sowohl zur Zierde als zur größeren Blendung mit Figuren bemalt sind, wie man denn von außen her nichts dahinter sehen kann, vornehmlich wenn daselbst kein Licht ist, weshalb wir auch die Gegenwart des Kaisers nur an seiner Rede erkannten, die er überdies so leise einrichtete, als wenn er gar nicht entdeckt sein wollte.[49]

---

48 Ebd., S. 215.

49 Ebd., S. 216ff.

Dieser scheinbar sehr präzise Bericht enthält eine Reihe von Widersprüchen: auf der einen Seite eine ganz verhangene Situation bei trübem Licht – auf der anderen Seite die Schilderung der hinter den Matten verborgenen Kaiserin und sogar eine Mutmaßung über deren Alter. Christian Wilhelm Dohm (1751–1820), der erste Herausgeber von Kaempfers Werk in deutscher Sprache, hat daher in einer Fußnote an dieser Stelle auf die Widersprüche hingewiesen und seine Zweifel an der Berichterstattung zum Ausdruck gebracht.

Die Zeremonie war damit aber noch lange nicht zu Ende: es schloss sich eine weitere Begegnung an, in der die Holländer wie Wesen von einem anderen Stern und zur Belustigung der Damen bei Hofe vorgeführt wurden:

> Diese erste Szene verwandelte sich nun weiter in ein wahres Possenspiel. Zuerst kamen noch mancherlei läppische Fragen, und zwar an einen jeden insbesondere, wie alt er und wie sein Name sei, was jeder, weil man ein europäisches Schreibzeug bei sich hatte, aufzeichnen und dem Bengo[50] hinreichen mußte, welcher den Zettel nebst dem Schreibzeug dem Kaiser unter der Decke hin einhändigte. Unser Kapitän wurde gefragt, wie weit Holland von Batavia, Batavia von Nagasaki, ob der General auf Batavia oder der Prinz von Holland mächtiger sei; und ich: welche innerlichen und äußerlichen Gebrechen ich für die schwersten und gefährlichsten hielte, wie ich mit den Krebsschäden und innerlichen Geschwüren zu Werke ginge, ob ich nicht auch, wie die chinesischen Ärzte seit vielen Jahrhunderten getan, einem Mittel zum langen Leben nachgespürt oder ob nicht andere europäische Ärzte bereits eins ausgefunden. Ich antwortete, daß unsere Ärzte noch täglich studieren, das Geheimnis zu entdecken, wie der Mensch seine Gesundheit bis zu einem hohen Alter erhalten möchte. Man fragte weiter, welches denn fürs beste dazu gehalten würde. Antwort: Das letzte sei allezeit das beste, bis die Erfahrung ein anderes lehre. Frage: Welches denn das letzte sei. Antwort: Ein gewisser Spiritus, der bei mäßigem Gebrauche die Feuchtigkeiten flüssig erhalte und die Lebensgeister aufmuntere und stärke. Frage: Wie selbiger genannt werde. Antwort: Fal volatile oleosum Sylvii.
>
> Da ich wusste, daß alles, was bei den Japanern Achtung erwerben soll, einen langen Namen und Titel haben muß, so erwählte ich diese Benennung um so eher, die ich auch etlichemal nacheinander wiederholen mußte, indem man sie hinter der Matte nachschrieb. Frage: Wo er denn zu bekommen und wer ihn erfunden. Antwort: In Holland der Professor Sylvius. Frage: Ob ich ihn auch zu machen wüßte. Hier befahl mir unser Kapitän mit einem Winke, nein zu sagen. Ich antwortete aber: O ja, aber nicht hier. Frage: Ob er auf Batavia zu bekommen sei. Antwort: Ja, womit denn der Kaiser verlangte, daß mit dem nächsten Schiffe eine Probe überschickt werden sollte, die auch unter dem Namen im

---

50 Hofedelmann

> folgenden Jahre wirklich überkommen ist, in der Tat aber nichts anderes war als ein unlieblicher Spiritus Salis Ammoniaci, mit Gewürznelken abgezogen.
>
> Gleichwie nun der Kaiser anfänglich uns gegenüber bei dem Frauenzimmer weiter von uns gesessen, so veränderte er jetzt seinen Platz und setzte sich zur Seite hinter der Hängematte näher zu uns und hieß uns unsere Mäntel und Ehrenkleider ablegen und aufrecht sitzen, damit er uns besser ins Gesicht sehen könne. Dieses war es aber nicht allein, was der Kaiser verlangte, sondern wir mußten uns gefallen lassen, ordentliche Affenpossen auszuüben, die mir nicht einmal alle mehr erinnerlich sind. Bald mußten wir nämlich aufstehen und hin und her spazieren, bald uns untereinander komplimentieren, dann tanzen, springen, einen betrunkenen Mann vorstellen, japanisch stammeln, malen, holländisch und deutsch lesen, singen, die Mäntel um- und wieder wegtun und dergleichen; ich an meinem Teile stimmte hierbei eine deutsche Liebesarie an. Unser Kapitän blieb jedoch von diesen Sprüngen verschont, weil man gleichwohl darauf bedacht war, daß das Ansehen unserer Oberherren in seiner Person ungekränkt bleiben mußte, wie er sich denn auch wegen seines ernsthaften und empfindlichen Gemütes außerdem gar schlecht dazu geschickt haben würde.[51]

Kaempfer hat sich nur zwei Jahre in Japan aufgehalten, genauer vom 24. September 1690 bis zum 31. Oktober 1692. Er hat an zwei „Huldigungsreisen“ nach Edo teilnehmen können. Sie haben ihm Gelegenheit gegeben, besonders umfangreiche wissenschaftliche Studien zu unternehmen. Manchmal nicht ohne Gefahr für Leib und Leben, denn die Gesetze, die den Abschluss Japans nach außen hin sichern sollten, waren streng.

Einige Zeit nach seiner zweiten Edo-Reise hat er das Schiff zurück nach Batavia genommen. Wenige Monate später ging er dort an Bord eines Segelschiffs, das ihn nach einer langen Reise schließlich zurück nach Amsterdam brachte. Auf große Fahrt ist er danach nicht mehr gegangen; die Zeit der Abenteuer war für ihn zu Ende.

Harte Jahre in Europa

Ab 1693 blieb er zunächst für zwei Jahre in Holland. Er bemühte sich darum, in ein „bürgerliches Leben“ zurückzufinden. Zunächst widmete er sich der Aufgabe, seine wissenschaftliche Arbeit abzuschließen, die ihn zum Doktor der Medizin machen sollte. Auf seiner langen Fahrt über die Meere hatte er seiner Dissertation eine erste Form gegeben. Aus heutiger Sicht ist diese Arbeit eine recht ungewöhnliche Sammlung von naturwissenschaftlichen Einzelstudien, die er

[51] Scurla (1982): S. 219f.

auf seinen Reisen zusammengetragen hat. Sie entsprach aber durchaus dem Geist des Barockzeitalters, in dem man an Universitäten ebenso wie an den Höfen damit begonnen hatte, „Kuriositäten-Sammlungen" anzulegen. Er beschreibt darin beispielsweise „das scythische Lamm, die Bitterkeit des Kaspischen Meeres, die persische Mumie, den Zitterrochen des Persischen Golfes, das Drachenblutharz, den Medinawurm (Dracunculus), den Hodenwasserbruch (Hydrozele testis) und Madurafuß sowie Akupunktur sowie Moxibustion."[52]

Viele dieser Phänomene, die heute unterschiedlichen Fakultäten zugewiesen würden, hat er zum ersten Mal beschrieben, und dies mit großer Genauigkeit. 1694 wurde er mit seiner Arbeit in Leiden promoviert. Aber auch nach dem Abschluss gelang es ihm nicht, vor Ort eine Anstellung zu finden, weshalb er schließlich in die Nähe von Lemgo, nach Lieme, zurückkehrte. Dort sollte in den ihm noch verbleibenden 20 Jahren sein Lebensmittelpunkt sein – eine für ihn in mancherlei Hinsicht nicht sehr glückliche Zeit. Sein Bemühen richtete sich darauf, sein Wissen zu systematisieren und seine Studien abzuschließen. Eine materielle Lebensgrundlage fand er durch seine Anstellung als Leibarzt des lippeschen Grafen Friedrich Adolf und durch seine Heirat mit Maria Sophia Wilstach, die aus wohlhabendem Hause stammte. Doch die beruflichen Verpflichtungen belasteten ihn mehr als erwartet, und die Ehe war offenbar wenig harmonisch – sie war „die Hölle", wie er in einem Brief schrieb. Drei Kinder aus dieser Verbindung starben noch zu seinen Lebzeiten. Zudem bedrückte ihn die provinzielle Enge, die ihn auch bei der wissenschaftlichen Arbeit, etwa beim Zugang zu wichtigen Büchern, behinderte. Am 2. November 1716 schließlich starb er nach langem Krankenlager.

Eine Kette glücklicher Ereignisse rettet ein Lebenswerk

Zur Tragik seines Lebens gehört, dass er – abgesehen von der oben erwähnten Doktorarbeit – zeitlebens nichts publizieren konnte. Nur einer Reihe von glücklichen Umständen, insbesondere den Nachforschungen des Engländers Sir Hans Sloane (1660–1753), ist es zu verdanken, dass Kaempfers Werk überhaupt erhalten blieb. Dieser Sammler und Naturforscher erwarb von den Erben Kaempfers dessen Manuskripte und mitgebrachte „Raritäten". Sloans Sekretär, der Schweizer Johann Caspar Scheuchzer (1702–1729), übersetzte die Schriften ins Englische und brachte das Werk elf Jahre nach dem Tod des Autors 1727 in London im Druck heraus: *History of Japan. Giving an Account of the Ancient and Present State and Government of that Empire, of its Temples, Palaces, Castles, and other Buildings; of its Metals, Minerals, Trees, Plants, Animals, Birds and Fishes; of the Chronology and Succession of the Emperors, Ecclesiastical and Secular; of the Original Descent, Religions, Customs, and Manufactures of the Natives, and of Their Trade and*

[52] Haberland (1990): S. 83.

Commerce with the Dutch and Chinese. Damit war der Bann, der auf Kaempfers Werk zu liegen schien, gebrochen. In schneller Folge gab es bald weitere Ausgaben auf Französisch und Holländisch. So bahnte sich das Werk seinen Weg durch die gelehrte und gebildete Welt Europas. Erst etwa 50 Jahre später, 1777 bzw. 1779, erschien es nach Überarbeitung durch Christian Wilhelm Dohm erstmals in einer deutschen Ausgabe.

Engelbert Kaempfer – der Humboldt des 17. Jahrhunderts

Kaempfers Werk hat in seiner langen und bewegten Rezeptionsgeschichte heftige Reaktionen hervorgerufen. Seine Kritik an der massiven und in der Wirkung am Ende weitgehend erfolglosen Missionsbemühung ist bei kirchenfrommen Lesern auf Widerspruch gestoßen. Seine Schilderung holländischer Unterwürfigkeit in der Begegnung mit dem Shōgun hat das Selbstbewusstsein mancher Europäer verletzt. Das von ihm gezeichnete Bild einer straffen Hierarchie hat zu dem Fehlschluss geführt, Japan habe eine Vorliebe für Despoten. Später wurde daraus sogar die Theorie, das Land sei unfähig zur Demokratie. Deutsche haben sich daran gestoßen, dass Kaempfers Werk zuerst auf Englisch veröffentlicht wurde, dann in französischer Sprache weite Beachtung fand und erst einige Jahrzehnte später auch auf Deutsch erschienen ist. Sie nahmen dies als Beweis dafür, dass die eigenen Landsleute geistig unbeweglich seien und es ihnen an Qualitätsbewusstsein fehle. Solche Fehlinterpretationen sollten jedoch nicht dem Autor angelastet werden, der sich dagegen nicht mehr verwahren konnte. Aber die Fülle der Reaktionen, vor allem im 18. und 19. Jahrhundert, zeigt, wie sehr Kaempfers Werk die Menschen bewegt hat.

In der Welt der Ostasienforscher wird Kaempfers Leistung heute im Allgemeinen hochgeschätzt. Seine Qualität als zuverlässiger Beobachter und präziser Berichterstatter wird zurecht hervorgehoben. So wird beispielsweise mit Hochachtung vermerkt, dass er den von ihm entdeckten Pflanzen nicht nur die chinesischen Schriftzeichen beigefügt, sondern auch deren korrekte japanische Aussprache, so penibel wie möglich, ermittelt und festgehalten hat.

Eine ganz andere Frage ist, ob auch breitere Bevölkerungsschichten mit seinem Namen etwas verbinden können. Theodor Heuss (1884–1963), der gern die Lebensgeschichten bedeutender Persönlichkeiten nachzeichnete, beklagte noch 1947, dass Kaempfer nicht zu denen gehörte, die in das Bewusstsein der Nation Eingang gefunden hätten, sondern lediglich „eine Arabeske der Fachwissenschaft“[53] darstellte. Auch wenn Japanologen dem heftig widersprechen mögen: ganz falsch ist dieser Eindruck nicht. Denn selbst heutige Zeitgenossen, die sich für gebildet halten, wissen nur wenig von Kaempfers Werk und Lebensgeschichte.

---

53 zitiert nach: Franz (2005): S. 38.

Das ist erstaunlich und bedarf dringend einer Korrektur. Immerhin bestimmte Kaempfers Bericht das Japanbild der „alten Welt“ über etwa 100 Jahre hinweg, bis schließlich Siebold ihm modernere Züge verleihen konnte. Schon sehr früh ist Kaempfer „der Humboldt des siebzehnten Jahrhunderts“ genannt worden.[54] Auf einem Kaempfer errichteten Denkmal in Lemgo finden sich auf Latein die Worte des Schweizer Arztes, Botanikers und Schriftstellers Albrecht von Haller (1708–1777): „Keinem Forschungsreisenden nachstehend, zu jeglicher Mühe unverdrossen, ohne sich zu schonen, so oft eine Aussicht bestand, die Wahrheit zu ergründen.“[55] Dennoch schlummerte sein Nachlass, wie Detlef Haberland, einer seiner Biografen, berichtet, lange als „ungehobener Schatz“ im Britischen Museum. In einer Gemeinschaftsanstrengung vieler Fachleute ist er mittlerweile gehoben worden. In diesem Kreis wird Kaempfers große Leistung durchaus gewürdigt. Frühe Verdienste hat sich beispielsweise Karl Meier-Lemgo (1882–1969) erworben, der u. a. 1937 seine Biografie *Engelbert Kaempfer, der erste deutsche Forschungsreisende* vorlegte. Der Biograf Haberland räumt ihm einen herausragenden Platz ein:

> Sein Werk stellt eine der bedeutenden Leistungen in der Reisegeschichte dar, da Kaempfer ohne systematische Vorbereitung der gedankliche Sprung nicht nur in eine, sondern in mehrere, ganz unterschiedliche Kulturen gelang. Es ist dies nicht so sehr einem vagen Genius zuzuschreiben als vielmehr seiner handfesten und auf das Konkrete ausgerichteten Intelligenz. Zu seinen gestalterischen und organisatorischen Fähigkeiten kam allerdings die Gabe zu zeichnerischer und schriftstellerischer Darstellung hinzu. Durch sie hat er im Verein mit seiner Wissensfülle und seiner Sprachbegabung eine Wirkung über seine Zeit hinaus entfaltet. Sie geht jedoch gleichermaßen auf seinen Ansatz zurück, nicht nur Naturphänomene zu beschreiben, sondern auch die jeweilige Kultur in ihrem gegenwärtigen und historischen Zusammenhang zu erfassen. In dieser Hinsicht nimmt sein Werk einen wichtigen Stellenwert in der Reiseliteratur ein. Bedeutsam ist daher auch seine Vorgehensweise: sie ist im besten Sinne wissenschaftlich zu nennen, da er Genauigkeit, Umsicht und Weitblick mit Erfindungsreichtum und Durchsetzungskraft verband.[56]

Je mehr Japan an Bedeutung gewonnen hat, umso deutlicher sind die Konturen dieses Mannes geworden. Auch dem Japanologen Peter K. Kapitza ist ausdrücklich zuzustimmen, wenn er hervorhebt, Kaempfer habe sich von den kirchlichen Dogmen seiner Zeit freigemacht, mit aller Unvoreingenommenheit des naturwissenschaftlich gebildeten und von religiöser Toleranz geprägten Beobachters berichtet und sei deshalb als „Wegbereiter zum Verständnis Japans“ zu werten.

---

[54] Vgl. Haberland (1990): S. 95.

[55] Franz (2005): S. 36.

[56] Haberland (1990): S. 95.

03. Philipp Franz von Siebold (1796–1866) Stürmischer Abschied und schmerzhafter Neubeginn

Philipp Franz von Siebold stellte sich seinen Porträtisten gern im Offiziersrock, die Brust geschmückt mit Orden. In jungen Jahren prangten dort nur wenige Sterne; mit zunehmendem Alter jedoch sollten es – Zeichen seines Erfolgs – sehr viele werden. Dazwischen lag ein reiches, abenteuerlich-wechselhaftes Leben. Ein Mensch, vielseitig, aber nicht ohne Widersprüche: Arzt und Forscher, Hasardeur und getreuer Freund, Manager, Handlungsreisender, Diplomat und Politiker. Sehr viel Licht, aber auch einiger Schatten und ein Ende nicht frei von Tragik, Scheitern und Einsamkeit.

Franz von Siebold verlor seinen Vater, als er selbst erst zwei Jahre alt war. Als Spross einer angesehenen Professorenfamilie lebte er als junger Mensch zeitweise im Haus eines Freundes der Familie, des Professors Ignaz Döllinger (1770–1841), und damit in einem Haus, in dem vor allem Wissenschaftler verkehrten. Der junge Mann erhielt besondere Unterweisung in den Bereichen Anatomie, Botanik und Physik. Als Medizinstudent schloss er sich dem angesehenen *Corps Moenania*, den „Mainländern", an. Forsch und unerschrocken, wie er es schon damals war, focht er im Namen dieses Bundes eine Reihe von Partien. Nach seinem fünfjährigen Studium arbeitete er kurze Zeit als Chirurg und Gynäkologe, doch dann zog es ihn ins Ausland: sein Ziel war eigentlich Brasilien. Der Zufall aber hatte andere Pläne: Ein Freund der Familie vermittelte ihm eine Stellung als Militärarzt in niederländischen Diensten. Eine fünfmonatige Schiffsreise brachte ihn zunächst nach Batavia, wo ihm der dort residierende Gouverneur von Niederländisch-Indien wenige Monate nach seiner Ankunft auf Java anbot, als Arzt nach Japan zu gehen – mit dem Zusatzauftrag, nicht nur die Geografie des Landes, seine Flora und Fauna, sondern auch die Kultur und die gesellschaftlichen Verhältnisse zu studieren sowie zu diesen Themen eine Sammlung anzulegen. Ohne es zu ahnen, hatte Siebold damit seine Lebensaufgabe gefunden.

Die niederländische Regierung stellte ihm ein ansehnliches Budget zur Verfügung, für das er u. a. elektrische Apparaturen kaufte, die dazu bestimmt waren, den Japanern den Stand westlicher Wissenschaft vor Augen zu führen. Zugleich erwarb er eine Reihe von Messgeräten, wie sie für Forschungsreisen nützlich sind. Verbürgt ist auch, dass er die seinerzeit wichtigsten Werke mit wissenschaftlichen Erkenntnissen über Japan mit auf Reisen nahm, namentlich Engelbert Kaempfers *History of Japan* (1727) sowie *Flora Japonica* (1784) des Schweden Carl Peter Thunberg (1743–1828). Beide waren sie vor ihm Ärzte der niederländischen Handelsmission auf Dejima gewesen.

Begegnung mit einem Land voller Turbulenzen

Als Siebold 1823 von Batavia aufbrach, war ihm durchaus bewusst, welch bedrängte Lage ihn in Japan erwarten würde. Die Handelsmission, zu der er stoßen sollte, war auf die winzige Fläche der künstlichen Insel Dejima begrenzt, die nicht zuletzt dazu diente, die Fremden zu isolieren. Auf diesem Außenposten, der nicht viel größer war als ein oder zwei Fußballfelder, lebten etwa ein Dutzend Holländer, eingepfercht zwischen hohen Mauern, die jeweils zur See- und zur Landseite hin ein Tor hatten, beide von japanischen Wachmannschaften kontrolliert. Landgänge waren nur selten gestattet. Selbst der Schiffsverkehr war stark eingeschränkt. Lief ursprünglich jeden Monat ein Schiff aus Europa im Hafen ein, waren es später deutlich weniger. Zudem litt der Handel gegen Ende des 18. und zu Beginn des 19. Jahrhunderts unter den politischen Turbulenzen in Europa. Zeitweise übernahmen die Engländer die niederländischen Besitzungen in Ostasien, und der Verkehr mit den holländischen Häfen kam völlig zum Erliegen. Zu Zeiten Siebolds war der Handel mit Japan für die Niederländer defizitär. Allein aus politischen Gründen hielten sie an Dejima fest – sie wollten die Entwicklung in Ostasien weiterhin aus nächster Nähe beobachten.

Ein „Berg-Holländer“ schafft sich Freiraum

Die ersten praktischen Erfahrungen mit Japan konnte Siebold bereits auf hoher See machen. Vor der Küste, die sie ansteuerten, fischten die Niederländer einige Japaner aus dem Wasser – Schiffbrüchige, die Opfer eines Taifuns geworden waren – und brachten sie sicher in den Zielhafen von Nagasaki. Obwohl die Ankömmlinge nach ihrer erfolgreichen Rettungsaktion mit einem freundlichen Empfang rechneten, blieb ihnen das quälende Verhör durch die Küstenwachen nicht erspart. Die Japaner merkten sehr schnell, dass Siebolds Holländisch nicht besonders flüssig war, da er die Sprache – zu ihrem Erstaunen – nur schlecht beherrschte. Erst die Ausrede, er komme aus dem Gebirge, sicherte Siebold den Zugang zur Insel Dejima, die für die nächsten Jahre sein Zuhause sein sollte. Fortan hießen die Deutschen auf Japanisch *yama orandajin*, was auf Deutsch so viel wie „Berg-Holländer“ bedeutet.

Angesichts der Bewegungsbeschränkungen, mit denen er sich konfrontiert sah, war es für Siebold keine leichte Aufgabe, Land und Leute zu erkunden. So ging er seine Aufgaben mit sehr viel Umsicht an. Sein Vorgehen lässt sich dabei wie folgt zusammenfassen: Zum einen gab er sein ärztliches Wissen nicht nur an die wenigen Europäer, sondern auch an die Japaner weiter. Dies sollte ihm die Chance eröffnen, mehr Außenkontakte zu gewinnen. Zum anderen nahm er für seine Dienste kein Geld, sondern erbat sich stattdessen als Gegenleistung Pflanzen und Tiere, lebendig oder in Form von Präparaten, die er in seine schnell wachsende Sammlung aufnehmen konnte. Und schließlich erklärte er sich dazu bereit, Studenten anzunehmen, denen er sein breites Wissen vermitteln konnte. Im Gegenzug sicherte er sich ihre Hilfe für die Erkundung der Umgebung.

Zu Beginn war es für den jungen Doktor nicht leicht, seinen Platz in der Kolonie zu finden, die er hier vorfand. Die Niederländer waren altmodisch gekleidet und gingen nicht nur mit den für sie abgestellten Wachen, sondern auch untereinander ungewöhnlich förmlich um. Frauen war der Zutritt zur Insel verboten, mit Ausnahme von Prostituierten. Siebold gelang es jedoch schnell, sich innerhalb der gefängnisartigen Bedingungen gewisse Freiräume zu erobern. Bald widmete er sich auch den Kranken auf dem Festland. Beim Unterricht für seine japanischen Kollegen und deren Schüler bediente er sich des Holländischen, das – wie er es nannte – „des Lateins des Ostens".

Siebolds Ruf als „Wunderdoktor" verbreitete sich rasch. Daher gelang es ihm schon bald, seiner Tätigkeit eine offizielle Form zu geben und sogar die behördliche Erlaubnis zum Betrieb einer Medizinschule zu erhalten. Schließlich konnte er im Narutaki-Tal – im Tal des „murmelnden Wasserfalls" – auf dem Festland sogar ein ansehnliches Grundstück von etwa zwei Hektar erwerben und dort die für seinen Zweck notwendigen Gebäude errichten, einschließlich einer Wohnung für sich selbst. Fortan mussten sich seine Studenten nicht mehr wie bisher als Dolmetscher ausgeben. Anders als die übrigen Inselbewohner konnte Siebold von nun an die Doppelreihe der Wachen anstandslos passieren. Für seine Lehrzwecke verfasste er das Buch *Materia medica*, das die medizinische Wirkung von Pflanzen darstellte und das von einem seiner Schüler auch ins Japanische übersetzt wurde.

Eine japanische Frau tritt in sein Leben

Da er sich nun ziemlich frei bewegen konnte, machte er auch die Bekanntschaft einer jungen Japanerin, Kusomoto Otaki (1807–1865), genannt Sonogi. Er war Ende zwanzig, sie 16 Jahre alt. Dies war der Beginn einer innigen, zugleich aber höchst dramatischen Liebe. Im Mai 1827 schenkte sie ihm eine Tochter, O-Ine. Nach den Gesetzen des Landes war eine förmliche Heirat ausgeschlossen. Sonogi und O-Ine mussten sogar sein Haus verlassen und in die Stadt Nagasaki ziehen. Aber er konnte sie täglich besuchen und mit allem versorgen, was ihnen wichtig war. Sonogi sollte auch später treu an seiner Seite bleiben, selbst als es ihm sehr schlecht erging und er in höchste Bedrängnis kam.

Siebold war ein rastloser Arbeiter. Nach zwei Jahren hatte er bereits eine umfangreiche Sammlung zur Flora und Fauna Japans zusammengetragen. In einem von ihm angelegten botanischen Garten pflegte er einen Bestand von annähernd tausend Pflanzen. Der Gouverneur von Batavia gewährte ihm dabei großzügige Unterstützung. Er stellte ihm sogar zwei qualifizierte Mitarbeiter zur Seite: Dr. Heinrich Bürger (1804–1858), einen Deutscher, der bis dahin als Pharmazeut in Batavia gearbeitet hatte, und Carl Hubert de Villeneuve (1800–1874), einen Schweizer Verwaltungsfachmann, der über eine große Begabung als Zeichner verfügte.

Gelegenheiten zu ausgedehnten völkerkundlichen Studien boten sich Siebold in den ersten Jahren noch recht selten. Doch 1826 ergab sich überraschend die Chance, diese Erkenntnislücke zu schließen, als die Vertreter der Handelsmission bei Hofe erscheinen mussten, um ihr Treuegelübde zu erneuern und Bericht zu erstatten. Für die Besatzung von Dejima stellte dies angesichts einer Entfernung von 1400 Kilometern eine große Herausforderung dar. Nur drei Europäern war die Teilnahme an dieser Reise gestattet: dem Faktoreileiter Johan Willem de Sturler (1773–1855), dem Arzt Siebold und dem Pharmazeuten Bürger. Begleitet wurden sie von 57 Japanern, Wach- und Hilfskräften, darunter aber auch viele Studenten, deren Hilfe sich Siebold für seine Studien sicherte.

Schon ihre Ausrüstung ließ darauf schließen, was sie vorhatten. Für ihre Messungen führten sie Barometer, Hygrometer, Thermometer, Chronometer, Sextanten, Mikroskope mit sich und als Geschenke Geschirr, Silber, Glas und sogar ein Klavier. Die Europäer betrachteten es als ihren Auftrag, das Land zu vermessen. Unter Verletzung der für sie geltenden strengen Regeln verließen sie dazu, wenn nötig, auch die ihnen vorgeschriebene Route. Die Erlaubnis dazu „erkauften" sie sich teilweise mit den mitgeführten Geschenken, aber auch mit der Zusage, Kranke zu heilen, die am Wege geduldig auf sie warteten und darauf hofften, von chronischen Haut- und Augenkrankheiten, aber auch von Syphilis und anderen Gebrechen befreit zu werden.

Auf seiner Reise machte Siebold viele Beobachtungen, die ihm bisher verwehrt waren: Zu seinem Erstaunen stellte er fest, dass viele japanische Würdenträger die holländische Kultur und ihre Sitten übernommen hatten. So begrüßten sie ihn in holländischer Tracht oder in dem, was sie dafür hielten, bemühten sich bei der Ausstattung ihrer Häuser um holländisches Interieur, hatten sich holländische Namen zugelegt und kamen als Pieter van der Stolp, Adriaan Pauw oder Wilhelmus Botanicus daher und bemühten sich, Holländisch zu radebrechen.

Der Zug kam nur langsam voran. Zwei Monate nach Abreise erreichte er schließlich Edo und wurde in einer festlichen Prozession zum Palast des Shōgun geleitet. Dort allerdings erwartete die Reisenden eine große Enttäuschung, denn keiner von ihnen bekam den Herrscher zu sehen. Selbst seine Minister ließen sich durch hochrangige Mitarbeiter vertreten. Japans Regierungsspitze blieb geheimnisvoll im Verborgenen.

Ungewöhnliche Tauschgeschäfte auf der Reise nach Edo

Entschädigt wurde Siebold aber durch zahlreiche Kontakte mit japanischen Gelehrten. Durch sie wurde er nicht nur tiefer in die Geheimnisse der „heilenden Nadeln", der Akupunktur, eingeführt. Vor allem konnte er seine geografischen Kenntnisse erweitern. Japanische Forscher berichteten ihm anhand ihrer Aufzeichnungen und Karten über die von den Ainus bewohnte große Insel, das heutige Hokkaidō, über die noch weiter nördlich gelegenen heutigen Kurilen, über Sachalin, das von den Japanern Krafto genannt wurde, und über die Mündungsgebiete des Armur. Besonders wertvoll war seine Begegnung mit dem Hofastronomen Takahashi Sakuzaemon (1785–1829), dem Leiter der kaiserlichen Bibliothek, der sich den Beinamen „Globus“ zugelegt hatte. Mit ihm verhandelte er ein Tauschgeschäft. Siebold gewährte ihm Einblick in Bücher, die über die Eroberungskriege im Westen, die Feldzüge Napoleons in Europa und das traurige Schicksal der nordamerikanischen Ureinwohner berichteten. Denn den Japaner beunruhigte der Gedanke, auch sein Land könnte Opfer einer ausländischen Aggression werden. Vor allem die Russen wurden damals in Japan als Gefahr betrachtet. Um in den Besitz dieser sonst für ihn nicht zugänglichen historischen Druckwerke zu gelangen, schenkte Takahashi Siebold im Gegenzug umfangreiches Kartenmaterial, das die Topografie Japans recht genau wiedergab. Wenn auch im guten Glauben, seiner Heimat mit diesem Austausch einen Dienst zu erweisen, so beging er doch damit nach den geltenden japanischen Gesetzen Landesverrat, ein Delikt, das mit der Todesstrafe geahndet werden konnte.

Einen ähnlich riskanten Handel machte Siebold mit dem kaiserlichen Hofarzt Habu Genseki (1762–1848). Siebold weihte ihn in das Geheimnis ein, wie sich mit Hilfe des Tollkirschen-Extrakts Belladonna die Pupillen erweitern ließen – eine für die Augenheilkunde wichtige Anwendung, die ganz neue Operationsmethoden ermöglichte. Im Gegenzug erhielt er einen kostbaren Umhang mit dem kaiserlichen Wappen. Ein solches Kleidungsstück in die Hände eines Ausländers zu geben, stellte ebenfalls ein todeswürdiges Verbrechen dar. Diese Art von Tauschgeschäften sollte für alle Beteiligten noch schreckliche Folgen haben.

Damit aber nicht genug. Auf der Rückreise erweiterte Siebold seine landeskundlichen Kenntnisse, indem er besonders schwere Verstöße gegen die Auflagen beging, die die Gastgeber den Holländern gemacht hatten. Mit Hilfe seiner Vermessungsgeräte und einem in seinem Hut versteckten Kompass fertigte er recht detaillierte topografische Aufzeichnungen an. Voller Bewunderung für seine Fähigkeiten assistierten ihm seine japanischen Begleiter bei der Arbeit. Im Zuge dieser Bemühungen ermittelte er auch die Höhe des Fujisan, des heiligen Bergs Japans, ein Vergehen, das ihm später besonders zur Last gelegt werden sollte.

Ein Sturm bricht los

Im Juli 1826 nach Dejima zurückgekehrt, blieben Siebold zur Vervollständigung seiner Arbeit noch zwei Jahre. Der Gouverneur in Batavia hatte seine Abreise für den September 1828 anberaumt. Siebold verstaute seine Sammlung in 89 Kisten an Bord des Seglers *Cornelis Houtman.*

Doch während das Schiff noch in der Bucht ankerte, zog ein ungewöhnlich kräftiger Taifun auf, und das Boot schlug leck. Von der Ladung selbst ging zwar nur wenig verloren, doch brachen einige Kisten auf, und ihr Inhalt wurde sichtbar. Eine Anzeige bei den Behörden brachte eine hochnotpeinliche Untersuchung ins Rollen. Etwa 40 Japaner, die mit Siebold engeren Kontakt gepflegt oder ihn sogar nach Edo begleitet hatten, wurden festgenommen. Auch seine Studenten und Dolmetscher wurden Verhören unterworfen. Er selbst wurde in Hausarrest genommen. Während die Untersuchungen andauerten – dazu bedurfte es eines langen Jahres – durfte er Japan nicht verlassen.

Es sollte ein Jahr der Bewährung werden. Standhaft weigerte er sich, die Namen derjenigen preiszugeben, die ihm unter Verletzung der Landesgesetze geholfen hatten. Er bot an, selbst eine lebenslange Haftstrafe zu akzeptieren, wenn seinen Freunden dafür die Freiheit geschenkt würde. Doch auch das erweichte die Untersuchungsbeamten nicht. Alle, die mit ihm zusammengearbeitet hatten, verloren ihre Ämter, viele wurden zu Haftstrafen verurteilt, andere verbannt, manche begingen Selbstmord. Am schlimmsten erging es Takahashi Sakuzaemon, der Siebold die Landkarten überlassen hatte. Er wurde gefoltert, zum Tode verurteilt und starb schließlich im Gefängnis. Sogar Familienangehörige wurden durch Verbannungsurteile in Sippenhaft genommen.

Doch selbst unter diesem großen Druck hielten viele von Siebolds Freunden weiterhin zu ihm. Verbürgt ist beispielsweise die Geschichte von Yoshio Tsujiro, der Siebold vor einer Hausdurchsuchung warnen konnte, ihm in einer Nacht-und-Nebel-Aktion half, wichtige Dokumente zu kopieren, und dann die Originale zu seiner Entlastung den Behörden zurückgab. Auch seine japanische Frau Sonogi, selbst sehr bedrängt, unterstützte ihn, wo sie nur konnte.

Verbannung auf Lebenszeit

Nach einjährigen Untersuchungen erging schließlich das Urteil gegen Siebold selbst: Verbannung auf Lebenszeit. Es dürfte dem Einsatz vieler zu verdanken sein, die ihn als Doktor in Anspruch genommen hatten oder seine Verbundenheit mit Japan bezeugen konnten, dass das Urteil nicht härter ausfiel. Er selbst empfand es als extreme Strafe, Japan auf immer verlassen zu müssen. Besonders schmerzlich war es für ihn, dass weder Frau noch Tochter mit ihm reisen durften. Er rechnete mit einem Abschied für immer. Zwei seiner Studenten bat er, gemeinsam mit seiner Frau die Verantwortung für die Erziehung seiner zweieinhalbjährigen Tochter O-Ine zu übernehmen. Als sein Schiff, die *Cornelis Houtman*, auslief, folgte ihm ein kleines Fischerboot. An Bord waren Frau und Tochter sowie die beiden Studenten, die ihn noch ein kleines Stück begleiteten. Dann folgte ein letztes Lebewohl. Lediglich ihre in kleine Schalen gemalten

Porträts konnte er auf seine Reise mitnehmen – zwei Kostbarkeiten, die er sorgsam verwahrte. Noch heute sind sie im Museum in Leiden ausgestellt.

Siebold hat lange gebraucht, dies alles zu verarbeiten. So hat er erst 1845 erneut geheiratet: Helene von Gagern, die ihm fünf Kinder schenken sollte. Auch Sonogi, seine japanische Frau, suchte ein zweites Mal ihr Glück in einer Ehe. Siebolds Tochter O-Ine studierte wie ihr Vater Medizin und betrieb später in Nagasaki eine gynäkologische Klinik.

Heimkehr mit allen Ehren

Siebolds Rückkehr nach Europa stand zunächst unter einem glücklichen Stern. Der niederländische König, Willem I., empfing ihn mit allen Ehren. Er schlug den Heimkehrer zum Ritter des Löwen-Ordens, gab ihm in der Ostindien-Armee eine feste Stellung im Offiziersrang und setzte 60 000 Gulden zum Erwerb seiner großen Sammlung aus. Sie umfasste etwa 5000 verschiedene Objekte: darunter 200 Säugetiere, 500 Vögel, 750 Fische, 170 Reptilien sowie eine sehr große Zahl wirbelloser Tiere. Dazu kamen 2000 lebende Pflanzen und ein Herbarium mit weiteren 12 000 getrockneten Objekten. Der größte Teil der Sammlung ging an das naturhistorische Museum in Leiden. Auch die lebenden Pflanzen fanden im Botanischen Garten der dortigen Universität ein neues Zuhause. Einen Teil davon gibt es noch heute, vor allem einige Bäume, die inzwischen etwa 200 Jahre alt sind.

Die Gestaltung seines neuen Lebensabschnitts ging Siebold mit großer Energie an. Schon in Japan hatte er an seinem Ruf als Entdecker eines fernen Weltteils gearbeitet. Die Ordnung seiner Sammlung und die Veröffentlichung seiner wissenschaftlichen Ergebnisse standen von nun an im Vordergrund seines Interesses. Schon immer hatte er das Talent besessen, andere Menschen zur Mitarbeit an dem zu gewinnen, was ihm selbst am Herzen lag. Nun wurde Johann Joseph Hoffmann (1805–1878) zu seinem wichtigsten Mitarbeiter und half ihm bei der Katalogisierung und Beschreibung seiner Funde. Als Assistent diente ihm ein Chinese, Kuo Cheng-Chang. Auf seinen Reisen durch Europa kündigte Siebold frühzeitig das Erscheinen seines Hauptwerks *Nippon – Archiv zur Beschreibung von Japan und dessen Neben- und Schutzländern* an. In St. Petersburg holte er sich Rat bei dem berühmten russischen Admiral von Krusenstern (1770–1846), der auch in den japanischen Küstengewässern unterwegs gewesen war. In Berlin traf er Alexander von Humboldt (1769–1859), den großen deutschen Forschungsreisenden. Auch bei Hofe fand er offene Türen – bei Kaiser Franz I. in Wien, beim Zaren Alexander II. in St. Petersburg ebenso wie bei Friedrich Wilhelm IV. in Berlin.

Bereits 1832 konnte er stolz den ersten Band seines Opus magnum *Nippon* vorlegen. In schneller Folge erschienen drei weitere Bände. Obwohl sie nicht nur prächtige Schautafeln von Pflanzen und Tieren enthielten, sondern auch viele dürre Zahlen, Messergebnisse und nüchterne Beschreibungen, erwiesen sie sich als sehr publikumswirksam. Bis die Reihe abgeschlossen werden konnte, sollte es dann allerdings trotzdem noch sehr lange dauern. Nur der erste Band erschien auf Niederländisch, die anderen auf Deutsch. Teile wurden ins Französische und Russische übersetzt. Erst einige Zeit später folgte auch eine Ausgabe auf Japanisch.

Unglückliche Versuche auf diplomatischem Parkett

Mehr und mehr sah sich Siebold von nun an auch in der Rolle eines politischen Ratgebers. Er bewies Weitblick, indem er vorhersah, dass Japan nicht mehr lange in seiner Isolation würde verharren können. Auf sein Drängen hin verfasste der niederländische König 1844 einen Brief an den Shōgun in Edo, in dem er sich für eine vorsichtige Öffnung Japans einsetzte. Den Niederlanden mit ihrer langjährigen Erfahrung im Land sollte dabei eine privilegierte Stellung eingeräumt werden. Der Shōgun bedankte sich höflich, machte aber zugleich deutlich, dass Japan „mit Blick auf die heiligen Gesetze des Landes" keine Politik der offenen Tür verfolgen könne. Siebold, der mit Sorge wahrnahm, dass die großen Seemächte unter Führung Amerikas immer heftigeren Druck auf Nippon ausübten, forderte von seiner Regierung weitere Initiativen. Doch das Kabinett wies dies zurück. Bereits damals galt der Prophet im eigenen Land wenig.

Nun wandte sich der Abgewiesene mit seinem Anliegen an St. Petersburg, akzeptierte auch eine Einladung zu Gesprächen über Japan mit dem russischen Kanzler Nesselrode (1780–1862) und geriet so immer mehr zwischen die Mühlsteine der Politik. Seine eigene Regierung verübelte ihm den Alleingang. Als die Amerikaner 1853 schließlich die Öffnung Japans erzwangen, machte der Leiter der holländischen Handelsmission in Dejima Siebold sogar für diesen rabiaten Angriff auf die Souveränität verantwortlich. Zwar gelang es Siebold trotz alledem, zum „Ständigen Berater in japanischen Angelegenheiten" ernannt zu werden, doch seine Vorschläge zur Neuordnung des Japanhandels fanden kaum Gehör.

Noch einmal in verantwortungsvoller Mission unterwegs

Das Blatt sollte sich allerdings für Siebold noch einmal auf unverhoffte Weise wenden. Ende 1858 erreichte ihn aus Japan die Nachricht, dass seine lebenslange Verbannung aufgehoben worden sei. Sofort begann er Reisevorbereitungen zu treffen. Einem Brief an einen Freund vertraute er seine Sorgen an; in seinen Gedanken werde er hin und her geworfen wie ein Schiff auf dem Ozean, denn Japan sei nun von der europäischen Zivilisation mit all ihren Schrecken bedroht.

Für das Geschehen fühle er sich mitverantwortlich, denn er habe Japan und seine Geheimnisse für die Wissenschaft entdeckt. Nun fühle er sich gedrängt, dieser Nation beizustehen, denn sie sei in großer Gefahr.

Inzwischen 63 Jahre alt, stach er noch einmal in See, wieder mit einem Regierungsauftrag in der Tasche: Er sollte den Entwurf eines Handelsvertrags überbringen, der noch der Ratifizierung durch die japanische Regierung bedurfte. Seinem Antrag, als Generalkonsul entsandt zu werden, war allerdings nicht entsprochen worden. Wie immer war er von hochfliegenden Ideen erfüllt. Er hatte sich vorgenommen, westliche Drucktechniken in Japan einzuführen. Die entsprechende Ausrüstung war Teil seines Gepäcks. Sein 13-jähriger Sohn Alexander begleitete ihn. Der Empfang in Japan am 14. August 1859 war herzlich und bewegend. Nicht nur der Leiter der Handelsmission, Dirk Donker Curtius (1792–1864), war gekommen. Auch Siebolds japanische Frau Sonogi stand mit ihrer gemeinsamen Tochter O-Ine und einigen seiner ehemaligen Studenten am Kai. Auch Ninomiya Keisaku (1804–1862), der für ihn die Höhe des Fujisan ermittelt und dafür im Gefängnis gesessen hatte, erwartete ihn, durch einen Schlaganfall allerdings halb gelähmt.

Was ihm in den nächsten Tagen an Berichten zugetragen wurde, war jedoch weniger herzerwärmend. Der Handel mit Holland lag danieder; stattdessen hatten Amerikaner und Briten das Feld für sich erobert. Siebold wurde berichtet, dass sie Land und Leute mit wenig Respekt behandelten, kaum Interesse für die japanische Kultur zeigten und einzig ihren eigenen geschäftlichen Vorteil im Sinn hatten. Daher begegneten viele Japaner den Neuankömmlingen feindselig. In Anbetracht dieser Nachrichten beschloss Siebold, aus der ihm übertragenen Rolle des Handelsberaters herauszutreten und sich diesen unerfreulichen Entwicklungen mit aller Macht entgegenzustemmen. Er tat dies auch im Vertrauen auf die Wertschätzung, die ihm die Bevölkerung entgegengebrachte. Anders als andere Ausländer bewegte er sich auf den Straßen stets unbewaffnet. Selbst wenn er tief in der Nacht zu einem Patienten gerufen wurde, hatte er lediglich einen Diener dabei, der ein Schild mit einem großen „S" vor ihm hertrug. Dieses Zeichen, so wird berichtet, wurde selbst von herumlungernden Dieben und Räubern respektiert.

Ich bin ein Offizier

In der Tat war Japan in dieser Zeit zu einem höchst unsicheren Platz geworden. Wer von den Japanern sich bei seinen Landsleuten für ein friedliches Miteinander mit den Fremden einsetzte – wie etwa der Daimyō Ii Naosuke (1815–1860) – musste selbst mit dem Schlimmsten rechnen. So fiel Ii Naosuke 1860 einem Mordanschlag zum Opfer. Auch der in den Niederlanden geborene Amerikaner Hendrick Heusken (1832–1861), der für das amerikanische Konsulat als Dolmetscher arbeitete, wurde bei einem nächtlichen Ausritt von antiwestlichen Samurai angegriffen und starb tags darauf. Weitere Holländer ebenso wie einige Russen kamen bei Ausschreitungen ums Leben. Siebold selbst hatte vor Abreise aus Deutschland sein Testament und seine Wertsachen einem Vertrauten übergeben.

Das Shōgunat in Edo hatte umfangreiche Sicherheitsmaßnahmen für ihn getroffen. Dem Bericht seines Sohnes Alexander zufolge bewachten 300 Männer den Akabane-Palast, in dem sie Quartier genommen hatten. Nachdem jedoch selbst die britische Botschaft angegriffen wurde und in diesem Zusammenhang etliche Tote und zahlreiche Verletzte zu beklagen waren, rieten auch enge Vertraute Siebold, das Quartier zu wechseln und zur Tarnung in einem Stall zu übernachten. Siebolds Antwort darauf lautete: „Sie vergessen, dass ich ein Offizier bin. Ihnen steht es frei, sich zu verbergen. Ich selbst bin bereit, mich gegen Angreifer zu verteidigen."

Siebold war zudem weiterhin unwillig, sich regierungsamtlichen Anordnungen zu fügen. Insbesondere ignorierte er auch die Aufforderung des holländischen Generalkonsuls, Edo aus Sicherheitsgründen zu verlassen. Zugleich suchte er den Shōgun für die Idee zu gewinnen, lediglich Nagasaki zum freien Hafen zu erklären. Dahinter stand der Gedanke, Japans gesellschaftliche Struktur vor einem gar zu massiven Einfall von außen zu schützen. Diese mit der Diplomatie nicht abgestimmten Vorschläge zielten darauf, das Rad der Entwicklung noch einmal zurückzudrehen. Aber sie brachten alle an einer Öffnung Japans interessierten Mächte gegen den nunmehr unerwünschten Ratgeber auf. Der holländische Generalkonsul forderte seine sofortige Ablösung. Auch die japanischen Behörden zeigten sich irritiert, zumal einer von Siebolds Freunden, Mise Shūzō (1839–1877), damit begonnen hatte, für ihn offizielle Regierungstexte aus dem Japanischen zu übersetzen. Solche Transparenz, die den Blick hinter den Bambusvorhang freigab, war unerwünscht. Für Außenstehende war es vermutlich abzusehen, aber für Siebold war es ein Schock, als er am 31. Oktober 1861 aufgefordert wurde, das Land zu verlassen.

Es sollte jedoch noch bis zum April 1862 dauern, bevor er dieser Order nachkam. Bei seiner Abreise nahm er noch die Hoffnung mit, von Batavia oder von Holland aus auf die Entwicklung in Japan einwirken zu können. Doch der niederländische Außenminister, der die Verantwortung für die Beziehungen zu Japan übernommen hatte, durchkreuzte auch diese Pläne. So blieb Siebold nur noch, von sich aus abzudanken. Am 7. Oktober 1863, 40 Jahre nach seinem Eintritt in den niederländischen Staatsdienst, wurde er auf eigenen Wunsch daraus entlassen. Sein Ehrgeiz, auf eigene Faust Diplomatie zu betreiben, war ihm letztlich zum Fallstrick geworden. Wie sein Schwager Karl von Gagern (1743–1825) später einmal scharfsinnig urteilte, sei Siebold immer bereit gewesen zu helfen. Aber wenn er sich einsetzte, so wollte er es nur zu seinen eigenen Bedingungen, auf seine Weise tun. Dies galt vor allem, wenn es um Japan ging.

Siebold verließ Holland im Zorn und ließ sich in Bonn nieder. Von dort aus bemühte er sich trotz aller Zurückweisung weiterhin, Einfluss auf den Gang der Entwicklung in Japan zu nehmen. Aber er wurde nicht mehr gehört. Schließlich zog er nach München mit dem Ziel, die Sammlung zu ordnen, die er von seiner zweiten Reise mitgebracht hatte. Hier verstarb er am

18. Oktober 1866 und fand nach einem sehr bewegten Leben in einem Grab auf dem Alten Südfriedhof seine letzte Ruhestätte.

Große Verdienste um die Völkerverständigung

Philipp Franz von Siebold hat ein großes wissenschaftliches Werk hinterlassen, in dem er die Tür zu einer für Europa neuen Welt geöffnet und große Teile einer bis dato hierzulande unbekannten Flora, Fauna und Landschaft erkundet hat. Auf seinen Forschungsreisen ist er ihm fremden kulturellen Lebensformen begegnet. Auch wenn er gelegentlich die Grenzen des Erlaubten überschritten und in seinem Forscherdrang Verhaltensnormen missachtet hat, so hat er doch der Werteordnung, die er in Japan vorfand, seinen Respekt gezollt. Einige Gefährten, die ihn auf seinem Weg begleiteten, haben ihre Freiheit und manche sogar ihr Leben verloren. Es war für ihn bitter, sie nicht davor bewahren zu können. Auch in eigener großer Not hat er sich als Mann von Charakter bewährt und seinen Freunden die Treue gehalten. Aber am Ende hat er seine Möglichkeiten überschätzt, denn politische Gestaltungskraft besaß er nicht. Er musste ohnmächtig mitansehen, wie die Entwicklung gegen seinen Rat ihren Lauf nahm.

Am Ende hing über seinem Leben, so wird er es vermutlich empfunden haben, ein Hauch von Vergeblichkeit. Aus der Distanz wird jedoch deutlich, dass ihm Bleibendes gelungen ist. Er hat der Verständigung der Völker nachhaltig gedient. Die Japaner betrachten Siebold zu Recht als einen Freund ihres Landes. Auch wir Deutsche haben Grund, ihn in dankbarer Erinnerung zu behalten. Er hat, wenn auch in holländischen Diensten, Großes für unser Land geleistet.

04. Friedrich Albrecht Graf Eulenburg (1815–1881) Ewiger Friede und beständige Freundschaft?

Vor 150 Jahren gab es Deutschland noch nicht oder allenfalls in den Köpfen von Schwärmern und einigen politisch fortschrittlichen Denkern, die sich für die Überwindung der Kleinstaaterei einsetzten. Ihre Bemühungen um eine deutsche Einheit waren 1849 in der Frankfurter Paulskirche gescheitert. Immerhin hatte der 1834 gegründete Deutsche Zollverein inzwischen die größten Hindernisse im Warenverkehr beseitigt und Preußen hatte begonnen, in Deutschland die Führungsrolle zu übernehmen; an eine gemeinsame Außenpolitik war allerdings noch nicht zu denken. Wie so oft in der Geschichte war der Kaufmann der Fahne vorausgeeilt. Es gab bereits einen Asienhandel, in bescheidenem Umfang auch mit Japan, insbesondere von norddeutschen Häfen aus. Aber die deutschen Kaufleute mussten sich dazu unter den Schutz fremder Konsulate stellen.

In Berlin gab es Bestrebungen, den Anspruch auf eine Vormachtstellung Preußens durch den Abschluss internationaler Verträge zu unterstreichen. Aber jeder Versuch, nicht nur für Preußen, sondern zugleich für andere deutsche Staaten zu verhandeln, traf auf deren heftigen Widerstand. Insbesondere der in Berlin gehegten Idee, mit Japan nicht nur im eigenen Namen, sondern gleichzeitig für andere verbindliche Verträge abzuschließen, widersetzten sich die sehr selbstbewussten Hansestädte sowie eine Reihe von Kleinstaaten. In den 1850er Jahren bedurfte es komplizierter Verhandlungen, ein entsprechendes Mandat von ihnen zu gewinnen; schließlich jedoch wurde ihrerseits ein begrenzter Verhandlungsauftrag erteilt: Der preußische Gesandte wurde mithin ermächtigt, auch im Namen des Deutschen Zollvereins, der Hansestädte und einiger Kleinstaaten zu verhandeln. Vor allem wirtschaftlicher Druck hatte in diese Richtung gewirkt. Zahlreiche Industrien hofften auf neue Exportmärkte im asiatischen Raum. Fakt ist dennoch, dass das Bestreben Preußens, als Großmacht Anerkennung zu finden, eines der wichtigsten Motive war, nicht nur in Japan, sondern auch in China und Kambodscha Flagge zu zeigen.

Dafür spricht auch die für die Anreise des Gesandten gewählte Form. Im Berliner Außenministerium betrachtete man es nicht als protokollgerecht, einen Diplomaten mit einer so wichtigen Vollmacht Preußens auf einem Kaufmannsschiff nach Asien zu schicken. Ein Unterhändler von Format hatte eine solche Mission auf einem Kriegsschiff anzutreten. Und um dem Prestigeanspruch vollends Genüge zu tun, sollte das Flaggschiff möglichst von einem ganzen Geschwader begleitet werden. Aber die Beschaffung einer solchen „Flotte" stellte

Preußen vor große Schwierigkeiten; schließlich war es alles andere als eine Seemacht. So fiel die gewünschte „Seestreitmacht“ am Ende denn auch recht bunt gemischt aus. Die Korvette *Arcona* wurde zu diesem Zweck für den Gesandten in Dienst gestellt und entsprechend ausgerüstet. Älteren Jahrgangs war die Segelfregatte *Thetis*, die 1855 von den Engländern erworben worden war. Als eine Art „Musterkoffer“ für Waren aus Deutschland und als Versorgungsschiff wurde das Handelsschiff *Elbe* gekauft. Der Schoner *Frauenlob*, der das Geschwader abrundete, erwies sich nicht als besonders hochseegängig, sollte sein Ziel Japan nie erreichen. Nur vierzig Seemeilen vor Edo ging er bei einem Taifun mitsamt seinen 47 Besatzungsmitgliedern verloren. Dieser Totalverlust der preußischen Marine war kein gutes Omen für die Seemacht Preußen und zugleich das erste Opfer einer gefahrvollen Mission, die noch weitere Leben kosten sollte.

Berlin hatte sich zunächst schwer damit getan, einen geeigneten Gesandten zu finden. Er sollte mutig, unternehmungsfreudig und fähig sein, die diplomatischen Fäden dicht genug zu knüpfen. Zunächst war Emil von Richthofen (1810–1895) für die Aufgabe vorgesehen. Doch er sagte ab, weil er die finanzielle Ausstattung der Delegation als ungenügend betrachtete. Erst dann kam Graf Friedrich Albert zu Eulenburg als Leiter der diplomatischen Mission ins Gespräch. Seine Laufbahn im Staatsdienst hatte er zunächst im Innen- und Finanzressort begonnen, dann aber als Konsul im flämischen Antwerpen Auslandserfahrung gesammelt. Bei seiner Ernennung war er 45 Jahre alt, unverheiratet und somit unabhängig; er galt als konservativ und hochintelligent. Er stand im Ruf eines brillanten Gesellschafters, ja eines Lebemannes. Deshalb auch hatte man ihm die Erfüllung der als schwierig angesehenen asiatischen Mission zunächst nicht zugetraut. Aber Otto von Bismarck (1815–1898) hatte an Eulenburg Gefallen gefunden. Später, in kritischen Zeiten, berief er ihn in sein Kabinett, wo Eulenburg über viele Jahre mit Erfolg das Innenressort versah. Mit der Berufung dieses Diplomaten, der einen weiten Horizont hatte, seine Ziele zäh zu verfolgen wusste und zugleich behutsam zu verhandeln verstand, wurde sehr früh die Basis für eine freundschaftliche deutsch-japanische Begegnung gelegt.

Als weitsichtig sollte sich zudem erweisen, dass die Delegation über einen vergleichsweise breiten Sachverstand verfügte. Mit Eulenburg gingen nicht nur einige weitere Diplomaten an Bord – unter ihnen etwa Max von Brandt (1835–1920), später der erste deutsche Konsul in Japan – sondern auch Marineoffiziere mitsamt ihren Mannschaften, Militärfachleute, die den richtigen Kurs bestimmen konnten und über Küsten, Häfen, fremde Flotten, Befestigungsanlagen und deren Ausstattung zu berichten wussten. Durch die ebenfalls mitreisenden Zeichner, Fotografen und Wissenschaftler war auch Vorsorge für eine sorgfältige Dokumentation getroffen worden. Erfahrene Kaufleute komplettierten die Delegation.

So war eine breite Berichterstattung aus unterschiedlichen Gesichtswinkeln gesichert, nicht zuletzt durch die Bereitschaft der Delegierten, die gesammelten Erfahrungen detailliert und sorgfältig aufzuzeichnen. Einige von ihnen hatten sich offenbar von Anfang an vorgenommen, ihre Erlebnisse nach der Rückkehr zu veröffentlichen. Manche hatten sich bereits vor der Abreise vertraglich verpflichtet, für die Presse Berichte zu verfassen. Sie waren sich des großen Interesses einer breiten Öffentlichkeit in ihrer Heimat bewusst, zumal aus anderen europäischen Ländern ständig Nachrichten über die Erschließung und Inbesitznahme ferner Territorien kamen. In einer solchen Zeit interessierte es die Allgemeinheit naturgemäß besonders zu erfahren, was von deutschem Boden aus unternommen wurde, um an diesen globalen Entwicklungen teilzuhaben.

Aufbruch in eine ungewisse Zukunft

Als die Schiffe in See stachen, war wohl den meisten an Bord bewusst, dass die lange Seereise einiges an Gefahren barg und dass die Erfolgsaussichten der Mission eher unsicher waren. In China herrschten seit Jahren kriegerische Zustände. Eulenburg hatte den Auftrag, einen Handels- und Freundschaftsvertrag nach Hause zu bringen, ohne Preußen in einen Krieg zu verwickeln. Japan war im Innern zerrissen. Es gab heftige politische Auseinandersetzungen zwischen den Anhängern des Shōgunats in Tokyo, das inzwischen damit begonnen hatte, die 250-jährige Isolationspolitik aufzugeben, und den Kaisertreuen, die sich dem widersetzten. Auf ausländischen Druck hatte es einige Häfen für Ausländer geöffnet und Verträge mit den USA, England, Frankreich, Holland und Russland abgeschlossen, die den Fremden weitgreifende Rechte zugestanden.[57]

Die modernen Zeiten hatten also die Küsten Japans bereits erreicht. Handel und Wandel sowie eine zaghaft einsetzende Modernisierung hatten erste Veränderungen in der bis dahin festgefügten sozialen Struktur des Landes bewirkt. Der waffentragende Adel, der bis dahin das Gewaltmonopol in Japan innehatte, sah seinen Einfluss gefährdet. Gewaltbereite Rōnin machten das Land unsicher. Sie betrachteten den Zuzug von Fremden, die ihre Sitten und Gebräuche, ihre Fähigkeiten, aber auch ihre Laster mit ins Land brachten, als eine Gefahr für Japan. Frühere Berichte, die Europa erreicht hatten und auch der gut vorbereiteten preußischen Delegation bekannt waren, sprachen von der großen japanischen Gastfreundschaft, aber auch von Fremdenhass und Mordanschlägen, von einem Land im Umbruch.

---

[57] Hierbei handelte es sich um die „Ungleichen Verträge" (vgl. Anm. 6 des vorangegangenen Kapitels).

Erste Begegnung mit dem Gastland

Als Eulenburg am 4. September 1860 in der Bucht von Edo einlief, war er darüber im Ungewissen, ob sein Besuch überhaupt willkommen war. Trotz aller der Reise voraus gegangenen Studien war er mit Sprache, Sitten und Gebräuchen des von ihm angesteuerten Gastlandes nicht vertraut. Insbesondere die diplomatischen Gepflogenheiten im Umgang mit Japanern waren ihm fremd. Auch über die Zeit, die es in Anspruch nehmen würde, Verhandlungserfolge einzufahren, dürfte er keinerlei Vorstellungen gehabt haben. Tatsächlich sollte es fast volle fünf Monate dauern, bis er seinen Auftrag vollenden konnte. Gustav Spieß, damals ebenfalls an Bord der *Arcona*, beschrieb die allgemeine Gefühlslage bei Ankunft in der Buch von Tokyo:

> Das vor uns liegende Land schien gleichsam in einen Schleier gehüllt, den wir lüften sollten. In seltener Schönheit und Klarheit schimmerten die uns wohlbekannten Sternbilder der nördlichen Hemisphäre durch die lange Nacht. Am Horizonte zuckte ein schweres Gewitter, und als um neun Uhr der im Hafen herrschenden Sitte gemäß nach dem Zapfenstreiche der Choral „Nun danket Alle Gott" in vollen Akkorden geblasen ward, hatte ich und gewiß Viele mit mir das Bewußtsein, eine jener Stunden durchlebt zu haben, die sich tief für's Leben einprägen – eine der Stunden, die in jedem Dasein wie helle Punkte sichtbar bleiben, wenn vieles Andere längst vergessen und vorübergegangen ist. [58]

Bald kamen Abgesandte des Shōgun an Bord, offenbar in der Absicht, sich ein Bild von den Ankömmlingen zu machen. Erste tastende Gespräche bahnten sich an. Zur Auflockerung ein paar Gläser Wein. Man verstand einander – auf Holländisch und in Gebärdensprache – ganz gut. Artige Komplimente von beiden Seiten. „Wir sehen Sie zum ersten Mal und Sie empfangen uns wie alte Freunde", so dankten die Gäste an Bord der *Arcona* ihren Gastgebern. Man ging höflich miteinander um. Doch allen schmeichelhaft eingängigen Worten zum Trotz lauerte im Hintergrund stets das Misstrauen. Was waren das für Gäste, die das Meer an ihre Küste gespült hatte? Welche Absichten verfolgten sie?

Missverständnisse pflasterten den Weg, sowohl im Großen als auch im Kleinen. Über eines der kostpieligen Art, das den Verantwortlichen vermutlich einigen Verdruss bereitet hat, berichtet der Kommandant des Transportschiffes *Elbe*. Dem geübten Seemann fielen japanische Schiffe europäischer Bauart ins Auge, die abgetakelt am Hafenbecken vertäut waren. Als er der Sache nachging, brachte er zu Tage: Tief beeindruckt von den *Schwarzen Schiffen* des Admirals

---

[58] Spieß (1864): S. 133.

Perry hatten die Japaner bald nach dessen Besuch 1853 große Anstrengungen unternommen, ähnlich seegängige Einheiten zu bauen. Sie waren durchaus erfolgreich:

> Nur ein Fehler war dabei. Da den Baumeistern kein europäisches Modell zu Gebote stand, suchten sie Ersatz in Zeichnungen und fanden dieselben auch in einer der öffentlichen Bibliotheken in einem russischen Werke über Schiffsbaukunst zu ihrer großen Freude sehr ausführlich und genau. Alle Schwierigkeiten waren gehoben, die Fregatten erstanden als getreue Abbilder der Zeichnungen – leider aber stammten diese aus der Zeit Peter's des Großen [...].[59]

Was also Modell gestanden hatte, war zum Zeitpunkt der Eulenburg-Mission bereits über 150 Jahre alt – vor allem im Bereich der Kriegstechnik eine lange Zeit. Mithin waren die dickbäuchigen Schiffe völlig unbrauchbar. Die Deutschen waren also recht augenfällig vorgewarnt: Wann immer zwei Kulturen zusammenstoßen, stehen Missverständnisse auf der Tagesordnung. Von daher gehörten Überraschungen zum diplomatischen Geschäft. Unbekannte Situationen zu meistern, war Teil ihres Auftrags. Colorandi causa an dieser Stelle noch eine kleine Anekdote: Als Teil der Verhandlungen fanden häufig gegenseitige Besuche statt; Eulenburg empfing gern japanische Gäste. Über einen dieser Besuche, bei dem auf dem Tisch des Empfangsraumes auch Geschenke ausgebreitet wurden, findet sich folgender Bericht:

> Als die BUNYO'S[60] erfuhren, dass die Sachen für den Kaiser bestimmt seien, liessen sie den Tisch mit Allem was darauf lag hinaustragen. Graf Eulenburg, der eben keinen Ueberfluss an Möbeln hatte, sah das Verschwinden seines Tisches mit schmerzlichem Erstaunen, und erbat sich denselben zurück; die Herren aber erklärten, das ginge nicht; alle für den TAÏKÜHN bestimmten Geschenke müssten genauso abgeliefert werden wie sie übergeben wären, und dürften vor allen Dingen den Erdboden nicht berühren.[61]

Zähe Verhandlungen über Monate hinweg

Die eigentlichen Verhandlungen wurden – wie heutzutage durchaus üblich, in den Augen der deutschen Delegation allerdings ungewöhnlich – zunächst über Mittelsmänner geführt,

---

59 Werner (1873): S. 374.

60 Bunyo: eigentlich Bugyō, *häufig als „Magistrat" oder „Gouverneur" übersetzt, war ein Titel, der Amtsträgern der Samurai während der Tokugawa-Regierung im feudalen Japan verliehen wurde.*

61 Berg (1866): Bd. 2, S. 50.

wobei die ersten Kontakte über nicht besonders hochrangige Würdenträger geknüpft wurden. Als die Sache schließlich konkreter wurde, nahmen Gaikoku Bugyō – Gouverneure für Auswärtige Angelegenheiten – die Anliegen der preußischen Delegierten freundlich entgegen, gaben sie wohl auch weiter, erklärten aber zunächst, für Verhandlungen nicht bevollmächtigt zu sein. Entsprechend zäh verliefen die Gespräche. Beide Seiten waren zunächst um vertrauensbildende Maßnahmen bemüht. Auf japanischer Seite erschienen dazu mehrfach neue ungeübte Gesprächspartner, was die Sache nicht einfacher machte. Erst im November 1860 waren beide Seiten so weit, dass die Vollmachten in aller Form ausgetauscht werden konnten. Den Aufzeichnungen von Eulenburg ist zu entnehmen, dass es jedoch auch danach nur mühsam, Schritt für Schritt, voranging. Als besonders hinderlich erwies sich dabei der Umstand, dass selbst längst geregelte Details immer wieder aufs Neue in Frage gestellt wurden. Der preußische Delegationsleiter zweifelte häufig am Erfolg seiner Mission. Nach außen hin stets zuversichtlich, vertraute er seinen privaten Aufzeichnungen folgende Gedanken an:

> Wenn ich denke, daß ich mich geistig und körperlich schon so viel abgequält und dennoch bisher noch nicht das Mindeste erreicht habe, so könnte ich wirklich verzweifeln. Ich beneide die Herren meiner Umgebung: sie genießen das Neue und Interessante in ganzer Fülle und mit frischem, unbesorgtem Sinne, während ich seit vier Monaten auch nicht eine halbe Stunde gehabt habe, in der ich dazu gekommen wäre, mich voll irgend einem Genusse hinzugeben.[62]

Die Hintergründe für diesen auch für japanische Verhältnisse ungewöhnlich zögerlichen Verhandlungsverlauf hat Eulenburg vermutlich nach und nach erfahren. Der amerikanische Gesandte Townsend Harris (1804–1878) hatte das Shōgunat im Vorfeld über den bevorstehenden Besuch der Preußen informiert. Die Japaner wussten also schon vor Ankunft der Schiffe, dass die Preußen in der Absicht kamen, diplomatische Beziehungen aufzunehmen. Aber mittlerweile hatte die fremdenfeindliche Stimmung im Lande bedrohliche Ausmaße angenommen. Das Shōgunat, das – gezwungenermaßen – schon seit einigen Jahren Ausländer eingelassen hatte, zeigte wenig Neigung und schon gar keine Eile, weitere „Barbaren“ ins Land zu lassen, da es befürchten musste, dass dies nur Wasser auf die Mühlen seiner innenpolitischen Gegner wäre. Vielmehr gingen die Überlegungen in die entgegengesetzte Richtung, nämlich den Ausländern bereits erteilte Privilegien möglichst wieder zu entziehen.

[62] Eulenburg-Hertefeld (1900): S. 76.

Sicherheitsprobleme bereiten Sorgen

Der Tempel in Akabane, der Eulenburg und seinen Leuten als Quartier zugeteilt war, ließ sich gegen etwaige Übergriffe nur schwer verteidigen. Die Wachen, die das Shōgunat zum Schutz der Diplomaten aufgestellt hatte, waren nach Einschätzung des preußischen Gesandten kaum bereit, ihr Leben für die Fremden zu riskieren, sondern dienten wohl eher der Kontrolle der Ausländer, die es wiederum als sehr lästig empfanden, auf Schritt und Tritt begleitet zu werden. Die Stimmung, die der Delegation vonseiten der Bevölkerung entgegenschlug, schätzten die Preußen hingegen eher als neugierig-freundlich ein. Sorgen bereiteten ihnen vor allem die Hitzköpfe unter den Samurai, deren Zahl stetig zunahm. Es handelte sich dabei zwar nur um eine Minderheit. Doch diese war, im Umgang mit Waffen sehr geübt, gefährlich. Immer häufiger kam es zu Drohungen und Rempeleien. Sie mussten als Vorboten schlimmerer Angriffe betrachtet werden.

Die Entwicklung eskalierte, als Gerüchte über einen geplanten Überfall von 500 Rōnin aufkamen, die in die Stadt Edo eingedrungen sein sollten. Das Shōgunat erklärte, angesichts dieser Umstände sähe es sich nicht in der Lage, für die Sicherheit der ausländischen Gäste zu bürgen. Es empfahl Eulenburg dringend, an Bord seiner vor Anker liegenden Schiffe zurückzukehren. Zunächst hatte der Graf dies auch erwogen, schließlich aber entschied er sich zur Ablehnung. Er befürchtete – wahrscheinlich zu Recht – wenn er sich auf einen solchen Rückzug einließe, könnte dies zum Vorwand genommen werden, die Verhandlungen ganz abzubrechen. Seine Mission wäre gescheitert. Er verstärkte er lediglich die eigenen Wachen und notierte in seinem Tagebuch:

> 500 Rōhnins […] haben ein Komplott gegen die Fremden gemacht. Sie wollen die europäischen Etablissements in Yokohama sowie die Gesandtschaften in Jeddo [=Edo] herunterbrennen und das Gesandtschaftspersonal ermorden. Die Regierung hat, sobald sie Kenntnis von diesem Komplott erhalten, Alles aufgeboten, um sich der Verschworenen zu bemächtigen, allein dies ist ihr bisher nur mit wenigen gelungen; die meisten derselben sind verkleidet und spähen nach der Gelegenheit, in den Gesandtschaftshotels Feuer anzulegen und dabei ihre Pläne gegen das Gesandtschaftspersonal auszuführen.[63]

Ein Attentat zwingt zu beherztem Krisenmanagement

Der befürchtete Angriff blieb aus. Doch gerade, als sich wieder eine gewisse Sorglosigkeit ausbreitete, geschah Schreckliches: Am 14. Januar 1861 wurde Hendrick Heusken (1832–1861), der holländisch-amerikanische Dolmetscher der Eulenburg-Mission, der auf allen Seiten be-

[63] Eulenburg-Hertefeld (1900): S. 140.

sonderes Vertrauen genoss und sich für die preußische Delegation als überaus wertvoller Mittler erwiesen hatte, vor dem deutschen Quartier von einer Gruppe Samurai überfallen und durch einen Schwerthieb in den Unterleib so schwer verletzt, dass er diesen Verwundungen erlag.

Die Schilderung der von Eulenburg veranlassten Feierlichkeiten zur Beisetzung des ermordeten Dolmetschers gehört zum eindrücklichsten Teil der uns erhaltenen Berichterstattung. Eulenburg beabsichtigte, den Trauerzug zu einer Demonstration des Beharrungswillens zu machen. Das Shōgunat hatte seine fünf Gouverneure im vollen Amtsornat und zu Pferde aufgeboten. Sie ritten an der Spitze. Danach folgte die Trauermärsche spielende Militärkapelle. Dann sämtliche Mitglieder der preußischen Mission – etwa 150 Personen – schließlich die Matrosen und Seesoldaten mit schussbereiten Revolvern und aufgesteckten Bajonetten. Mitglieder anderer Gesandtschaften schlossen sich ebenfalls an. Durch die engen Gassen, in denen das Volk dicht gedrängt stand, kam der Zug nur langsam voran. Aber selbst im offenen Gelände war es nicht viel besser. Ein Matrose berichtet:

> Doch diese Menschenmasse übersteigt alle Begriffe, die wir, nach einer langen Tour aus der Stadt kommend, auf einem weiten freien Felde vor uns erblickten; noch nie in meinem Leben habe ich so etwas gesehen und werde es auch wohl nie mehr sehen, denn so weit das Auge sehen konnte, wogte es auf dieser großen Fläche von Köpfen, welche, wenn sie von allen Seiten auf uns losgegangen wären, uns erdrückt hätten, auch wenn sie nicht den mindesten Widerstand geleistet, wir hingegen uns so tapfer wie möglich verteidigt hätten. Zwar würde manch einer dieser armen Teufel daran geglaubt haben, denn wir hätten unser Leben nicht so wohlfeil dahingegeben, sondern hätten es teuer verkauft.[64]

Wie durch ein Wunder kam es nicht zu einem Blutbad, auch nicht zu weiteren schweren Zwischenfällen. Eulenburg hatte mit der Anordnung dieser demonstrativ eindrucksvollen Feierlichkeiten die richtige Entscheidung getroffen:

> Es war aber nothwendig das feierliche Leichenbegängniss durchzusetzen, nicht bloss, um dem Freunde die letzte Liebespflicht zu erweisen, sondern auch um die Ehre der Flaggen zu wahren; man trat hier nicht der Würde, sondern dem Dünkel der Japaner entgegen. – Die Gegenwart der hohen Staatsbeamten bei dem Begräbniss war eine starke Concession an die Fremden; sie musste dem Volke als Billigung der Leichenfeier durch die Regierung gelten und war insofern von ganz besonderem Werthe.[65]

---

[64] Anonymous / Koch (1910): S. 1190f.

[65] Berg (1866): Bd. 2, S. 156.

Wenige Tage später fand denn auch die Vertragsunterzeichnung statt. Eulenburg hatte seine Mission erfüllt.

Entlang des Wegs einige Irrtümer

Die Berichte der Delegationsmitglieder sind detailgenau und vieles von dem, was sich in diesen 150 Jahre alten Aufzeichnungen findet, entspricht dem, was Japanbesucher noch heute beobachten können. Aber es gab darin auch positive Einschätzungen des japanischen Volkscharakters, die späterer Belastung nicht standhalten konnten:

> Die freisinnigen Elemente greifen mit Macht im Volke um sich und werden nicht verfehlen, auf die Regierung ihren Einfluß auszuüben und diese zu liberalen Institutionen zu zwingen. [...]Von allen asiatischen Nationen ist aber keine so befähigt, freisinnig regiert zu werden, wie die japanische. Die allgemeine Bildung des Volks, sein friedliebender ruhiger Charakter, den keine Ausbrüche von Roheit beflecken, das ihm innewohnende noble Nationalgefühl, das jedoch von aller Selbstüberschätzung frei ist und niemand verletzt, das feine Ehrgefühl und der Drang nach Wissen – alles das sind Elemente, die eine sichere Garantie gegen den Misbrauch der Freiheit des Individuums geben.[66]

An anderer Stelle findet sich ein Schilderung japanischer Gepflogenheiten, die zu Missverständnissen eingeladen hat:

> Ebenso baden in den öffentlichen Bädern Männer, Frauen, Kinder, Greise, junge Mädchen und Jünglinge, alles ungenirt mit- und durcheinander. Die Frauen werden von männlichen Badewärtern bedient und abgewaschen, und es ist weder von Schwimmhosen noch Bademänteln die Rede. Ueberhaupt zeigt sich nach dieser Richtung hin die Kehrseite des japanischen Charakters. Es ist das liebenswürdigste, freundlichste, wohlerzogenste und höflichste Volk; aber Scham und Sittsamkeit sind Begriffe, die sie nicht kennen und wofür wahrscheinlich ihre Sprache nicht einmal einen Ausdruck besitzt.[67]

Während Fehleinschätzungen dieser Kategorie praktisch ohne Bedeutung sind, hatten andere Fehlurteile aus der Frühzeit der deutsch-japanischen Begegnung ganz andere Kaliber, sogar das Potential zu Langzeitfolgen. Auch dafür ein Beispiel: Max von Brandt, der erste deutsche Konsul

---

66 Werner (1873): S. 426.

67 Ebd., S. 335.

in Japan, riet seiner Regierung in Berlin, angesichts der tiefgreifenden Spannungen im Land, einen Beitrag zur Beruhigung zu leisten. In diesem Zusammenhang sprach er sich dafür aus, in Hokkaidō, der nördlichsten der vier Hauptinseln, Ruhe und Ordnung notfalls durch preußische Truppen zu schaffen – ein abenteuerlicher Plan. Wäre Berlin seinem Rat gefolgt, so hätte eine solche Aktion nicht nur erhebliche Turbulenzen unter den Großmächten ausgelöst, sondern die deutsch-japanischen Beziehungen auf unabsehbare Zeit belastet. Otto von Bismarck zögerte denn auch nicht, diesem Ansinnen sein entschiedenes Nein entgegenzusetzen. Stattdessen erteilte er von Brandt die Order, sich hinsichtlich der innenpolitischen Auseinandersetzungen streng neutral zu verhalten.

Positive Erfahrungen prägen das Japanbild Deutschlands

Ganz überwiegend sammelten die Mitglieder der Eulenburg-Mission bereits auf ihren ersten Ausflügen ins Umfeld von Edo positive Erfahrungen, die sie durchaus staunen machten. Insbesondere äußerten sie sich immer wieder anerkennend über das hohe Bildungsniveau der Bevölkerung. Damit hatten sie offenbar nicht gerechnet:

> Nach dem, was wir von der Volksbildung gesehen, kann es nur wenige Procent der Bevölkerung geben, die des Lesens und Schreibens unkundig wären. Welches Land der Welt kann dies von sich behaupten?[68]

Dabei wird hervorgehoben, dass wirklich alle Teile der Bevölkerung an dem Bildungsgut Buch teilhaben:

> [...] auf dem Felde traf ich oft die Arbeiter in den Stunden der Erholung lesend; so ist dort auch das ganze weibliche Geschlecht der Feder gewachsen, und befreundete Dienstmädchen correspondieren fast täglich mit einander. In Jeddo [=Edo] giebt es nicht allein große und zahlreiche Buchläden, sondern auch in vielen Läden anderer Art findet sich als ein kleiner Nebenzweig der Buchhandel.[69]

Dass Form und Inhalt zusammengehören, ist den Beobachtungen der Eulenburg-Mission nach ebenfalls ein Kennzeichen japanischer Kultur:

---

68 Ebd., S. 345.

69 Maron (1863): S. 68.

> Schon ihre Schrift übt die Hand und das Auge, und da es Erfordernis ist, nicht nur zu schreiben, sondern schön zu schreiben, so wird von Jugend an viel Zeit und Sorgfalt auf diese Kunstfertigkeit verwendet. Die Darstellung der chinesischen Schriftbilder in schönem Schwung und Verhältniss ist eine Hauptbedingung der japanischen und chinesischen Bildung, und in ihren Gedichten sollen nicht bloss Sinn und Form, sondern auch der schöne Fluss der Schriftzüge wirken [...]. Die Bildung des Auges und der Hand ist ein wesentlicher Theil der Erziehung [...].[70]

Der Wert der Erziehung wird in Japan sehr hoch gehalten; dies galt vor 150 Jahren ebenso wie heute:

> Die Kinder werden mit großer Sorgfalt erzogen, aber fast nie gezüchtigt und ebenso wenig gescholten. Mit bewundernswerther Geduld suchen die Aeltern sie durch gütiges Zureden und Vernunftgründe von ihren Unarten abzubringen, und dies System hat so guten Erfolg, daß Kinder von 10–12 Jahren sich klug und gesetzt wie erwachsene Menschen benehmen.[71]

Was die Zukunft bereithält

Auch die Führungskraft Japans in der Region, sein Potenzial als Technologie- und Dienstleistungszentrum für Ost- und Südostasien ist von den Delegierten richtig erkannt worden:

> [...] und ich schied von Japan in der festen Ueberzeugung, daß es in 50 Jahren, obschon es nur 35 Millionen Einwohner zählt, einer der wohlhabendsten, glücklichsten und kräftigsten Staaten von ganz Asien sein und China bei weitem überflügeln wird.[72]

Alle Berichterstatter stimmen darin überein, dass sie mit Japan einer Gesellschaft begegnet sind, die dabei ist, sich aus alten Strukturen zu lösen, aber auch die Kraft zu Neuem in sich trägt. Bei einigen Delegationsmitgliedern ist jedoch auch Trauer darüber zu spüren, dass die alte Welt im Begriff ist, für immer zu versinken. Besonders bewegend ist, was der Landwirtschaftsexperte Hermann Maron (1820–1882) nach eigener Aussage auf hoher See, die Küste Japans noch vor Augen, zu Papier brachte:

---

70 Berg (1864): Bd. 1, S. 312.

71 Werner (1873): S. 345.

72 Ebd., S. 426f.

> […] und wenn ich innerlich abschließe und die Balance ziehe, so bleibt mir ein Plus von warmer, fast ängstlicher Zuneigung für dieses wunderbare Volk. Was uns fesselt, ist der natürliche Adel, der über der ganzen Schöpfung ruht, und den man schwerlich in der ganzen Welt so gleichmäßig über alles Volk ausgegossen finden wird. […] Die europäische Civilisation wird ihre zweifelhaften Segnungen über diese Eilande ergießen; dies Schicksal ist nicht abzuwenden. Wie sie wirken wird? Ich will mir das Herz nicht schwer durch Grübeln machen. Wohin immer bis jetzt der Fuß des „weißen Mannes" getreten ist, sind Städte und Kirchen mit schlanken Thürmen erwachsen, sind Handel und Gewerbe erblüht, hat der Götzendienst des goldenen Kalbes neue Anbeter gemacht, –aber das Glück der einheimischen Nationen? Die Geschichte lehrt: es stirbt allmälig dahin und zuletzt die Nation selbst.[73]

Wenn man heute, mehr als 150 Jahre nachdem dies zu Papier gebracht wurde, mit Japanern, vor allem der älteren Generation, spricht, so bekommt man Ähnliches zu hören: Die Nation ist in Gefahr! Zerfallserscheinungen, so sollte man als ausländischer Beobachter hinzufügen, muss man ernstnehmen. Aber bisher hat Japan es noch stets vermocht, sich die moderne Technik zu eigen zu machen, auch soziale Modelle zu importieren, sie nach eigenen Bedürfnissen zu modifizieren – sich also zu verändern, dabei aber im Kern wertekonservativ zu bleiben. Eine Garantie für die Zukunft ist das nicht. Aber der Blick auf die Vergangenheit darf doch hoffnungsvoll stimmen, dass Japan seine Seele auch künftig wird bewahren können.

Zusammenfassende Wertung des Vertrages von 1861

Wer heute in Deutschland ein Flugzeug nach Japan nimmt, nach gut zehn Stunden auf dem modernen Flughafen von Narita landet, dort zügig und höflich durch die Passkontrollen geschleust wird, sein Gepäck in Empfang nimmt und dann über Schiene oder Straße schnell in die Stadt rollt, braucht schon einige Vorstellungskraft, um sich ein Bild davon zu machen, wie die erste offizielle Verbindung zwischen Deutschland und Japan zustande kam. Am Anfang all dessen stand – nach langer Seereise und anschließenden monatelangen Verhandlungen – ein Vertrag, der mit schön gewundenen Wortgirlanden beginnt, die auf höhere Absichten schließen lassen: Die Verhandlungsführer versichern einander, im Namen seiner Majestät des Königs von Preußen und seiner Majestät des Taikuhn von Japan, „von dem aufrichtigen Wunsche beseelt [zu sein], freundschaftliche Beziehungen zwischen den beiden Reichen zu begründen." In Artikel I des Vertrages bestätigen und erweitern sie dies noch einmal. Dort heißt es: „Es soll ewiger

---

73 Maron (1863): S. 57f.

Frieden und beständige Freundschaft bestehen zwischen seiner Majestät dem Könige von Preußen und Seiner Majestät dem Taikuhn von Japan, Ihren Erben und Nachfolgern, sowie auch zwischen den beiderseitigen Untertanen."[74]

Es folgen konkrete Vereinbarungen über den Austausch von diplomatischen „Agenten", die Ernennung von „Konsularbeamten", die Öffnung von drei Häfen (Hakodate, Kanagawa und Nagasaki), recht genaue Bestimmungen über die Bewegungsfreiheit der Ausländer in Japan, das Recht der freien Religionsausübung, die Gerichtsbarkeit, das Zollwesen, eine Meistbegünstigungsklausel sowie ein Hinweis, dass der Vertrag zwar in Japanisch und Deutsch vorliegt, aber im Zweifel auf die holländische Fassung zurückgegriffen werden muss.

Im Grunde haben wir es mit einem nüchternen Handelsvertrag zu tun. Die eingangs zitierten Passagen sind wohl eher als eine der damaligen Zeit entsprechende Ausschmückung zu verstehen. Es fehlt jedenfalls jeglicher weiterführende Hinweis darauf, dass die Vertragsparteien sich verpflichten wollten, einander in Krisenzeiten beizustehen oder auch nur wohlwollende Neutralität zu üben. Kein Wort darüber, dass sie ein gegenseitiges kulturelles Interesse aneinander hätten oder ein solches fördern wollten. Noch dazu ist das Dokument höchst einseitig abgefasst. Es räumt den aus Übersee angereisten Ausländern weitgehende Rechte auf japanischem Hoheitsgebiet ein, gesteht jedoch den Japanern ähnliche Privilegien in Preußen nicht einmal ansatzweise zu. Ohne Zweifel ist es zur Kategorie der „Ungleichen Verträge" zu zählen. Dennoch gibt es zu den vorausgegangenen Verhandlungen insbesondere mit den USA, entscheidende Unterschiede: Auch wenn die Preußen ebenfalls mit einem Kriegsschiff anreisten, so verzichteten sie doch bewusst darauf, militärische Druckmittel anzuwenden. Sie verfolgten keine kolonialistischen Absichten (die deutsche Politik hatte andere Sorgen, Preußen führte in der Spanne weniger Jahre drei Einigungskriege in Europa). Sie übten sich in Geduld und verwandten am Ende fast ein halbes Jahr darauf, mit diplomatischen Mitteln zu einem Vertragsabschluss zu gelangen.

Beide Seiten haben dem von Graf Eulenburg ausgehandelten Vertrag große Bedeutung beigemessen, und das völlig zu Recht! Zwar ist es ihm nicht gelungen, auch für den Deutschen Zollverein zu einer Vereinbarung zu kommen, wie es seine Auftraggeber eigentlich von ihm erwartet hatten. Das mag er selbst (und seine Zeit) als Mangel empfunden haben. De facto aber hat er spätestens nach der erfolgten Einigung Deutschlands der ganzen Nation den Weg nach Japan geöffnet. Auch wenn es im Kern nur ein Handelsvertrag war, so erwies sich die damit verbundene förmliche Anerkennung für den Ausbau der Beziehungen auch in anderen Bereichen von großem Wert. Der kulturelle Austausch ist seither sowohl von deutscher als auch von japanischer Seite sehr gefördert worden. Ja, er wurde sogar so intensiv, dass man schon wenige Jahre später von einer Hoch-Zeit deutsch-japanischer Beziehungen sprechen konnte, Von nun an waren deutsche Professoren auf japanischen Lehrstühlen gern gesehene Gäste, nicht nur im

---

74 http://www.unterstein.net/or/docs/PreussenHandel1861.pdf.

Bereich der Naturwissenschaften und der Medizin, sondern auch in dem der Geisteswissenschaften, der Philosophie, Germanistik sowie der Rechtswissenschaft. Die Musik wurde gar fast zu einer deutschen Disziplin. Beim Aufbau der Industrie, in der Bergwerkstechnik, der Metallurgie, der Chemie und vielen anderen Bereichen wirkten deutsche Berater mit. Japanische Studenten kamen in großer Zahl nicht nur nach Berlin und Heidelberg. Kurz: der Vertrag von 1861, der zunächst nur dem Wortlaut, nicht aber der Substanz nach, ein Freundschaftsvertrag war, erfüllte sich mit Leben und wurde damit dem hohen Anspruch gerecht.

Dies ist zu einem erheblichen Teil dem damaligen preußischen Delegationsführer zu verdanken. Graf Eulenburg hatte die Verhandlungen unter den hier beschriebenen denkbar schwierigen Umständen zu führen. Mit großer Geduld und in kleinen Schritten hat er Widerstände überwunden und dabei im Wesentlichen auf die Überzeugungskraft guter Argumente und nicht etwa auf militärischen Druck gesetzt. In der Krise, als einer seiner engsten Mitarbeiter einem Mordanschlag zum Opfer gefallen war und er selbst und andere Delegationsmitglieder mit Attentaten rechnen mussten, hat er Mut, Stehvermögen und Würde bewiesen. Die positiven Berichte, die er während seiner Mission und auch danach verfasste, lassen seine Sympathien für Japan erkennen – für das Land und seine Menschen, für ihre Gesellschaft, ihre Fähigkeiten und ihre nationale Kultur. Auf diese Weise hat er dazu beigetragen, in Deutschland ein breites und lebhaftes Interesse an Japan zu wecken.

05. Alexander von Siebold (1846–1911) Ein Brückenkopf aus eigenem Recht

Der legendäre Vater Philipp Franz von Siebold hatte zwei Söhne: Alexander George Gustav (1846–1911) und Heinrich Philipp (1852–1908). Beide blieben Japan ein Leben lang verbunden und vollbrachten bedeutende Lebensleistungen. Alexander folgte unmittelbar der Spur des Vaters, war jedoch bislang deutlich seltener Gegenstand des wissenschaftlichen Interesses. Heinrich, hatte sich für einen anderen Weg entschieden. Er gilt als einer der Begründer der modernen Archäologie in Japan. Für beide Söhne war es sehr schwer, aus dem Schatten ihres Vaters herauszutreten.

Alexander von Siebold, von dem im Folgenden die Rede sein soll, wurde in Leiden geboren und ist in Boppard und Bonn aufgewachsen. Im Alter von zwölf Jahren hatte er schon mehrfach Wohnort, Schule und Umfeld gewechselt. Als sich sein Vater 1859 für eine zweite Reise nach Ostasien entschied und beschloss er, Alexander dorthin mitzunehmen. Damit kam für Alexander eine herkömmliche Ausbildung und eine ruhige Zeit der Reifung nicht mehr in Frage. Der begabte Junge lernte von nun an auf Reisen und begriff früh, dass das Beherrschen fremder Sprachen ein wichtiger Schlüssel für die Entdeckung neuer Welten ist. Bereits auf der Seereise nach Asien lernte er Malaiisch.

Während seines anschließenden zweijährigen Aufenthalts in Nagasaki konzentrierte er sich jedoch auf das Japanische – ein Kapital, das sich auszahlen sollte. Als er dem englischen Gesandten Rutherford Alcock (1809–1897) vorgestellt wurde, fand der erfahrene Diplomat Gefallen an dem jungen Mann. Er bot ihm im Winter 1861 eine Stelle als *Supernumerary Interpreter* an. Zu diesem Zeitpunkt verstand Alexander kaum Englisch. *Learning on the job* war also die Devise. Seinem Tagebuch vertraute er an:

> Es war aber, wenn auch ein Glücksfall für mich, keineswegs eine Folge von Protektion oder höherer Einflüsse, daß mir dieser Posten angeboten wurde. Der englische Gesandte [...] glaubte in mir gerade dasjenige gefunden zu haben, was der englische diplomatische Dienst vor allem in Japan brauchte: eine Person, welche imstande war, den direkten Verkehr mit den höheren japanischen Staatsbeamten unter Umgehung der eingeborenen Dolmetscher zu ermöglichen [...].[75]

[75] Körner (1967): S. 493.

So äußert sich ein junger Mann, der um Selbstbewusstsein bemüht ist. Denn schon bald musste er sich ganz auf seine eigenen Fähigkeiten verlassen, da sein Vater bereits wenige Monate später, im Frühjahr 1862, die Heimreise nach Europa antrat. Alexander blieb allein in Japan zurück und war von diesem Zeitpunkt an – im Alter von nur 15 Jahren – eine auf sich selbst gestellte eigenverantwortliche Persönlichkeit.

Bereits wenig später hatte er sich die Vertrauensstellung erobert, die für den direkten Austausch zwischen englischer Diplomatie und japanischen Staatsbeamten von entscheidender Bedeutung war. Die Zeiten waren unsicher. Kaisertreue und Anhänger des Shōgunats standen einander feindlich gegenüber. Es kam zu Gewalttaten und Mordanschlägen. Die einheimischen Dolmetscher boten in dieser Zeit keine Gewähr für verlässliche Informationen. Zwar verfügte die englische Botschaft bereits über eigene Nachwuchskräfte. Doch trotz intensiven Studiums besaßen sie noch nicht die in dieser Situation notwendige sprachliche Geläufigkeit, wie sie sich Alexander bereits in Nagasaki erworben hatte. Was ihm darüber hinaus zugutekam, war ein besonderes Maß an Einfühlungsvermögen. Während sein Vater – ebenso wie andere große Persönlichkeiten – von festen Vorstellungen geleitet war, die er notfalls auch im Konflikt mit geltenden Regeln durchzusetzen wusste, zeichnete sich der Sohn durch eine andere Gabe aus; er konnte genau zuhören, was seinen jeweiligen Gesprächspartnern wichtig war, und gegebenenfalls Wege der Verständigung zu ihnen suchen. Es war diese offenbar schon in jungen Jahren entwickelte Fähigkeit, die ihn in seinem späteren Berufsleben erfolgreich machte.

Die geradezu väterliche Aufnahme, die ihm der britische Gesandte Alcock in seiner Residenz bot, war in diesem Zusammenhang sicher sehr hilfreich. Er fand dort nicht nur Kost und Logis, sondern wurde mehr und mehr zu einem Vertrauten, dem schließlich als Privatsekretär des Gesandten die Aufsicht über etwa 45 japanische Dienstboten sowie ein wichtiger Teil der Haushaltsführung oblag. Mit diplomatischem Geschick und Sensibilität allein waren die anstehenden Aufgaben allerdings nicht zu bewältigen. Auch Mut gehörte zur nötigen „Dienstausstattung". Da herrenlose Samurai, die Rōnin, und andere fremdenfeindliche Krieger das Umfeld unsicher machten, mussten Ausritte bewaffnet erfolgen. Dabei galt es, jede Form der Provokation zu vermeiden:

> Lanzen oder Schwerter durften nach japanischem Kriegsgebrauch nur während des Kampfes aus der Scheide gezogen werden. Um die Bevölkerung nicht zu alarmieren, waren anfangs die Lanzen der Eskorte in kleine Futterale eingepackt.[76]

So berichtet Alexander von Siebold selbst. Doch er hatte gewusst, worauf er sich einließ, denn bereits vor seinem Amtsantritt hatte er die englische Gesandtschaft, die damals in einem ehemaligen buddhistischen Tempel untergebracht war, besucht, am Tag nach einem Überfall

[76] Ebd., S. 494, Anm. 6.

durch die *Rōnin*: „Damals lagen die Toten und Verwundeten im Hofe herum, und im Innern sah man Spuren der Verwüstung in allen Gemächern.“[77] Am 26. Juni 1862, als er sich schon in Diensten der Botschaft befand, wurde er selbst Zeuge eines solchen Angriffs:

> Es war eine aufregende Nacht, als wir, eine kleine Zahl Europäer, in einem hölzernen, mit Papiertüren versehenen Hause, dicht aneinandergedrängt um den alten Oberst Neale standen – und jeden Moment einen zweiten Angriff erwarteten, da wir uns gar nicht über die Stärke unserer Feinde klar waren, welche anscheinend durch zwei Cordone von Schutzwachen und zwei Linien von Palisaden bis zu uns gedrungen waren.[78]

Trotz seiner jungen Jahre musste Alexander ungewöhnlich viel Verantwortung übernehmen. Lange ging ihm nach, ob er bei der Bombardierung von Kagoshima richtig gehandelt hatte: Nach dem Mord an einem Engländer im September 1862 verweigerte die japanische Seite die Auslieferung des Mörders. Als alle bisherigen Verhandlungen gescheitert waren, stellten die Engländer im August 1863 von Bord ihres Flaggschiffs *Euryalus* aus ein letztes Ultimatum. Alexander musste ihre Forderungen ins Japanische übersetzen. Die ebenfalls von Siebold übersetzte Antwort der Japaner fiel unbefriedigend aus, woraufhin die Engländer das Feuer eröffneten, das die Japaner erwiderten. Am Ende des Gefechts waren auf englischer Seite der Erste und der Zweite Kommandant gefallen; insgesamt waren hier 13 Tote sowie 50 Verwundete zu beklagen. Und in Kagoshima starben ungezählte unbeteiligte Menschen. Siebold soll sich später im Familienkreis darüber wie folgt geäußert haben:

> Nie mehr in meinem Leben habe ich gewagt, das Schriftstück nochmals anzusehen, aus Angst, ich hätte den Sinn der Antwortnote doch nicht ganz richtig erfaßt oder durch eine andere Fassung meiner Übersetzung eine Beschießung vermeiden können.[79]

In englischen Diensten hatte Alexander von Siebold einen Beitrag zur Befriedung der heftigen Spannungen zu leisten, die nach Abschluss der „Ungleichen Verträge“[80] zwischen den Anhängern des Shōgunats in Edo und dem Kaiser in Kyōto bestanden. Er riet den Engländern

---

77 Ebd., S. 494.

78 Ebd., S. 497.

79 Ebd., S. 497.

80 Die sogenannten „Ungleichen Verträge“ wurden zwischen Mitte des 19. Jahrhunderts und dem Ersten Weltkrieg zwischen den „westlichen“ Fremdmächten einerseits sowie China, Japan (Tokugawa-Shōgunat), Korea, Persien und Siam andererseits geschlossen. Sie beinhalteten zahlreiche Souveränitätsbeschränkungen in den Bereichen Politik, Verwaltung und Gerichtsbarkeit (vgl. https://de.wikipedia.org/wiki/Ungleiche_Verträge).

dazu, eine Verbindung zum Kaiser und zur Reformpartei zu suchen. Eine spürbare Entspannung, wenn auch keine endgültige Klärung, war nach Siebolds Einschätzung nur zu erreichen, wenn der Shōgun einzuwilligen bereit wäre, dem Kaiser die umstrittenen 1858 abgeschlossenen „Ungleichen Verträge" zur Genehmigung vorzulegen. Doch der Shōgun wehrte sich lange dagegen. Erst eine gemeinsame Flottendemonstration von Amerikanern, Engländern, Franzosen und Niederländern in der Bucht von Ōsaka im November 1865 anlässlich eines Besuchs des Shōguns in der Stadt bewirkte schließlich ein Umdenken. Der Shōgun bemühte sich um eine Anerkennung der Verträge durch den Kaiser, und am 22. November 1865 unterzeichnete dieser schließlich die ihm zugeführten Dokumente. Das war ein Vorgang von großer protokollarisch-politischer Bedeutung. Hier wurde deutlich, wem die höchste Autorität im Lande zustand. Zwei Jahre später gab der Shōgun den Kampf endgültig auf und legte die Regierungsgewalt zurück in die Hände des Kaisers.

Auch an einem anderen Fall wurde sichtbar, welche Vertrauensstellung Alexander sich erarbeitet hatte. Das Kaiserreich Österreich-Ungarn wünschte seit langem, ähnlich wie die anderen Großmächte, einen Freundschafts-, Handels- und Schifffahrtsvertrag mit Japan abzuschließen. Im Oktober 1869 gelang es unter Mitwirkung des Preußen Siebold, diesen Wunsch zu erfüllen. Zum Dank erhob ihn Kaiser Franz Joseph mit einem besonderen Diplom in den Stand eines Freiherrn.[81]

Nach acht „Lehr- und Wanderjahren" entschloss sich Alexander, aus den englischen Diensten auszuscheiden. Nun war er nicht nur Träger eines angesehenen Namens, sondern hatte eigene Leistungen vorzuweisen, die seines Vaters würdig waren. Er sah sich in seinem Selbstvertrauen bestätigt und hatte Unabhängigkeit gewonnen. Auf seinem Weg war er vielen Persönlichkeiten begegnet, deren Ziel es war, Japan in die Zukunft zu führen. Sie wussten seine Loyalität zu schätzen und bedienten sich in den folgenden Jahren gern seines Rates. Ohne die japanische Staatsbürgerschaft zu besitzen – diese wurde von ihm trotz mehrfachen Angebots nicht angenommen –, wurde er de facto ein Diplomat Japans, der viele Brücken baute, nicht zuletzt nach Deutschland, das selbst erst auf dem Weg zur Einheit war.

Seine erste Reise nach der neugewonnenen Unabhängigkeit führte ihn nach Wien, in die alte Hauptstadt des Deutschen Reiches, die sich 1873 auf die Weltausstellung vorbereitete. Hier stand Siebold dem japanischen Ministerresidenten Sanjō Sanetomi (1837–1891) zur Seite, der die Aufgabe hatte, das im Rahmen der Weltausstellung gebotene große Schaufenster zu nutzen und die japanischen Leistungen in Kultur und Wirtschaft der ganzen Welt zu präsentieren. Siebold betreute außerdem die große Fürstendelegation – die hier schon genannte Iwakura-Mission – der unter anderen Itō Hirobumi, ab 1885 der erste japanische Premierminister, und weitere einflussreiche Politiker angehörten.

In dieser Zeit war Siebold unermüdlich auf Reisen. Gemeinsam mit hohen adligen Gästen aus Japan besuchte er die Höfe in Paris, Berlin, London und Rom. Dabei hatte er manche Missver-

---

[81] Vgl. Körner (1967): S. 501f.

ständnisse auszuräumen, die den Japanern im Wege standen. So hatte beispielsweise die österreichische Kaiserin Elisabeth von den Christenverfolgungen in Japan gehört. Als Hüterin des katholischen Glaubens begegnete sie Fürst Iwakura daher mit einer für sie ungewöhnlichen Reserviertheit. Alexander brachte ihr nahe, der Fürst sei keineswegs „ein japanischer Nero“[82]. Er sei vielmehr ein Führer des Fortschritts, der sich in Japan für die Freiheit des Gewissens eingesetzt habe.[83] Ähnliche Vorbehalte hatte Siebold bei einem Besuch im Vatikan zu überwinden, bei dem er Sanjō Sanetomi begleitete und erste Beziehungen zwischen Japan und dem Heiligen Stuhl vermittelte.[84]

Der Preuße in fremden Diensten nutzte seine Möglichkeiten auch für eine aktive Kulturpolitik. Die Liste der Schenkungen an europäische Museen, die er angeregt und begleitet hat, ist lang. Er bedachte z. B. das Österreichische Museum für Kunst und Industrie, das Ethnographische Museum in Kopenhagen, das Königliche Museum in Berlin, das Museum für Völkerkunde in Leipzig und viele andere Häuser.

Von weitreichender Bedeutung sollte sich seine Arbeit im karitativen Umfeld erweisen. Er bereitete dem Gedanken der selbstlosen Hilfe, für den Henry Dunant nach der Schlacht von Solferino eingetreten war, und damit dem „Roten Kreuz“ in Japan den Weg. Den Anlass dazu bot der blutige Satsuma-Aufstand von 1877, als unzufriedene Samurai gegen die neue Ordnung revoltierten. In einer politischen Adresse berichtete er den Fürsten Sanjō und Iwakura von der Hilfe, die in Europa sowohl Freund als auch Feind geleistet wurde. Er verband dies mit dem Gedanken, dem japanischen Adel, der seine einstige Stellung verloren hatte, in dieser Richtung eine neue Aufgabe zu geben. Dabei mag die Tatsache, dass er selbst Ehrenritter des Johanniterordens war, eine Rolle gespielt haben. Der Aufruf, den die beiden Spitzenpolitiker an die Öffentlichkeit richteten, fand großen Widerhall. Im Ergebnis entstand eine Organisation mit dem anspruchsvollen Namen *Hakuai-sha*, was so viel heißt wie *Philantropische Gesellschaft*. Aus dieser humanitären Vereinigung ging 1886 mit Japans Beitritt zur Genfer Konvention das *Japanische Rote Kreuz* hervor, heute eines der angesehensten und tatkräftigsten Mitglieder in der „Rot-Kreuz-Familie“.[85]

Auch im Bereich der Außenpolitik war Siebold weiterhin aktiv – wenn auch mit wechselndem Erfolg. Sehr viel Positives konnte er in den 1890er Jahren bewirken. Beharrlich hatte er sich über Jahrzehnte hinweg für die Revision der „Ungleichen Verträge“ eingesetzt, die von den Japanern als nationale Schmach empfunden wurden. Siebolds Kerngedanke war, mit den Signatarmächten einen Interessenausgleich zu vereinbaren. Heute würde man von einem „Deal“ sprechen. Danach sollte Japan seinen Vertragspartnern nicht nur einige Häfen und deren näheres Umfeld freigeben, sondern das ganze Land für Ausländer öffnen. Gleichzeitig sollten die Westmächte auf ihre

82 Ebd., S. 506.
83 Vgl. Körner (1967): S. 505f.
84 Vgl. Ebd., S. 507.
85 Vgl. Ebd. S. 509.

Sonderrechte verzichten, die die japanische Souveränität verletzten. Die Verhandlungen zogen sich über Jahre hin. In der Zeit von 1894 bis 1896 gelang es schließlich, auf dieser Basis mit allen Vertragsstaaten eine Übereinkunft zu erzielen. Damit war es einem asiatischen Staat zum ersten Mal überhaupt gelungen, seine völkerrechtliche Gleichstellung mit dem Westen durchzusetzen.

Die deutsche Beteiligung an der Tripel-Intervention von Shimonoseki[86], die Japan zwang, einen Teil der Kriegsbeute aus dem Japanisch-Chinesischen Krieg[87] wieder herauszugeben, kritisierte er heftig. Er sprach sich stattdessen dafür aus, der russischen Forderung nicht zu entsprechen und sich als Deutsches Reich neutral zu verhalten.[88] Möglicherweise hatte er dabei aber nicht vorausgesehen, dass eine anderslautende Entscheidung vonseiten der Wilhelmstraße zu einer grundlegenden Wende in den deutsch-japanischen Beziehungen hätte führen können. Wie dem auch sei, die aus diesem Prozess resultierende anglo-japanische Allianz beurteilte er in jedem Fall positiv. Das ergibt sich aus seiner Stellungnahme zum Japanisch-Russischen Krieg[89] aus dem Jahr 1906. Die allmähliche Absorption Chinas in das gewaltige russische Staatssystem betrachtete er als größte Gefahr, da dieser Weg am Ende der Gründung eines fast unüberwindbaren Weltreichs nahekommen würde:

> Was Indien für England geworden, das sollte China für Rußland werden. Die Verbindung der slavischen und mongolischen Rasse wäre ein erdrückender Alp für die germanische Rasse geworden. Dies war keine gelbe Gefahr in dem Sinne der Alarmisten, aber eine gelblich-weiße Gefahr, die die europäische Kultur in ihren Grundvesten erschüttert hätte. Die Siege Japans haben dieses heranziehende Gewitter abgeleitet und vorerst die Gefahr gebannt. Die anglo-japanische Allianz (1902/05) hat die Zukunft gesichert und vor allem der

---

86 Die *Tripel-Intervention* oder *Intervention von Shimonoseki* war eine gemeinsame Intervention von Russland, Deutschem Reich und Frankreich im Jahr 1895, die darauf abzielte, Japan zur Rückgabe der im Chinesisch-Japanischen Krieg von 1894/95 eroberten Halbinsel Liaodong an China zu drängen (vgl. https://de.wikipedia.org/wiki/Intervention_von_Shimonoseki).

87 Der Erste Japanisch-Chinesische Krieg (1894/95) begann am 1. August 1894. Auslöser waren Streitigkeiten um den politischen Status Koreas. Er endete im April 1895 mit Chinas Unterzeichnung des Vertrags von Shimonoseki. Nach der chinesischen Niederlage wurde Taiwan zur japanischen Kolonie und Korea ein offiziell unabhängiger Staat (vgl. https://de.wikipedia.org/wiki/Erster_Japanisch-Chinesischer_Krieg).

88 Vgl. Körner (1967): S. 520.

89 Der Japanisch-Russische Krieg (1904/05) begann im Februar 1904 mit dem Angriff Japans auf den Hafen von Port Arthur und endete nach einer Reihe verlustreicher Schlachten im Sommer 1905 mit der Niederlage Russlands. Der unter Vermittlung der Amerikaner ausgehandelte Friedensvertrag von Portsmouth vom 5. September 1905 besiegelte den ersten bedeutsamen Sieg einer asiatischen über eine europäische Großmacht in der Moderne (vgl. https://de.wikipedia.org/wiki/Russisch-Japanischer_Krieg)

gelblich-weißen Gefahr ein Ende gemacht. Jetzt hängt es nur davon ab, die Entwicklung Chinas in sichere Bahnen zu lenken. Hier liegt das schwierigste Problem der Zukunft Ostasiens und der Zukunft der ganzen Welt![90]

Mit Blick auf China waren das prophetische Worte. Mit Blick auf die deutsch-japanischen Beziehungen hingegen kommt darin zum Ausdruck, dass Siebold eine für Deutschland unheilvolle Entwicklung verkannte. Denn tatsächlich führte das von ihm so hochgelobte Abkommen Japans mit England zu einer Abkehr Japans von Deutschland, so dass sich 1914, bei Ausbruch des Ersten Weltkriegs, Deutschland und Japan am Ende als Feinde gegenüberstanden. Es ist erstaunlich, dass Siebold das übersehen konnte, denn auch seine eigenen Dienste nahm die japanische Regierung nach 1905 kaum noch in Anspruch. Ein *Wind of Change* hatte eingesetzt. Wenige Jahre vorher war er von japanischer Seite noch als „diplomatischer Generalstabsoffizier" bezeichnet worden, als einer, der große japanische Staatsmänner, wie Itō, Inoue, Matsukata und Ōkuma, in Fragen der europäischen Politik beraten hatte.[91] Dass seine Dienste fortan nicht mehr abgerufen wurden, führte er vermutlich darauf zurück, dass Japan nun erwachsen geworden sei und selbständig die notwendige Orientierung fände. Aber die wirklichen Gründe reichten wohl tiefer. „Japan war eine Großmacht geworden, seine Diplomaten und Politiker glaubten, auf die Hilfe von Europäern verzichten zu können."[92] Er selbst hat das Ergebnis dessen, was sich hier anbahnte, nicht mehr erleben müssen, da er drei Jahre vor Kriegsausbruch starb.

Die Würdigung seiner Lebensleistung sollte das allerdings nicht entscheidend trüben. Fast 40 Jahre lang hat Alexander von Siebold sich darum bemüht, Japan Brücken in die Zukunft zu bauen – in harter Arbeit, mit großer Sensibilität und uneingeschränkter Loyalität denen gegenüber, die bereit waren, ihm ihr Vertrauen zu schenken. Seine Bemühungen, Japan zu einer neuen Staatsverfassung und einer fortschrittlichen Gesetzgebung zu verhelfen, folgten einem Grundgedanken: Die japanische Nation sollte eine ebenso hohe Kulturstufe erreichen wie die europäischen Völker:

> Aus diesem Grunde müsse in Japan sowohl die Verwaltung wie die Gesetzgebung von demselben liberalen Geist durchdrungen sein wie im Westen. Die zur Verteidigung der Unabhängigkeit nötigen militärischen Machtmittel zu Wasser und zu Lande müßten auf dieselbe Stufe der Vollendung gebracht werden wie in den europäischen Militärstaaten. Das japanische Volk sollte dabei freisinnig, fortschrittlich und aufgeklärt werden, um im geistigen Kampfe mit Europa auch seine Selbständigkeit wahren zu können.[93]

---

90 Körner (1967): S. 523.

91 Vgl. Körner (1967): S. 523.

92 Ebd. S. 523.

93 Ebd., S. 508.

Als Siebold dies zu Papier brachte, war sein Vater schon lange tot. Die Frage, wie er ein solches „politisches Glaubensbekenntnis" seines Sohnes aufgenommen hätte, ist deshalb nicht mit Gewissheit zu beantworten. Einig sind sich Vater und Sohn in ihrer Sympathie für Japan. Auch stimmten sie darin überein, dass das Land sich nur mit einer straffen inneren Ordnung und als schlagkräftige Militärmacht gegen kolonialistische Übergriffe würde behaupten können. Der Vater hatte wesentlich dazu beigetragen, die Tür aufzustoßen, durch die jetzt Fremdes ins Land flutete. Dieser Strom brachte nicht nur Werte und Wissen, sondern auch Überheblichkeit, Rücksichtslosigkeit, westliches Anspruchsdenken sowie Lug und Trug nach Japan. Neben ehrbaren Kaufleuten, ordentlichen Beamten und disziplinierten Militärs waren auch die gekommen, die sich nur die Taschen vollstopfen wollten. Sie trafen auf eine Gesellschaftsordnung, die schon vor Ankunft der vielen Fremden ins Wanken geraten war. Beide, Philipp Franz und Alexander von Siebold, verfolgten mit Erschrecken, was da über das Land hereinbrach. Beide fühlten eine Verantwortung, gingen aber unterschiedlich damit um. Philipp Franz von Siebold war seiner Herkunft und seinem Bildungsweg nach ein Konservativer; liberale Freiheitsrechte waren seine Sache nicht. Er versuchte, sich der angestoßenen Entwicklung entgegenzustemmen, möglichst viel von dem alten Japan, das er kennengelernt hatte, zu bewahren. Große Aussichten auf Erfolg hatte er damit nicht, zumal er letztlich das Land verlassen musste und nur noch von außen wirken konnte. Sein Sohn Alexander hingegen verbündete sich mit denjenigen politischen Kräften im Land, die sich ebenso wie er gegen das drohende Chaos stellten. Auch sie wollten Stabilität und Ordnung, zielten aber auf Veränderung. Er half ihnen bei der Suche nach ausländischen Modellen, die dafür in Betracht kamen. Japan war ihm von Jugend an vertraut, und so konnte er einschätzen und dahingehend beraten, welche dieser Modelle mit der Tradition des Landes vereinbar waren. Und sein Rat hatte Gewicht.

Aber es gab noch andere tiefgreifende Unterschiede zwischen Vater und Sohn. Philipp Franz von Siebold war den Japanern immer sehr resolut begegnet. Von Anfang an hatte er das Recht in die eigene Hand genommen. Bei seiner Ankunft in Japan stieß er auf ein „Niederlassungsrecht", wie man es heute bezeichnen würde, das ihn auf die winzige Insel Dejima beschränkte. Dennoch gelang es ihm, zumindest einen Teil seines Hausstands ins Narutaki-Tal auf dem Festland zu verlegen. Auch gegen die für Fremde geltenden strengen „Verkehrsgesetze" verstieß er auf seiner Reise nach Edo, um sich Raum für seine Messungen und Beobachtungen zu schaffen. Ähnliches galt für das restriktive Handelsrecht und die geltenden Ausfuhrverbote – mit beiden geriet er bei der Verfolgung seiner Forschungsarbeit in Konflikt. Diese Verstöße hätten ihn Kopf und Kragen kosten können. Sein Handeln war Ausdruck eines sehr gefestigten und vielleicht sogar übersteigerten Selbstbewusstseins, das ihn lebenslang kennzeichnen sollte. Sein ebenfalls willensstarker Sohn Alexander dagegen verfügte eher über die Geschmeidigkeit eines Diplomaten, und das, ohne jemals in den Genuss einer entsprechenden Ausbildung gekommen zu sein.

Philipp Franz von Siebold verstand es, mit seiner systematisch angelegten Forschung ebenso wie mit seinen persönlichen, teilweise dramatischen Erlebnisberichten ein weltweites Publikum zu fesseln und so die bis dato vorhandenen lückenhaften Vorstellungen von Japan zu einem deutlich schlüssigeren Bild zu ergänzen. Es gelang ihm, im Rest der Welt eine große Neugier zu wecken und Japan auch in kultureller Hinsicht Aufmerksamkeit zu verschaffen. Dabei verstand er sich auf den öffentlichen Auftritt, war ein eifriger Reisender in eigener Sache. Er besuchte die dynastischen Spitzen der damaligen Zeit und bot sich den Höfen und Regierungen als Ratgeber an. Allerdings verscherzte er sich durch den Alleinvertretungsanspruch, mit dem er auftrat, viele Sympathien. Ganz anders sein Sohn Alexander. Die große Attitüde, die Philipp Franz von Siebold so sehr beherrschte, war ihm nicht zu eigen. Er konzentrierte sich vielmehr darauf, die ihm übertragenen Aufgaben als guter Dienstleister mit aller Sorgfalt zu erfüllen. Dabei stand stets die Aufgabe im Vordergrund und nicht die eigene Person. Zunehmend entwickelte auch er eigene Gedanken und Konzepte, doch respektierte er dabei, dass Japaner sich vor großen Entscheidungen viel Zeit lassen und nach allen Seiten sondieren. „Ich möchte verstehen." – Dies hätte sein Leitsatz sein können. Vielleicht auch: „Ich gebe mir Mühe, verstanden zu werden." Aber ganz gewiss nicht: „Mein Rat ist alternativlos."

Festzuhalten bleibt: Vater und Sohn haben auf dem gleichen Gebiet sehr Unterschiedliches geleistet. Es wäre übertrieben zu behaupten, Philipp Franz von Siebold habe Japan auf die Landkarte gebracht. Das hatten seine vielen Vorgänger bereits getan. Doch erschienen die japanischen Inseln der Weltöffentlichkeit noch immer als geheimnisumwittert, rätselhaft und abweisend zugleich – eine *Terra incognita*. Philipp Franz von Siebolds großes Verdienst besteht darin, den weißen Flächen Farbe verliehen zu haben. Dennoch war es sein Schicksal, schließlich zwischen alle Stühle zu geraten. Die Ereignisse, die er hatte steuern wollen, entglitten ihm mehr und mehr. Die erhofften Erfolge blieben aus. Am Ende sah er sich zunehmender Vereinsamung gegenüber, ein Schicksal, das er als ungerecht empfinden musste.

Sein Sohn Alexander wiederum hat auf ganz eigene Art Bedeutendes bewirkt. Über das hier bereits Geschilderte hinaus war er an vielen weiteren Reformprojekten beteiligt. Aber wie groß sein Anteil daran jeweils war, ist nicht immer hinreichend erkennbar. Selbst mehr als hundert Jahre nach seinem Tod sehen sich Japanologen noch immer mit offenen Fragen konfrontiert. Für japanische Staatsrechtler, Politologen und Historiker stellt sich daher weiterhin die Aufgabe, die Lebensleistung Alexander von Siebolds im Einzelnen zu erfassen. Wie anfangs bereits bemerkt: Für Söhne ist es nicht einfach, aus dem väterlichen Schatten zu treten. Doch heute kann man sagen: Was die Bedeutung seiner Arbeit betrifft, steht Alexander von Siebold aus eigenem Recht gleichrangig neben seinem Vater.

06. Heinrich Schliemann (1822–1890) Japan und das große Abenteuer der Archäologie

Heinrich Schliemann, der weltberühmte Altertumsforscher, der Entdecker Trojas, hat in Japan niemals von seinem Forschungsspaten Gebrauch gemacht, niemals auch nur einen der nach ihm benannten „Suchgräben“ ausgehoben. Dennoch hat er dem fernöstlichen Inselreich lebhaftes Interesse entgegengebracht; in der Literatur allerdings hat das bisher leider kaum ein Echo gefunden.

Japan war für Schliemann Teil einer Weltreise. 43 Jahre alt, stand er 1865 in der Mitte seines Lebens. Er kam noch ohne die Aura des großen Altertumsforschers in dieses Land – seine bahnbrechenden Entdeckungen folgten erst Jahre später in seiner zweiten Lebenshälfte. Noch war er als einfacher Geschäftsmann unterwegs, der die Früchte erfolgreicher Spekulationen und die damit verbundenen Vorteile zu genießen wusste. Von Natur aus ein guter Organisator, hatte er seinen auf wenige Monate angelegten Aufenthalt sorgfältig geplant. Auch der vier Jahre vor seiner Ankunft abgeschlossene japanisch-deutsche Handels- und Freundschaftsvertrag kam ihm zugute, da deutsche Geschäftsleute im Konfliktfall fortan nicht mehr unter fremden Fahnen Schutz suchen mussten. In Edo gab es inzwischen einen deutschen „Residenten“. Doch vorsorglich hatte sich Schliemann bei der amerikanischen Botschaft angekündigt. Auch seinem Geschäftsfreund Grauert in Yokohama hatte er sein Kommen avisiert. Eine kleine Schutztruppe aus fünf Reitern stand für ihn bereit. Was er bei seinem zweimonatigen Besuchsprogramm sehen wollte, war weitgehend im Voraus festgelegt worden. Jederzeit hatte er Zollstock, Fernrohr, Papier und Feder sowie oftmals auch eine Waage zur Hand. „Geradezu unglaublich ist die Pedanterie und Beharrlichkeit Schliemanns, wenn es um Zahlen und Maßangaben, Geldbeträge oder detaillierte Beschreibung fremder Gebräuche geht [...]. Diese verleihen seinen Berichten eine geradezu ablesbare Beweiskraft“, schreibt Adelheid Pohl in ihrem Vorwort zu Schliemanns Reisebericht.[94]

In Japan herrschten nach wie vor unruhige Zeiten. Das Land war vom Bürgerkrieg zerrissen. Der Kaiser war noch nicht wieder in seine weltlichen Rechte eingesetzt. Die alte Militärherrschaft des Shōgunats lag aber bereits in den letzten Zügen. Drei Jahre später sollte die Meiji-Restauration ihren Anfang nehmen. Angesichts blutiger Unruhen hatten nach Angaben Schliemanns die wenigen noch im Land verbliebenen Ausländer Edo verlassen. Seinem Bericht

94 Pohl (1984): S. 6

zufolge hielten sich in ganz Japan zu diesem Zeitpunkt insgesamt ungefähr 315 Ausländer auf – 200 von ihnen in Yokohama, 100 in Nagasaki und 15 in Hakodate. Von den Diplomaten war nur noch der amerikanische Geschäftsträger Portman vor Ort, in einer von Palisadenzäunen und Wachhäusern geschützten Botschaft, bewacht von über 200 Sicherheitsleuten. Schliemann behauptete gar, er und der Amerikaner seien die einzigen Fremden in der 2,5 Millionen Menschen beherbergenden Großstadt gewesen.[95]

Kein Ort also für die genussvolle Reise eines wohlhabenden Privatiers. Doch allen Gefahren zum Trotz ließ er seiner Neugier freien Lauf, weshalb denn auch sein Augenzeugenbericht besondere Aufmerksamkeit verdient. Er beginnt recht fröhlich:

> Nach einer sehr angenehmen Reise kam am 1. Juni um sechs Uhr morgens die erste kleine Felseninsel Japans in Sicht. Ich begrüßte sie mit lebhafter Freude, denn alle Reisenden hatten mit solcher Begeisterung von diesem Land erzählt, daß ich darauf brannte, es zu besuchen.[96]

Diese Notiz findet sich in seinem Reisetagebuch unter dem Datum des 28. Juni 1865. Seine gesammelten Eindrücke hatte er erstmals 1867 in Paris in dem auf Französisch verfassten *La Chine et le Japon au temps présent* veröffentlicht, das erst 1984 unter dem Titel *Reise durch China und Japan im Jahre 1865* auch in einer deutschen Übersetzung erscheinen sollte.

Kritischer Blick auf eine Gesellschaft im Umbruch

Mögen manche seiner Reisebeschreibungen heute nur noch von bescheidenem Wert sein, so hält er doch mit der ihm eigenen präzisen Beobachtungsgabe vieles fest, was für das Verständnis der Nachwelt von großer Bedeutung ist. So erdenkt er beispielsweise für die von ihm beobachteten gesellschaftlichen Verhältnisse ein Ordnungssystem:

> Die **erste Klasse** bilden die Samurai (Adeligen), die große Vorrechte besitzen und zwei Schwerter tragen. Die **zweite Klasse** ist die der Bosans (Literaten), der die Priester und Ärzte angehören, die ebenfalls berechtigt sind, zwei Schwerter zu tragen. In die **dritte Klasse** reiht man die Fischer, Handwerker, Seeleute, Kaufleute und Bauern ein. Keiner von dieser Klasse darf mit irgendeinem der ersten Klasse sprechen, ohne sich vor ihm auf die Knie zu werfen. Die **vierte Klasse** ist die der Hettas (Leute, die Blut vergießen); dazu ge-

[95] Vgl. Schliemann (1995): S. 114f.

[96] Ebd., S. 57.

> hören die Scharfrichter, die Schinder und Gerber, die alle als unrein angesehen werden und außerhalb der Städte wohnen müssen. Sie werden von einem Dan-saiman („König") regiert, der in Yedo wohnt und einen beträchtlichen Tribut an den Taikun zahlt. Die **fünfte Klasse** ist die der Kotsedjikis (Bettler), die in vier Gruppen mit jeweils einem Anführer in Yedo unterteilt wird. Eine dieser Gruppen umfaßt nur degradierte ehemalige Adlige, die ihr Gesicht aus Scham über die elende Lage, in die sie gestürzt sind, unter einem riesengroßen röhrenförmigen Bambushut, der 66 bis 70 Zentimeter hoch ist und auf den Schultern aufsitzt, verbergen. Der Staat schützt die Unglücklichen vor dem Erkanntwerden, und es ist bei Todesstrafe verboten, ihre Hüte anzuheben. Die **sechste Klasse** ist die der Kristens (Christen); das sind die Abkömmlinge derjenigen Japaner, die um die Mitte des 17. Jahrhunderts das Christentum annahmen und 1684 niedergemetzelt wurden. Man schonte damals das Leben ihrer Kinder, die in der buddhistischen Religion erzogen wurden. Obwohl auch ihre Nachkommen dem buddhistischen Glauben anhängen und keinerlei Vorstellung vom Christentum haben, werden sie abgrundtief verachtet, als unrein angesehen und gezwungen, ein von Yedo abgesondertes Viertel zu bewohnen.[97]

Soweit diese „Buchführung". Darin ist manches enthalten, was das europäische Publikum erstaunt und empfindliche Gemüter gar erschüttert. Doch gleichzeitig blickt Schliemann eher positiv in die Zukunft Japans. Er äußert sich zur dortigen Zivilisation und erfasst den Begriff zunächst mit seinem materiellen Gehalt. Dabei kommt er zu dem Schluss, dass die japanische Gesellschaft für die Ausbildung ihrer Bevölkerung im umfassenden Sinne sehr viel Aufwand investiert:

> [...] denn im Kunstgewerbe haben sie den höchsten Perfektionsgrad erreicht, der ohne Hilfe der Dampfmaschine überhaupt möglich sein kann. Zum andern ist die Schulbildung hier viel allgemeiner als bei den zivilisierten Nationen Europas, während alle anderen Völker Asiens, selbst die Chinesen, ihre Frauen in völliger Unwissenheit halten, gibt es in Japan weder Männer noch Frauen, die nicht wenigstens die Landessprache in japanischen und chinesischen Schriftzeichen lesen und schreiben können.[98]

Kritischer ist er mit Blick auf die kulturellen Werte, die auch mit einer Zivilisation verbunden sein sollen – „das Weitergeben und Bewahren dessen, was in der Religion – so wie die Christen sie auffassen – an lebendigen Kräften vorhanden ist."[99] Er äußert sich in diesem Zusammenhang auch über andere Gründe,

---

[97] Ebd., S. 113ff. (Hervorhebungen v. Verfasser).

[98] Ebd., S. 115f.

[99] Ebd., S. 116.

[…] die die Moral dieses Volkes gewaltsam auf einem niedrigen Stand halten. Das ist zunächst die repressive Tendenz der Feudalherrschaft, die den Gebrauch der freien Kräfte einschränkt und unterdrückt. Zum andern ist es das unglückselige geheime und offene Spitzel- und Spionagesystem, auf das die ganze Regierung des Taikun mit ihrer mächtigsten Waffe, der Denunziation, gegründet ist.[100]

Grundlegende Reformen verhindern Intervention von außen

Schliemann hat seinen Tagebuchaufzeichnungen ein Schlusskapitel hinzugefügt, das man durchaus als politisches Positionspapier lesen kann. Wenn Japan seinen Platz unter den großen Nationen finden will, spricht er sich für folgende Reformen aus:

- Er mahnt Gedanken- und Meinungsfreiheit an. Das kunstvoll gesponnene Netz des Überwachungsstaates „sät Mißtrauen ins Volk und macht sowohl Aufrichtigkeit wie Ehrbarkeit unmöglich."[101] Verstellung sei zur schlechten Angewohnheit geworden, die einer normalen Entwicklung des Regierungs- und Verwaltungssystems entgegenstehe.[102]
- Im Agrarstaat Japan sei zudem die Bodenfrage von entscheidender Bedeutung. „Unglücklicherweise üben aber die Daimios oder Feudalherren die Kontrolle aus, und sie sind die eigentlichen Herren des Landes und fragen nur nach ihren eigenen Interessen."[103] Ohne es direkt auszusprechen, fordert er gewissermaßen eine umfassende Bodenreform, denn anders kann man es kaum werten, wenn er sagt:

> Diese Fürsten sind klug genug zu erkennen, […] daß der geistige und moralische Fortschritt wesentliche Veränderungen zur Folge haben würde, zu denen in erster Linie die Zerstörung ihrer mißgünstigen und restriktiven Feudalherrschaft gehören würde. Das ist der alleinige Grund ihrer beharrlichen Feindseligkeit gegenüber dem Aufkommen und der weiteren Entwicklung der ausländischen Beziehungen.[104]

- Darüber hinaus setzt er sich für die von den Fürsten aus obigen Gründen gefürchtete Öffnung des Landes ein. Das Volk dürfe nicht länger gegen die Fremden aufgewiegelt werden:

[100] Ebd., S. 116.
[101] Ebd., S. 116f.
[102] Ebd., S. 117.
[103] Ebd., S. 117.
[104] Ebd., S. 117.

> Die Daimios sind es auch, die dauernd das Volk gegen die Fremden aufwiegeln und seit langem die Öffnung des Hafens von Yedo verhindern. Die japanische Regierung wäre nicht imstande, die Ausländer, die sich hier niederlassen würden, zu schützen. Deren Leben könnte nur durch eine starke ausländische Armee gesichert werden, die dicht bei den Häusern der Ausländer untergebracht sein müßte und gezwungen wäre, Tag und Nacht starke Patrouillen durch die Straßen zu schicken.[105]

- Er erkennt auch die Gefahr einer Intervention von außen. Ob er eine koloniale Einwirkung grundsätzlich ablehnt, bleibt jedoch offen. Als Kaufmann setzt er sich jedoch für Handelsfreiheit ein und macht zur damals herrschenden Situation der japanischen Handelsbeziehungen mit anderen Staaten eine Rechnung mit sehr klarem Ergebnis auf:

> Es ist also sicher, daß England kein 30 000-Mann-Heer in Yedo unterhalten würde, selbst auf das Risiko hin, seine jetzigen Beziehungen zu Japan einzubüßen. Ich glaube, daß man schon heute für den Schutz des Handels mit Japan mehr Kosten aufwendet, als es die Erträge zulassen [...].[106]

- Eine Devisenbewirtschaftung betrachtet er als Übel; stattdessen setzt er sich für die freie Konvertierbarkeit von Währungen ein, wie wir es heute formulieren würden. In diesem Zusammenhang beklagt er sich denn auch über das Verhalten der japanischen Regierung:

> Außer den anderen ungeheuren Kosten und Gebühren, die die Regierung erfindet, um den ausländischen Handel einzudämmen, macht sie auch noch beim Umtausch der einzig zugelassenen ausländischen Münze[107] einen Nettogewinn von 34½ bis 46 Prozent zum Nachteil des ausländischen Handels, und sie begeht diesen ungeheuren Mißbrauch in offensichtlicher Übertretung der klaren Bestimmungen der Verträge.[108]

- Den Kaiser wiederum betrachtet er als eben diejenige Kraft, die alle notwendigen Veränderungen bewirken könne:

> Der Kaiser hat in bezug auf die Verbindungen mit dem Ausland die besten Absichten. Er möchte gern dessen Einfluß und Aktivitätsbereich vergrößern, weil er recht wohl sieht,

---

[105] Ebd., S. 117.

[106] Ebd., S. 118.

[107] Der mexikanische Piaster (Anm. d. Verf.).

[108] Schliemann (1995): S. 119.

> daß es sowohl den Interessen der Landwirtschaft als auch dem Staat dienlich und für Japan von großem Nutzen sein würde.[109]

So punktgenau Schliemann notwendige Veränderungen anspricht, so spärlich fallen bei ihm die Hinweise darauf aus, dass in Japan unterschwellig bereits sehr viel Positives in Gang gekommen war. Vor allem im Adel und unter den jüngeren Intellektuellen regten sich Kräfte, die auf eine weitreichende Erneuerung des Staatswesens drängten. Schon kurze Zeit später sollten sie im Rahmen der Meiji-Restauration die Verantwortung übernehmen. Objektiv betrachtet ist dieser Prozess übrigens durchaus als Revolution zu bewerten, selbst wenn der Kaiser, wie Schliemann es richtig erkannt hatte, im Mittelpunkt stand. Vermutlich war der Japan-Aufenthalt des Weltreisenden aus Deutschland dann doch zu kurz bemessen gewesen, um Zugang zu den Kreisen zu gewinnen, die diese tiefgreifende Innovation vorbereiteten.

Die letzten Seiten seines Berichts sind der Schilderung einer buddhistischen Totenfeier und Beerdigung vorbehalten:

> Der Verstorbene war mit seiner Dienstuniform bekleidet, mit zwei Schwertern, einem am Gurt befestigten Fächer und einem schwarzlackierten Bambushut auf dem Kopf. Er befand sich in einem vier Fuß hohen und zwei Fuß tiefen und breiten Sarg, der einer Hutschachtel für Frauen glich, die Beine und Arme hatte man ihm so gebogen, daß er im Sarg saß wie ein Kind im Mutterleib. Die Japaner befolgen diesen Brauch, weil ihre Religion ihnen vorschreibt, die Toten in der Lage zu begraben, die sie bei der Geburt hatten.[110]

Es folgt eine präzise, feinfühlige Beschreibung des förmlichen Bestattungsrituals. Vielleicht ist es nur ein Zufall, vielleicht aber auch ein bewusst gesetzter Akzent: Dem auf eine Erneuerung des Landes hin ausgerichteten Plädoyer folgt mit der Schilderung dieser Zeremonie ein Hinweis auf die tiefe kulturelle Verankerung des Staatswesens. Mit seinem kurzen, aber eindrucksvollen Reisebericht hat Schliemann Wesentliches zum europäischen Verständnis japanischer Geschichte, Kultur und Gesellschaft beigetragen.

---

[109] Ebd., S. 117.

[110] Ebd., S. 120.

Archäologie ist mehr als Schatzsuche

Nach der Rückkehr von seiner Weltreise, die ihn nicht nur nach Japan und andere asiatische Länder, sondern auch nach Nord- und Mittelamerika geführt hatte, legte Schliemann den Schalter noch einmal um: Seine zweite Lebenshälfte widmete er der Altertumsforschung und verwandte all seine Kraft darauf, mit seinen Ausgrabungen im wörtlichsten Sinne die Grundlagen der Zivilisation „freizulegen". Seine Arbeit war dabei in erster Linie für das Verständnis europäischer Kulturen von Bedeutung. Dafür hat vor allem in der westlichen Welt – mit Recht – große Anerkennung gefunden. Doch nicht nur das: Heinrich Schliemann hat der Archäologie in ihrer ganzen Breite zu besonderer Bedeutung verholfen. Wie wichtig die Forschungsbeiträge dieser Disziplin einzuschätzen sind, hat eine große, der Archäologie gewidmete deutsch-japanische Gemeinschaftstagung zum Ausdruck gebracht:

> Das Wissen des Menschen über seine Herkunft zu mehren und auf Grundfragen der Menschen Antworten zu finden, ist eine Aufgabe der Archäologie mit hohem Aktualitätsbezug. Heute geht es nicht mehr um die Suche nach Schätzen, nach attraktiven Fundstücken für heimatliche Museen, sondern darum, die Rätsel der Vergangenheit zu lösen, soziale, ökonomische und sogar ökologische Zusammenhänge aufzuspüren. Besonders aus Zeiten, aus denen keine schriftlichen Aufzeichnungen existieren, sind archäologische Funde und Befunde die einzige Hinterlassenschaft unserer Vorfahren.[111]

An dieser Stelle ist ein Blick auf den Werdegang Schliemanns notwendig. Eine unbekümmerte Jugend hat er nicht gehabt. Heinrich Schliemann kommt aus einfachem, aber nicht bildungsfernem Hause – sein Vater war Landpfarrer in der kleinen mecklenburgischen Gemeinde Neubukow. „Pastoren haben meistens viele Kinder und wenig Geld", so schreibt er später einmal in einem Brief. Als er 1822 zur Welt kommt, ist er das fünfte von neun Kindern. Aber es ist nicht so sehr die materielle Enge, die den Jungen belastet. Der Vater ist, wie ein Biograf es nannte, ein „sinnenfroher" Mensch. Er trinkt viel, vermutlich zu viel, sucht auch außerhalb des eigenen Hauses die Nähe zu Frauen und vernachlässigt seine Dienste in der ihm anvertrauten Kirchengemeinde. Als Heinrich kaum ein Jahr alt ist, verliert der Vater die Pfarrstelle. Die Familie muss nach Ankershagen umziehen, ebenfalls im Großherzogtum Mecklenburg-Schwerin. Die Probleme ziehen mit. Auch hier kein fester Halt. Heinrichs Mutter stirbt früh. Der Neunjährige kommt in die Obhut eines Onkels. Als die Gemeinde auch hier die Gottesdienste seines Vaters boykottiert, wird das Geld so knapp, dass es für den Besuch eines Gymnasiums nicht mehr reicht. Heinrich kommt über die Realschule nicht hinaus und muss froh sein, bereits mit 14

---

[111] Viets (2006): S. 7.

Jahren eine Kaufmannslehre als Handelsgehilfe in einem Krämerladen in Fürstenberg gefunden zu haben.

Nach Beendigung seiner Lehrzeit 1841 schlägt er sich in Hamburg zeitweise als Lagerarbeiter durch, will dann aber sein Schicksal durch Auswanderung nach Venezuela wenden. Doch das Unglück verfolgt ihn auch hier: Zwei Wochen nach dem Auslaufen strandet das Schiff vor der niederländischen Insel Texel, und Schliemann gelangt schließlich nach Amsterdam, wo er sich eine Zeitlang als Kontorbote über Wasser hält. Doch er ist begabt und überaus fleißig. Er nutzt seine Zeit, um verschiedene Fremdsprachen zu lernen, und bekommt schließlich eine Anstellung als Korrespondent und Buchhalter. Wohl aufgrund der engen Handelsbeziehungen seines Arbeitgebers zum Zarenreich beginnt Schliemann, Russisch zu lernen, und wird schließlich als Agent nach St. Petersburg geschickt. Von dort aus geht er für zwei Jahre nach Kalifornien und handelt in Sacramento – abenteuerlich genug – mit Gold. Nach Russland zurückgekehrt, macht er auf eigenes Risiko Spekulationsgeschäfte, nicht nur mit Indigo, wie er es selbst gern darstellt, sondern auch mit Munitionsrohstoffen – Blei, Schwefel und Salpeter –, die die zaristische Armee im Krimkrieg benötigt. Er durchbricht dabei die britische Seeblockade und erweist sich auch sonst als äußerst robuster Geschäftsmann mit durchaus weitem Gewissen.

Auf einsamem Posten gegen die herrschende Lehre

Wie bereits angedeutet, kann er die Geschäftsbücher als vielfacher Millionär schließen, doch setzt er sich nicht etwa zur Ruhe, sondern widmet sich – wohlgemerkt auf der formal schmalen Basis eines Volksschülers – dem Studium anspruchsvoller Literatur. Noch im fortgeschrittenen Alter lernt er die klassischen Sprachen: Latein, Griechisch und Hebräisch, später auch Türkisch. Einige Zeit verbringt er in Paris, besucht Vorlesungen an der Sorbonne, schließt damit Bildungslücken, veröffentlicht aber auch schon Bücher – darunter das Japan-Buch, von dem eingangs ausführlich die Rede war. In Schliemann verfestigt sich immer mehr die Idee, Homer, der sagenumwobene Dichter des Altertums, habe bei der Arbeit an den großen Epen der *Illias* und der *Odyssee* nicht nur seiner Fantasie freien Lauf gelassen, sondern auf konkrete historische Ereignisse Bezug genommen. Dafür will er den Nachweis erbringen und stellt sich damit frontal gegen die herrschende Meinung, denn viele Experten der damaligen Zeit leugnen die Existenz des Dichters Homer. Die ihm zugeschriebenen Werke seien eine Gemeinschaftsarbeit mehrerer Autoren. Andere wiederum vertreten die These, die Verse seien nur mündlich tradiert worden und hätten erst im Laufe der Zeit zu ihrer endgültigen festen Form gefunden. Die Suche nach den Schauplätzen der geschilderten Handlung sei somit vollkommen sinnlos, schließlich hätte es bereits einige ergebnislose Versuche in dieser Richtung gegeben.

Schliemann ist ein krasser Außenseiter. Viele Autoritäten seiner Zeit nennen ihn naiv oder betrachten ihn als ungebildeten mutmaßlichen Grabräuber. Indem er diesem Druck standhält, beweist er Selbstbewusstsein, viel Geduld und einen langen Atem. Rücksichtslos gegen sich selbst wagt er das Risiko, setzt seine ganze Arbeitskraft, seine Organisationsgabe und sein Vermögen ein. Vor allem in der Türkei und in Griechenland kommt ihm beim Umgang mit den Behörden, die Genehmigungen zu erteilen haben, sein kaufmännisches Verhandlungsgeschick zugute. Seine erste Grabungserlaubnis erhält er Mitte 1871 vom zuständigen Amt in Konstantinopel. Zu spät, um noch vor Einbruch des Winters Erfolge erzielen zu können. Die zweite Grabungskampagne im darauffolgenden Jahr bringt ein Fries des hellenistischen Athena-Tempels zu Tage – ein durchaus achtbarer Erfolg. 1873 legt er ein Stadttor frei – in seiner Fantasie das „Skäische Tor" aus der *Illias* –, in dessen Nähe ein Konvolut aus kunstvollen Ketten, Ringen und anderem Geschmeide. Für Schliemann ist dies der sagenumwobene „Schatz des Priamos". Stolz verkündet er der Welt, er habe Troja gefunden.

Aber damit nicht genug. Er bleibt auf den Spuren Homers und beginnt im folgenden Jahr Grabungen in einem zweiten Zentrum des Altertums, in Mykene. Von den atemberaubenden Funden in der Türkei bestärkt, wartet er eine amtliche Genehmigung gar nicht erst ab. Mit seinem Grabungstrupp legt er Suchgräben von fünf Meter Tiefe an. Doch dann bereitet eine förmliche Stilllegungsverfügung diesen Aktivitäten ein Ende, und Schliemann muss ein Jahr warten, bevor er ein neues Zertifikat bekommt. Als es soweit ist, stößt er auf einen Begräbnisplatz mit fünf prunkvollen Schachtgräbern, goldenen Totenmasken und wertvollen Grabbeigaben. Noch bevor er überhaupt die prunkvollste Totenmaske birgt, telegrafiert er bereits dem griechischen König, er habe das Grab des Agamemnon und seiner Familie gefunden. Mit der Zuordnung nimmt er es nicht so genau. Er hat es immer eilig, seine Erfolge – möglichst auch pressewirksam – zu verbreiten.

Ein Genie – aber mit Schwächen

Bescheidenheit ist Schliemanns Sache nicht. Er geht auf Vortragsreisen, organisiert Ausstellungen, macht Schenkungsversprechen, lässt sich feiern, nimmt Ehrungen entgegen. Die Rostocker Universität hat ihm schon 1869 für sein Buch *Ithaka, der Peloponnes und Troja* den Doktorhut verliehen. Doch gleichzeitig wird Kritik laut – solche Stimmen begleiten ihn zeitlebens. Während seine Arbeit in Griechenland ganz überwiegend positiv bewertet wird – „er hat uns tausend Jahre Geschichte geschenkt" –, machen vor allem die deutschen Archäologen Ernst Curtius (1814–1896) und Alexander Conze (1831–1914) gegen ihn mobil. Dass ein Amateur in ihr Revier eingedrungen war, konnte ihnen nicht gefallen.

Eine seiner großen Schwächen ist sein kaum zu befriedigendes Bemühen um Anerkennung. Um dieses zu bedienen, erfindet er dramatische Geschichten. Am vielleicht eindrucksvollsten seine Darstellung der Bergung des Goldschmucks, den er (fälschlicherweise) den „Schatz des Priamos" tauft:

> Es scheint, daß die göttliche Vorsehung mich für meine übermenschlichen Anstrengungen während meiner dreijährigen Ausgrabungen in Ilion auf eine glänzende Weise hat entschädigen wollen [...]. Um den Schatz der Habsucht meiner Arbeiter zu entziehen [...], schnitt ich den Schatz mit einem großen Messer heraus, was nicht ohne die allergrößte Kraftanstrengung und die furchtbarste Lebensgefahr möglich war, denn die große Festungsmauer, welche ich zu untergraben hatte, drohte jeden Augenblick auf mich einzustürzen. Aber der Anblick so vieler Gegenstände, wovon jeder einzelne einen unermesslichen Werth für die Wissenschaft hat, machte mich tollkühn, und ich dachte nicht an die Gefahr. Die Fortschaffung des Schatzes wäre mir aber unmöglich geworden ohne die Hülfe meiner lieben Frau, welche immer bereit stand die von mir herausgeschnittenen Gegenstände in ihr großes Umschlagetuch zu packen und fortzutragen.[112]

Schwierigkeiten und Entbehrungen ja, aber von tollkühnen Aktionen und furchtbarster Lebensgefahr am Fundort kann keine Rede sein. Nach Zeugenaussagen nichts als Theater! Selbst Jahre später, als Schliemann sich längst auf dem Gipfel seines Ruhmes befindet, schlägt ihm deshalb noch harsche Kritik entgegen. So etwa schreibt die *Schwäbische Kronik* 1890, in Schliemanns Todesjahr:

> Was mutet er aber auch seinen Lesern zu! Wie macht er sie kopfscheu durch die abenteuerlichsten Vermutungen, die er mit feierlichem Ernst zum besten gibt, wie ermüdet er durch schwerfällige Breite und durch die schrullenhaftesten Zuthaten. Wahrlich, es gehört ein ungewöhnlicher Enthusiasmus dazu, um durch diese unerquicklichen Bücher sich hindurchzuarbeiten [...].[113]

Wer einige der Schliemann-Texte gelesen hat, wird für diese Empörung Verständnis aufbringen: Schliemann verwendet viel Energie darauf, seine großen Erfolge mit noch größeren Worten auszuschmücken, sie gewissermaßen bühnengerecht zu inszenieren und dabei vor allem sich selbst ins günstigste Licht zu rücken.

---

[112] Heinrich Schliemann in: *Allgemeine Zeitung*, 5. August 1873, Nr. 217, Beil., zitiert nach: Samida (2018): S. 98.

[113] *Schwäbische Kronik*, 1890, zitiert nach: Samida (2018): S. 94.

Andere Kritik wiegt jedoch schwerer. Ein Beispiel: In dem Grabungsfeld Hisarlik, in dem er Troja entdeckt, lagen viele Zivilisationsschichten übereinander, insgesamt neun aus 47 Bauperioden. Schliemann erkennt dies nicht, denn anfangs ist es wohl auch nicht zu sehen. So legt er einen breiten Suchgraben von großer Länge und Tiefe mitten hindurch, verschüttet dabei viele Spuren und zerstört insbesondere auch Teile der Schicht, die heute im engeren Sinne als „Troja“ betrachtet wird. Auch lassen zumindest seine frühen Ausgrabungen die Fundorte der von ihm gesicherten Antiken nicht hinreichend genau erkennen. Zudem ändert er Funddaten, um die Zollbehörden zu täuschen. Am Ende ist er in einen ganzen Rattenschwanz peinlicher Gerichtsverfahren verwickelt, kann sich aber mit Geldzahlungen freikaufen.

Allerdings gilt auch dies: Schliemann verfügt über die Kraft zur Korrektur. Vor allem lernt er, bei späteren Grabungen langsam Schicht für Schicht abzutragen. Zug um Zug verfeinert er seine Forschungsmethoden. Dabei berät ihn Wilhelm Dörpfeld (1853–1940), einer der angesehensten Archäologen der damaligen Zeit. Mit Rudolf Virchow (1821–1902) holt er zudem einen Wissenschaftler allerersten Ranges an seine Seite. Ihm ist es wohl auch zu verdanken, dass Schliemann seinen „Troja-Schatz“ dem Deutschen Reich als Schenkung überlässt. Die erhoffte Mitgliedschaft in der Berliner *Akademie der Wissenschaften* bleibt dem Autodidakten Schliemann allerdings versagt. Mit der Berufung eines ehemaligen Volksschülers, so sehr er sich in der Praxis auch bewährt haben mag, wäre die Gelehrtendynastie, von Hochmut nicht ganz frei, wahrscheinlich überfordert gewesen. Sein Freund Virchow rät ihm davon ab. Stattdessen wird Schliemann in einer eindrucksvollen Zeremonie als Ehrenbürger der Reichhauptstadt Berlin gewürdigt.

Summa summarum ein Mann mit ganz ungewöhnlichen Charakterzügen, der einen Aufstieg aus sehr zerrütteten und eher ärmlichen Verhältnissen sucht und vollbringt. Ausgestattet mit einer beachtlichen Maß an Energie und Durchsetzungsvermögen verfügt er gleichzeitig über ein sensibles Gespür für Ausgleich und Diplomatie, eine blühende Fantasie und eine niemals erlöschende Flamme der Begeisterungsfähigkeit. Und bei alledem zeichnet er sich durch seine nüchterne Beobachtungsgabe und einen sicheren Instinkt für das Machbare aus. Jederzeit ist er fähig, einen kühlen Kopf zu bewahren und messerscharf zu kalkulieren. Schliemann hat materielle Güter entschlossen zusammengerafft, ist aber dennoch bereit, für ein großes ideelles Ziel alles wieder aufs Spiel zu setzen. Die Natur hat ihn reich beschenkt – er ist ein Sprachgenie und ein Zahlenmensch. Aber solche Talente kommen erst durch seinen Fleiß zur Wirkung. Auf dem Weg zum Ziel muss er eine Unzahl von Hürden überwinden. Das bringt ihm insbesondere unter Japanern Respekt ein. Denn für sie bestimmt nicht allein der Erfolg den Wert einer Lebensleistung, sondern vor allem auch das Maß an Schwierigkeiten, die auf dem Weg zu überwinden sind.

Für die moderne Archäologie ist Schliemann zum entscheidenden Wegbereiter geworden. Er war der Erste, der den universalen Ansatz entwickelte, fortschrittliche Grabungsmethoden unter Einsatz moderner Naturwissenschaften mit Geschichtswissenschaft, mit Anthropologie, Philologie und auch Philosophie zu verbinden. Er schuf die Grundlagen, die mittlerweile weiter ausgebaut und verfeinert werden konnten. Gerade auch Japan hat auf der Suche nach seiner eigenen Geschichte davon Gebrauch gemacht.

Die Gefahr politischer Instrumentalisierung

Im November 2004 haben Japaner und Deutsche im *Japanisch-Deutschen Zentrum Berlin (jdzb)* im Rahmen einer dreitägigen Konferenz unter der Überschrift *Archäologie in Japan – Umbrüche und Kontinuitäten* das gemeinsame Gespräch gesucht. Obwohl Schliemann nicht auf der Tagesordnung stand, war er – wie stets bei solchen Zusammenkünften – immer mit im Raum. In ihrem Vorwort zur anschließend veröffentlichten gemeinsamen Dokumentation schrieb die damalige jzdb-Generalsekretärin Angelika Viets:

> Die Archäologie spielt daher eine herausragende Rolle bei nationaler Identitätsfindung. In der Tat fiel die Entstehung der wissenschaftlichen Archäologie im frühen 19. Jahrhundert mit dem Aufstieg der Romantik und der Nationalstaaten zusammen. Immer wieder wurde die Beschäftigung mit der Vergangenheit instrumentalisiert, sowohl um moderne politische Gebilde zu legitimieren, als auch um sie in Frage zu stellen. Abgesehen von extremen Formen nationalistischen Missbrauchs der Wissenschaft hat die Archäologie häufig dazu beigetragen, kulturelle und politische Identitäten auf regionaler, nationaler und transnationaler Ebene zu konstituieren.[114]

Der Nationalsozialismus hat in Deutschland solche Versuche unternommen. Auch Japan war davon nicht frei. Zu denken wäre da beispielsweise an den Archäologen Shinichi Fujimura (*1950), von seinen Bewunderern als „Hand Gottes" bezeichnet. Ende des 20. Jahrhunderts unternahm er den Versuch, nationalistische Ansprüche mit falschen Befundungen zu bedienen. In beiden Ländern waren die Selbstreinigungsmechanismen jedoch stark genug, solche Versuche aufzudecken und ihnen entgegenzuwirken. Vor der Geschichte und vor Gericht sollte heute sowohl in Japan als auch in Deutschland gelten: Die Wahrheit und nichts als die Wahrheit – so schwer das auch manchmal sein mag. Nicht zuletzt deshalb ist der Dialog – wie es das *Deutsch-Japanische Zentrum Berlin* sehr früh erkannt hat – für beide Länder so wichtig.

---

[114] Viets (2006): S. 7.

07. Erwin Bälz (1849–1913)
Vertrauen in die deutsche Medizin

In der Brust eines Schwaben streiten für gewöhnlich Heimatliebe und Weltbürgertum um die Vorherrschaft. Das gilt auch und besonders für den großen Erwin Bälz. 1849 in Bietigheim, wenige Kilometer nördlich von Stuttgart, geboren, hat der Schwabe den Weg in die große weite Welt gefunden. Und es ist gewiss kein Zufall, dass ihm zu Ehren sowohl in der japanischen Hauptstadt – auf dem Gelände der Tokio Universität – als auch in seinem kleinen Heimatort ein Denkmal errichtet wurde. Seine Familie stammt von der Schwäbischen Alb, einer Region mit rauem Klima und dürftigen Böden, weshalb denn auch die Menschen, die dort leben, als harte Arbeiter gelten – nüchtern, anspruchslos, ehrlich, aber auch mit einem trockenen Humor gesegnet. So viel zu Bälz' väterlichem Erbe. Von mütterlicher Seite, so berichtet Gerhard Vescovi in seiner Biografie, kamen „die Neigung zu hohem Gedankenflug [...], gleichermaßen auch die bei Schwaben so gerühmte Begabung für Poesie und romantisches Empfinden"[115]hinzu.

In der Rückschau auf dieses Leben fügt sich so manches zusammen: Das Wasser hatte es ihm früh angetan. Die Enz, ein kleiner Fluss, der in der Regenzeit zum Strom anschwellen konnte, war ein Spielplatz seiner Jugend. In späteren Jahren sollten ihm die Erforschung von Heilquellen und die Wirkung von Badekuren zu einem wichtigen Anliegen werden. Als Gymnasiast besuchte er die Lateinschule, weshalb er sich später mit der Sprache der Medizin leichttun sollte. Als Student waren ihm die Naturwissenschaften wichtig. Aber sein Interesse galt ebenso den Fremdsprachen, wie Englisch und Französisch, und der Geografie – wesentliches Rüstzeug für den künftigen Weltreisenden. Hinzu kamen Sport, die Bewegung in der Natur und seine Erfahrung als Waffenstudent – er konnte durchaus hart sein gegen sich selbst und sollte selbiges später auch seinen hochrangigen Patienten abverlangen, denen er empfahl, die Scheu vor kaltem Wasser, frischer Luft und anstrengenden Leibesübungen abzulegen, um zu gesunden.

Eine früh erkannte Begabung und eine Zufallsbegegnung

Bälz suchte sich die besten akademischen Lehrer seiner Zeit, zunächst in Tübingen, dann in Leipzig. Der wohl berühmteste war Carl Reinhold August Wunderlich (1815–1877), der ihn

115 Vescovi (1972): S. 11.

als Assistent und Oberarzt in seine Nähe holte und ihn später auch damit betraute, ihn bei der Erfüllung seiner Vorlesungsverpflichtungen zu vertreten. Im Deutsch-Französischen Krieg von 1870/71 leistete Bälz seinen Dienst an der Front in Frankreich, erlebte die Schlacht von Sedan und kämpfte als junger Arzt mit einem Feind, der ihm später noch oft zu schaffen machen sollte: Ruhr- und Cholera-Epidemien. Alles deutete auf eine erfolgreiche Universitätslaufbahn hin, als 1875 ein offenbar sehr prominenter japanischer Patient eine völlig unerwartete Wendung im Leben des Erwin Bälz herbeiführte. Er erkannte die außergewöhnlichen Fähigkeiten seines behandelnden Arztes und empfahl ihn daher seiner Regierung im fernen Tokio, woraufhin der gerade einmal 26-jährige Bälz eine Berufung als Professor für Physiologie und Innere Medizin an die erst wenige Jahre zuvor gegründete Medizinische Akademie in Tokio erhielt. Am Neujahrstag 1876 schrieb er in sein Tagebuch:

> So trete ich in das neue – bald auch mein 27. Lebensjahr, mit dem Bewußtsein, einen Stellungswechsel um die halbe Erde anzutreten. Ich bin mir nicht im Zweifel, daß ich den sicheren, mir bisher so hoffnungsreichen Boden der Heimat gegen ein ungewisses Schicksal eintausche. Und doch – ich schwankte nicht einen Augenblick. Da nun die Entscheidung gefallen ist, fühle ich in mir völlige Ruhe – ja eine starke Freude. Denn es steht mir ein Ereignis bevor: die eigentliche Erfüllung meiner sehnlichsten Wünsche. Dann auch ich bin berufen, an der Verbreitung und Vertiefung der abendländischen Kultur unter einem begabten, wißbegierigen Volke mitzuwirken in meinem Teile.[116]

Holpriger Anfang am neuen Wirkungsort

Als Bälz nach Japan kam, waren der preußische Oberstabsarzt Leopold Müller (1822–1893) und der Marinearzt Theodor Eduard Hoffmann (1837–1894) bereits seit fünf Jahren im Land und hatten der deutschen Medizin einiges Ansehen verschafft. Aber sie hatten auch mit der Missgunst chinesischer Ärzte und dem Misstrauen breiter Bevölkerungskreise zu kämpfen. Zudem hatten sie offenbar in Unkenntnis der Landessitten einige Tabus verletzt. So wird etwa berichtet, dass Müller, als er zum Empfang beim Kaiser geladen war, sich gegen den dringenden Rat des Zeremonienmeisters geweigert hatte, vor dieser Begegnung die Stiefel auszuziehen. In seiner Heimat, so entgegnete Müller standfest und beharrlich, sei es eine Ehrverletzung, als Militärarzt seinem Landesherrn ohne Stiefel gegenüberzutreten. Schlimmer noch als die daraus resultierenden Verstimmtheiten war die im Lande vorherrschende feindselige Stimmung gegen-

[116] Bälz (1931): S. 16.

über Ausländern. Allerdings ließ Bälz die sehr düsteren Botschaften, die er entgegennehmen musste, nicht an sich heran. In einem Schreiben vom 9. Juni 1876 berichtete er nach Hause:

> Ich erklärte sofort, daß ich als sachlicher Beurteiler und nicht als Enthusiast gekommen bin und es als selbstverständlich voraussetze, daß ich hier nicht alles so vorfinden werde, wie in Europa. Ich ließe mich aber nicht so leicht deprimieren. Denn wenn die Japaner gegen die Europäer und Amerikaner mißtrauisch seien, so sei dies kein Wunder. Sie seien nur allzu oft betrogen worden. Kurz, ich könne, wolle und werde ruhig warten.[117]

Diesem Vorsatz entsprechend nutzte Bälz jede Gelegenheit, auf Reisen Land und Leute kennenzulernen. Er reiste mit offenen Augen und offenem Sinn und verzichtete bewusst darauf, den Japanern unbesehen alle Errungenschaften der mitgebrachten Zivilisation anzuempfehlen:

> Gerade darin sehe ich eine wesentliche Aufgabe von uns europäischen Lehrern, daß wir ihnen nicht nur mit Tat, sondern auch mit Rat an die Hand gehen. Dazu ist aber erforderlich, daß wir nicht jedes europäische Kulturgewächs einfach hierher verpflanzen, sondern zunächst untersuchen, was an allerlei wertvollem japanischen Kulturgut vorhanden ist, und dieses bewußt langsam und sorgsam den so jäh veränderten Forderungen der Gegenwart und Zukunft anpassen.[118]

Indem Bälz die Landessprache erlernte, die Sitten und Gebräuche seines Gastlandes studierte und achtete, erwarb er sich auch außerhalb seines engeren Arbeitsumfeldes als Arzt viele Sympathien. Die Menschen erkannten seine Zuneigung für ihr Land auch in seinen anthropologischen Studien, die er frühzeitig begonnen hatte, um sie dann im fortgeschrittenen Alter wiederaufzunehmen.

Leben, Krankheit, Gesundheit und Tod

Schon früh setzte sich Bälz in Japan für Heilmethoden ein, die in herkömmlichen Lehrbüchern nicht zu finden waren. Wie sein großer Lehrer Wunderlich, der als Mitbegründer der physiologischen Medizin gilt, vertrat Bälz die Auffassung, die Medizin „sollte die Gesetze lehren, nach denen der Organismus lebt, erkrankt, genest und stirbt.“[119] Ein guter Arzt

---

[117] Bälz (1931): S. 24.

[118] Ebd., S. 28.

[119] Vescovi (1972): S. 30.

dürfe nicht nur den toten Menschen studieren. Außerdem müsse er seine Sinne üben und schärfen. „Dies ist aber auch das Einzige, das den wissenschaftlich-praktischen Arzt von dem bloßen Theoretiker unterscheidet."[120] Selbst in scheinbar aussichtslosen Fällen gelangen ihm auf diesem Wege Heilerfolge, vor allem, indem er die psychische Situation seiner Patienten mitberücksichtigte. Er selbst berichtete beispielsweise davon, dass er einer Frau, die aufgrund seelischer Beschädigungen weder sehen noch gehen konnte, das Augenlicht und die Fähigkeit zur Bewegung zurückgegeben habe. Mit solchen Exempeln wandte er sich zugleich gegen die schon zu seiner Zeit ausgeprägte Spezialisierung. Im Hörsaal und auf internationalen Kongressen warb er stattdessen dafür, sich nicht nur in den engen Grenzen des eigenen Fachgebietes zu bewegen. Zwar gab er selbst als sein Fachgebiet die „Innere Medizin" an. Doch was er praktizierte, entsprach viel eher dem, was später als „Ganzheitsmedizin" bezeichnet werden sollte.

Mit seiner Berufsauffassung konnte Bälz viele Japaner überzeugen. Seinen Ruf untermauerte er durch eine Fülle von Studien. Seine Monografie über die in Japan weit verbreiteten Infektionskrankheiten, insbesondere über seine klinischen Erfahrungen mit der Cholera, erregte großes Aufsehen. Hinzu kamen Einzelstudien etwa über das *Japanische Fluss- und Überschwemmungsfieber*, eine unter Bauern weitverbreitete Typhuserkrankung, sowie über *Parasitäre Hämoptoe* (Bluthusten). Es sollten große Werke entstehen: Bälz' *Lehrbuch der Inneren Medizin* erschien zuerst auf Japanisch, während sein Buch *Die Krankheiten der Atemorgane mit spezieller Rücksicht auf Japan* zunächst in deutscher Sprache erschien. Sie beide erreichten in kurzer Folge mehrere Auflagen. Seine immense Schaffenskraft macht noch heute staunen. Gerhard Vescovi verzeichnet 1972 in seiner Biografie *Erwin Bälz – Wegbereiter der japanischen Medizin* 65 zum Teil mehrbändige Werke, Aufsätze und Reden.[121] Alle diese Arbeiten waren für den Alltag praktischer Ärzte bestimmt.

Japanische Durchschnittsbürger begegnen dem „Japan-Arzt aus Schwaben" heutzutage allerdings weniger in seinen wissenschaftlichen Werken als vielmehr in den Ergebnissen seiner Suche nach Heilquellen und der Beschreibung ihrer Wirkung. Dazu nur ein Beispiel: Unter den 3000 Badeorten mit heißen Heilquellen (Onsen) ist Kusatsu in der Präfektur Gunma einer der berühmtesten. Allerdings ist er längst kein stiller, verschwiegener Ort mehr – wie noch zu Zeiten seines Entdeckers –, sondern ein Weltbad. Kusatsu rühmt sich auf seiner Homepage einer jährlichen Besucherzahl von drei Millionen Gästen. Und doch ist Bälz dort noch allgegenwärtig: eine Bälz-Dōri, ein Bälz-Onsen-Center und ein Denkmal erinnern an ihn. Diesen Platz in den Bergen, der heute damit wirbt, er könne alles heilen – außer Liebeskummer –, hat Bälz besonders geliebt. Seine „unerreichten Quellen", die „beste Gebirgsluft in Japan" und ein „geradezu ideales

[120] Ebd., S. 31.

[121] Vgl. Vescovi (1972): S. 89ff.

Trinkwasser" hat er immer wieder gepriesen und ihre Nutzung empfohlen: „fünf Bäder täglich von etwa 46–50 Grad Celsius ist die Regel. Das geht mindestens einen Monat fort."[122]

Menschliche Begegnungen, Partnerinnensuche und Familiengründung

Nicht nur seine Tätigkeit als Arzt mit ihren beglückenden Heilerfolgen, sondern auch eine Vielzahl menschlicher Begegnungen ließ Bälz in der von ihm gewählten zweiten Heimat Japan immer mehr Fuß fassen. In seinen Briefen berichtet er von engen persönlichen Beziehungen zu dem von ihm hoch geschätzten Chirurgen Julius Scriba (1840–1905), zu Dr. Edmund Naumann (1854–1927), dem Leiter der Geologischen Landesanstalt; zum Naturwissenschaftler, Techniker und Kunstkenner Gottfried Wagener, dem in diesem Buch ein eigenes Kapitel[123] gewidmet ist; zum deutschen Gesandten Karl von Eisendecher (1841–1934) und dessen Nachfolger Theodor von Holleben (1838–1913), deren Einfühlungsvermögen in die zunächst exotisch anmutende Welt Japans ihm gefiel. Zunehmend gewann er an gesellschaftlicher Anerkennung, so dass er, als der preußische Prinz Heinrich im Jahr 1879 Japan besuchte, intensiv in das Geschehen einbezogen wurde.

Nur mit den japanischen Frauen, die ihm begegneten, konnte er zunächst eher wenig anfangen. Allerdings sollte sich das bald ändern. In einem seiner Briefe aus dem Jahr 1880 formuliert er etwas anzüglich, aber voller Hochachtung:

> Die Geishas, mir früher durch ihr unleidliches Gequieke und Schlagen ihrer Samisen[124], das Musik bedeuten soll, verhaßt, machen mir allmählich Spaß. Seit ich die Sprache besser verstehe, vermag ich mich mit ihnen zu unterhalten, gelingt mir zuweilen auch ein Witz. Und das ist die Hauptsache. Die Mädchen legen dann ihre Scheu vor dem Fremden ab, tauen auf. Kein Zweifel, daß diese Aspasien – die übrigens in punkto punkti schwer zugänglich sind – den geistig und aesthetisch gebildeteren Teil Japans darstellen. Ihre Geschicklichkeit ist bewundernswert. Sie machen jeden Mann glauben, daß sie ihn bevorzugen […]. Sie ziehen die Männer an, gestatten einen gewissen Grad von Vertraulichkeit, vertragen auch eine derbe Anspielung, machen sie wohl auch selbst, aber dann ziehen sie sich zurück, sehr wohl wissend, daß mit der Gewährung des letzten Wunsches ihre Macht sinkt. Immer hoffen lassen, nie ganz gewähren, ist ihre schlaue Devise.[125]

---

[122] Ebd., S. 64.

[123] S. Kapitel 09.

[124] Shamisen oder Samisen: eine dreisaitige gezupfte Langhalslaute, die zu den traditionellen Musikinstrumenten Japans zählt.

[125] Vescovi (1972): S. 42.

Es sollte lange dauern, bis Bälz eine passende Partnerin fand. Erst 1888 entschied er sich für Arai Hana, die ihren blumigen Namen, so wird berichtet, völlig zu Recht trug. Die von ihr erhalten gebliebenen Fotografien zeigen eine Frau von anmutiger Gestalt, heiter, lebensfroh und stolz. Sie kam aus gutem Hause, hatte eine umfassende Erziehung genossen, verfügte über großes Kunstverständnis und bereitete ihm ein kultiviertes Heim. Bald schenkte sie ihm einen Sohn, der auf den deutsch-japanischen Doppelnamen Erwin Toku getauft wurde. Die vier Jahre später zur Welt gekommene Tochter sollte ihnen durch frühen Tod wieder genommen werden. Viel später erinnerte er sich, dass er als 15-Jähriger in Baden-Baden beim Besuch der dortigen Altertumssammlung auf einem fast zweitausend Jahre alten Stein die Inschrift gelesen hatte: FILIOLAE DILECITISSIMAE – dem innigst geliebten Töchterchen. Aus dem, was er daraufhin zu Papier brachte, spricht seine große Sensibilität:

> Ich weiß noch wie heute, wie mich diese zwei Worte aufs tiefste ergriffen. Sie zeigten, daß der meist so harte Charakter des Römers doch auch zartester Liebe fähig war. Dieser Mann hatte sein teures Kind in der Fremde verloren. Ahnte mir, daß ich einst eine filiola dilectissima in fremdem Lande begraben sollte? [126]

Anerkennung im Volk und im kaiserlichen Palast

Im Laufe der Zeit hatte sich seine Praxis immer mehr ausgeweitet. Nicht nur Adlige, Politiker und Diplomaten, sondern auch die wohlhabenden Bürger ließen sich von ihm behandeln. Mittellose Patienten suchten und fanden ebenfalls seinen Rat. Er schrieb keine Rechnungen und verfügte trotzdem über ungewöhnlich hohe Einkünfte. Nach altjapanischer Sitte oblag es den Patienten, die in Anspruch genommene Leistung nicht durch eine vom Arzt erhobene, in Geld gefasste Forderung zu begleichen, sondern dessen Dienste nach eigenem Vermögen und Gutdünken zu honorieren. Diese Gegenleistungen lagen offenbar weit über dem, was in Europa für ärztlichen Rat zu zahlen war.

Der gute Ruf des deutschen Doktors erreichte schließlich auch das Kaiserhaus. Dr. Iwasa, einer der Hofärzte, hatte Bälz hinzugezogen, als die hochbetagte Mutter des Kaisers mit einer Lungenentzündung daniederlag. Möglicherweise wirkte ein Missverständnis als vertrauensbildende Maßnahme. Als Bälz gefragt wurde, ob er für die Patientin noch eine Chance sähe, antwortete er:

---

[126] Bälz (1931): S. 132.

> […] es sei einige Hoffnung vorhanden, wenn die Patientin noch zwei Tage aushalte. Dem Kaiser wurde der Fall offenbar falsch berichtet. Als Dr. Oka zwei Tage später zum Bericht erschien, fand er den Kaiser mit der Uhr in der Hand. Dieser winkte ihm gleich ab: „Es ist gut, ich weiß, sie ist gerettet." Dr. Oka, sprachlos vor Staunen, verstand ihn nicht. Er erlaubte sich zu bemerken, es sei wohl eine Spur von Besserung eingetreten. Der Kaiser aber meinte: „Bälz hat gesagt, wenn sie noch 48 Stunden lebt, kommt sie durch. Und er weiß das!"[127]

Von da an rückte Bälz in die Position eines kaiserlichen Leibarztes auf, und diese Nähe zum Kaiserhaus sollte sich für ihn in den folgenden Jahren in vielen kritischen Phasen bewähren.

Bewährter Ratgeber in zahlreichen Lebenslagen

Große Folgewirkung hatte die Entscheidung des Tennō, den Rat seines Arztes nicht nur in Fragen der Gesundheit, sondern auch der Erziehung zu suchen. Nachdem drei der vier Söhne des Meiji-Herrschers bereits in jungen Jahren verstorben waren, ruhte die ganze Hoffnung auf der Entwicklung des jüngsten, der von einer eher schwachen körperlichen Verfassung war. Seine weitere Erziehung sollte nicht in den Händen der Eltern liegen, sondern nach japanischem Brauch der Familie eines Hofbeamten übertragen werden. Diese jahrhundertealte Tradition diente wohl vor allem dem Shōgunat, das auf diese Weise versuchte, seine eigene Herrschaft abzusichern. Ein enges Verhältnis zwischen dem Kaiser und seinem Kronprinzen hätte die bestehende Ordnung gefährden können. Der Kronprinz wurde nicht nur von seinem Volk, sondern auch von seinen Eltern ferngehalten. Der Kaiser durfte seine Kinder nur in Gegenwart von Zeugen sehen. Jede dieser Begegnungen wurde unter Mitwirkung zahlreicher Beamter als Zeremonie gestaltet.

Im Zusammenwirken mit dem japanischen Leibarzt des Kaisers, Dr. Hashimoto Tsunatsune (1845–1909), gelang es Bälz, diese aus kühler Staatsraison geborene Tradition etwas aufzulockern. Durch ein Gesundheitsprogramm mit viel frischer Luft und Bewegung bemühte er sich darum, die körperliche Verfassung des Kronprinzen zu stärken. Es muss einer Revolution nahegekommen sein: Ein künftiger Kaiser, als Ziel der Verehrung eingebunden in ein strenges höfisches Protokoll, der mit Leibesübungen die für seine zukünftigen Aufgaben notwendigen Kräfte sammelte! Aber das Programm war erfolgreich. Wie die Chronik berichtet, gelang es dem späteren Kaiser Taisho (1897–1926) tatsächlich, auf diesem Weg zu einer athletischeren Konstitution zu gelangen.

---

[127] Bälz (1931): S. 138.

Selbst bei der Wahl der künftigen Partnerin des Kronprinzen wurde Bälz hinzugezogen. Während der Hof eine vorwiegend nach politischen Gesichtspunkten zu treffende Entscheidung wünschte, steuerte der Arzt – keineswegs zur Freude aller Beteiligten – Überlegungen aus seiner beruflichen Sicht bei. Seine genetisch motivierten Vorschläge harmonierten offenbar nicht mit der kühlen Staatsraison und ebenso wenig mit den emotionalen Beziehungen zweier Menschen. So kam es zu Spannungen, und Bälz stand vorübergehend nicht mehr in der Gunst des Kaisers. Doch das zwischen ihnen geknüpfte Band des Vertrauens sollte sich am Ende als belastbar erweisen. Es überdauerte nicht nur diese Krise, sondern auch viele andere Herausforderungen. So etwa, als Bälz Jahre später, während des Russisch-Japanischen Krieges, von Intriganten der Spionage für den Zaren verdächtigt wurde. Ohne zu zögern, traten der Kaiser und seine Regierung solchen Verleumdungen energisch entgegen.

Mauern in den Köpfen der eigenen Landsleute

Je länger Bälz in Japan lebte, desto mehr missfielen ihm Unarten, die er an seinen deutschen Landsleuten entdeckte. Von vielen ihrer Auftritte fühlte er sich peinlich berührt. Jeglicher „Hurra-Patriotismus" war ihm zuwider. Ihm missfiel:

> [...] daß nämlich der Deutsche zwischen anmaßendem lauten Wesen und zwischen Kriecherei keinen Mittelweg kennt. Das ist es ja leider, worüber ich immer klage: es fehlt an ruhigen und selbstbewußten Männern, frei von Nörgeln und Neid, mit weitem Horizont, der auch den andern etwas gönnt.[128]

Seinem Tagebuch vertraute er ein Gespräch mit einem deutschen Beamten an, der gerade aus der Heimat zurückgekehrt war und ihm Folgendes berichtet hatte:

> „Ich weiß nicht, ob es Ihnen zu Hause gefällt. Ich komme eben von einem Urlaub zurück. Der Mangel an Verständnis, die Engherzigkeit und Kleinlichkeit der Gesinnung daheim wirken lähmend. Die Leute wissen alles besser. Da redet man von den Chinesen und ihrer Mauer. Auch der Deutsche hat seine ‚große Mauer'. Sie ist aber geistiger Art. Was von jenseits stammt, wird mitleidig von oben behandelt. Kommt er aber selbst dann ins Ausland und sieht, daß man ihm zu Hause bisher alles verkehrt geschildert hat, dann verfällt er ins Gegenteil, falls er nicht gefestigt genug ist, dann sieht er auf alles herunter, was er früher verehrte. Dadurch verlieren wir im Ausland so viele Deutsche. Wer aber ein guter

[128] Bälz (1931): S. 287f.

> Deutscher bleibt und aufklärend wirken will, der wird nicht verstanden, der wird schlecht behandelt." Der Mann sprach mir aus der Seele.[129]

Als während des Krieges gegen Russland 1904 die Erfolgsmeldungen von der Front eintrafen, hob er die Zurückhaltung und Bescheidenheit der Japaner hervor, während ihnen von deutscher Seite Größenwahn vorgeworfen wurde:

> Wenn strenge Selbstbeherrschung, Vermeiden alles Renommierens, ruhiges, wohlüberlegtes Handeln Zeichen von Größenwahn sind, dann leiden allerdings die Japaner daran. Es gibt keinen Deutschen, Engländer, Amerikaner, Franzosen, der sich nicht unbehaglich, ja beschämt fühlte neben dieser unfaßlichen Zurückhaltung und Bescheidenheit, namentlich der Offiziere.[130]

Bälz hat fast die Hälfte seines Lebens in Japan verbracht, annähernd 30 Jahre. Dies in einer Zeit, in der die ausländische Kolonie noch sehr klein war. Im Januar 1904 hat er dies in Zahlen festgehalten: „Nach neuester Statistik 1866 Fremde in Tokyo, nämlich 954 Chinesen, 296 Amerikaner, 186 Engländer, 104 Koreaner, 91 Franzosen, 77 Deutsche usw. Die Zahl der Deutschen allein hat abgenommen."[131] Obwohl ein großer Freund Japans, hat er sich dennoch bewusst zu seiner deutschen Herkunft bekannt. So schickte er denn auch zum großen Leidwesen seiner Frau seinen heranwachsenden Sohn zum Zwecke der Ausbildung nach Deutschland. Trotz aller Anteilnahme an der Entwicklung in Japan hat Bälz das Geschehen in seiner deutschen Heimat nie aus den Augen verloren.

Zeitzeuge großer Veränderungen

Erwin Bälz verfügte über ein erstaunliches Gespür für politische Großwetterlagen, Stimmungen, Kräfteverhältnisse, Machtverschiebungen. Obwohl er vom offiziellen Japan gerufen worden war und willkommen geheißen wurde, entging ihm nicht, dass sich in der Bevölkerung zunehmend Fremdenhass ausbreitete. So musste er auch etwaige Morddrohungen stets ernst nehmen, zumal er die Nähe der Menschen suchte, die Japan in die Neuzeit führen wollten, was rückwärtsgewandten Kräften natürlich nicht gefiel. Als Arzt wurde er auch Teil des politischen Geschehens: So begleitete er den Fürsten Iwakura Tomomi

---

[129] Ebd., S. 305f.

[130] Ebd., S. 291f.

[131] Ebd., S. 374.

(1825–1883), der auf der Suche nach passenden Modellen für ein zukunftsfähiges Japan die Welt bereist hatte, ein wichtiges Stück – nicht nur auf den Stationen des Lebens, sondern auch beim Sterben. Dem Außenminister Ōkuma Shigenobu (1838–1922), auf den ein Sprengstoff-Anschlag verübt worden war, stand er bei, als ihm ein Bein amputiert werden musste. Dem Fürsten Itō Hirobumi (1841–1909), der als Schöpfer der Meiji-Verfassung gilt und häufig als „japanischer Bismarck" bezeichnet wird, war er über Jahrzehnte in treuer Freundschaft verbunden. Ihnen ebenso wie vielen anderen, die auch auf dem Weg der Erneuerung waren, galt Bälz – zu Recht – als kenntnisreich, loyal und verschwiegen. Er war weltläufig und konnte sich nicht nur in seiner Muttersprache, auf Englisch und Französisch, sondern auch auf Japanisch verständigen. Ihm war zugänglich, was für andere unerreichbar schien.

Bälz ist es gelungen, ein beachtliches Vertrauenskapital aufzubauen. Auch wenn neben ihm viele andere Wissenschaftler aus Deutschland, vor allem Ärzte, in ähnlicher Richtung gewirkt haben, so hat er ohne jeden Zweifel Herausragendes geleistet. Allerdings ist ihm nicht erspart geblieben zu erleben, wie ein Teil dieses kostbaren Besitzstandes wieder zerstört wurde. Seinen Groll darüber hat er jedoch nicht nur seinem Tagebuch anvertraut. Vielmehr hat er nach Kräften versucht, diesem bedauerlichen Verfall auch öffentlich entgegenzutreten. Die größte Verantwortung für den Schwund deutscher Glaubwürdigkeit sah er bei Kaiser Wilhelm II. (1859–1941), der mit seinem Amt hoffnungslos überfordert war und seine Umwelt ständig säbelrasselnd mit markigen, aber hohlen Phrasen irritierte. Mit Blick auf Ostasien waren insbesondere seine Äußerungen zur „gelben Gefahr" verhängnisvoll. Schrecklich die Weisung, die er seinen nach China ausrückenden Truppen mitgab – „Es werden keine Gefangenen gemacht!" – und die Aufforderung, Peking zu verbrennen! Auf die Nachrichten über die Gräueltaten der Europäer während des Boxeraufstands reagierte Bälz heftig:

> Nicht genug, daß alle europäischen Soldaten unschuldige Menschen ausgeplündert haben, nein, man wollte eine Million Menschen heimatlos machen, weil nicht etwa sie, sondern die von außen hergekommenen Boxer und die Truppen, unter denen sie selbst genug zu leiden hatten, die Legationen angriffen. O Christentum, o Menschlichkeit! Sie ekelt einen, diese Heuchelei.[132]

Bälz war aber klug genug, die Schuld für politische Fehleinschätzungen und Grausamkeiten nicht allein dem Monarchen anzulasten. Zu Recht verortete er auch bei den Beratern des Kaisers ein erhebliches Maß an Verantwortung. Die steile Karriere des Grafen Waldersee (1832–1904), des Oberbefehlshabers der Strafexpedition in China und späteren Chefs des „Großen General-

[132] Bälz (1931): S. 161.

stabs", verfolgte er mit wachsendem Unwillen. Aber auch die Leistungen der deutschen Diplomatie veranlassten Bälz zu offener Kritik. Dabei war er durchaus bereit zu differenzieren. Nach seiner Einschätzung versah beispielsweise der „stets liebenswürdige" Botschafter von Holleben (1838–1913) seinen Dienst gewandt und energisch, während er viele seiner Nachfolger weniger positiv beurteilte: „Sie hegten selber keine Sympathie für Japan und gaben sich auch keine Mühe, die Sympathie der Japaner zu erwerben. Im Gegenteil, sie trugen ihre Antipathie gegen das Land, in dem sie die Vertreter ihrer Regierung waren, offen zur Schau."[133] Botschafter Graf von Leyden (1852–1938) lässt er zwar im persönlichen Umgang als „feine[n] liebenswürdige[n] Mann" gelten. Aber dessen „eingefleischte Abneigung gegen die Japaner" führt ihn zu einem vernichtenden Gesamturteil: „Er mag auf einem anderen Posten sich bewähren, hier bedeutet sein Verhalten einen ungeheuren Schaden. Es ist geradezu ein Verbrechen des Reiches am Deutschtum, daß es keine andere Wahl getroffen hat."[134] Nicht sehr viel besser spricht er über Graf von Wedel (1868–1950), dem er sein Renommieren „Kein Japaner werde auch nur eine Tasse Tee bei ihm bekommen."[135] besonders anlastet. Besonders hart geht er mit Max von Brandt (1835–1920) ins Gericht. Von allen deutschen Diplomaten habe er durch seine Jahre in Japan und China die meiste Erfahrung in Ostasien. Er trage damit die größte Verantwortung, denn sein Wort habe in Berlin Gewicht. Er habe die Dynamik des erwachenden Japans völlig unterschätzt. Graf von Arco (1852–1909) wiederum nimmt er von solcher Kritik aus und bezeugt ihm stattdessen Hochachtung. Er vertrete sein Land einfühlsam und mit Weitblick.

Die ehrgeizige Flottenpolitik des wilhelminischen Kaiserreichs, die mit dem Namen des Admirals Alfred von Tirpitz (1849–1930) verbunden ist, stößt bei Bälz auf beißende Kritik. Er erkennt bereits 1900, 14 Jahre vor Ausbruch des Ersten Weltkriegs, dass England sich dadurch herausgefordert fühlen müsse, und bemerkt nicht ohne Hohn, d. h. in einer Tonart, die ihm für gewöhnlich nicht zu eigen ist: „‚Unsere Zukunft liegt auf dem Wasser.' Ja, aber wenn wir uns mit den Mächten verfeinden, deren Gegenwart auf dem Wasser liegt, so können wir uns diese ‚unsere Zukunft' abschneiden."[136]

Seine warnende Stimme fand kein Gehör

Bälz spricht sich heftig gegen die zeitweisen, letztlich aber erfolglosen Versuche des deutschen Kaisers aus, sich den russischen Zaren zum Freund zu machen. Dabei bedrückt ihn besonders,

133 Ebd., S. 250f.

134 Ebd., S. 147.

135 Ebd., S. 150.

136 Ebd., S. 160.

dass diese Politik zu Lasten Japans geht. Die deutsche Entscheidung, sich an der Demarche Russlands und Frankreichs zu beteiligen und Tokio zu zwingen, die von japanischen Truppen besetzte Stadt Port Arthur wieder zu räumen, hält er für einen schweren Fehler. Wie tief diese als Tripel-Intervention von Shimonoseki in die Geschichte eingegangene diplomatische Pression die japanischen Gefühle verletzt hat, ist der Äußerung des Staatsmannes Itō Hirobumi zu entnehmen, die Bälz, dessen vertrauter Freund, überliefert hat:

> Früher hatten wir die lebhaftesten Sympathien für Deutschland und nahmen es in vieler Hinsicht zu unserem Vorbild und Lehrer. Und doch mußten wir erleben, daß nach einem siegreichen Krieg gegen China unser vermeintlicher Freund sich mit Rußland und Frankreich verbündete, um uns die sauer erworbenen Früchte unseres Sieges zu entreißen. Daß Rußland, unser natürlicher Gegner in Ostasien, Einspruch erhob, fanden wir begreiflich, ebenso daß Frankreich die Seite seines Alliierten ergriff. Aber die durch nichts in unserem Benehmen berechtigte feindliche Haltung Deutschlands mußte uns als schwere, ja geradezu herausfordernde Beleidigung und als eine durch nichts zu rechtfertigende Einmischung in unsere eigenen Angelegenheiten erscheinen.[137]

Im Verlauf dieses Gesprächs mit Bälz machte Itō selbst Jahre danach Deutschland für die schweren Verluste verantwortlich, die Japan bei der zweiten Eroberung Port Arturs im Kampf gegen Russland erleiden musste. Tollpatschigkeiten vonseiten der Deutschen kamen hinzu. Die von Bälz aufgezeigte Reihe ist lang: Dem japanischen Prinzen Komatsu Akihito (1846–1903) wurde in der deutschen Hauptstadt nicht die ihm angemessene Höflichkeit erwiesen. Die in Protokollfragen empfindlichen Japaner vermerkten auch, dass Berlin, anders als andere Hauptstädte, keine bzw. keine hochrangigen Offiziere zur Beobachtung ihres Krieges gegen Russland abkommandiert hatte. Offenbar in der Absicht, solche Verstöße wiedergutzumachen, würdigte der deutsche Kaiser die militärischen Leistungen des japanischen Generals Graf Nogi Maresuke (1849–1912), des Siegers von Port Arthur, mit der Verleihung des Ordens *Pour le Mérite,* zeichnete allerdings gleichzeitig den russischen Verlierer, Anatolij Michailowitsch Stößel (1848–1915), den unglücklichen Kommandanten von Port Arthur, mit demselben Orden aus. Solche groben Ungeschicklichkeiten nahm man in Tokio – wie Bälz, der aufmerksame Beobachter all dieser Ereignisse, es sorgsam verzeichnete – verletzt, und, was vielleicht noch schlimmer war, amüsiert zur Kenntnis.

Bälz' schriftlich festgehaltene Beobachtungen decken einen Zeitraum von etwa 20 Jahren ab. Schritt für Schritt wurde das große Vertrauenskapital, das sich Deutschland durch seine aktive Hilfe beim Aufbau Japans erworben hatte, durch eine unstete, unberechenbare und falsche Politik zerstört. In dieser Zeit geriet das wilhelminische Kaiserreich mehr und mehr in die Isolation

137 Ebd., S. 248.

und wurde zum leichten Opfer für eine Einkreisungspolitik, die letztlich in die Katastrophe des Ersten Weltkriegs mündete. Aus heutiger Sicht muss es überraschen, dass das heraufziehende Unheil vom Beobachtungsstandort Ostasien aus überhaupt sichtbar war. Kein Angehöriger des diplomatischen Dienstes, kaum ein Politiker oder Historiker hat wie Bälz die Zeichen des drohenden Unglücks mit ähnlicher Deutlichkeit gesehen und auch bereits frühzeitig beschrieben. Der „Japan-Arzt aus Schwaben" hat diese Entwicklung gewissermaßen als eine Krankheitsgeschichte eigener Art festgehalten. Seinem Sohn Toku Bälz, der die Aufzeichnungen seines Vaters 1931 veröffentlichte, kann man nur zustimmen, wenn er in seiner zusammenfassenden Betrachtung schreibt:

> Aus diesem Grunde war und blieb er auch stets ein bewußter und aufrechter Deutscher. Als solcher erkannte er von seiner fernöstlichen Warte aus ebenso schmerzlich wie klar die unseligen Verflechtungen, in die sich Deutschland verstrickte, und ahnte seinen drohenden Zusammenbruch voraus.[138]

Reich beschenkt und mit hohen Auszeichnungen bedacht, kehrte Bälz 1905 in die Heimat zurück. Hier sollte er noch knapp acht Jahre leben, ehe er 1913 von einer schweren Krankheit dahingerafft wurde. Immerhin blieb ihm so erspart, den Niedergang seines Landes und die schwere Belastung der deutsch-japanischen Freundschaft durch den Ersten Weltkrieg noch selbst mitzuerleben. Sein unermüdliches Drängen auf eine Korrektur des politischen Kurses fand kein Gehör. Auch wenn dieses Bemühen vergeblich war – Deutsche und Japaner haben allen Anlass, die Erinnerung an diesen außerordentlichen Mann dankbar zu bewahren.

[138] Bälz (1931): S. 10.

08. Hermann Roesler (1834–1894) Verantwortung für den Angriff auf Pearl Harbor?

Die in der Überschrift formulierte Frage mag auf den ersten Blick abwegig erscheinen. Und dennoch gibt es immer wieder Behauptungen, die genau in diese Richtung zielen: „Der Weg Japans in die kontinentalasiatische Aggression, der Pazifische Krieg sowie die Niederlage 1945 müssen … als Konsequenz auch des deutschen Einflusses gedeutet werden“[139], so heißt es etwa in einer 1999 erschienenen Veröffentlichung. Auch an anderen Stellen finden sich ähnliche Urteile.[140] Diese massive Schuldzuweisung stellt die abschließende Wertung des annähernd 400 Seiten starken Werkes *Der deutsche Anteil an der Gestaltung des modernen japanischen Rechts- und Verfassungswesens* dar, dessen Autor Paul-Christian Schenck ein Deutscher ist. Seiner Meinung nach dürfe man den Blick nicht auf die Zeit unmittelbar vor dem Zweiten Weltkrieg verengen. Zur Beurteilung der Frage nach einer deutschen Verantwortung für Pearl Harbor müssten vielmehr auch die vorausgegangenen 60 oder 70 Jahre einbezogen werden. Dabei nimmt er insbesondere Hermann Roesler, den deutschen Staatsrechtler, und andere von der japanischen Regierung berufene deutsche Berater, die auf die strukturelle Neuordnung des Insellands Einfluss genommen haben, in den Blick.

Der Anteil deutscher Rechtsberater an der Meiji-Reform

Was führt der Autor Schenck an, um seine „Kriegsschuldtheorie“ zu begründen? Für ihn stellt das Rechtswesen neben der Industrialisierung und dem Aufbau einer modernen Militärmacht einen Eckpfeiler der Meiji-Reform dar. Deutschland war – so betont er – Ende des 19.Jahrhunderts in all diesen Feldern der „Inbegriff geordneter staatlicher Verhältnisse, die von einem loyalen Patriotismus getragen wurden“[141]. Zudem habe Deutschland auf Sympathiewerte in der japanischen Elite rechnen können, weil beide Länder das Schicksal „ver-

[139] Schenck (1997): S. 331.

[140] Becker (2002): S. 229.

[141] Schenck (1997): S. 324.

späteter Nationen“[142] teilen mussten. Roesler habe die Situation genutzt und „[k]raft seiner persönlichen Überzeugung“ Inoue Kowashi gezielt in Richtung „auf die Möglichkeiten des konservativ-autoritären preußisch-deutschen Grundmodells gelenkt.“[143] Er und seine Kollegen hätten nicht nur die rechtliche, sondern auch die „politische und soziale Realität Japans in enormem Maße bestimmt“[144], zumal sie zeitgleich auch das Erziehungs- und Militärwesen mittels „Kaderschulung“ gelenkt hätten.[145]Deutsche Philosophen und Pädagogen hätten daran mitgewirkt, die Tennō-Herrschaft zum „nationalen Glaubensbekenntnis“[146] zu machen. Damit hätten sie der japanischen Oligarchie „ein äußerst effizientes Werkzeug zur ideologischen Indoktrination an die Hand gegeben.“[147] Die positiven britischen und amerikanischen Staats-Modelle seien von ihnen bewusst verdrängt worden: „Eine Abkehr von dem nunmehr eingeschlagenen autoritär-konservativen ‚deutschen Kurs‘ wurde durch die indoktrinierende Kraft der übernommenen Einrichtungen bald unmöglich.“[148] Damit seien sie zum Wegbereiter eines totalitären Regimes geworden und mitschuldig am Ausbruch des großen pazifischen Krieges.

Aber finden sich in derselben Veröffentlichung nicht auch Ausführungen, die gar nicht zu diesen Vorwürfen passen wollen? Dort heißt es, die Meiji-Verfassung sei als „Formalisierung der augenblicklich bestehenden Machtsituation zum ausschließlichen Nutzen der faktischen Machtinhaber, die über den Zwangsapparat verfügen“[149], zu verstehen. Mit anderen Worten: die heimische Oligarchie hat die entscheidenden Eckpunkte gesetzt. Die Ausfüllung der von Preußen übernommenen Verfassungsnormen „mit einem traditionell japanischen Gehalt mußte die Verfassung zwangsläufig zu einer konstitutionellen Fassade degradieren. Der preußisch-deutsche Verfassungseinfluss reduzierte sich damit auf formale Elemente.“[150] Hier sind Widersprüche greifbar. Die Argumente stoßen sich hart im Raum. Wo liegt die Wahrheit?

Preußen als unerwartetes Vorbild für den Staatsaufbau

Im 19. Und im beginnende 20.Jahrhundert hat Deutschland den Weg Japans in die Moderne aktiv begleitet – allerdings nicht auf so unsensible Weise, wie es die USA im späten 20. Jahrhundert

---

142 Ebd., S. 324.
143 Ebd., S. 325.
144 Ebd., S. 325.
145 Ebd., S. 325.
146 Ebd., S. 326.
147 Ebd., S. 326.
148 Ebd., S. 328.
149 Löwenstein, Karl: *Verfassungslehre*, Tübingen: 1959, zitiert nach: Schenck (1997): S. 329.
150 Schenck (1997): S. 324.

etwa im Nahen Osten getan hat. Von Japan um Expertise gebeten, hat Deutschland Rat und Tat gegeben – und zwar gern und reichlich, aber nicht in Erwartung oder zur Sicherung wirtschaftlicher Vorteile. Dem war eine Zeit des Werbens von japanischer Seite vorausgegangen. Denn nach der durch die USA erzwungenen Öffnung seiner Häfen hätte Nippon alles darangesetzt, nicht nur technisch auf die Höhe der Zeit zu gelangen, sondern auch Anerkennung als Rechtsstaat zu gewinnen. Auf diesem Wege wollte es die „Ungleichen Verträge" abschütteln und als ein stolzes, selbstbewusstes Land einem kolonialen Schicksal entgehen.

Deshalb sind insbesondere während der Meiji-Zeit von 1868 bis 1912 viele japanische Delegationen durch die Welt gereist, um sich Anregungen für den Aufbau des eigenen Staates zu holen. Die Iwakura-Mission machte 1873 auch in Deutschland halt und erkundete hier nicht nur zivilisatorische Errungenschaften, wie die Ausstattung von Krankenhäusern und Gefängnissen, die Leistungsfähigkeit von Feuerwehren und Kanälen, von Fabriken und Büros. Auch die gesamte Breite der Wissenschaft war für sie von Belang – allen voran Medizin und Naturwissenschaften, aber auch das Ingenieurwesen sowie Land- und Forstwirtschaft. Ebenso hatte sie die Kultur und die Geisteswissenschaften im Blick, hier vor allem die Musik und die Philosophie. Doch Kern des Delegationsinteresses war die Struktur des Staatswesens – sein Aufbau, seine Organisation und Verwaltung, sein Sicherheitssystem und vor allem anderen seine in der Verfassung verankerte Rechtsarchitektur.

Im offiziellen Protokoll, das erst Jahrzehnte später veröffentlicht werden sollte, ist die abschließende Meinungsbildung innerhalb dieser Gesandtschaft kurz und knapp zusammengefasst: „Mit seiner Regierungsmaxime scheint Preußen für uns bei weitem nützlicher zu sein als Großbritannien und Frankreich."[151] Dieses Fazit sollte weitreichende Folgen haben, denn die Mitglieder der Delegation bekleideten in den nächsten Jahrzehnten in Japan ausnahmslos hohe politische Ämter. Zu nennen ist hier insbesondere der erste Premierminister des Landes, Itō Hirobumi (1841–1909).

Deutsche „Konstitutionalisten" für eine neue Verfassung

Itō selbst nahm sich viel Zeit, um mit deutschen Rechtsgelehrten wissenschaftliche Gespräche zu führen. Bevorzugte Partner waren dabei Rudolf von Gneist (1816–1895), Professor an der Friedrich-Wilhelms-Universität in Berlin, und Lorenz von Stein (1815–1890), Professor an der Universität Wien. Zwei weitere Juristen von Rang konnte er für eine Beratungstätigkeit vor Ort in Tokio gewinnen: Albert Mosse (1846–1926), ehemals Richter, vor allem aber ein enger Mitarbeiter von Gneist, arbeitete für vier Jahre in der japanischen Hauptstadt. Hermann Roesler, zu Beginn seiner Laufbahn Nationalökonom, später Professor für Staatsrecht an der Universität in Rostock, blieb sogar für 15 Jahre in japanischen Diensten.

[151] Akio (2002): S. 20.

Roesler und Mosse hatten, so wenig sie auch miteinander harmonierten, einiges gemeinsam. Sie beide waren in gewissem Sinn gesellschaftliche Außenseiter. Mosse, der aus einer jüdischen Familie stammte, kam trotz gut abgeschlossener Examina beruflich nicht recht voran. Als er es schließlich zum Landrichter gebracht hatte, war er bereits 40 Jahre alt. Mit seinem akademischen Lehrer von Gneist blieb er stets in engem Kontakt und lernte auf diese Weise auch Aoki Shūzō (1844–1914) kennen, den langjährigen japanischen Gesandten in Berlin und späteren Außenminister in Tokio. Gneist betraute seinen Assistenten Mosse damit, Itō Hirobumi, der in Deutschland Rat suchte, in einem Privatseminar zu betreuen. Auf diesem Umweg erreichte Mosse schließlich das Angebot, Rechtberater des Kabinetts in Tokio zu werden. Da er in Deutschland wenig Chancen auf ein höheres öffentliches Amt hatte, zögerte er nicht, dieses Angebot anzunehmen.

Roesler, der hier im Mittelpunkt der Betrachtung stehen soll, startete dagegen erfolgreich in seinen Beruf. Er war zweifach promoviert worden, sowohl von der juristischen als auch von der philosophischen Fakultät, und wurde mit nur 27 Jahren zum Professor für Staatswissenschaften nach Rostock berufen. Trotz zahlreicher Veröffentlichungen zum Thema Ökonomie blieb ihm die erhoffte wissenschaftliche Reputation versagt. Er galt als Kritiker Bismarcks und der Entwicklung im Deutschen Reich. Als er im Alter von 44 Jahren von der lutherischen zur katholischen Kirche übertrat, wollte man ihn in Rostock nicht länger halten. Ein Ruf nach Japan war auch für ihn eine Chance, die er nur zu gern wahrnahm. Gemeinsam auch beider Schicksal, als sie aus Japan zurückkamen. Beide Männer sahen wenig Chance zu einem weiteren beruflich-gesellschaftlichen Aufstieg. Mosse sah sich schon bald von Beförderungen ausgeschlossen. Roesler verzichtete sogar ganz darauf, sich in Deutschland niederzulassen und ging stattdessen nach Österreich. Kurze Zeit später starb er in Bozen. Die Jahre in Japan stellten für beide die Hoch-Zeit ihrer jeweiligen beruflichen Laufbahn dar.

Alle hier genannten Rechtswissenschaftler stützten in ihrer Staatsrechtslehre die Monarchie, waren aber „Konstitutionalisten". Das heißt, sie alle legten Wert darauf, die Macht der Landesherren durch eine Verfassung zu begrenzen und dem Bürger Freiheitsrechte zu sichern. Das zu betonen ist wichtig. Denn neben diesen moderat konservativen Staatsrechtlern gab es in Deutschland am Ende des 19. Jahrhunderts Professoren ganz unterschiedlicher Ausrichtung – beinharte Monarchisten, die den Volksvertretungen keinerlei Spielraum einräumten; Liberale, die den alten Landesherren bis auf Repräsentationsaufgaben jegliche Kompetenz versagten; Sozialisten, die sich für eine Republik einsetzten, und andere. Die Tatsache, dass die Japaner nur mit den Monarchisten unter den Staatsrechtlern das intensive Gespräch suchten, macht deutlich, dass sie schon sehr früh eine Richtungsentscheidung getroffen hatten. Im Dialog mit den Gelehrten ging es daher vor allem um die (allerdings sehr wichtige) juristische Feinarbeit.

Während Mosse sich vergleichsweise liberal gab, waren für Roesler soziale Rechte von besonderem Gewicht. Manche Beobachter bezeichnen ihn bis heute als „Kathedersozialisten". Dagegen hat er sich immer gewehrt. Sicher ist jedoch, dass er mit aller Entschiedenheit gegen einen

„Manchesterliberalismus" Front machte. Über die Ausgestaltung einer konstitutionellen Monarchie waren diese deutschen Rechtsgelehrten allerdings durchaus verschiedener Auffassung. Die japanischen Gesprächspartner verstanden es, diese unterschiedlichen Meinungen zu nutzen. Sie stellten jedem von ihnen oft wortgleiche Fragen, weil sie damit rechnen konnten über das Pro und Kontra am ehesten eine klare Kontur zu gewinnen. Ein „Meinungskartell" war nicht zu befürchten, zumal es insbesondere zwischen Mosse und Roesler immer wieder zu ausgeprägten persönlichen Differenzen kam. Die Agenda bestimmten die Meiji-Reformatoren, sehr selbstbewusste Persönlichkeiten. Die deutschen Gelehrten waren Ratgeber, nicht mehr. Am Ende waren es „die japanischen Verfassungsväter [...], die in den strittigen Punkten darüber entschieden, welche Auffassung der künftigen japanischen Verfassung zugrunde gelegt" wurde.[152]

Doch eindeutig ist das Bild nicht. Alle Ratgeber waren zur Geheimhaltung verpflichtet. Deshalb war lange Zeit nicht sichtbar, in welchem Umfang sie Anteil an der Schöpfung des neuen Rechts hatten, das künftig die Grundlage des noch jungen japanischen Staates bilden sollte. Zumindest Roesler nahm die Schweigeverpflichtung sehr ernst. In der kleinen Kolonie der Deutschen galt er als eher unscheinbarer Außenseiter. Dass er bei japanischen Verantwortungsträgern einen hohen Vertrauenskredit besaß, war kaum sichtbar. Lange Zeit wurde er unterschätzt – selbst von denen, die später die Gründungsgeschichte Japans aufarbeiteten. Es waren vor allem deutsche Jesuiten, die Jahrzehnte nach seinem Tod in ihrer Wissenschaftsarbeit aufdeckten, was ihr katholischer Glaubensbruder geleistet hatte. Und es waren japanische Historiker, die Einsicht in vertrauliche Staatspapiere nehmen konnten und die Wahrheit zu Tage förderten.

Roesler erarbeitete einen vollständigen Entwurf für die japanische Verfassung. Dabei stützte er sich in erster Linie auf die preußische Verfassung von 1850, die einer Volksvertretung noch wenig Raum gab. Das war durchaus im Sinne seiner japanischen Auftraggeber, die darüber beunruhigt waren, dass die Ideen der Französischen Revolution von 1789 auch in ihrem Land immer mehr Zuspruch fanden. Doch die japanischen Gründungsväter übernahmen Roeslers Entwurf keineswegs eins zu eins, sondern drückten ihm – ebenso wie anderen weniger wichtigen Vorlagen auch – ihren eigenen Stempel auf. Erhalten geblieben und zu geltendem Recht geworden ist jedoch einiges von der Kernsubstanz seiner Vorschläge.

Das Militär gewinnt eine zentrale Position

Ende der 1880er Jahre, als die Überlegungen zur Grundlage eines neuen Staates Form annahmen, blickte das junge Japan auf sehr turbulente Zeiten zurück. Die japanischen Gründungsväter hatten früh beginnen müssen, ihre militärische Machtbasis abzusichern. Dabei hatten sie

152 Ando (2002): S. 176.

beim Aufbau ihrer zentral geführten Streitkräfte auf die Militärexperten zweier Großmächte vertraut, die in der Welt eine Vormachtstellung errungen hatten und damit aus japanischer Sicht für diese Aufgabe bestens geeignet waren. Für die Marine setzten sie auf Großbritannien, für die Landstreitkräfte auf Frankreich. Dabei folgten sie den jeweiligen Vorschlägen der ausländischen Berater – mit Blick auf Ausrüstung, Drill, Uniformen, Marschmusik, Kommandos und militärische Signale – bis ins Kleinste. Doch 1871 nach der Niederlage Frankreichs änderte Japan seine Ausrichtung. Von nun an kamen die Militärfachleute, aber auch hohe Polizeioffiziere, vor allem aus Deutschland. Aus ihrer Heimat brachten sie Ordnungssinn, Disziplin und strategisches Wissen mit. Sie fügten die bunte Gemengelage, die sie in Japan vorfanden, Zug um Zug in ein stimmiges Bild. Der so entstandene gestraffte Militärapparat sollte sich schon wenige Jahre später im Japanisch-Chinesischen Krieg von 1894/95 bewähren – zur Überraschung der übrigen Welt. Aber mit Blick auf die weitere Entwicklung war eine andere Erkenntnis, die die japanischen Delegierten in Europa gewonnen hatten, noch wichtiger: Das Militär, so damals die herrschende Lehre, bedarf für seine Operationen eines erheblichen Freiraums. Daraus zogen die Meiji-Politiker den Schluss, das Oberkommando dürfe dem politischen Regierungskabinett nicht berichtspflichtig sein, sondern müsse unmittelbaren Zugang zum Kaiser besitzen. Dieses „Immediatrecht" betrachteten die Schöpfer der japanischen Verfassung nach Abschluss ihrer strategischen Studien als einen wichtigen Schlüssel zu militärischer Durchschlagskraft.

Doch damit nicht genug: Die verantwortlichen Politiker machten eine weitreichende Vorgabe, die in der Verfassungswirklichkeit die Macht des Militärs noch auf andere Weise sicherte: Das politische Kabinett solle aus gleichrangigen Ministern bestehen, die nur gemeinsam handeln durften. Insgesamt gab es neun Ressorts; darunter das Heeres- und das Marineministerium, das mit Offizieren des höchsten Dienstgrades zu besetzen war. Ist dies neunköpfige Kabinett nicht zu einstimmigen Beschlüssen in der Lage, muss es zurücktreten. Dies schwächt seine Arbeitsfähigkeit. Kam es zu einem Rücktritt der Regierung, so konnten die vom Militär gestellten Minister (im Generalsrang) im Unterschied zu ihren zivilen Kollegen, mit einer Wiederberufung rechnen. Die Macht der Streitkräfte war auch von dieser Seite gesichert. Das Militär hatte eine Sonderstellung.

Die Vorgaben der Meiji-Reformer

Wie verteilte sich die Verantwortung an der Arbeit für eine neue Staatsverfassung? Welche politischen Vorgaben hatten die Berater bei der Wahrnehmung ihrer Aufgaben zu beachten? Und wie groß war ihr Anteil an der endgültigen Formulierung der Verfassung? Vier Eckpunkte waren hier von Bedeutung:

Erstens: Die konservativen Väter des neuen Japan, insbesondere die aus dem Chōshū-Satsuma-Clan, hatten den Begriff „Kokutai" in den Mittelpunkt der neu zu formulierenden Verfassung gerückt. Dieser Begriff, Anfang des 19. Jahrhunderts von dem konfuzianischen Denker Aizawa Seishisai (1782–1863) geprägt, ist schwer zu übersetzen. Er steht für das „Gemeinwesen" bzw. den „Volkscharakter" und betont die Einzigartigkeit des japanischen Staatswesens vor allem gegenüber dem christlich geprägten Westen. Danach hat die Gottheit Amaterasu in einer mystischen Vergangenheit den Urahnen des Tennō mit den Reichsregalien ausgestattet und unter dessen Führung die nationale Einheit begründet. Nach dieser Lehre ist der Tennō nicht nur das religiöse Kraftzentrum, sondern zugleich ein (im weltlichen Sinne) unbegrenzter Herrscher. Allerdings hatte das Shōgunat die politische Führung für mehr als 250 Jahre (1603–1868) an sich gerissen. Die Meiji-Restauration hatte daher u. a. zum Ziel, dem Tennō diese Verantwortung wieder zurückzugeben. Von diesem umfassenden Amtsverständnis ließ sich insbesondere Itō Hirobumi leiten, zumindest was die Verfassungstheorie betrifft. In der Verfassungsrealität des Landes sollte es später zu einer anderen Machtverteilung kommen.

Zweitens: Die führenden Köpfe, die den Shōgun zur Abdankung gezwungen hatten, waren sich darüber im Klaren, dass dieser Machtwechsel von vielen Seiten bedroht war. Es gab politische Gruppen, die ein parlamentarisches System, ähnlich dem englischen, im Auge hatten. Immerhin hatte England seine Fähigkeit, als Mutterland einem ganzen Weltreich Zusammenhalt zu geben, unter Beweis gestellt. Doch dann verwarfen sie diesen Gedanken, weil sie glaubten, das Volk sei dafür zu unreif. Eine Auffassung, die insbesondere Inoue Kowashi (1844–1895), einer der Vordenker im Kreis der Reformer, vertrat. Andererseits war ihnen auch das französische Modell, insbesondere alles was die Revolution von 1789 hervorgebracht hatte, suspekt und wurde nicht in Betracht gezogen.

Drittens: Es war wichtig, Japan aus den „Ungleichen Verträgen" zu befreien, die fremde Großmächte ihm einst aufgezwungen hatten. Um das zu erreichen, bedurfte das Land einer rechtsstaatlichen Verfassung, die von den Großmächten der Zeit zu respektieren war.

Viertens: Die Mitglieder des Adels, die mit der Absetzung des Shōguns die Führung an sich gerissen hatten, wollten sichergehen, dass ihnen die Macht nicht wieder genommen werden konnte. Die Verfassung sollte ihre Herrschaft legitimieren. Dabei waren sie sich des Zeitdrucks bewusst, unter dem sie handeln mussten. Rings um Japan waren inzwischen viele Völker unter Kolonialherrschaft geraten. Wie groß die Unsicherheit auch innerhalb der japanischen Grenzen war, ist einer Rede, die Itō Hirobumi 1888 zur Begründung der Verfassung im Geheimen Staatsrat hielt, zu entnehmen:

> Der Buddhismus war einst stark und vereinte die Volksgesinnung. Aber heute ist er im Verfall begriffen. Der Shintoismus wird zwar als eine von den Vorfahren überlieferte Lehre

> gepflegt, aber als Religion vermag er kaum, die Herzen der Menschen anzuziehen. [...] Was in unserem Vaterland die Grundlage sein kann, ist allein das Kaiserhaus.[153]

Die innenpolitischen Zwänge – heftige Angriffe aus den Reihen der Opposition in den 1870er und 1880er Jahren, die eine parlamentarische Verfassung oder einen noch radikaleren Umbau des Staates forderten – sind für das Verständnis der japanischen Verfassungsgeschichte von zentraler Bedeutung:

> Diese Krisen stellten die Regierung vor das Problem ihrer Rechtmäßigkeit, denn sie war durch einen gewaltsamen Staatsstreich an die Macht gekommen. Gerechtfertigt wurde er damit, daß die Shogune seit dem 12. Jahrhundert die Autorität des Kaisers untergraben hatten und daß dieser nun wieder als tatsächlicher Herrscher Japans eingesetzt sei. Die Meiji-Restauration wurde also als Rückkehr zur alten, rechten Ordnung dargestellt, eine auch in Europa bekannte Begründung für Aufstände.[154]

Um den *Tennō* ins Zentrum ihrer Politik zu rücken, hatten die Meiji-Reformer eine über 2500 Jahre reichende ununterbrochene kaiserliche Linie rekonstruiert. Sie waren im Begriff, dem Volk dramatische Veränderungen abzuverlangen und glaubten, nur „ein kulturell und politisch geeintes japanisches Volk"[155] könne diese akzeptieren. Dazu brauchten sie die Berufung auf einen „gottgleichen *Tennō*, der für diesen Staat stand".[156] Der *Tennō* sollte helfen, soziale Konflikte zu mildern[157], seine Autorität rührte dabei „aus nichts anderem her als seiner Existenz. Es war nicht seine Aufgabe zu handeln, er beeinflusste die Welt einzig durch sein Sein."[158] Mit diesen Konzeptionen im Kopf war Itō Hirobumi, im Frühjahr 1882 zum Studium des Verfassungsrechts nach Europa gegangen. Er hatte sich also sehr früh und zielorientiert auf den Weg gemacht. Eine konstitutionelle Monarchie wie die in Preußen und auch im übrigen Deutschland kam in seinen Augen dem, was in Japan notwendig und möglich war, am nächsten.

Die Berater, die in dieser Situation engagiert wurden, mussten also weitreichende Vorgaben respektieren. Aus ihrer wissenschaftlichen Arbeit brachten sie das nötige technische Rüstzeug mit; sie wussten, wie eine politische Führung in Staat und Gesellschaft zu organisieren ist. *Nation-building* war nicht ihre Intention Dafür standen die Meiji-Reformer mit eigenem Einsatz.

---

153 Ando (2000): S. 203.

154 Mehl (2002): S. 237.

155 Stanzel (2016): S. 28.

156 Ebd., S. 28.

157 Ebd., S. 33.

158 Ebd., S. 27f.

Der Auftrag für Roesler und eine Kollegen war deutlich bescheidener – sie sollten das notwendige juristische Werkzeug und Wissen über politische Wirkmechanismen zur Verfügung stellen.

Auf den ersten Blick ist die Macht des Tennō unbegrenzt

Entsprechend dieser Arbeitsteilung wurde die künftige Verfassung für das „Großjapanische Kaiserreich" von einem Kronrat, der dem Thron nahestand, unter Beteiligung der deutschen Berater, erarbeitet. Eine parlamentarisch gewählte verfassungsgebende Versammlung gab es nicht. Der Termin für die Verkündigung der Verfassung ebenso wie die dafür gewählte Form sollten einmal mehr die göttliche Abstammung der kaiserlichen Dynastie betonen: Die Wahl fiel auf den 11. Februar 1889 und damit auf den Tag, an dem der Legende nach Jinmu Tennō, der erste Kaiser Japans, 660 Jahre vor Christi Geburt den Thron bestiegen und das japanische Kaiserreich gegründet hat. Die Verfassung sollte als Geschenk des Tennō an sein Volk verstanden werden, als Ausdruck seiner Fürsorge für die von den Ahnen ererbten treuen Untertanen. Durch die feierliche Anrufung der Ahnen sollte deutlich werden, dass hier von einem Vertrag mit dem Volk – wie es der Verfassungstheorie entspricht – keine Rede sein konnte.

Der verabschiedete Wortlaut lässt einige, aber vergleichsweise wenige der üblichen Merkmale einer konstitutionellen Monarchie erkennen: Das Reichsparlament bestand aus zwei Kammern. Das Oberhaus setzte sich aus Angehörigen der kaiserlichen Familie, hohen Adligen und Bürgerlichen zusammen, soweit sie Vermögen oder besondere Verdienste für Staat und Wissenschaft vorweisen konnten. Ins Unterhaus konnten zunächst nur Männer im Alter von über 25 Jahren gewählt werden, wenn sie in den vorausgegangenen zwölf Monaten mindestens 15 Yen an direkten Steuern gezahlt hatten – eine Schwelle, die vor allem von Grundbesitzern überschritten wurde, weshalb zunächst nur 1,1 % der Bevölkerung wahlberechtigt waren. 1925 schließlich erhielten alle Männer ab 25 das Wahlrecht; Frauen jedoch erst 20 Jahre später.

Das Reichsparlament hatte keine Gesetzeskompetenz; es konnte nur Vorschläge unterbreiten. Selbst dieses begrenzte Recht konnte durch eine Thronverordnung eingeschränkt werden. Andererseits bedurfte jedes vom Tennō beschlossene Gesetz der Zustimmung des Parlaments. Bei der Festsetzung des öffentlichen Etats war der parlamentarische Spielraum etwas größer. Neue Steuern, Steuererhöhungen, neue Staatsanleihen und Verbindlichkeiten bedurften in aller Regel der Zustimmung des Reichstags. Die Unabhängigkeit der Rechtsprechung wurde garantiert. Jedoch durfte kein Gericht die materielle Rechtmäßigkeit eines Gesetzes überprüfen. Die Minister wurden vom Tennō ernannt. Eine politische Verantwortlichkeit der Minister gegenüber dem Parlament gab es indirekt, denn die Abgeordneten konnten die Minister befragen und Antworten von ihnen erwarten. In den amtlichen Kommentaren findet sich zudem der Zusatz, der Tennō müsse bei der Ernennung der Minister „die Gefühle des Volkes berücksichtigen".

Die Verfassung enthielt einen umfangreichen Katalog der Rechte und Pflichten der Untertanen. Wer „Untertan" war, bestimmte das Gesetz. Er musste militärische und sonstige öffentliche Dienste leisten und Steuern zahlen. Dieser Abschnitt ist eher kurz. Sehr ausführlich finden sich dagegen seine Rechte. Ein Bürger konnte seinen Aufenthaltsort selbst bestimmen, durfte nur auf Grund eines Gesetzes verhaftet werden, hatte Anspruch auf einen gesetzlichen Richter, die Unverletzlichkeit der Wohnung, das Briefgeheimnis, Eigentumsgarantien, Meinungs- und Redefreiheit. Hier atmet der Text den Geist freiheitlicher Verfassungen – allerdings überwiegend vor allem in der Diktion. Denn die genannten Rechte konnten per Gesetz oder kaiserliche Verordnung eingeschränkt oder aufgehoben werden.

Formulierungshilfe auch gegen die eigene Überzeugung

Roesler, aber auch Mosse, taten sich insbesondere mit dem Zentralbegriff „Kokutai" sehr schwer, der den Inhalt der kaiserlichen Macht umfassend zum Ausdruck bringen sollte. Nicht nur die damit verbundene Mystik war ihnen unzugänglich. An der lateinischen Rechtskultur geschult, hatten sie damit ihre Schwierigkeiten. Um der begrifflichen Klarheit willen gebrauchen die Römer für den Inhaber der Staatsgewalt nebeneinander zwei Begriffe *auctoritas* und *potestas*. Dabei wird *auctoritas* mit „Würde", „Ansehen" und „Einfluss" ins Deutsche übersetzt und bringt zum Ausdruck, dass eine „Autorität" auch ohne formale Rechtsposition gestaltende Kraft haben kann. Unabhängig davon steht steht *potestas*, ins Deutsche übersetzt mit „Kraft", „Macht" oder „Möglichkeit", für die tatsächlichen Befugnisse, die mit einem Staatsamt verbunden sind.

Verwendet man diese von den Römern entwickelte Systematik, so lässt sich das Ziel der japanischen Verfassungsreform auf eine Kernaussage bringen: Vor der Meiji-Restauration verfügte der Tennō mit Sitz in Kyōto nur über *auctoritas*, allerdings im übergeordneten moralisch-religiösen Sinn. Mit der Restauration von 1868 gewann er *potestas*, seine im historischen Prozess verlorene politische Entscheidungskraft, zurück. Die Mehrheit des Volkes war nicht leicht davon zu überzeugen, dass das religiöse Oberhaupt nun auch einen Regierungsapparat führen, gesellschaftliche Interessen bewerten und mit ausländischen Mächten verhandeln sollte. Deshalb war hier Symbolpolitik gefragt. Also zog der Kaiser mitsamt seinem Hof ins zentral gelegene Edo um. Von hier aus hatte der inzwischen abgedankte Shōgun bislang von seiner *potestas* Gebrauch gemacht, seine Macht ausgeübt; fortan hieß die Stadt nicht mehr Edo, sondern Tokio, was sich mit Östliche Hauptstadt übersetzen lässt.

Aber wollten die Gründungsväter die Verfassung wirklich mit einem Spannungspotential ungeahnten Ausmaßes aufladen? Sollte das Amt des Tennō tatsächlich gleichermaßen durch „Gesinnungsethik" und „Verantwortungsethik" bestimmt sein? War es sinnvoll, dieselbe Instanz damit zu betrauen, den Staatsgedanken in seiner reinen Form zu repräsentieren und gleichzeitig auf der Handlungsebene einander gegenüberstehende Positionen im politischen Kompromiss zusammenzuführen? Haben nicht die Philosophen, und das wussten die beiden hochgebildeten Berater ganz sicher, stets Wert darauf gelegt, beides voneinander zu trennen?

Die schriftlich niedergelegte Verfassung misst dem Kaiser mit ihrem ausführlichen ersten Abschnitt eindeutig eine Doppelfunktion zu. Artikel 1 lautet: „Der japanische Staat wird für ewige Zeiten ununterbrochen von Kaisern regiert und beherrscht." Und Artikel 3: „Die Person des Kaisers ist heilig und unverletzlich." Der Kaiser ist Oberhaupt des Staates. Er besitzt die Staatsgewalt, übt die gesetzgebende Gewalt aus, beruft das Reichsparlament ein, ist Oberbefehlshaber von Heer und Flotte etc.[159]

Die Verfassungswirklichkeit sieht anders aus

Die Meiji-Verfassung lässt vieles offen, was im öffentlichen Recht geschulte Juristen aus dem Westen von einer Verfassung erwarten. Wie z. B. werden Minister berufen? Gibt es unter ihnen einen Ministerpräsidenten? Wie haben sie ihre Ämter auszuüben? Wem gegenüber sind sie verantwortlich? Wie ist das Verhältnis zu anderen staatlichen Organen geregelt? Dazu findet sich in der Verfassung nichts oder nur sehr wenig. Der Text ist eher unscharf gehalten und geht davon aus, dass staatliches Handeln auch von anderen Grundlagen her möglich ist. Tatsächlich gab es zusätzlich zu den in der Verfassung genannten Gremien (von den Gründerjahren bis zum Jahr 1912) mit dem „Genrō" eine weitere staatliche Institution. Genro hatte größeren Einfluss als Regierung und Parlament und bestand aus einem kleinen Kreis von insgesamt neun Männern, die in Anerkennung ihrer besonderen Verdienste während der Meiji-Restauration vom Tennō zu seiner Beratung berufen worden waren: ein Hofadliger und jeweils vier Führungspersönlichkeiten aus den ehemaligen Daimyaten Satsuma und Chōshū. Die wichtigste Aufgabe der Genrō bestand in der Wahl des Premierministers. Die jeweilige Entscheidung wurde durch den Tennō lediglich bestätigt. In den ersten Jahrzehnten wechselten sich die Mitglieder des Genrō in der Ausübung des Premierministeramtes ab. Man geht nicht fehl in der Einschätzung, an dieser Stelle das Machtzentrum der Meiji-Zeit zu vermuten.

> Da es keine personelle Trennung zwischen den Ministern, den Geheimen Staatsräten und den *genrō* gab, waren sie in der Lage, unvergleichlich großen Einfluß auf die Politik auszuüben. Solange die Oligarchie zusammenhielt, bildeten sie das stärkste Bollwerk gegen die Entstehung einer parlamentarischen Regierung. [...] Trotz des Postulats der persönlichen Regierung hatte somit der *tennō* in der Verfassungswirklichkeit kaum persönlichen Anteil

[159] Vgl. Meiji-Verfassung vom 11. Februar 1889 (http://www.verfassungen.net/jp/verf89-i.htm)

> an der Wahl des Premierministers, der sein wichtigster und verfassungsrechtlich verantwortlicher Berater sein sollte.[160]

Und noch etwas. Neben der förmlichen Reichsverfassung gab es noch weitere Texte mit Verfassungsrang. An erster Stelle ist hier das Gesetz über das Kaiserhaus (*kōshitsu tempan*) zu nennen. Seine zwölf Abschnitte mit insgesamt 62 Artikeln enthalten die Thronfolgeregelung sowie Vorschriften zur Regentschaft und zur Hofverwaltung. Änderungen sind dem Kaiserlichen Familienrat und den Geheimen Staatsräten vorbehalten. „Dadurch entstand eine dualistische Rechtsordnung, die dem *tennō* eine verfassungsrechtlich nicht gebundene Sphäre sicherte und ihn, den Gottkaiser, dadurch außerhalb der Reichweite der Untertanen stellte."[151]

Eine weitere Säule von verfassungsrechtlicher Bedeutung war das kaiserliche Erziehungsedikt (*kyōiku chokugo*), das ein Jahr nach Verabschiedung der Meiji-Verfassung konfuzianische Lehrinhalte verbreitete, in den Schulen bei Feierlichkeiten vorgetragen und sogar auswendig gelernt wurde. Seine Bestimmung war es, der westlich orientierten Aufklärung entgegenzuwirken und der kaiserlichen Autorität die Zustimmung im Volk zu sichern. Es sollte die shintoistische Mythologie der Reichsgründung und die konfuzianische Soziallehre miteinander verbinden. Demnach sollte das Verhältnis zwischen Tennō und Volk die „Urquelle" der Erziehung sein:

> Auf den Staat angewandt, resultierte daraus zwischen dem tenno und dem Volk ein emotionales Vater-Kind-Verhältnis, das das ursprünglich reine Machtverhältnis zwischen einem absoluten Herrscher und den Beherrschten mit Vorstellungen wie der elterlichen Liebe bzw. Fürsorge und der kindlichen Folgsamkeit kaschierte.[162]

Motoda Eifu (1818–1891), der wichtigste Verfasser dieses Erziehungsedikts bemühte sich darum, diesem Text den Status einer Staatsreligion zu verleihen. Damit stieß er allerdings auf den Widerstand von Itō Hirobumi und Inoue Kowashi. Sie konnten sich durchsetzen. Das Edikt gewann nicht die Rechtsqualität einer Norm. Dennoch gelang es seinen Befürwortern, seinen Inhalt tief im Volk zu verankern. Auf all das, was nicht im Text der Verfassung selbst geregelt war, sondern sich aus anderen Quellen speiste oder rechtfertigte, mithin auf die Verfassungswirklichkeit, hatten die ausländischen Berater – und damit auch Roesler – keinen oder allenfalls einen sehr begrenzten Einfluss.

---

160 Ando (2000): S. 192

161 Ebd., S. 184.

162 Ando (2000): S. 202.

Vom Konstitutionalismus zum Parlamentarismus?

In den ersten Jahrzehnten der Meiji-Zeit war die Oligarchie, insbesondere Genrō, noch nicht bereit, das Steuer aus der Hand zu geben. Doch sollte man dieses Verharrungsbemühen nicht nur negativ beurteilen. Die altbewährten Kräfte wollten das Land vor unnötigen Turbulenzen bewahren, Stabilität und Sicherheit gewährleisten. Allerdings war ihre Zeit auf natürliche Weise begrenzt, denn eine Nachfolge in Genrō war nicht vorgesehen. Dies schuf zumindest ansatzweise Raum für eine neue Ordnung, die Zeit hatte, sich zu bewähren, und mit der gewonnenen Erfahrung ausgebaut werden konnte. Zumindest mit Blick von außen bestand die Chance, dass vorsichtig angelegte konstitutionelle Rechte an Qualität und damit an Tragfähigkeit gewinnen konnten.

Ob die (konservativen) Verfassungsväter wirklich in diese Richtung gedacht haben, muss allerdings offenbleiben. „Viele Artikel der Verfassung waren so unklar definiert und so viele Fragen blieben ausgeklammert, dass ein großer Spielraum blieb und sowohl eine autoritäre als auch eine demokratische Regierung möglich waren.“[163] Dieser Meinung des Historikers Gerhard Krebs, der mit seinem Buch *Japan im Pazifischen Krieg* eine umfangreiche Geschichte des Pazifikkriegs vorgelegt hat, kann man sich anschließen. Mit Recht weist er auch darauf hin, dass die Meiji-Verfassung zumindest ein erster Schritt in die Neuzeit war. Damit wurde die bisherige Willkürherrschaft per Gesetz eingeschränkt. Auch im Ausland fand die Verfassung Beifall (z. B. in den USA). Dies trug dazu bei, Japan „auf dem Weg zur Anerkennung als ‚zivilisierter Nation‘ einen entscheidenden Schritt weiterzubringen.“[164] Noch positiver äußert sich der in Deutschland anerkannte Staatsrechtler Wilhelm Grewe, der zeitweise auch als deutscher Botschafter in Tokio tätig war. Er weist darauf hin, dass zwischen dem Verfassungstext und der Realität des politischen Lebens oft erhebliche Unterschiede bestehen. Es sei sehr bezeichnend, dass sich „unter dem Dach derselben Meiji-Verfassung zwei so grundverschiedene politische Systeme“[165] entwickeln konnten: von 1900 bis 1930 eine parlamentarisch-konstitutionelle Monarchie und in den beiden folgenden Jahrzehnten ein quasi-diktatorisches Militärregime.

Am Ende eine dramatische Niederlage

Auch mit Blick auf die japanische Staatslehre ist der Darstellung zu widersprechen, die Entwicklung habe zwangsläufig eine dramatisch-unglückliche Richtung nehmen müssen. Japanische

163 Krebs (2010): S. 24.

164 Ebd., S. 24.

165 Grewe (1978): S. 8.

Verfassungsrechtler haben die Verfassung unterschiedlich ausgelegt. Zum einen gab es die sehr konservative Interpretation, die Kokutai-Lehre sichere dem Tennō nicht nur eine moralisch-religiöse Autorität, sondern verleihe ihm auch Herrschaftsgewalt, die nicht einzuschränken sei. Er sei Entscheidungsträger in letzter Instanz und an Gesetze nicht gebunden. Der Parlamentarismus sei deshalb abzulehnen; die Untertanen hätten keinerlei Rechtsansprüche. Die in der Verfassung garantierten Rechte seien als Geschenke des Kaisers zu betrachten. Diese Auslegung beruft sich auf das kaiserliche Erziehungsedikt von 1890 und rangiert unter dem Namen „Tennō-Souveränitäts-Schule“ (Tennō Shukensetsu). Sie wurde von den zwei Tōdai[166]-Professoren Hozumi Yatsuka (1860–1912) und Uesugi Shinkichi (1878–1929) vertreten.

Zum andern gab es die Lehrmeinung, der Kaiser sei nicht als göttliche Verkörperung der Staatsmacht zu werten. Sie lehnt es ab, dass sich der Kaiser politisch betätigt. Sie kann sich dabei darauf berufen, dass die Regierungsarbeit in der Verfassungswirklichkeit von Genrō, Premierminister und dessen Kabinett übernommen wurde. Nach dieser Auffassung ermöglicht der Konstitutionalismus den Übergang zum Parlamentarismus. Diese als „Tennō-Organ-Schule“ (Tennō Kikansetsu) bezeichnete Auslegung wurde insbesondere vom Verfassungsrechtler Minobe Tatsukichi (1873–1948) vertreten. Sie war bis 1935 die vorherrschende akademische Lehrmeinung.

Wo auch immer die Ursachen zu suchen sind – das Unglück nahm seinen Lauf. Waren es die Langzeitfolgen des kaiserlichen Erziehungsedikts, das zu einem nationalistisch übersteigerten Selbstbewusstsein führte, die militärischen Erfolge in den zwei großen Kriegen von 1894/95[167] sowie 1904/05[168], die den Japanern zu Kopf stiegen, oder nur die rohe Militärgewalt von Putschisten? 1935 gelang es rechtsradikalen Kreisen, Minobe wegen Majestätsbeleidigung vor Gericht zu bringen, wo er angeklagt und verurteilt wurde. Seine Schriften wurden daraufhin verboten, er verlor seinen Sitz im Oberhaus, und die Kriegspartei übernahm das Regiment.

Der Verfassungsstreit wurde nicht etwa durch die Kraft von Argumenten entschieden. Letztlich entschied die Machtfrage: In der Zeit des Umbruchs hatte sich das Militär eine Sonderstellung erobert und diese in der Folge, zum Teil mittels Gewalt, immer weiter ausbauen können. Nun machte es von seiner Macht Gebrauch. Ein halbes Jahrhundert nach Verkündung der Meiji-Verfassung erklärten die Generäle ihre Maxime, „den Glauben an die unausweichliche Notwendigkeit der Verehrung des Tennō auf der ganzen Welt zu verbreiten“[169], zum Regierungsprogramm. Es diente als Rechtfertigung für eine Politik der militärischen Expansion. Damit begründeten sie vor allem auch eigene Ansprüche, was Volker Stanzel mit einem Auszug aus den „Felddienstvorschriften“ von 1941 eindrucksvoll belegt:

---

166 Kurzbezeichnung für die Universität Tokio (Tōkyō Daigaku).

167 Der Erste Japanisch-Chinesische Krieg von 1894/95 (s. Anm. 13 in Kap. 04).

168 Der Russisch-Japanische Krieg von 1904/95 (s. Anm. 15 in Kap. 04).

169 Stanzel (2016): S. 29.

> Auf dem Schlachtfeld ist es, wo die kaiserliche Armee, dem kaiserlichen Befehl folgend, ihren wahren Charakter zeigt, erobert, wo sie angreift, siegt, wo sie in die Schlacht zieht, um den Kaiserlichen Weg fern und weit zu verbreiten, so dass der Feind in Ehrfurcht zu den erhabenen Truppen seiner Majestät aufblickt.[170]

Der Überfall auf Pearl Harbor war nur der Anfang einer sehr blutigen Auseinandersetzung. Japan mobilisierte alle seine Kräfte und wusste hart zu kämpfen. Aber angesichts der Kräfteverhältnisse hatte es keine Chance und erlitt am Ende eine bittere Niederlage.

Die Meiji-Reformatoren haben Großes geleistet.

Historische Entscheidungen sollten nicht aus ihrem zeitlichen Rahmen gelöst werden. Die Meiji-Reformatoren haben dem morbiden, vom Shōgunat geführten Ständestaat den letzten und entscheidenden Stoß versetzt. In einer kühnen Wendung haben sie die Isolation ihres Landes, die nicht länger zu halten war, selbst aufgebrochen und Japan mit diesem Schritt eine unabhängige Zukunft gesichert. Dabei waren die Bedingungen, unter denen sie zu handeln hatten, denkbar ungünstig: Sie mussten einen Staat neu ordnen, der gesellschaftlich unbeweglich, wirtschaftlich unproduktiv und politisch handlungsunfähig war. In diesem Prozess mussten sie soziale Brüche vermeiden, leistungsfähige Wirtschaftsformen entwickeln, insbesondere moderne Industrien gründen, das dazu notwenige Kapital sammeln und nicht zuletzt die Fesseln abwerfen, die ihnen durch die „Ungleichen Verträge" auferlegt waren. Auf allen Ebenen hatten sie Widerstände zu überwinden.

Aus damaliger Sicht waren sie Revolutionäre, und als solche mussten sie sich gegenüber einem konservativen Volk Glaubwürdigkeit verschaffen. Die dazu notwendigen Argumente gab ihnen die Kokutai-Lehre an die Hand. Gleichzeitig mussten sie Zeichen setzen, die neue Zeit sichtbar machen. Deshalb gaben sie sich eine Staatsverfassung, die einerseits die kritischen, an westlichen Freiheitsideen orientierten Geister befriedigte, aber auch revolutionäre Bewegung in Schach hielten. Zudem sollten sie dringend benötigtes Geld aus dem Ausland anlocken und den Zugang zum Wissen der übrigen Welt ermöglichen. Um bestehende Knebelverträge mit dem Westen einvernehmlich aushebeln zu können, mussten sie sich als zivilisiertes Land beweisen. Darüber hinaus hatten sie eine Armee aufzubauen, die die Stabilität nach innen sicherte und nach außen, den Nachbarländern, Respekt einflößen konnte.

Für all das suchten sie weltweit nach Anregungen und Modellen, denn das ihnen zur Verfügung stehende Zeitfenster war nicht groß. Deutschland zogen sie zur Orientierung erst

[170] Ebd., S. 29.

später als andere Modelle in Betracht. Entscheidend dürfte gewesen sein, dass hier noch vieles noch im Werden war. Das Land hatte gerade erst zur nationalen Einheit gefunden und zeigte sich offen, bei der Orientierung zu helfen. Die preußische Verfassung von 1850 war für Nippon von besonderem Interesse, da sie einen ausgeprägt monarchischen Charakter hatte. Dieses Modell ergänzten die Meiji-Reformer um eigene japanspezifische Inhalte. In der Verfassungswirklichkeit sollten alte Strukturen noch lange bewahrt bleiben (manche sprachen deshalb vom japanischen „Schein-Konstitutionalismus"). In jedem Fall ließ ihr Verfassungsrecht Raum für eine Weiterentwicklung, der einige Jahrzehnte lang auch tatsächlich genutzt wurde. Dann jedoch wurde die anfangs notwendige militärische Absicherung Japan zum Verhängnis. Es bildete sich ein „Staat im Staate". Gegen diese Machtkonzentration fehlte ein in der Verfassung verankerter Abwehrmechanismus. Diesen rechtzeitig zu installieren, war versäumt worden.

Die Verfassungsväter bewegten sich auf einem schmalen Grat. Bezieht man die Zwänge ein, unter denen sie entscheiden mussten, kann man ihnen den Respekt für eine große staatsmännische Leistung nicht verweigern. Sie haben dem Land eine neue Ordnung gegeben, wussten dabei die eigene Führungstradition zu berücksichtigen, haben in der Zeit des Umbaus für Ordnung und Sicherheit Sorge getragen und zugleich die Tür für weitere Entwicklungen offen gehalten.

Ihre Nachfolger haben diese Tür nicht genutzt. Die nationale Heilsbotschaft hat sich als stärker erwiesen. Historische Entscheidungen jedoch aus ihrem zeitlichen Rahmen zu lösen, führt leicht zu falschen Schlüssen. Die Führer der Meiji-Restauration, die das Staatsschiff durch schwierige Zeiten gelenkt haben, für Taten verantwortlich zu machen, die mehr als ein halbes Jahrhundert nach Verabschiedung der von ihnen mühsam erarbeiteten Verfassung begangen wurden, ist deshalb höchst fragwürdig. Auch erscheint es mehr als gewagt, vom Inkrafttreten der Meiji-Verfassung im November 1890 bis zum Angriff auf Pearl Harbor im Jahr 1941 eine ununterbrochene Kausalkette zu erkennen und diese mit entsprechenden Schuldvorwürfen an die Gründungsväter zu verknüpfen. Fehlentwicklungen hatten allein die Nachfolger zu vertreten, die unter weit günstigeren Bedingungen entscheiden konnten. Aber noch heute hält offenkundig eine Reihe von Beobachtern an dieser fragilen, wenn nicht gar windschiefen Kausalkonstruktion fest. Es ist an der Zeit, hier eine Korrektur vorzunehmen.

> Das japanische Experiment, die eigene Herrschaftstradition mit Hilfe des deutschen Konstitutionalismus in einen modernen Verfassungsstaat umzusetzen, endete 1945 mit dem Zusammenbruch dieses Systems.[171]

---

[171] Ando (2000): S. 223.

Mit dieser Wertung schließt der Historiker Junko Ando sein Buch über die Entstehung der Meiji-Verfassung. Widerwillig muss man dem zustimmen, denn am Ende war die Reform nicht erfolgreich. Dennoch ist diese Aussage ergänzungsbedürftig: Die Reformer haben ausgeschöpft, was ihnen realpolitisch möglich war. Statt einer blutigen Revolution gelang ihnen die Restauration einer alten Werteordnung – verbunden mit wichtigen Schritten in Richtung einer parlamentarischen Struktur. An mutigen Anschlussentscheidungen hat es später leider gefehlt, die Nachfolger der Gründungsväter haben diese Chance vertan, so dass die Reform letztlich ein Torso blieb. Die daraus entstehende Lücke hat sich das Militär gewaltsam zunutze gemacht.

Loyale Berater mit bestem Wissen und Gewissen

Die deutschen Berater Roesler und Mosse haben im Stillen gearbeitet, ihre Verschwiegenheitspflicht nahmen sie ernst, so dass das wahre Ausmaß ihrer Mitwirkung erst sehr viel später bekannt geworden ist. Sie waren fleißig und zuverlässig. Roesler blieb immerhin 15 Jahre vor Ort. Auch wenn er nicht in jedem Fall mit der politischen Entwicklung in Preußen einverstanden war, hat er in Japan doch guten Gewissens für einen „deutschen Weg" geworben.

> War in Frankreich oder Großbritannien das Parlament vor allem der Ort, wo die Klassengegensätze aufeinanderprallten, so fügte sich im Deutschen Reich als einer sozialen Monarchie das Parlament in die gesellschaftliche Solidarität, deren Symbol der Kaiser und die anderen Herrscher mit ihren Regierungen waren, die auf die Unterstützung von parlamentarischen Mehrheiten angewiesen waren. In Deutschland hatte sich für dessen Verteidiger der Rechts- und Kulturstaat im Sozialstaat vollendet.[172]

So beschreibt der Historiker Eberhard Straub – sehr idealistisch – die deutsche konstitutionelle Monarchie vor dem Ersten Weltkrieg. Den „‚kapitalistisch-egoistischen' Staaten wie Frankreich und England"[173] setzten deutsche „Konstitutionalisten" ein Modell entgegen, das mehr Harmonie versprach. Deshalb kann es auch im Rückblick nicht verwundern, dass die japanischen Reformer, die Veränderung suchen, zugleich aber Brüche vermeiden und Kontinuität wahren wollten, den gedanklichen Austausch mit jenen Männern suchten, die sich auf einer solch scheinbar sicheren Basis bewegten. Es entsprach japanischen Idealen, nicht im bitteren parlamentarischen Streit nach Lösungen zu suchen. Ende des 19.Jahrhunderts stand das Modell Deutschland international in hohem Ansehen:

---

172 Straub (2018): S. 52.

173 Ebd., S. 52.

> […] manchmal beneidet, aber immer anerkannt als unentbehrliches Element der freien Welt, die in Europa sich glänzend manifestierte. Die Verfechter eines deutschen Weges der Freiheit wahrten eine Distanz zur Demokratie und der Tyrannei willkürlicher Mehrheiten mit den naheliegenden Versuchungen, Parteiinteresse zu verabsolutieren statt das Gemeinwohl dabei aus den Augen zu verlieren.[174]

Roesler und Mosse haben bei ihrer Arbeit oftmals gut vorbereitete Gesprächspartner gefunden. Ihr Einsatz war nicht ohne Wirkung. Das ist in der Meiji-Verfassung und anderen wichtigen Gesetzestexten deutlich erkennbar. Vor einer Rezeption standen immer sorgsame Auswahl- und Anpassungsprozesse der japanischen Reformer. Aber auch die Meiji-Führung war nicht frei. Im Wissen um ihre Zwänge mussten Roesler und Mosse eigene Positionen aufgegeben. Nur so konnten sie wirkungsvolle Formulierungshilfe leisten. Wenn sie sich dem Anpassungsdruck fügten, so vermutlich nicht ohne innere Qualen.

Mit einiger Sicherheit haben sie das Gewicht der Vorgaben unterschätzt, unter denen sie ihre Arbeit zu leisten hatten. Die Bemühungen des japanischen Militärs, gegenüber der Politik Unabhängigkeit zu gewinnen und in eigener Verantwortung sogar über Krieg und Frieden zu entscheiden, haben die Berater wahrscheinlich nicht rechtzeitig erkannt. In jedem Fall haben sie zu wenig getan (oder zu tun vermocht), um im neu strukturierten Verfassungsgefüge hinreichend Vorsorge gegen eine militärische Machtübernahme zu treffen. Diese Männer mit pauschal-negativen Werturteilen zu belegen, ist trotzdem nicht zu rechtfertigen. Sie hatten ein schwieriges Mandat, kamen ohne Kenntnis des Landes, fanden zwar Unterstützung durch die japanische Regierung, waren aber gleichzeitig einer zunehmenden Fremdenfeindlichkeit breiter Bevölkerungsschichten ausgesetzt. Wenn solche Vorwürfe vor allem von deutschen Kritikern mit einem Unterton der Selbstanklage erhoben werden, ist dies wohl vor allem Ausdruck eines „Betroffenheitssyndroms“, das – leider – manchen unserer Landsleute zu eigen ist.

[174] Ebd., S. 52.

09. Gottfried Wagener (1831–1892) Alte Handwerkskunst und junge Industrien

Vor etwa zehn Jahren haben sich große deutsche Unternehmen – darunter BASF, Bayer, Bosch, Continental, Daimler, Evonik, Merck, Schaeffler und Siemens – zu einer Gemeinschaftsaktion zusammengefunden, die in Japan durchaus Beachtung findet, aber vor allem in Deutschland noch größere Aufmerksamkeit verdient: Es wird seither regelmäßig ein Preis für japanische Forscher der jüngeren Generation ausgelobt, die sich besonders um die deutsch-japanische Wissenschaftskooperation verdient machen. Diese Auszeichnung ist mit einer ansehnlichen finanziellen Anerkennung verbunden, die von den genannten Firmen gemeinsam gestiftet wird. Federführend für die ganze Initiative ist dabei die *Deutsche Industrie- und Handelskammer* in Tokio.

Ganz uneigennützig ist das vermutlich nicht. Die deutschen Unternehmen, für die Japan ein bedeutender Markt ist, machen dort auf diese Weise einerseits auf sich aufmerksam und bestätigen andererseits ihr Image als Akteure der intensiven Forschung. Gleichzeitig nehmen sie für sich in Anspruch, mit ihrer Initiative die über 150-jährige Tradition der grenzüberschreitenden Partnerschaft zwischen Japan und Deutschland fortzuführen, denn im Wissenschaftsbereich sind sich beide Länder bereits in der frühen Meiji-Zeit begegnet und haben seither stets das gegenseitige Interesse aneinander gepflegt. Dies wird auch durch den Namensgeber der Auszeichnung besonders deutlich: Gottfried Wagener. Eine bessere Wahl hätte man kaum treffen können, wird somit doch ein Wissenschaftler von Rang geehrt, der zugleich ein bedeutender Unternehmer war, der seine Fähigkeiten in unsicheren Zeiten uneigennützig seinem Gastland Japan zur Verfügung stellte und damit Deutschland gleichermaßen einen Dienst erwies. Dennoch ist er in seinem Heimatland beinahe in Vergessenheit geraten.

Gottfried Wagener wurde am 5. Juli 1831 als Sohn eines Beamten in Hannover geboren. Hier erhielt er jedoch nicht die seinerzeit übliche gymnasiale Erziehung mit Schwerpunkt auf den klassischen Sprachen, sondern seine Eltern schickten ihn stattdessen auf das erst wenige Jahre zuvor gegründete erste Realgymnasium der Stadt, das auf die Vermittlung von Mathematik und modernen Naturwissenschaften besonderen Wert legte. Sehr früh bemerkten seine Lehrer die Begabung des jungen, offenbar recht schüchternen und bescheidenen Gottfried, der sich 1849, mit besten Noten ausgestattet, für ein Studium der Mathematik an der Georgia-Augusta-Universität in Göttingen immatrikulierte. Das für diese Einschreibung notwendige Wissen in Griechisch und Latein soll er in nur einem Jahr erworben haben. Sein akademischer Lehrer, dem er lebenslang sehr großen Respekt zollte, war niemand Geringeres als der weltberühmte

Mathematiker Carl Friedrich Gauß (1777–1855). Physik studierte er bei dem kaum weniger bedeutenden Wilhelm Eduard Weber (1804–1891), einem der „Göttinger Sieben“[175], gemeinsam mit Gauß vor allem bekannt als Konstrukteur des ersten elektromagnetischen Telegrafen[176]. Nach einem kurzen Studienaufenthalt in Berlin kehrte Wagener 1852 nach Göttingen zurück, um hier als 21-Jähriger sein Doktorexamen abzulegen. Die Bewertung, die Gauß seiner Forschungsarbeit gab, ist erhalten geblieben: „Hr. Wagener ist nun, vielleicht unter einem Hundert von angehenden Mathematikern, die meine Aufforderung[177] erhalten haben, der erste, der sich mit Glück daran versucht hat.“ Ein hohes Lob aus dem Mund eines großen Genies.

Die Mathematik bildete für Wagener die Grundlage, sich das naturwissenschaftliche Wissen seiner Zeit in großer Breite zu erschließen. Auf dieser Basis beschäftigte er sich vor allem mit der Physik. Dabei verstand er es, theoretische Erkenntnisse häufig auch praktisch nutzbar zu machen. Beispielsweise entwickelte er 1878 in Japan den ersten funktionsfähigen Seismographen. Aber auch im Bereich der Chemie hat er einiges vorzuweisen. So entwickelte er Glasuren, die höchsten Anforderungen standhielten, und eigene Formeln für anspruchsvolles Porzellan. Sein Wissen im Bereich der Mechanik kam ihm beim Bau von Maschinen und Anlagen zugute. Die keramische Industrie wiederum profitierte später von seinem Interesse für die Mineralogie. Das allein ist schon sehr viel, aber längst nicht alles: Seine Zeitgenossen bewunderten seine Fähigkeit, sich in einem halben Dutzend fremder Sprachen äußern zu können. Hinzu kamen sein musikalisches Talent und sein Kunstverstand, weshalb auch Musiker, Maler und Poeten gern seine Nähe suchten.

Ein Mann dieses Zuschnitts, von der Natur reich beschenkt, tut sich leicht, seinen Weg durchs Leben zu finden – sollte man meinen. Doch die Erfahrung zeigt, dass dem nicht immer so ist. Wagener wechselte nicht nur häufig seinen Wohnort, sondern auch seine Arbeitsgeber. In dem bereits zitierten Gutachten, das Gauß zu seiner Doktorarbeit erstellte, findet sich dazu ein Satz:

> Man kann diese Wege mehr oder weniger als Umwege betrachten, die zum Teil in große Weitläufigkeiten führten. Aber das Ziel selbst hat er erreicht, das richtige Criterium ge-

---

175 Die „Göttinger Sieben“ waren eine Gruppe von Göttinger Professoren, die 1837 gegen die Aufhebung der 1833 eingeführten liberalen Verfassung im Königreich Hannover protestierten. Alle sieben wurden daraufhin entlassen, drei sogar des Landes verwiesen. Auch die Gebrüder Grimm zählten übrigens zu den „Göttinger Sieben“ (vgl. https://de.wikipedia.org/wiki/Göttinger_Sieben).

176 Dazu verlegten sie zwei Kupferdrähte über die Dächer der Stadt Göttingen und vermittelten Ostern 1833 den telegrafischen Verkehr zwischen dem Physikalischen Institut und dem magnetischen Observatorium der Sternwarte. Über elektromagnetisch beeinflusste Kompassnadeln tauschte Gauß auf diesem Wege Nachrichten mit Weber aus. (vgl. https://de.wikipedia.org/wiki/Wilhelm_Eduard_Weber sowie https://de.wikipedia.org/wiki/Carl_Friedrich_Gauß).

177 Nämlich das sogenannte Pothenotsche Problem zu lösen.

funden, und selbst bei der Verfolgung der mühsamen Wege muss man die bewiesene Beharrlichkeit loben.

Wenn dieser Satz auch eigentlich auf Wageners Lösung des Pothenotschen Problems abzielte, so erwies sich Gauß damit gleichermaßen als Prophet, denn diese Einschätzung sollte für das ganze spätere Leben seines Schülers Gültigkeit besitzen. Mit materiellen Gütern kaum gesegnet, ging Gottfried Wagener zunächst nach Paris und schlug sich dort als Deutschlehrer und Angestellter im Telegrafenamt durch. Da er das Französische bald schon sehr flüssig beherrschte, konnte er auch seine literarischen Interessen pflegen. So finden sich aus seiner Feder im *Dictionnaire universel des contemporains* (Vapereau) aus jener Zeit Aufsätze über deutsche Gelehrte.

Sehr folgenreich war seine Begegnung mit Rudolph Lindau (1829–1910), der als Preuße später Schweizer Interessen in Japan wahrnehmen sollte. Eine lebenslange Freundschaft nahm in Frankreich ihren Anfang. Ihr verdankte Wagener offenbar auch seine Anstellung als Privatsekretär des berühmten Literaten und Staatsmannes Jules Barthélemy-Saint-Hilaire (1805–1895), der in dem Ruf stand, ein unehelicher Sohn Napoleons zu sein. Später diente dieser seinem Land als Außenminister und machte sich zugleich als Übersetzer des Philosophen Aristoteles einen Namen als bedeutender Gelehrter. Auch eine andere Verbindung aus dieser Zeit sollte für Wageners Leben bestimmend sein und offenbarte zudem dessen Spannbreite. Lindau machte ihn mit Thomas Walsh bekannt, dem Chef des amerikanischen Handelshauses Russel & Co. Dieser Bekanntschaft sollte später eine im wörtlichen Sinne wegweisende Bedeutung zukommen, als Walsh einen Chemiker suchte, der für ihn in Japan den Aufbau einer Seifenfabrik in die Hand nahm. Mit diesem Auftrag reiste Wagener 1868 nach Nagasaki und hatte damit, vermutlich ohne es selbst zu ahnen, eine Lebensentscheidung getroffen. Er blieb ein Vierteljahrhundert in Japan – bis zu seinem Tod im Jahr 1892.

Doch damit haben wir vorgegriffen, denn so geradlinig verlief Wageners Weg nach Fernost nicht. Auf seine Pariser Zeit folgten zunächst noch einige Jahre in der Schweiz (1860–1864), in der Uhrenstadt La Chaux-de-Fonds im Kanton Neuenburg, wo er einen Lehrauftrag wahrnahm, bei dem er seine technische Begabung einbringen konnte. Als diese Anstellung infolge einer Umgestaltung der technischen Lehranstalt ein plötzliches Ende fand, wagte er mit einem Verwandten als Unternehmer in England einen Neuanfang – die beiden wollten für die aufblühende Industrie in Ipswich Kuppelöfen bauen. Doch mussten sie ihr Vorhaben bald wieder aufgeben. Nach kurzem Zwischenaufenthalt in Kassel – hier beschäftigt er sich vor allem mit der Fotografie – versuchte Wagener sich in Paris in der Gründung eines Chemieunternehmens – auch das endete mit einem Bankrott. Von nun an war er mit einem erheblichen Schuldenberg belastet. Doch sein Beharrungsvermögen war ihm geblieben. *Try again. Fail again. Fail better.* – Obwohl diese Beckett-Maxime damals noch lange nicht zu Papier gebracht worden war, könnte man dennoch behaupten, dass Wagener danach gelebt hat.

Auch Japan hatte ihm zunächst nur Enttäuschungen zu bieten. Für die Seifen der Fabrik fehlte der erwartete Markt, weshalb auch dieses Unternehmen scheiterte. Einmal mehr war Wagener ohne Arbeit und musste sich neu orientieren. Da ihm jedoch inzwischen der Ruf als ungewöhnlich fantasiebegabter Techniker vorauseilte, erteilte ihm der Gouverneur von Hizen den Auftrag, für die Porzellanindustrie in Arita in der Präfektur Saga eine Kobaltglasur zu entwickeln. Obwohl er die Aufgabe offenkundig gut meisterte, war auch hier kein Bleiben für ihn, da die Finanzierung nicht gesichert war. Schon nach einem halben Jahr musste er weiterziehen – zunächst nach Yokohama.

Ab 1871 übernahm er einen Lehrauftrag für Mathematik und Naturwissenschaften an der *Daigaku Nankō*, der Südschule, einer Vorläuferin der Tokio-Universität. William Elliot Griffis (1843–1928), ein berühmter amerikanischer Gelehrter, der zeitweise in japanischen Diensten war, hatte ihn dorthin berufen. In der frühen Meiji-Zeit war die Hochschule das, was man heute eine Eliteschmiede nennt: Die Studenten waren sehr jung, im Alter zwischen 16 und 20, und kamen auf Empfehlung der Daimyate, die auch die Ausbildungskosten übernahmen. Große Daimyate durften drei Studenten entsenden, die kleineren zwei bzw. einen. 1871 war die englische Abteilung mit 219 Studenten die größte Einheit; es folgten die französische mit 74 und die deutsche mit 17. Wagener hatte somit Anteil an der Erziehung junger Menschen, die im Meiji-Kaiserreich mit Führungspositionen rechnen durften. Diese ehrenvolle Berufung dürfte ihm viele Türen geöffnet haben. Fortan verbreitete sich sein Ruf im ganzen Land und vielerorts war sein Rat gefragt.

Doch in Japan herrschten stürmische Zeiten. Mit dem Ende des Shōgunats, der Öffnung der Häfen für Ausländer und den „Ungleichen Verträgen“ brach auch eine Flut westlicher Gedanken ins Land. Das traditionelle japanische Leben wurde zutiefst erschüttert; herkömmliche Werte, Sitten und Gebräuche drohten ebenso verlorenzugehen wie einheimische Musik, Kunst und Handwerk. Wagener sah all das mit Unbehagen, denn sein besonderes Interesse galt der traditionellen Handwerkskunst – Bronze, Keramik, Lack, Seide, aber auch Metallarbeiten, etwa das hochentwickelte Cloisonné[178]. Die klassische japanische Musik wurde geradezu hinweggeschwemmt. Jahrzehnte später war sie nur mühevoll wiederzubeleben. Um die Erhaltung der traditionellen bildenden Kunst sollte sich später vor allem der Amerikaner Ernest Francisco Fenollosa (1853–1908) verdient machen, doch er kam erst zehn Jahre nach Wagener nach Japan. Darum sprang zunächst der Deutsche in die Bresche. Angeregt vom Vorbild des *Victoria and Albert Museum* in London mit seinen angegliederten Werkstätten, das er von seinem dortigen

---

178 Cloisonné, auch Zellenschmelz oder Zellenemail genannt, ist eine kunsthandwerkliche Technik bei Emailarbeiten. Auf eine meist aus Kupfer bestehende Trägerplatte werden dünne Drähte oder Metallstreifen aufgelötet und zwischen ihnen werden verschiedene Glasflüsse eingelassen (vgl. https://de.wikipedia.org/wiki/Cloisonné).

Aufenthalt kannte, machte sich Wagener für ein japanisches Nationalmuseum stark. Von entscheidender Bedeutung war dabei die Weltausstellung von 1873 in Wien, zu der die Habsburgermonarchie anlässlich des 25. Regierungsjubiläums von Kaiser Franz Joseph I. auch Japan eingeladen hatte. Wagener war dafür als offizieller Berater bestellt worden. Gemeinsam mit Sano Tsunetami, einem Mitglied des Genrō, bereitete er den japanischen Auftritt vor – der erste des Landes auf internationaler Bühne seit Beginn der Restauration. Wageners Vorschläge im Hinblick auf Themen und Objekte hatten dabei erhebliches, oft entscheidendes Gewicht. Auch für den Katalog, der die einzelnen Positionen zu einem Gesamtkunstwerk zusammenführte, zeichnete er verantwortlich. Die japanische Delegation reiste mit annähernd 100 Personen an – hohe Beamte mit ihren Dolmetschern, Architekten, Landschaftsgestaltern und Fachleuten, die für Japan nützliche technische Erkenntnisse gewinnen und auswerten sollten. Nippons Auftritt erregte weltweit Aufsehen und trat eine Welle los, die als „Japonismus" noch jahrzehntelang für aristokratische Höfe und bürgerliche Salons von Einfluss war.

Die Nachwirkungen dieser Ausstellung waren in Japan von größter Bedeutung. Dazu gehörte auch der Anstoß zur Gründung eines Japanischen Nationalmuseum. Zwei Jahre später legte der Staatsmann Sano seiner Regierung als Nachlese einen 96 Bände umfassenden Bericht vor. Dazu ist in der Eigendarstellung des Japanischen Nationalmuseums noch heute im Netz nachzulesen:

> In the parts relevant to the museum, Sano commissioned the German scholar Gottfried Wagener to write reports on "The Establishment of the Tokyo Museum" and "The art museum in respect to arts and various crafts" and made an intensive appeal for the construction of a modern museum in Japan. Participation in the World's Fair in Vienna built a strong momentum toward building a full-scale museum and organizing a national industrial exhibition.[179]

Vermutlich wissen nur sehr wenige Deutsche, die die Museen in Ueno[180] besuchen, dass einer ihrer Landsleute dazu beigetragen hat, hier das kulturelle Erbe Japans zu bewahren.

Dank seiner sensiblen Art gewann Wagener viele Freunde im Kreis der zeitgenössischen Kunstgemeinde, vor allem in Kyōto. Auch an seinem Wissen im Bereich der Chemie ließ er sie großzügig teilhaben und erleichterte ihnen so die Arbeit. Mit großem Feingefühl führte er industrielle Fertigungsmethoden in das Handwerk ein, entschied sich dabei aber in der Regel für japanische Vorlagen und brachte auf diese Weise eine Handwerkskunst auf den Weg, der sich aufgrund der günstigeren Herstellungskosten neue Absatzmärkte eröffneten. Nach dem erfolg-

---

[179] https://www.tnm.jp/modules/r_free_page/index.php?id=145&lang=en

[180] Ueno ist ein Stadtteil im Tokioter Stadtbezirk Taitō-ku. Hier befinden sich u. a. das *Nationalmuseum Tokio* sowie das *National Museum of Modern Art.*

reichen Auftritt in Wien überrascht es nicht, dass Wagener auch in die kaiserliche Kommission berufen wurde, die die Weltausstellung von 1876 vorbereiten sollte, die anlässlich der Hundertjahrfeier der amerikanischen Unabhängigkeit in Philadelphia stattfinden sollte. Die USA setzten alles daran, bei dieser Gelegenheit ihre eigenen technischen Errungenschaften – neben dem Großapparatebau Bells Telefon, die ersten brauchbaren Schreibmaschinen, Singers Nähmaschinen und andere Industrieprodukte – möglichst glanzvoll zu präsentieren. Doch Wageners Empfehlung für Japan ging in eine andere Richtung: Trotz der zunehmenden Verwestlichung seines Gastlandes riet er dazu, das traditionelle Japan, das in der vorangegangenen Ausstellung in Wien so große Zustimmung gefunden hatte, noch einmal sichtbar zu machen. In den Mittelpunkt des japanischen Pavillons stellte er deshalb ein Teehaus, ausgestattet mit hochwertigen Erzeugnissen des Kunstgewerbes. Daneben positionierte er ein traditionelles Wohnhaus, das er mit Japanern in landesüblicher Kleidung belebte. Der von ihm dazu zusammengestellte Katalog erfreut sich unter Fachleuten bis heute hoher Anerkennung, da sie ihn als bestes Spiegelbild der klassischen japanischen Handwerkskunst betrachten.

Er beließ es jedoch nicht bei der Bewahrung und Verfeinerung überkommener Techniken, sondern bemühte sich außerdem darum, Neues auf den Weg zu bringen. Gegenüber der Regierung machte er sich für die Einführung eines in Japan nicht geläufigen Bildungssystems stark, das theoretisches und praktisches Wissen in neuer Form zusammenführte. Er bezeugte dabei auch der in Japan seit Jahrhunderten gebräuchlichen Praxis Respekt, dem Meister eines Fachs einen Lehrling zuzuordnen, der sich – in Abhängigkeit von seinem Lehrmeister – mit der Handwerkskunst vertraut machte. Wagener wies dem Staat eine bisher nicht wahrgenommene Aufgabe zu. Seine Grundidee: Der Staat sollte die Ausbildung in gut ausgestatteten Fachschulen begleiten, dabei auch moderne Techniken einführen und den verschiedenen Branchen mittelbar die Richtung vorgeben. Im Kern verbirgt sich hier der Gedanke des „dualen Systems“, das sich noch heute bestens bewährt.

Am 18. Dezember 1888 überreichte er dem zuständigen Ministerium einen Plan zum Aufbau einer zukunftsorientierten Textilindustrie. Auf 13 Seiten trägt er in säuberlicher Handschrift in 15 Punkten zusammen, worauf es bei der Gründung einer Fachschule ankommt: Handwerkliche Vorbildung der Schüler, genaue Qualitätsanforderungen an die Lehrer, gute räumliche und maschinelle Ausstattung, detaillierte Lehrpläne (Rohstoffe, Technik, Design, Kostenrechnung, Vermarktung, etc.), Finanzierung bis in die Feinheiten (die Studenten sollten einen kleinen Teil der Kosten selbst tragen, damit sie die ihnen gebotenen Instruktionen angemessen wertschätzten). Vermutlich hat er ähnliche Eingaben auch zu anderen Themen vorgelegt, denn Wagener hat sich mit vielen anderen Werkstoffen – Keramik, Porzellan, Glas, Lack und Metall – befasst.

Seine besondere Liebe galt jedoch mit Sicherheit der Keramik und dem Porzellan – zu seinen Lebzeiten zwei der wichtigsten Bereiche der japanischen Leichtindustrie. Unermüdlich experimentierte er mit neuen Brennverfahren, Pigmenten und Glasuren. Engen Kontakt hielt er nicht nur mit den besten Töpfern und den angesehensten Porzellan-Manufakturen im Land (Seto, Imbe, Mura, Bizen,

Hagi, Karatsu, Arita, Mikawachi), sondern auch mit dem führenden Forschungsinstitut in Deutschland, der Chemisch-Technischen Versuchsanstalt bei der Staatlichen Porzellanmanufaktur Berlin. Mit dem Chef dieses Hauses, Hermann August Seger (1839–1893), verband ihn eine lebenslange Freundschaft. Er war stolz darauf, dass seine eigene Marke *Asahi Yaki* nicht nur von einigen besonders anspruchsvollen Kunden gekauft wurde, sondern sogar im Kaiserlichen Haushalt Anklang fand.

Die höchste gesellschaftliche Stufe erreichte Wagener 1884, als er zum Dekan der neu gegründeten Fakultät für Glas und Keramik (*Toki Hari Koka*) der Fachhochschule Tokio (*Tokyo Shokko Gakkō*) ernannt wurde. Dieses Institut wurde später zum Kern der ersten Technischen Hochschule Japans, des heutigen *Tokyo Institute of Technology* (*Tōkyō Kōgyō Daigaku*). Gottfried Wagener ist damit nicht nur ein Wegbereiter, sondern einer der Gründer dieser Elite-Hochschule.

In Japan gilt Erinnerungskultur mehr als in Deutschland. Dass dies keinesfalls eine leere Behauptung ist, konnte der Verfasser durch persönliche Erfahrungen bestätigen. Während seines Arbeitsaufenthalts in Japan in den Jahren zwischen 1969 und 1973 ist er dem Namen Gottfried Wageners mehrfach begegnet. Aber von den ihm obliegenden Aufgaben völlig in Anspruch genommen, spürte er niemals nach, was sich inhaltlich mit diesem Namen verband. So dürfte es vermutlich auch anderen „Japan-Deutschen" ergehen. Dabei fehlte es damals und auch heute nicht, an Gelegenheit, solche Wissenslücke zu schließen. Die 1874 gegründete *Deutsche Gesellschaft für Natur- und Völkerkunde Ostasiens (OAG)* pflegt solche Erinnerungswerte. Dazu hat sie auch allen Grund. Schließlich war Gottfried Wagener einst ihr Vorsitzender. Maike Roeder, die innerhalb der OAG mit sehr viel Einsatz Dokumente, Bücher, Erinnerungen und manches andere zusammenhält, hat der heutigen Generation auch das Lebensbild dieses Mannes nahegebracht, indem sie einen bereits vor über hundert Jahren veröffentlichten Nekrolog 2017 noch einmal in den Druck brachte. Diese Leichenrede ist nicht namentlich gezeichnet. Deshalb konnte sie den Autor zunächst nicht nennen. Inzwischen ist bekannt, dass es sich dabei um Ludwig Riess (1861–1928) handelt. Er war lange Zeit Inhaber eines Lehrstuhls für Geschichte an der Tokyo-Universität und findet sich in einem Kapitel dieses Bandes gewürdigt.

Bemerkenswert sind in diesem Zusammenhang die Aktivitäten des Siebold-Symposiums im Rahmen der OAG. Es hat sich vorgenommen, Geschichte erfahrbar zu machen. Professor Tatsumasa Doke vom *Tokyo Institute of Technolog* hat vor einiger Zeit Wageners Beitrag zur Modernisierung und Industrialisierung Japans in einem Vortrag lebendig werden lassen. Der Verfasser hat diesen Anknüpfungspunkt aufgegriffen und sich mit dem Leiter des OAG-Seminars Mahito Ohgo auf den Weg nach Okayama gemacht. Hier hat die Tokioter Hochschule für Technologie ihren Campus. Professor Doke, mittlerweile 90 Jahre alt, aber körperlich und geistig rüstig, hat den Verfasser, unterstützt von seinem Kollegen Professor Hirose Shigehisa, mit dem Quellenmaterial ausgestattet, das diesem Aufsatz zugrunde liegt. Besonders eindrucksvoll der gemeinsame Rundgang durch das Museum der Hochschule: In Bildern, Schautafeln, Dokumenten und Objekten aus seiner Industrieproduktion wird Wagener bestens präsentiert. Wichtig auch ein gemeinsamer Gang zu einem Denkmal Wageners, das, von sechs Säulen flankiert, dem Besucher nicht nur das Bild des großen Unternehmers (in Keramik), sondern auch seine wichtigsten Arbeitsdaten (in Bronze) vor Augen führt. Hinzu kommt diese für einen Europäer höchst ungewöhnliche Anekdote: Sollte diese Erinnerungsstätte einmal Opfer der Zeitläufte werden – Erdbeben, Krieg oder auch nur Nachlässigkeit oder mangelndes Interesse der Nachwelt an der Pflege dieses Ortes – so gibt es dafür Vorsorge. Unter dem Denkmal ruht, im Mutterboden versenkt, ein Keramikgefäß. Es bewahrt – durch Wageners Glasur geschützt – in japanischen Schriftzeichen die Geschichte dieses Mannes. Der Archäologie wird anvertraut, was der Erinnerung wert ist. So viel zur Kultur Japans.

Und Deutschland? Wagener kommt aus Hannover. Wie es der Zufall will, ist auch der Verfasser in der niedersächsischen Hauptstadt groß geworden. In seiner Heimatstadt war Wagener Schüler des alten Realgymnasiums (der heutigen *Tellkampfschule*). Der Verfasser hat auf der gleichen „Penne", wie sie respektlos genannt wurde, Abitur gemacht. Anlass genug, einmal Nachschau zu halten. Stolz präsentiert die *Tellkampfschule* im Netz eine lange Liste ehemaliger Schüler, die von höheren Beamten, erfolgreichen und hoffentlich braven Geschäftsleuten bis hin zu einigen Künstlern und Journalisten reicht. Aber ein Gottfried Wagener findet sich nicht darunter. Daraufhin eine schriftliche Anfrage, etwa folgenden Inhalts:

> Kann doch nicht sein! Ist doch ein hervorragender Mann, der aus einfachen Verhältnissen durch harte Arbeit seinen Weg gemacht hat, immer wieder Rückschläge verkraften musste, die Herausforderung im Ausland suchte, dort schließlich hohe Anerkennung für sich und sein Land erlangte – ein Vorbild für junge Menschen, die einen weiten Horizont suchen …

Und die Antwort: „Tut uns leid. Wir wissen von nichts!" Das ist leider noch nicht alles. Göttingen bietet mit Blick auf die Universität ein ähnliches Bild. Wiederum findet sich im Netz eine Liste von Ehemaligen, auf die man stolz sein will. Und abermals kein Gottfried Wagener. Also wiederum eine schriftliche Anfrage, etwa so:

> Kann doch nicht sein! Mit 21 Jahren hat ihn die Georgia Augusta promoviert. Sein Doktorvater, der weltberühmte Mathematiker Gauß, hat ihn hoch gelobt. Er hat Wissenschaft und Forschung mit der Arbeit eines guten Unternehmers verbunden und den Namen seiner Universität in die Welt getragen, selbst eine berühmte Universität gegründet …

Auch hier keine positive Resonanz. Die deutsche Erinnerungskultur hat noch viel Luft nach oben.

10. Johannes Justus Rein (1835–1918) Japan entdeckt den Reichtum seiner Landschaften

„Wir ehren ihn, weil er uns Japaner gelehrt hat, das eigene Land kennenzulernen" – diese Würdigung, in Stein gehauen, findet sich in der Nähe von Kanazawa auf Honshū. Das dazugehörige Denkmal ist einem Deutschen gewidmet, der, vom preußischen Handelsministerium entsandt und von der Regierung in Tokio mit weitgehenden Vollmachten ausgestattet, in der frühen Meiji-Zeit als Forscher in Japan unterwegs war. Zwischen 1873 und 1875 reiste er zwei Jahre lang durchs Land, besuchte Honshū, Kyūshū und Shikoku und damit drei der vier Hauptinseln sowie einige der kleineren Eilande. Lediglich Hokkaidō musste er auslassen, da es dort noch keine gefestigte Ordnung gab, denn Japan war erst im Begriff, sich dieses Territorium zu eigen zu machen. Er nutzte alle ortsüblichen Reisemittel – oftmals war er auch zu Fuß unterwegs – und gelangte so von Küste zu Küste, von Stadt zu Stadt, von Dorf zu Dorf.

Der Geograf und Japanologe Rein ist in seinem Leben viel unterwegs gewesen, hat fleißig geschrieben und ein beachtliches Stück Literatur hinterlassen. Aber sein zweibändiges Werk *Japan nach Reisen und Studien im Auftrage der Königlich Preußischen Regierung dargestellt*[181] gilt als sein Opus magnum. Auch wenn er Japan durchaus kritisch begegnet, so verdankt er diesem Land viel – und ihm gilt seine große Liebe.

Das macht auch ein Blick auf seinen Lebensweg deutlich. Johannes Justus Rein stammt aus einem Elternhaus ohne akademischen Hintergrund. Wie dem *Marburger Professorenkatalog* zu entnehmen ist, wurde er 1835 als Sohn eines Grenzaufsehers und späteren Landwirts im hessischen Raunheim geboren. Das Geld dürfte in der Familie Rein nicht zuletzt infolge der Abschaffung der innerdeutschen Zölle seit Gründung des Deutschen Zollvereins im Jahre 1834 eher knapp gewesen sein. Dennoch konnte Johannes Justus Rein an der Universität Gießen ein breit angelegtes Studium verfolgen: er studierte u. a. Mathematik, Mineralogie, Geologie, Botanik und Physik, wechselte jedoch 1854 in ein Lehrerseminar in Friedberg und nahm ab 1856 in Frankfurt seine Lehrtätigkeit auf. Doch sein Wissensdrang zog ihn schon bald in fremde Länder. So trat er 1858 in Estland eine Stellung in Reval (=Tallin) an und erkundete in dieser Zeit die baltischen Länder. Schließlich machte er an der Universität der zweitgrößten estnischen Stadt

181 Der erste Band mit dem Untertitel *Natur und Volk des Mikadoreiches* erschien 1881, der zweite Band zu *Land- und Forstwirtschaft, Industrie und Handel* wurde 1886 veröffentlicht, beide im Leipziger Wilhelm Engelmann Verlag.

Dorpat (=Tartu) 1859 sein Staatsexamen. Mit dem auf seinen Reisen durch Nordeuropa angeeigneten Wissen erlangte er 1861 in Rostock die Promotion.

Danach setzte er einiges daran, seinen Lebenskreis beständig zu erweitern. Ein glücklicher Zufall brachte ihn auf die Bermuda-Inseln, wo er – wie später auch in London, Hamilton (England) und Frankfurt – als Lehrer tätig war. Seine Freiräume nutzte er für weitere Forschungsreisen innerhalb Europas, auf die Kanarischen Inseln und nach Nordafrika. Durch Artikel in wissenschaftlichen Zeitschriften und seine Mitwirkung in der *Senckenbergischen naturforschenden Gesellschaft*[182] machte er auf sich aufmerksam und signalisierte gleichzeitig seine Bereitschaft für größere Aufgaben. Doch noch fehlte es an einer Mission, in der er sich beweisen konnte. So bemühte er sich um einen Lehrstuhl an der Straßburger Universität – der Lehrer, der gern reiste und in vielen Ländern unterrichtet hatte, wollte Professor werden. Die eigentliche Chance eröffnete sich unverhofft von ganz anderer Seite. Die deutsche Botschaft in Tokio konnte Anfang der 1870er Jahre die Umbrüche in Japan aus nächster Nähe beobachten. Deutsche Kaufleute und Wissenschaftler waren schon seit einigen Jahren in Japan aktiv. Dennoch war es für Diplomaten nicht leicht, sich über die Chancen und Risiken der Veränderungen ein möglichst praxisnahes Bild zu verschaffen. Dem Vernehmen nach war es der deutsche Botschafter Max von Brandt selbst, der die Idee entwickelte, für das Studium japanischer Technik in Industrie und Handwerk einen qualifizierten Experten aus Deutschland anzufordern. Das Berliner Handelsministerium befürwortete dies, und die Frankfurter Handelskammer schlug für diese Aufgabe Rein vor, da er über umfassende naturwissenschaftliche Kenntnisse verfügte, Englisch sprach und auch Erfahrung mit Forschungsreisen hatte.[183] Und Rein griff zu – ohne allerdings seine Ambitionen auf einen Lehrstuhl in Straßburg aufzugeben.

Japan brachte die Wende

Zunächst sah es nicht so aus, dass er eine glückliche Entscheidung getroffen hatte. Er musste einige Rückschläge hinnehmen. So erreichte ihn 1873, als er in Japan unterwegs war, die von seiner Frau vorsichtig verpackte Nachricht, seine Bewerbung um den Lehrstuhl in Straßburg sei abschlägig beschieden worden. In seinem Antwortbrief reagierte er verbittert:

> Eine kurze Andeutung in Deinem letzten Briefe, woraus ich ersehe, daß ich mit der Straßburger Professur durchgefallen bin, regte mich so auf, daß ich die erste Nacht gar nicht

---

[182] Heute ist diese Gesellschaft, von Frankfurter Bürgern bereits 1817 auf Anregung Johann Wolfgang von Goethes gegründet, ein angesehenes Mitglied der Leibniz-Gemeinschaft.

[183] Vgl. Koch / Conrad (Hg.) (2006): S. 29.

> einschlief, den folgenden Abend nahm ich Chlorhydrat und schlief von 11 Uhr abends bis 6½ Uhr am anderen Morgen ohne Unterbrechung.[184]

Es war es völlig unklar, wie es nach seiner Rückkehr für ihn weitergehen würde. Erst im Rückblick ergab sich, dass seine Japanexpedition keinen Knick in seiner Laufbahn bedeutete, sondern seiner beruflichen Karriere in Deutschland sehr förderlich war. Seine Berichte wurden in Berlin mit Interesse gelesen. Er konnte Kontur gewinnen. Zurück in Berlin erwartete ihn ein Schreiben des Handelsministers, in dem dieser ihm – im gestelzten Amtsdeutsch des 19. Jahrhunderts – zum einen eine Aufwandsentschädigung für die Japanreise zusagte und zum anderen seine besondere Anerkennung aussprach:

> Nachdem Ew. Wohlgeboren nunmehr von Ihrer Mission zurückgekehrt sind, kann ich nicht unterlassen, Ihnen für den Eifer und die Ausdauer, mit welcher Sie sich der Erforschung der industriellen Verhältnisse Japans gewidmet haben, meine Anerkennung auszusprechen. Als ein Zeichen desselben und mit Rücksicht auf die Anstrengungen und Entbehrungen, welchen Sie sich auf den Reisen im Inneren Japans unterziehen mußten, will ich Ihnen eine Summe im Betrage von 4500 Mark bewilligen.[185]

Das entsprach in etwa einem Professorengehalt von zwei Jahren. Zudem erreichte ihn das Angebot für einen Lehrstuhl für Geografie in Marburg. 1876 trat Rein diese Aufgabe an und gewann schnell an wissenschaftlichem Renommee. 1880 wurde er als Mitglied der Leopoldina in Halle aufgenommen. Seine beiden Japan-Bände wurden ins Englische übersetzt und fanden weltweit Verbreitung. Es folgte seine Berufung als Ehrenmitglied der *Royal Geographical Society* in London. 1883 wechselte er an die Universität Bonn, wo er bis 1910 lehrte. Dort starb er am 23. Januar 1918 und wurde auf dem Kessenicher Bergfriedhof beigesetzt. Sein Nachfolger auf dem Bonner Lehrstuhl, Geheimrat Philippson, würdigte Rein in seinem Nachruf wie folgt:

> Er gehörte zu den Forschern, die nicht nur in theoretischer Verknüpfung der Tatsachen, nicht nur in der Erklärung das Ziel der Wissenschaft sehen, sondern die auch an der reinen Feststellung der Tatsachen ihre warme Freude haben. Seine Darstellung in Schrift und Lehre war daher allem Blendenden abhold, sachlich klar und anschaulich.[186]

---

184 Koch / Conrad (Hg.) (2006), S. 366.

185 Koch / Conrad (Hg.) (2006): S. 392.

186 Ziegler (1919): S. 141.

Johanna Ziegler ergänzt dies in ihrer eigenen Würdigung Reins: „Seine Schüler rühmten an ihm die Kraft der Überzeugung. Was er im Kolleg vorbrachte, war zum großen Teil Selbstgesehenes und Selbsterlebtes."[187] Auch über seine charakterlichen Fähigkeiten findet sich hier ein Hinweis: „Bei vielen äußeren Ehrungen ist Rein stets der bescheidene Gelehrte geblieben. Sein Wesen war kernig, bieder, treu und wahr."[188]

Den Durchbruch schaffte das Opus Magnum über Japan

Ein genauerer Blick auf sein opus magnum, *Japan nach Reisen und Studien im Auftrage der Königlich Preußischen Regierung dargestellt,* das zweibändige Hauptwerk. Wie weitreichend sein Ansatz war, ist schon aus dem Inhaltsverzeichnis des 1881 veröffentlichten etwa 650 Seiten umfassenden ersten Bandes abzulesen. In dessen ersten Teil widmet sich Rein der Natur Japans, er beleuchtet Küstengestaltung, geologische Verhältnisse, Orografie[189], Hydrografie[190], Klima, Flora und Fauna. Im zweiten Teil hingegen geht es um das japanische Volk, dessen Geschichte, Ethnografie und Topografie. Dieser mit knapp 750 Seiten noch umfangreichere zweite Band der Japanstudien folgte 1886; er befasst sich mit Japans Erwerbswirtschaft und Kunsthandwerk: Land- und Forstwirtschaft, Montanindustrie, Kunstgewerbe und verwandte Industriezweige, Handel und Verkehr werden in den vier hier genannten Teilen des Buches detailliert beleuchtet. Zusätzlich gibt es einen umfangreichen statistischen Anhang. Beide Bände sind in ähnlich berichtendem Stil in einer klaren Sprache ohne Anspruch auf literarische Tiefe verfasst; in eher nüchternen Worten reiht sich Tatsache an Tatsache.

Der wissenschaftliche Stellenwert der von Rein geleisteten Arbeit ist unbestritten:

> Die Bedeutung von Reins Werk kann man sehr gut daran ermessen, dass es bis in die 1920er Jahre, ein halbes Jahrhundert nach Reins Forschungsreise, als Standard-Literatur zu traditionellen japanischen Technologien galt. [...] Seine Beschreibung des vorindustriellen Japans war somit eine Quelle von unschätzbarem Wert. [...] In Japan selbst regte Rein, mit seinem Agieren vor Ort und den erarbeiteten Dokumentationen, den Beginn einer eigenen landeskundlichen Forschung an.[191]

---

187 Ebd., S. 141.

188 Ebd., S. 142.

189 Orografie ist die beschreibende Darstellung des Reliefs der Erdoberfläche.

190 Die Hydrografie befasst sich mit der Vermessung der Form von Fluss-, See- und Meeresboden und ist somit Teil der Geomatik.

191 https://de.wikipedia.org/wiki/Johannes_Justus_Rein

Beeindruckend ist die Fülle des gesammelten Materials und die Treue zum Detail, mit der Rein zu Werke ging. Anschauung ist am besten durch einige Textstellen zu gewinnen, die mehr oder weniger willkürlich dem ersten Band entnommen sind:

> Zwischen Biwa-See und Wakasa-wan bildet die vorhin erwähnte grosse oceanische Wasserscheide nur einen niedrigen Rücken, auf welchem die Uebergänge kaum 300 Meter hoch liegen, so Hoosaka-tôge auf dem Wege von Imadzu nach Obama und Fukasaka-tôge an der Strasse von Shiwotsu nach dem Hafen Tsuruga. Ansehnlicher sind verschiedene südlich gerichtete Höhenzüge, welche von hier ausgehen und mit dem Gebirge von Yamato in Verbindung stehen. Es sind ihrer drei, welche die Ostgrenze von Omi, sowie die Ost- und die Westgrenze von Yamashiro bilden. An den Grenzen von Omi hin bemerken wir zunächst zwei Bergzüge, welche zugleich das Becken des Biwa-ko nach zwei Seiten umgürten, deren einzelne Glieder zum Theil eine Rolle in der Geschichte und Sage Japans spielten und desshalb bekannter sind, als manche viel ansehnlichere Gipfel. Auf der Ostseite des Biwa-Sees ragt unter diesen Höhen vor allem der Ibuki-yama hervor. Seine Höhe beträgt etwa 1300 Meter, und da er einen niedrigen Vordergrund hat und ziemlich steil emporsteigt, ist er die imponierendste Berggestalt weit und breit.[192]

In ähnlicher Weise geht es über mehrere hundert Seiten weiter – eine immens fleißige Geografen-Arbeit. Keine Lyrik, sondern Fakten, die in dieser Verdichtung den Politiker und auch den Verwaltungsmann ansprechen, denen Entscheidungen abverlangt werden. Man spürt geradezu, wie ein Naturwissenschaftler hier die Instrumente seiner Branche nutzt. Er zählt, misst und wiegt. Eine Bestandsaufnahme – einer kaufmännischen Inventur nicht unähnlich – allerdings in einem ganz eigenen Bezugsrahmen und unter Verwendung besonderer Werkzeuge.

Der zweite Band ist zwar ebenso faktenorientiert, weist jedoch auch Unterschiede auf. Der Autor war nicht noch einmal vor Ort und deshalb auf Aufzeichnungen angewiesen, die er sich Jahre zuvor gemacht hatte. Hinzu kamen Berichte und Studien anderer, auf die er sich stützte. Zudem bewegt sich Rein in diesem zweiten Band nicht mehr innerhalb des Bereichs seiner Kernkompetenz, der Naturwissenschaften, sondern in den weiten Feldern der Ökonomie und der Kulturwissenschaft. Bewusst oder unbewusst fließen hier Werturteile ein, die er im ersten Band gänzlich vermieden hat. Dass das nicht immer gutgegangen ist, sei anhand folgender Textstelle zur japanischen Gartenkunst illustriert:

> Das Gefallen der Japaner am Bizarren, Unsymmetrischen und in unsern Augen Unschönen zeigt sich nicht blos im Kunstgewerbe, sondern z. B. auch in der Gärtnerei, in der Art,

---

[192] Rein (1881): S. 88.

> wie sie ihre Blumen stecken, und insbesondere ihren Lieblingsbaum, die Kiefer oder Matsu [...], häufig in Gärten ziehen. Das Auge des Japaners erfreut sich an ihren Krüppelgestalten, an einzelnen unnatürlich und unverhältnismässig lang horizontal gezogenen Aesten. Exemplare, die in dieser Beziehung besonders monströs sind, wie z. B. die alte Kiefer von Karasaki am Biwasee, zählen zu den grossen Sehenswürdigkeiten des Landes und werden von weither besucht.[193]

Hier liegt objektive Beobachtung, die Bestand hat („Gefallen am Bizarren und Unsymmetrischen") neben Wertungen, die nicht zu halten sind. Heute erfreuen sich Gartenfreunde aus aller Welt an den von ihm abgewerteten „Krüppelgestalten" und bewundern die erwähnten „monströsen" Exemplare.

Leider finden sich solche „Ungewichte" auch an anderer Stelle, z. B. wenn der Autor über die Leistungen der Japaner im Bereich der Architektur berichtet:

> Die Architectur, bei den arischen Völkern die vornehmste und einflussreichste Stütze des Kunstgewerbes, hat sich im chinesischen Culturkreise keineswegs zu einer so hohen Bedeutung entwickelt. Alle ihre Schöpfungen sind vergängliche Holzbauten und machen nur ausnahmsweise einen monumentalen Eindruck. Die vornehmsten derselben, buddhistische Tempel, zeigen unter einem unverhältnismässig schweren Dache eine gedrungene und gedrückte Gestalt und vielfache Holzverzierungen, die wohl Ausdruck einer reichen Phantasie, selten aber – mit Ausnahme vieler Schnitzereien – Zeichen eines besonders entwickelten künstlerischen Geschmackes sind.[194]

Der von Rein hier angelegte Maßstab ist viel zu kurz gegriffen. Die Qualität der japanischen Architektur hat später – und dies gilt bis heute – eine völlig andere Wertschätzung gefunden. An dieser Stelle sei nur darauf verwiesen, wie sich etwa der amerikanische Architekt Frank Lloyd Wright und sein deutscher Kollege Bruno Taut, dem in diesem Buch ein eigenes Kapitel gewidmet ist, dazu geäußert haben.

Solche kritischen Anmerkungen, so berechtigt sie in einer heutigen Nachlese auch sein mögen, sollten aber nicht die große Anerkennung mindern, die Reins Werk nach wie vor gebührt. Dazu nur ein Blick auf das, was er über die einzelnen Bereiche des japanischen Kunstgewerbes zu Papier gebracht hat. Allein der Umfang dieses Abschnitts macht sein besonderes Anliegen sichtbar. Während er die gesamte Montanindustrie, den Abbau von Kohle, Erz, Salz, Tonerde und anderen Rohstoffen, auf knappen 30 Seiten abhandelt – der

---

[193] Rein (1886): S. 376f.

[194] Ebd., S. 374f.

dem Handel und Verkehr gewidmete Teil ist ähnlich kurz – widmet er dem japanischen Kunstgewerbe ganze 200 Seiten, die sich mit Holz-, Lack-, Textil-, Papier-, Elfenbein-, Metall-, Keramik- und Emailarbeiten befassen. Nur der Land- und Forstwirtschaft mit präzisen Angaben zur Pflanzenwelt (auf Latein und Japanisch) gibt er in seinem Buch noch mehr an Raum.

Die Fülle seiner Forschung zum Kunstgewerbe wird an einem Beispiel besonders deutlich. Von den in Japan gebräuchlichen Materialien ist der Lack den Europäern am wenigsten vertraut. Rein entdeckt seine besondere Leidenschaft für dieses Material. Deshalb unterscheidet er in seinen Aufzeichnungen hier aufs Genaueste:

> Nashi-ji hat seinen Namen „Birnengrund" nach seiner Verwendung bei einer Art Flächendecoration mit grobem Goldpulver oder dessen Ersatz durch Bronze, welche die Farbe der japanischen Birnen nachahmen soll. [...] Shiyun-kei wird in ähnlicher Weise bereitet; doch von geringerem Rohlack und unter Zusatz von etwas Ye-no-abura (Perilla-Oel). [...]
>
> Shiu-urushi, Zinnoberlack, der wie Nashi-ji aus dem besten, im heissen Doyo (Hundstagszeit) gewonnenen Rohlack der unteren Stammesteile bereitet wird, sich aber durch einen Zusatz von 1–10 % Yegoma-no-abura unterscheidet. [...]
>
> Kuro-urushi ist der Collectivname aller schwarzen Lacke, die man erhält, indem man dem gereinigten und durch Hanfleinwand gepressten Rohlack die Lösung eines Eisensalzes (Eisenvitriol oder essigsaures Eisenoxyd) oder das Toshiro (Eisenschleifwasser) beifügt und dann unter Umrühren das Wasser wieder austreibt.[195]

Doch die Aufzählung ist damit bei weitem nicht abgeschlossen. Rein führt noch weitere Lacke an und begründet außerdem, warum weder den Japanern noch den Chinesen die helleren Farbtöne, wie Weiß, Gelb, Blau, Rot und Grün, gelingen können. Für Kunsthistoriker ist das eine Fundgrube.

Ein junges Wissenschaftsfach findet Kontur

Der öffentliche Studienauftrag, der Rein nach Japan führte, war nicht nur für ihn selbst, sondern auch für die Geografie, die akademische Disziplin, der er sich verschrieben hatte, ein Durchbruch. Das Fach hatte damals noch nicht die Konturen, wie sie uns heute geläufig sind. Es befand sich, zumindest in Deutschland, noch in einem „Selbstfindungsprozess". Es galt die verschiede-

[195] Rein (1886): S. 417f.

nen gegeneinander laufenden Argumentationslinien aneinander auszurichten und voneinander abzugrenzen. Einvernehmen bestand allerdings darüber, dass Boden, Landschaft und Klima im Verbund zu betrachten sind. Die Menschen haben vermutlich bereits sehr früh darüber nachgedacht, warum der Nil mit seinem Hochwasser und der Monsun mit seinen Regenfluten sowohl Segen als auch Fluch darstellen – ersehnte Fruchtbarkeit und tödliche Überschwemmungen. Deshalb gingen einige Gelehrte davon aus, die Geografie sei eine uralte Wissenschaft, und betrachteten den griechischen Schriftsteller und Philosophen Herodot (um 500 v. Chr.) als Stammvater dieser Lehre, da er bereits Reiseberichte sammelte und sie mit eigenen Erlebnissen und Erkenntnissen in Einklang zu bringen suchte. Diese Texte wurden als erste geografische Aufzeichnungen verstanden. Andere sehen den Mathematiker Claudius Ptolemäus (ca. 100–160) als Begründer dieses Wissenschaftszweigs, da er Methoden entwickelte, wie geografische Gegebenheiten auf Landkarten dargestellt werden konnten.

Wieder andere betonen die Bedeutung der Seefahrer und Weltentdecker, die im 15. und 16. Jahrhundert Wege zu fremden Kontinenten erkundeten. Mit jeder erfolgreichen Rückkehr lichtete sich das Dunkel, wurde Geografie erkennbar. Obwohl es auch auf anderen Kontinenten solche Entdeckungsreisenden gab, denken wir Europäer dabei vor allem an Portugiesen und Spanier, Niederländer und Engländer. Zwar gab es auch in Deutschland den Drang zu wissen, wie die Welt jenseits des eigenen Horizonts aussehen mochte. Es fehlte auch hier nicht an mutigen Männern; aber in einem politisch zerstückelten Land sehr wohl an Organisationskraft. So waren Deutsche auf solchen Expeditionen allenfalls Mitreisende, nicht etwa Kapitäne oder Steuerleute. Nicht zuletzt deshalb war die Geografie in Deutschland lange kein Schulfach. Erst die deutsche Einheitsbewegung im 19. Jahrhundert brachte in dieser Hinsicht den längst fälligen Wandel ; zunächst allerdings noch nicht auf Staatsebene, sondern auf privater Grundlage in Form von geografischen Gesellschaften. Erst als die Großmacht Preußen Interesse an Rohstoffquellen, Absatzmärkten, Handelsstraßen und territorialen Expansionsmöglichkeiten entwickelte, wurde der Geografie auch auf Staatsebene größere Bedeutung beigemessen.

Somit war diese Disziplin zu Zeiten des Johannes Justus Rein in mancher Hinsicht zwar ein sehr altes Fach, aber gerade in Deutschland noch sehr jung. Als Begründer der akademischen Tradition in unserem Land wird heute zumeist Carl Ritter betrachtet, der 1810 in Göttingen sein bahnbrechendes Werk *Die Erdkunde im Verhältnis zur Natur und zur Geschichte des Menschen* schrieb. Darin ging es ihm nicht nur um die Beschreibung von Bodenformationen, Flüssen, Seen, Meeren usw., sondern auch um den Umgang des Menschen mit diesen natürlichen Gegebenheiten. Man geht wohl nicht fehl, wenn man Rein, der ein halbes Jahrhundert später als Carl Ritter wissenschaftlich tätig war, in dieser Traditionslinie sieht. Im Kern zielte die ihm anvertraute Mission zwar darauf ab, die gewerblichen Aktivitäten im Neuen Japan zu erkunden und darüber zu berichten. Aber er wollte seinen Auftrag in einem umfassenderen Sinne verstanden wissen. Ihm war zwar daran gelegen, die natürlichen Formationen sorgfältig zu analysieren. Aber er wendete seine Aufmerksamkeit auch den Menschen, insbesondere ihrer Kultur und Gesellschaft im jeweiligen Umfeld zu.

Die Frage nach den tieferen Quellen, die Rein auf seinem Weg bestimmten, führt in seine frühe Jugendzeit zurück, so jedenfalls legt es der Nachruf nahe, den ihm die Senckenbergische Gesellschaft widmete:

> Auf den weiten Schulwegen durch Wald, Feld und Wiesen erwachte früh seine Liebe zur Natur und sein außergewöhnliches Verständnis für sie. Gab es doch kaum ein Pflänzchen, das Rein nicht mit Namen nennen konnte, kaum einen Vogel, den er nicht nach Flug und Stimme unterschied, und noch als Siebzigjähriger ist er nie anders als mit dem geologischen Hammer in der Tasche auf Exkursionen ausgezogen.[196]

Rein besaß die Energie, beharrlich zu verfolgen, was er für richtig und wichtig hielt. Aus dieser Quelle schöpfend verhalf er der Geografie auch in Deutschland zu großer Bedeutung. Aber er musste auch um ihre Unabhängigkeit ringen, die von zwei Seiten bedroht war. Von den Historikern wurde sie zwar in ihrer Nützlichkeit gesehen, zugleich aber nur als Hilfswissenschaft wahrgenommen. So besaßen Geografen kein eigenes Prüfungsrecht für Anwärter auf das höhere Lehramt. Rein war durchaus selbstbewusst und nicht gewillt, sich damit abzufinden. Nach heftigem Ringen setzte er seinen Anspruch durch, gleichberechtigt Prüfungen abnehmen zu können. Eine deutlich größere Herausforderung jedoch bestand in der Gefahr, der aktuell herrschenden Politik Raum zu geben und gar unter deren Einfluss zu geraten. Nicht alle seiner Kollegen haben dem widerstanden. Der bekannteste Schüler von Carl Ritter war Ferdinand von Richthofen (1833–1905), der seinem Förderer auf dem besonders angesehenen Berliner Lehrstuhl folgte. Er suchte von sich aus die Nähe zur Politik und setzte sich bei Bismarck (vergeblich) dafür ein, den Einfluss des Deutschen Reiches in Richtung China auszuweiten. Später haben sich auch andere bekannte Geografen der Politik angedient und sich in der „Geopolitik" versucht. Rein jedoch hat, soweit erkennbar, den notwendigen Abstand gewahrt.

Für die Auftraggeber nur ein begrenzter Wert

Doch war das Ergebnis seines, vom preußischen Handelsministierum erteilten Studienauftrags für die wirtschaftliche Praxis von Nutzen? Die Behörde, die diese Japan-Mission auf den Weg gebracht hatte und für die damit verbundenen Kosten aufkam, verfolgte damit das

---

196 Ziegler (1919): S. 139.

Interesse, neue technische Erkenntnisse zu gewinnen. Dabei dürfte es jedoch weniger um den Zustand der japanischen Industrie gegangen sein, da auch in Berlin bekannt gewesen sein muss, dass der junge Staat hier erst am Beginn einer Entwicklung stand. Was vielmehr von Interesse gewesen sein dürfte, waren andere Fragen: Welche Absatzmärkte könnten sich in Japan für die deutsche Industrie eröffnen? Und vor allem: Wie sind die Japaner als künftige Wettbewerber einzuschätzen? Können wir von ihnen lernen? Letzteres mit besonderem Blick auf die im 19. Jahrhundert so wichtigen Kunsthandwerker, deren Arbeiten sich bereits in ganz Europa eines guten Rufs erfreuten. Unter diesen Gesichtspunkten betrachtet, dürfte das Gutachten, das Rein mit seinen zwei umfangreichen Bänden vorlegte, für die deutschen Auftraggeber nur von begrenztem Wert gewesen sein. Für den Bereich der Montanindustrie, der für Preußens Rheinland und für Schlesien schon damals wichtig war, war die Recherche nicht ergiebig genug. Immerhin konnte sie mit der Legende aufräumen, die japanischen Inseln seien im Hinblick auf kostbare Metallerze ein Eldorado. Tatsächlich gab es dort sehr wenig Gold und nur geringe Vorkommen an Silber und Kupfer, deren Gewinnung zudem kaum die Abbaukosten decken konnte; auch die vorhandene Steinkohle war von nur mäßiger Qualität. Die für den Aufbau einer Montanindustrie wertvolle Option, Tiefwasserhäfen für die Anlandung von Massengütern zu bauen, konnte Rein noch nicht bewerten. Das sollte erst hundert Jahre später ins Blickfeld geraten.

Auch seine Analyse des japanischen Außenhandels war für das preußische Handelsministerium nicht sehr ergiebig: Die japanischen Ausfuhren hatten sich zwar in den ersten Jahren der Meiji-Herrschaft verdoppelt; von diesen Exporten entfielen – wie Riess ermittelte – in den Jahren von 1881 bis 1885 jedoch im Schnitt rund zwei Drittel auf die Erzeugnisse Seide und Tee. An Japans Importgeschäften war Deutschland nicht nennenswert beteiligt. 1885 brachte es Deutschland nur auf einen Anteil von 5,8 % der Gesamtimporte und rangierte damit nach England (43,8 %), China (20,2 %), Indien (11,9 %) und den USA (9,8 %) – abgeschlagen – nur auf dem fünften Platz der japanischen Handelspartner. Der größte Anteil deutscher Lieferungen entfiel dabei auf Textilien und Farbstoffe.[197]

Reins abschließende Zukunftsprognose klingt nicht eben positiv:

> Die Hoffnung auf einen weiteren Umschwung des japanischen Aussenhandels durch Eröffnung neuer Häfen und Beseitigung der noch bestehenden Verkehrsschranken, wie sie oft aus kaufmännischen Kreisen während der letzten Jahrzehnte geäussert wurde, teile ich dagegen in keiner Weise. Das Land besitzt keinen unbekannten Hintergrund mit verborgenen Schätzen, zu deren Hebung nur der Zutritt des fremden Kaufmanns nötig wäre, keine Bevölkerung, die nur wegen der Entfernung von den Vertragshäfen die fremden Einfuhr-

[197] Vgl. Rein (1886): S. 649.

> artikel nicht kauft; denn diese gelangen durch Vermittelung japanischer Dampfschiffe und Kaufleute leicht und billig nach allen Hafenorten und von hier auch in das Innere, soweit man nach ihnen verlangt.[198]

Trotz alledem konnten die deutschen Auftraggeber mit dem Ergebnis der Mission zufrieden sein. Mit der Entscheidung, einen Fachmann von Rang zu entsenden, der Forschungsergebnisse, selbst wenn sie möglicherweise unerwünscht waren, nüchtern darlegte, schufen sie eine Grundlage, auf der Vertrauen wachsen konnte. Sachverstand aus Deutschland war somit künftig in Japan willkommen. Rein hat dazu beigetragen, den guten Ruf zu begründen, den die deutsche Wissenschaft in Japan genoss. Er brachte in seine Aufgabe nicht nur sein überragendes Fachwissen ein, sondern ging seine Pflichten überaus sorgfältig und fleißig an, und all das bei gleichzeitig bescheidenem Auftreten – offenbar frei von der Arroganz, die leider oft mit Begabung einhergeht. So baute er Brücken, die langfristige Verbindungen schufen. Noch Jahrzehnte nach seiner Forschungsreise begrüßte er in Berlin japanische Gäste, Kollegen der gleichen wissenschaftlichen Fachrichtung oder Besucher anderer Fakultäten, die mit seiner Arbeit vertraut waren und mit ihm und anderen darüber ins Gespräch kommen wollten.

Für „Dai Nippon“ viele weitreichende Erkenntnisse

Von Reins Bericht sichtbar profitiert hat hingegen die japanische Seite. Nach der Restitution des Tennō, die ja einer Revolution gleichkam, sah sich die Meiji-Regierung in einer schwierigen Rolle. Um das Vertrauen breiter Schichten des japanischen Volkes zu gewinnen, musste sie dem gesamten Staatsgefüge innerhalb kurzer Zeit eine neue Struktur verleihen. Die Abschaffung der lokalen Fürstentümer, der Daimyate – von denen es je nach Quelle zwischen 250 und 300 gab –, hatte unterhalb der Zentralregierung in Tokio ein Vakuum geschaffen. Mithin bedurfte es einer grundlegenden Überarbeitung der Verwaltung, des Rechts- und Finanzwesens, des Straßenbaus und der gesamten Verkehrsordnung, der Post- und Telegrafenverbindungen, der innerstaatlichen Administrationsgrenzen, der Wirtschaft und dergleichen mehr. Eine „Inventur“, wie sie von Rein vorgelegt wurde, bot dazu eine wichtige Grundlage. Anhand der natürlichen Verhältnisse, wie sie sich aus seinen Aufzeichnungen ergaben, ließen sich Möglichkeiten und Grenzen für weitreichende Neuerungen ablesen. Darüber hinaus war auch die Tatsache, dass Rein „Dai Nippon“ als eine geografische Einheit behandelte und auf historische oder willkürliche Grenzen innerhalb des Landes keine Rücksicht nahm, psychologisch wichtig. Das erleichterte eine politische Neuordnung. Zudem bestätigte er die Japaner in ihrer Liebe zu ihrem eigenen Vaterland,

198 Rein (1886): S. 640.

indem er als ausländischer Beobachter Nippons Reichtum an Landschaften, an Flora und Fauna ausführlich beschrieb, mit den weltweit geltenden lateinischen Namen unterlegte und damit wissenschaftlich begründete.

Hinzu kam noch etwas, womit niemand hatte rechnen können: Selbst das schwierige Thema der „Ungleichen Verträge" sprach der Forscher sehr souverän und mit großer Unbefangenheit an. Preußen gehörte zu den Ländern der westlichen Welt, die sich nach der durch das Ultimatum des US-Admirals Perry erzwungenen Öffnung Japans[199] 1861 mit einem ersten Handels- und Freundschaftsvertrag einseitige Privilegien zu Nippons Lasten gesichert hatten. Rein bezog dazu ungefragt Stellung:

> Die japanische Regierung fordert in erster Linie Beseitigung dieses Zustandes und Unterwerfung der Fremden unter die Landesgesetze. Sowohl die Klugheit, als auch die Würde und Selbstachtung nöthigen sie zum Beharren auf diesem Standpunkte, und es ist kaum zu bezweifeln, dass derselbe bei der bevorstehenden Revision der Verträge allseitige Billigung und Anerkennung finden wird.[200]

Dies ist, sicherlich nicht absichtslos, der letzte Satz von Reins Forschungsbericht – ein Plädoyer zugunsten Japans.

---

199 Am 8. Juli 1853 landete unter Perrys Kommando ein Geschwader amerikanischer Kriegsschiffe, die sogenannten *Schwarzen Schiffe*, im Hafen von Uraga nahe Edo, um die Öffnung Japans gegenüber dem Westen zu erzwingen. Aufgrund des am 31. März 1854 zwischen Abe Masahiro und Perry geschlossenen Vertrages von Kanagawa wurden zunächst die Häfen Shimoda und Hakodate für amerikanische Schiffe geöffnet (vgl. https://de.wikipedia.org/wiki/Matthew_Calbraith_Perry).

200 Rein (1886): S. 640.

11. Siegfried Bing (1838–1905) Der Impressionismus und seine japanischen Wurzeln

Auf der Bühne Leutnant Pinkerton, ein amerikanischer Marineoffizier, in Hochzeitslaune und umgeben von dienstbaren Geistern, der Kammerzofe *Zarter Wolkenschleier*, dem Butler *Strahl der Morgensonne* und dem Koch *Duftende Gewürze*. Aus dem nahen Teehaus erscheint nun die schöne Geisha Cio-cio san, genannt *Butterfly*, im Kimono und mit reichem Gefolge. Pinkerton, in Galauniform, hat ihr die Ehe versprochen. Für ihn ist es lediglich ein Abenteuer; sie aber hat in Vorbereitung auf die Hochzeitszeremonie gerade ihren alten Göttern abgeschworen und den „amerikanischen Glauben" angenommen. Ihr Oheim, Priester in einem shintoistischen Schrein, hat sie deshalb verflucht. Aber sie singt voller Zuversicht die berühmte Arie *Vogliatemi bene, un bene piccolino*.

Es folgt eine kurze Liebesnacht, denn bereits nach wenigen Stunden muss Pinkerton zurück auf sein Kanonenboot. Neun Monate später bringt Cio-cio san ihr Kind zur Welt. Von Pinkerton keine Spur. Täglich steht sie hoffnungsvoll am Ufer des Pazifik und singt *Un bel dì, vedremo*[201]. Schließlich kommt der große Tag. Pinkerton ist zurück – an der Hand seine amerikanische Ehefrau. Cio-cio san, untröstlich, greift zum Dolch mit dem eingravierten Samurai-Wahlspruch: *Ehrenvoll sterbe, wer nicht länger leben kann in Ehren*. Schon ihr Vater hatte sich selbst damit auf Befehl des Mikado ein Ende gesetzt, so lässt sie noch wissen. Sie tötet sich, wie es Samurai tun – nach verlorenem Kampf. Trauermusik, der Vorhang fällt.

Eine bittersüße Liebesgeschichte aus der Kitschkiste? Nein, vielmehr eine Kurzfassung des Librettos der Puccini-Oper *Madame Butterfly*. Nicht sehr lebensnah, aber romantisch, tragisch, ergreifend. Dazu viel zartschmelzende Musik. Ein unglaublicher Publikumserfolg, bald fester Bestandteil im Kanon aller Opernhäuser der Welt! Die Bilder dieses Werkes haben prägende Kraft: Japan, ein paradiesischer Ort, Lebensraum reiner, unschuldiger Menschen, die oft genug zu hilflosen Opfern einer feindlichen Umwelt werden, denn treulose, hinterhältige Pinkertons gibt es viele.

Die Uraufführung der Oper fand im Jahr 1904 an der Mailänder Scala statt. Der aus Frankreich eingewanderte *Japonismus* hatte den Boden für ein derart gefühlsgesättigtes Stück bereitet. Der französische Kunstkritiker und -sammler Philippe Burty (1830–1890) hatte den Begriff *japonisme* bereits 1872 geprägt. Burty schrieb vor allem für die angesehene *Gazette des Beaux-Arts*

[201] Dt.: *Eines schönen Tages werden wir sehen.*

und hatte großen Anteil daran, die japanische Kunst zunächst in Paris, später in ganz Frankreich populär zu machen. *Les japonistes* – das waren Künstler, die sich von Japan inspirieren ließen. Die sprachliche Übertragung ins Deutsche klingt etwas sperrig und ungelenk, ist jedoch heute allgemein gebräuchlich. Zu den *Japonisten* gehören viele der größten Maler des 19. Jahrhunderts: Paul Cézanne, Edgar Degas, Paul Gauguin, Vincent van Gogh, Édouard Manet, Claude Monet, Camille Pissarro, Pierre-Auguste Renoir und viele andere. Neben den Franzosen auch einige Deutsche, Engländer, Skandinavier. In die Kunstgeschichte werden sie als Impressionisten eingeordnet, eine Bezeichnung, mit der Kunstkritiker ursprünglich nur Claude Monet bedachten – und zwar in durchaus negativer Absicht –, die später allerdings als Sammelbegriff eine positive Aufwertung erfahren sollte.

Ein Japonist muss jedoch nicht unbedingt ein Künstler sein. Im weitesten Sinne ist darunter auch ein Freund Japans zu verstehen, der sich um das Verständnis der japanischen Kultur bemüht und darin eine Bereicherung der eigenen erkennt. Dazu ein Beispiel: Der in einem früheren Kapitel bereits erwähnte Hermann Maron, einer der Begleiter des Grafen Eulenburg auf dessen Japan-Mission im Jahr 1861, war ein nüchterner Mann, ein Experte für Landwirtschaft. Doch die Sätze, die er zu Beginn der Heimreise, die Küste Japans noch vor Augen, wie im Rausch zu Papier brachte, machen ihn gewissermaßen zu einem Japonisten der ersten Stunde:

> […] und wenn ich innerlich abschließe und die Balance ziehe, so bleibt mir ein Plus von warmer, fast ängstlicher Zuneigung für dieses wunderbare Volk. Was uns fesselt, ist der natürliche Adel, der über der ganzen Schöpfung ruht und den man schwerlich in der ganzen Welt so gleichmäßig über alles Volk ausgegossen finden wird.[202]

Ganz ähnliche Gedanken wirken bis in die Gegenwart. Dem 2017 im Baseler Verlag Birkhäuser erschienenen Buch *Dialoge und Positionen: Architektur in Japan*[203] ist ein Zitat des Architekten Hermann Muthesius aus dem Jahr 1903 vorangestellt: „Japan ist in vieler Beziehung das Land, das sich einem zu träumenden Paradiese am innigsten nähert."[204]

Muss man vor solchen Leuten warnen? Nein, das vielleicht nicht. Aber auf der Hut sollte man schon sein. In der verführerischen Musik des großen italienischen Japonisten Puccini mag man guten Gewissens schwelgen. Das verursacht einen Rausch, dem keine Entzugsschmerzen folgen. Puccinis Freunde haben ihm in Nagasaki, dem Ort seiner musikalischen Träume, sogar ein Denkmal gesetzt. Aber bei aller Entdeckerfreude und Begeisterungsfähigkeit sollte man doch

---

202 Maron (1863): S. 57.

203 Kohte, Susanne / Adam, Hubertus / Hubert, Daniel (Hg.) (2017): *Dialoge und Positionen: Architektur in Japan*, Basel: Birkhäuser.

204 Muthesius zitiert nach: Kohte / Adam / Hubert (Hg.) (2017): S. 6.

einen respektvollen Abstand zum Objekt seiner Bewunderung wahren – sowohl zu Japan als auch zu dessen Bewunderern. Und dieser Gedanke führt uns unmittelbar zu Siegfried Bing, einem Mann, der in Deutschland – zu Unrecht – fast vergessen ist. Er war kein Künstler, sondern ein Geschäftsmann, wenn auch ausgestattet mit einer hohen Sensibilität für die Kunst. Ein Mann mit Bodenhaftung, mit Sinn für gutes Management und Marketing, mit großer Organisationsgabe. Alle diese Talente wusste er in den Dienst von Visionen zu stellen und hat auf diese Weise Brücken gebaut, die von Dauer sind.

Eine eigene Bildsprache unbelastet von europäischer Tradition

Wie sah das Umfeld dieses Mannes aus? Wie konnte es in Europa überhaupt zu einer Begegnung mit japanischer Kunst kommen? Hier wirkte vieles zusammen: Ende des 18. und Anfang des 19. Jahrhunderts kam es in Frankreich, aber auch in anderen Teilen Europas zu heftigen gesellschaftlichen Umbrüchen. Man denke etwa an die Französische Revolution von 1789. Viele Menschen hatten auf den Barrikaden gestanden. Doch die restaurativen Kräfte hatten sich letztlich als die stärkeren erwiesen. Die meisten der angestrebten Veränderungen blieben auf halbem Wege stecken, weitab vom ursprünglichen Ziel. Insbesondere unter den Intellektuellen herrschte eine weitverbreitete Unruhe. Künstler betrachteten es als Mangel, für das Neue, das heraufziehen wollte, sich aber noch nicht durchsetzen konnte, bislang keine neuen Ausdrucksformen gefunden zu haben. Die Akademien waren ein Hort der Konservativen. Ihre Studenten waren es leid, die Zelebritäten jener Zeit in steifen, mehr oder weniger feierlichen Posen auf Leinwand zu bannen oder in Stein zu meißeln. Allerdings hatten sie kaum eine Wahl, und doch spürten sie: Die Zeit war reif für einen Neuanfang.

Ein Anstoß dazu kam von außen, und zwar völlig unerwartet: nicht etwa in Form großformatiger Bilder, sondern in Form von Holzschnitten eher kleiner Abmessung, in einer Größe, die in etwa dem heutigen DIN-A4-Format entspricht. Die Japaner bezeichnen diese Arbeiten als *Ukiyo-e* – Bilder der fließenden Welt. Es ist kaum verwunderlich, dass diese Werke nach ihrer Ankunft in Europa zunächst fast unbeachtet blieben. Viele waren zerknüllt, dienten als Füllsel in Porzellankisten. Die Absender signalisierten damit: Diese Drucksachen haben ihren Dienst bereits getan – nun sind sie wertlos. Im Müll landeten, zum Glück, dennoch nicht sehr viele. Eine zunächst kleine Gemeinde – Maler, Kritiker, Händler und auch Sammler – erkannte den künstlerischen Wert der fliegenden Blätter; und wichtiger noch: sie erkannten darin die Chance für den seit langem gebotenen Aufbruch in der Kunst. Sie bemühten sich, möglichst viele dieser Drucke in die Hände zu bekommen. Es sollte nicht lange dauern, bis sich Zitate aus diesen fernöstlichen Drucken in den Werken französischer Maler wiederfanden. Linienführung und frische Farbkombinationen ließen die Anregungen aus dem fernen Osten erkennen. Während zunächst mehr oder weniger Kopien entstanden, entwickelten die Künstler mit der Zeit eigenständige Variationen.

Was aber machte diese Werke so besonders? Aufgrund der 250 Jahre währenden selbstgewählten Abgeschiedenheit Japans hatte es mit europäischen Ländern so gut wie keinen Austausch gegeben, weshalb Nippon von hiesigen Traditionen nahezu unbeeinflusst war, auch in der Kunst. So folgten japanische Künstler im Bildaufbau ganz eigenen Vorstellungen. Die in der europäischen Kunst geltende Zentralperspektive kannten sie nicht. Sie wählten Bildanschnitte, die bei uns von keiner Akademie akzeptiert worden wären. Die bereits hervorgehobene besondere Farbigkeit eröffnete europäischen Augen eine völlig neue Sicht. Vor allem aber bewegten sich die japanischen Künstler in der Wahl ihrer Motive völlig frei. Nicht nur die Großen der Welt fanden ihr Interesse; vielmehr hielten sie in ihren Bildern das Leben der Bauern und Handwerker fest. Bewegungen auf der Straße waren ihnen wichtig. Auch die Erotik sparten sie nicht aus, sondern schenkten ihr gar besondere Beachtung. Zudem waren sie sich nicht zu schade, ihre Kunst in den Dienst der Werbung für Theater, Tee- und Geisha-Häuser und ähnliche Etablissements zu stellen – eine für europäische Künstler seinerzeit höchst ungewöhnliche Haltung.

In der zweiten Hälfte des 19. Jahrhunderts fungierten Weltausstellungen im weitesten Sinne als Marktplätze und Schrittmacher für Innovationen. Hier suchten technische Neuerungen ihre Chance zum Durchbruch. Synthetische Farben aus der chemischen Industrie, die Bessemerbirne der Hüttenleute, die *Dicke Bertha* der Waffenhersteller – dies alles und manches mehr wurde in diesem Rahmen erstmals der breiten Öffentlichkeit präsentiert. Daneben suchten bei den Weltausstellungen auch Leistungen des Handwerks mit frischen Ideen nach neuen Absatzmärkten. Neben Einheimischem standen Exotika besonders hoch im Kurs. Indien, die Länder Südostasiens und China hatten sich der westlichen Welt schon länger geöffnet. Japan hingegen war das große Geheimnis, das es zu lüften galt. Seine Häfen waren erst seit wenigen Jahre für Ausländer zugänglich. Daher stieß Japan mit seiner Präsentation auf große Aufmerksamkeit und hochgespannte Erwartungen – eine Chance, die der Handel und bald auch die Vertreter der Meiji-Regierung zu nutzen wussten. Neben solider Information, wurde den Besuchern auch so manches Sensationelle geboten. Industriegüter hatte Japan auf der wichtigen Weltausstellung von 1867 in Paris, die die Außenwirkung des Landes nachhaltig prägen sollte, noch nicht zu bieten. Umso größeren Wert legte Japan bei seinem Auftritt auf die Präsentation seiner Kultur, seiner Sitten und Gebräuche. Dazu gehörten insbesondere Kunst und Handwerk. Was die Besucher der Ausstellung überrascht zur Kenntnis nahmen, war die enge Verbindung dieser beiden Metiers in der japanischen Kultur. Eine Trennung zwischen freier und angewandter Kunst gab und gibt es dort nicht. Für allgemeine Bewunderung sorgte insbesondere das hohe Niveau der ausgestellten Holzschnitte, die die enge Symbiose zwischen präziser Handwerkskunst und künstlerischer Gestaltungskraft geradezu verkörpern. Ihre Entdeckung sollte für die Kunstgeschichte weitreichende Folgen haben.

Ein feiner Instinkt für die Kunst und ein ausgeprägter Geschäftssinn

Am Aufbau eines Handelsportals und den damit verbundenen Import- und Exportaktivitäten hat Siegfried Bing mitgewirkt. Er war ein Mann, der seinen Lebensunterhalt zwar im Handel verdienen musste, sich aber gleichzeitig die kulturelle Begegnung zwischen Ost und West immer mehr zur Lebensaufgabe machte. Er gab dem künstlerischen Dialog nicht nur Anstoß, sondern wusste ihm auch Breite und Tiefe zu verleihen. Als Sohn einer jüdischen Kaufmannsfamilie 1838 in Hamburg geboren, wurde er Teil eines familiären Netzwerks, das seit mehreren Generationen nicht nur in der Hansestadt, sondern auch in Frankfurt und anderen Städten einer zahlungskräftigen Kundschaft Uhren, Porzellan und eine Auswahl französischer Luxusgüter anbot.

Für seine persönliche und professionelle Bildung besonders wichtig war 1854 der frühe Ortswechsel nach Paris. Auch der Umstand, dass sein jüngerer Bruder August etliche Jahre später im Rahmen geschäftlicher Interessen nach Yokohama ging, war für Bings Werdegang von Bedeutung, da somit die Verbindung Paris-Japan gegeben war. Doch nicht alles in Bings Leben nahm einen glücklichen Verlauf. So war das Engagement der Familie in einem Keramik-Unternehmen in Frankreich nur zeitweise ein Erfolg. Später sollte Bing mit anderen unternehmerischen Aktivitäten sogar an den Rand des Bankrotts geraten. Zudem wurde er Opfer kriegerischer Verwicklungen, als er sich 1870/71 im Spannungsfeld des deutsch-französischen Konflikts verfing. Er musste nach Brüssel emigrieren. Nach Ende des Krieges kehrte er nach Paris zurück und nahm 1876 die französische Staatsbürgerschaft an. Bereits 1868 hatte er seine Cousine Johanna Bair geheiratet und auf diese Weise auch seine Verbindung nach Deutschland weiterhin aufrechterhalten.

Ansonsten weiß man nicht sehr viel über diesen Mann. Er hatte ein offenes Haus und versammelte gern Freunde und Wegbegleiter um sich. Aber dem grellen Licht der Öffentlichkeit entzog er sich, wo immer es ging. Er scheute die Kamera; es gibt nur sehr wenige Fotografien, die ihn zeigen. Darüber hinaus existieren einige Bleistiftskizzen. Eine ausführliche Biografie über ihn ist bis heute nicht geschrieben worden. Dabei haben nicht zuletzt die Kunsthandwerker allen Grund, sich seinen Namen zu merken, denn für sie hat er sich zeitlebens besonders eingesetzt. Selbst die Kunsthändler von heute tun nicht schlecht daran, sich an der Arbeitsweise dieses Mannes zu orientieren. Aus Anlass seines 100. Todestages war ihm unter dem Titel *L'Art Nouveau: La Maison Bing* eine eigene Ausstellung gewidmet. Die Bedeutung, die ihm vonseiten der Kunstgeschichte eingeräumt wird, wird auch anhand des Weges deutlich, den diese Präsentation nahm: Den Auftakt machte im November 2004 das Amsterdamer *Van Gogh Museum*, dann war sie zu Gast im *Museum Villa Stuck* in München, es folgte das *CaixaForum* in Barcelona. Das *Museé des Arts Décoratifs* in Paris bildete im Frühling 2006 den Schlusspunkt. Doch all das änderte leider nichts an der bereits erwähnten Tatsache, dass das breite Publikum, ja selbst Freunde Japans, über Siegfried Bing so gut wie nichts wissen.

Bing verfügte nicht nur über einen ausgezeichneten Instinkt für das, was in der Kunst von Gewicht war, sondern gleichzeitig über einen ausgeprägten Geschäftssinn, vor allem für aufkommende Trends. Offenbar hatte er bereits 1867 die der japanischen Kunst innewohnende Kraft der Veränderung erkannt. Obwohl er zu diesem Zeitpunkt als Unternehmer zunächst noch sehr breit aufgestellt war, konzentrierte er sich bald auf den Handel mit den fremden Artefakten aus Japan. Findig, wie er war, machte er sich dabei auch die Kontakte der Familie seiner Frau zunutze, die an einem Handelshaus in Yokohama beteiligt war. Seinen Bruder August nahm er später ebenfalls in Anspruch. Es kam dabei meist zu Kompensationsgeschäften – deutsche Maschinen, vor allem aber militärische Schiffsausrüstungen, wurden gegen Artefakte aus Japan eingetauscht. Schnell erwarb er sich einen Ruf als Spezialist im Bereich der ostasiatischen Kunst. Bereits 1874 wurde ihm die Mitgliedschaft in der *East Asian Society* in Tokyo angeboten. Sehr konsequent wusste er die Pariser Weltausstellung von 1878 zu nutzen, um seinen Ruf weiter zu festigen. 1880/1881 schließlich besuchte er Japan; doch leider ist über seine Reise nur wenig bekannt.

Ein Marktstratege wirbt für die japanische Formensprache

Auf der Klaviatur der Werbung wusste Bing bereits vor annähernd 150 Jahren überzeugend zu spielen, lange bevor es den Begriff des Marketing überhaupt gab. Er wusste, dass eine Botschaft immer dann glaubwürdig ist, wenn man ihrem Absender Glauben schenkt – wenn dieser also selbst glaubwürdig ist. Deshalb sammelte er früh alle verfügbaren Informationen zur japanischen Holzschnittkunst und baute darüber hinaus enge Kontakte zu Japanern auf, die über das notwendige Wissen verfügten. Er selbst äußerte sich zu diesem Thema in Aufsätzen und Vorträgen oder er ließ ausgewiesene Kenner zu Wort kommen. Seine Publikationen waren „ein Museum ohne Mauern".

Für Künstler war er ein gefragter Gesprächspartner. Er stand ihnen als sachkundiger Kritiker zur Seite und beschaffte ihnen benötigte Materialien. So ist beispielsweise bekannt, dass er van Gogh mit einer größeren Anzahl von Holzschnitten ausstattete. Als Unternehmer verschaffte er ihnen Aufträge und kam dabei gelegentlich selbst finanziell in die Bredouille. Große Bedeutung hatte er auch als Sammler. Sein Ehrgeiz war es, eine „Schatzkammer für Liebhaber"zu erschaffen. Dank seiner ausgezeichneten Verbindungen gelang es ihm, mehrere tausend Artefakte zusammenzutragen. Er stellte sie nicht nur zu kommerziellen Zwecken in seinen Galerien aus, sondern öffnete seine Schätze auch für ausgewählte private Gäste oder nutzte sie als Kern öffentlicher Ausstellungen. Damit fungierte er gewissermaßen als *Trendsetter* und hielt sich im Gespräch. Leider ist die Sammlung 1906, nur ein Jahr nach Siegfried Bings Tod, von seinem Sohn Marcel verkauft worden. Ganz ähnlich erging es den Sammlungen der Kunsthändler und Kunstkritiker Hayashi Tadamasa (1853–1906) und Philippe Burty (1830–1890). In der Literatur wird das durchaus beklagt: „Ein spürbarer Verlust! Die eigentlichen Werke, die oft die Bewegung des Japonismus angetrieben hatten, sind nun in der ganzen Welt verstreut."

Kern der „Marketing-Strategie" von Bing war eine Zeitschrift, auf deren Inhalt und Aufmachung er große Mühe verwandte. Seit 1888 erschien sie monatlich in gleich drei Sprachen: Als *Le Japon Artistique* auf Französisch, als *Artistic Japan* auf Englisch und als *Japanischer Formenschatz* auf Deutsch. Zentraler Verlagsort war Paris; Dependancen gab es in Hamburg, Leipzig, London und New York. Bis 1891 sind in den drei Sprachen 36 Monatsausgaben erschienen. Einzelne Originalausgaben sind noch heute im Kunsthandel erhältlich – zu horrenden Preisen. Aber auch Nachdrucke fanden und finden ihre Liebhaber. Bing beabsichtigte mit dieser Publikation, den Kreis seiner Kunden beständig zu erweitern; er war also durchaus auch von Geschäftsinteressen geleitet. Aber natürlich war das Magazin weit mehr als nur Werbung in eigener Sache. Die Hefte erschienen in Farbdruck, angesehene Fachleute bürgten für die inhaltliche Seriosität und ihr internationaler Vertrieb sorgte dafür, dass sich der Ruf des Japonismus, ausgehend von Paris, in alle Länder Europas und nach Amerika verbreitete. In der Literatur wird sie denn auch häufig als „eine der besten Kunstzeitschriften überhaupt"bezeichnet.

Bing setzte bewusst Schwerpunkte. Bei Weltausstellungen war er stets mit eigenen Präsentationen vertreten. Aber er wusste auch andere Gelegenheiten für seine Zwecke zu nutzen. Ein eindrucksvolles Beispiel ist eine Ausstellung, die im Frühjahr 1890 stattfand. Kunstkritiker hatten zwischenzeitlich des Öfteren mehr Systematik und einen geordneten historischen Überblick zur Entwicklung der japanischen Holzschnittkunst gefordert. Bing nahm diese Herausforderung an, stellte 760 Drucke und 430 illustrierte Bücher zusammen und deckte damit den Zeitraum vom Beginn des 18. Jahrhunderts bis 1860 ab. Wie Bings Zeitgenossen berichten, geriet diese Ausstellung zum Ereignis, kam einer Sensation gleich. Künstler verbrachten unzählige Stunden mit dem Studium der Exponate. Der zugehörige Ausstellungskatalog schrieb Geschichte. Bing legte eine *Einführung in die Geschichte der japanischen Druckgrafiken und -alben* vor und damit eine der ersten Arbeiten, die das umfangreiche Material in einen historischen Kontext einbetteten.

Eine besondere Erwähnung verdient Bings Engagement für das Kunsthandwerk. Früh hatte er erkannt, dass in Japan alle Künste gleichwertig und eng miteinander verbunden sind. Diese Einschätzung teilte er mit den deutschen Kunsthistorikern Julius Meier-Graefe (1867–1935) und Justus Brinckmann (1843–1915). Auch mit dem Architekten und Designer Henry van de Velde (1863–1957) stand er in engem Kontakt. Das führte zu der Idee, das ganze Ensemble eines Wohnumfelds als eine ästhetische Einheit zu gestalten. So eröffnete Meyer-Graefe im Jahr 1899 in Paris *La Maison Moderne*, deren Inneneinrichtung van de Velde entworfen hatte. Bing hingegen gründete mit *La Maison de l'Art Nouveau* eine eigene Galerie, die schließlich einer ganzen Kunstbewegung ihren Namen geben sollte: der *Art Nouveau* – in Deutschland als *Jugendstil* bekannt.

Ein breiter mitreißender Strom der Kunstkritik

Siegfried Bing war ein einziges Kraftzentrum. Sein Engagement hat den Künstlern des Impressionismus neue Sichtweisen eröffnet, was zunächst zu einer euphorischen Übersteigerung führte. So spricht man noch heute von einer *Japanomania*, wie auch der Titel einer Ausstellung lautete, die 2016/17 in Helsinki, Oslo und Kopenhagen zu sehen war. Doch sollte man sich von dieser scheinbar abwehrenden Haltung nicht täuschen lassen. In seiner Einleitung des zur Ausstellung erschienenen Kataloges schreibt der Kunsthistoriker Gabriel P. Weisberg (*1942):

> Von der Neugotik, einem historischen Interesse an der Renaissance bis hin zu einer Prägung durch den Orientalismus – im 19. Jahrhundert trugen viele wiederbelebte Stilrichtungen und äußere Einflüsse zur Gestalt der bildenden Kunst in Europa bei. Doch keine davon hatte die umfassende und anhaltende Wirkung wie die des Japonismus auf die westliche Kunst und Kultur. Das Entdecken der japanischen Kultur war berauschend und herausfordernd, und wurde sogleich als etwas erkannt, das Europa von veralteten Konventionen und überholten künstlerischen Traditionen befreien konnte.[205]

Dieses Verdienst ist selbstverständlich nicht allein Siegfried Bing zuzuschreiben. Doch hatte er wesentlichen Anteil am Erfolg dieses Phänomens. In seinem Salon und an seinem Tisch versammelte er viele, die bereit waren, sich für das Neue in der Kunst einzusetzen. Hier einige Stimmen aus diesem Kreis, gesammelt in dem Katalog *Art Nouveau*:

Der Franzose Émile Hovelacque sah in Japan das „Griechenland des Orients“ (womit er das Land der Klassik meinte, das die Fundamente der europäischen Kultur legte). Ähnlich äußerte sich auch der vielseitig begabte Autor, Maler und Bildhauer Zacharie Astruc (1835–1907). Er verglich das erwachende Interesse an japanischer Kunst mit der Wiederentdeckung der antiken Welt während der Renaissance.

Sein Landsmann Philippe Burty, der eingangs bereits erwähnte einflussreiche Kunstkritiker, griff all jene an, die „japanische Kunst für eine Laune gelangweilter Dilettanten hielten“und mithin Gegner des Japonismus waren. Er rühmte „die Vortrefflichkeit japanischer Kreativität, die

---

[205] Weisberg (2016): S. 14

jeden zu inspirieren weiß." Burty war auch einer der Autoren, die an Bings Magazin *Artistique Japon* mitwirkten und dieser Publikationsreihe mit ihrem Namen Gewicht verliehen.

Ernest Chesneau (1833–1890), ein anderer namhafter Kritiker der damaligen Zeit, wandte sich zwar mit heftigen Worten gegen eine Überflutung aus Japan und rief die Europäer dazu auf, ihre Identität zu bewahren; zugleich aber setzte er sich für Künstler wie James Tissot, Édouard Manet, Claude Monet und Edgar Degas ein, die zwar die neuen Einflüsse aus Japan aufnahmen, diese aber auf ihre jeweils eigene Weise in ihren Werken verarbeiteten.

Zu einem breiten Strom wurde die Bewegung letztlich auch durch eine große Ausstellung, die Louis Gonse (1846–1921), Chefredakteur der einflussreichen *Gazette des Beaux-Arts*, 1883 in Paris organisierte. Er versammelte 3000 Artefakte, viele davon aus eigenem Besitz, aber auch aus den Sammlungen von Siegfried Bing, Philippe Burty, den Gebrüdern Edmond (1822–1896) und Jules (1830–1870) de Goncourt und dem japanischen Kunsthändler Hayashi Tadamasa. Begleitend dazu erschien Gonses zwei Bände umfassendes Werk *L'Art Japonais*, das nicht nur die Malerei zum Gegenstand hatte, sondern ebenso die Architektur, sowie die Lackier-, Textil-, Metallkunst etc. Es avancierte zum schriftlichen Fundament des Japonismus, zum Standardwerk, das immer wieder nachgedruckt wurde.

Eine Schlüsselfigur im Kunstbetrieb seiner Zeit

Zusammenfassend sei hier noch einmal der Gabriel P. Weisberg zitiert:

> Der Einfluss japanischer Kunst [...] war nur möglich, weil der Japonismus mehr als eine reine Kuriosität wurde. Sein Aufstieg zu einem weltweiten Phänomen erfolgte beinahe mit der Lichtgeschwindigkeit, mit der das Internet heutzutage unsere Aufmerksamkeit in Anspruch nimmt. Mit dem Unterschied, dass das Phänomen Japonismus Kunst und Ideen verbreitete, die der Faszination entsprangen.[206]

Diese Würdigung des Kunsthistorikers macht zugleich die Leistung deutlich, die mit dem Namen Siegfried Bing verbunden ist:

Während Importe aus einer anderen Kultur häufig nur als Exotika wahrgenommen und als Kuriosität gewürdigt werden, ihrem Wesen nach aber Fremdkörper bleiben, ist es Bings Verdienst, die in ihnen verborgene Qualität als Impulsgeber sichtbar und damit nutzbar gemacht zu haben. Auch Ideen haben ihren Markt, der manchmal räumlich eng begrenzt ist. Bing jedoch hat Entscheidendes dazu beigetragen, den Japonismus zu einem weltweiten Phänomen

[206] Weisberg (2016): S. 37.

zu machen, nicht zuletzt durch sein in drei Sprachen erscheinendes Magazin, das nicht nur alle europäischen Länder, sondern auch Amerika erreichte.

Innerhalb der europäischen Kunst war die Zeit reif für eine Neuorientierung. Bing hat das ins Bewusstsein gehoben und damit eine wichtige Voraussetzung für die Umstellung in „Lichtgeschwindigkeit" geschaffen. Wenn der Vergleich mit dem Internet auch etwas gewagt ist, so ist er doch in einem Punkt durchaus stimmig. Ursprünglich ermöglichte es das Internet einer kleinen Gruppe von Physikern, untereinander Laborwerte auszutauschen. Als Kommunikationsmittel von großer Breite sollte es später die gesamte Gesellschaft verändern. In ähnlicher Weise wurde der Japonismus zunächst nur von einer kleinen Künstlergemeinde in Paris zelebriert, doch die von ihr geleistete Umwandlung, die letztlich als Impressionismus vielen zugänglich wurde, bereicherte das Lebensgefühl der Menschen und ist noch heute spürbar.

Siegfried Bing war einer der wichtigsten Wegbereiter für die vom Japonismus ausgehende Entwicklung hin zum Impressionismus. Die Direktoren der vier Kunstmuseen, die 2005 die Ausstellung zu seinem Lebenswerk zeigten, bezeichneten Bing denn auch folgerichtig als eine „Schlüsselfigur im Kunstbetrieb des letzten Viertels des 19. Jahrhunderts und des frühen 20. Jahrhunderts."[207] Er hat der Kunst Japans zu weltweitem Ansehen verholfen. Auch dem Jugendstil – in Frankreich als *Art Nouveau* bezeichnet – hat Bing die Türen geöffnet. Doch ist das nicht Gegenstand dieser Betrachtung, in deren Mittelpunkt die Rezeption japanischer Kunst stehen soll. Sieht man von einigen wenigen Spezialisten ab, ist das Wissen um die Bedeutung dieses Mannes sowohl in Japan als auch in Deutschland kaum gegenwärtig. Ein großes Lebenswerk verdient es, mehr Würdigung zu finden.

[207] Leighton / Salmon / Birnie Danzker / Vilarasau (2004): S. 6.

12. Ludwig Riess (1861–1928)
Japan im Strom der Weltgeschichte

Haben die Japaner gut daran getan, sich für den Weg in die Moderne Begleitung zu suchen? Als sie Mitte des 19. Jahrhunderts sehr unsanft aus der selbstgewählten Isolation gerissen wurden, sahen sie sich vor der Herausforderung, binnen kurzem ein Land zu werden, das sich gegen die „übergriffigen" Großmächte der Zeit aus eigener Kraft behaupten konnte. Wie geschildert, entschieden die verantwortlichen Politiker, zunächst in großer Breite weltweit Erfahrungswerte zu sammeln. Dabei kam auch Deutschland in ihren Blick. Sie bewegten viele Fachleute, einen Ruf nach Tokio anzunehmen. Zunächst suchten sie neben Staatsrechtlern vor allem Naturwissenschaftler und Ingenieure. Doch unterschätzten sie keineswegs die Bedeutung der Geisteswissenschaften. Zunehmend kam ins Bewusstsein, dass auch Philosophen, Philologen, Theologen, Historiker, aber auch Künstler besonders prägende Kraft haben. In diesem Zusammenhang erging auch ein Ruf an den Geschichtswissenschaftlers Ludwig Riess auf einen Lehrauftrag als Professor für Geschichte an der Universität von Tokio. Er blieb mehr als ein Jahrzehnt. Erst 1902, nach 15 Jahren, kehrte er nach Deutschland zurück.

Riess war das jüngste von fünf Kindern, 1861 in Deutsch Krone (Wałcz) im damaligen Königreich Preußen geboren. Wegen seiner ausgeprägten Begabung für Mathematik und Physik sollte er auf Wunsch der Familie eigentlich ein technisches Studium aufnehmen. Er jedoch entschied sich für das Fach Geschichte, belegte ein Studium an der Berliner Friedrich-Wilhelms-Universität bei dem weithin berühmten Historiker Leopold von Ranke (1795–1886). Doch bald wurde Deutschland für ihn zu klein. In England und Irland sammelte er Material für eine Dissertation zur *Geschichte des Wahlrechtes zum englischen Parlament im Mittelalter*. Als Doktorvater wählte er Hans Delbrück (1848–1929), einen ebenfalls sehr anerkannten akademischen Lehrer. Englische Politik und Geschichte waren für Riess ein Leben lang ein Schwerpunkt seines wissenschaftlichen Interesses.

Der erste Lehrstuhl für moderne Geschichtswissenschaft in Japan

Den anderen Schwerpunkt seines wissenschaftlichen Lebens bildete Japan. Vermutlich auf Anregung Delbrücks ging Riess bereits drei Jahre nach seiner Promotion im Jahr 1887 nach Tokio. Schon bald nach seiner Ankunft, d. h. im Alter von nur 26 Jahren, wurde ihm der Lehrstuhl an der Kaiserlichen Universität anvertraut. Als einer der ersten europäischen Historiker in Japan überhaupt brachte er die moderne europäische Geschichtswissenschaft ins Inselreich. Von seinen Vorlesungsmanuskripten ist wenig erhalten geblieben. Trotzdem wissen wir einiges darüber, was er lehrte und wie er forschte. Besonders hohe Anforderungen stellte er an die Historiographie. Wichtiges dazu hat er später in dem Band *Historik: Ein Organon geschichtlichen Denkens und Forschens* (1912) zusammengefasst. Unter Fachleuten genießt sein Name einen guten Ruf. Doch der japanische Autor Yoichi Nishikawa konstatiert:

> Bekanntlich war *Ludwig Rieß* (1861–1928) der erste europäische Fachhistoriker, der in Japan lehrte und dort die moderne europäische Geschichtswissenschaft einführte. Der Ruhm dieses deutsch-jüdischen Gelehrten steht jedoch im merklichen Kontrast zu der Tatsache, dass es kaum fundierte Studien zu seiner Forschung und Lehre gibt. Eine eingehende Monographie über seine Lehrtätigkeit an der Kaiserlichen Universität Tokio von 1887–1902 liegt nicht vor.[208]

Nishikawa hat diese Lücke zwar nicht mit einer Biografie aus eigener Feder gefüllt, aber doch eindrucksvoll aufgezeigt, dass eine weiterführende Forschung zum Leben dieses deutschen Historikers ergiebig sein kann. In einer ersten zusammenfassenden Wertung kommt er zu dem Schluss:

> Rieß [...] war stark geprägt von dem universalistischen Geschichtskonzept von Leopold von Ranke. Angeregt von dem Aufstieg Japans nach dem Japanisch-Chinesischen Krieg widmete er sich der Forschung der internationalen Beziehungen Japans als einem Teil der Weltgeschichte und sah die „universale Bedeutung" der japanischen Geschichte in der historisch bedingten Fähigkeit durch die Herausbildung eines modernen Nationalstaats an dem „Gleichgewicht der Mächte" in Ostasien teilgenommen zu haben.[209]

Allerdings relativiert Nishikawa sein insgesamt positives Urteil, indem er ergänzt:

> Sein Geschichtsbild war nicht nur eurozentrisch, sondern auch in Deutschland überholt. Es ermöglichte jedoch, die Geschichte und den Staat Japans unter einem universalen und komparatistischen Blickwinkel zu betrachten.[210]

Auch wenn damit das Wichtigste in gedrängter Form bereits gesagt ist, bedarf diese Wertung doch einiger Erläuterung: Riess sieht sich auf dem Boden einer Geschichtstheorie mit einem universell geltenden Ansatz. Er versteht Geschichte als einen großen gemeinsamen Fluss, an dem die Nationen jeweils einen eigenen Anteil haben. Damit erweist er sich als ein Schüler

---

[208] Nishikawa (2007): S. 335.

[209] Nishikawa (2007): S. 334.

[210] Ebd., S. 334.

Leopold von Rankes und bekennt sich zu dieser Haltung, indem er einen Kernsatz seines berühmten Lehrers ausdrücklich in seine Arbeit aufnimmt:

> [...] so gilt auch für die kurzgefaßte Darstellung der Weltgeschichte die von Ranke am Schluß seines Lebens betonte „Pflicht des Historikers", „den Zusammenhang der Ereignisse in den Beziehungen des einen auf das andere zu begreifen und nachzuweisen, wobei man sich auf den Wortlaut der Texte berufen kann". Der wichtigste Kunstgriff der Geschichtsschreibung ist es dabei, wie Ranke sich ausdrückt, „die Ereignisse im Einzelnen mit der Begebenheit im Ganzen zu verschmelzen, in dem einen die andere erkennen zu lassen".[211]

Sorgfältige Quellenkritik statt mythologischer Verklärung

Riess bewegt sich unabhängig von der traditionellen, vornehmlich philosophischen Geschichtsbetrachtung seiner japanischen Kollegen. In aller Konsequenz verfolgt er ein klassisch deutsches Wissenschaftskonzept, wie es von Leopold von Ranke geprägt wurde: „Der Historiker hat demzufolge die Aufgabe, aufzuzeigen, ‚wie es eigentlich gewesen' ist."[212] Dabei geht es um möglichst große Objektivität bei der Wiedergabe der Geschichte. Riess legt damit auch Wert auf eine besonders sorgfältige Quellenkritik. Zu seiner Zeit hatte die Mythologie in der japanischen Geschichtswissenschaft ein vergleichsweise großes Gewicht. Ausländische Beobachter, die Japan mit verklärten Vorstellungen besuchten und beschrieben, trugen dazu bei, die traditionellen Anschauungen noch weiter zu stärken. Man denke etwa an die blumigen Berichte, die einige Teilnehmer der Eulenburg-Mission nach ihrer Rückkehr veröffentlichten. Oder auch an die romantischen Texte, die der Schriftsteller Lafcadio Hearn (1850–1904) verfasste und deren Übersetzungen in Nippon großen Zuspruch fanden. Riess hingegen widersprach einer Verankerung solcher Mythen in der Volksseele und stellte sich damit gegen einflussreiche japanische Historiker wie Katsumi Koroita (1874–1946). Dieser sah den „Wesenszweck der Forschung zur japanischen Geschichte" in der „Erklärung der unvergleichbaren Staatsform (*Kokutai*) Japans, die sich in der seit dem Anfang ununterbrochenen Kontinuität des kaiserlichen Geschlechts verkörpert"[213].

Riess ermöglichte es, die Geschichte Japans mit der Entwicklung in anderen Ländern zu vergleichen. Auf diesen Weg, der Japan gewissermaßen dialogfähig und im besten Sinne lernbereit machte, nahm er auch zahlreiche seiner japanischen Schüler mit. Das ist sehr hoch zu bewerten. Denn damit gewann Nippon die Fähigkeit zur Reform, die ihm starke gesellschaftlicher Kräfte

---

211 Riess (1918[1]): S. IV.

212 https://de.wikipedia.org/wiki/Leopold_von_Ranke

213 Koroita zitiert nach Nishikawa (2007): S. 355.

im eigenen Land, eher an der Beibehaltung des Status quo interessiert, nicht einräumen wollten. Wäre Japan ihnen gefolgt, hätte seine Führung diese Position im Abseits aufrechterhalten, hätte das eine gesellschaftliche Lähmung bewirkt und nicht zuletzt wirtschaftliche Folgen gehabt. Selbst Hearn, dessen Herz für das alte Japan schlug, ließ keinerlei Zweifel daran:

> The capacity for industrial competition [...] must depend upon the intelligent freedom of the individual; and the society which suppresses this freedom, or suffers it to be suppressed, must remain too rigid for competition with societies in which the liberties of the individual are strictly maintained. While Japan continues to think and to act by groups, even by groups of industrial companies, so long she must always continue incapable of her best. Her ancient social experience is not sufficient to avail her for the future international struggle, – rather it must sometimes impede her as too much dead weight.[214]

Während Hearn jedoch daran zweifelte, dass Japan im industriellen Wettbewerb bestehen könnte, verbreitete Riess Zuversicht, die er geschichtlich begründete. *Yamato-damashii* (dt. *Geist der Yamato*), der „Volksgeist" sei als Erbe der Nara-Zeit für die Tradition Japans von bestimmender Kraft. Diese Quelle speise den japanischen Nationalstolz.[215] *Bushidō* (dt. *Weg des Kriegers*), der Kodex des japanischen Militäradels, habe sich dagegen erst später entwickelt und sei erst im Shōgunat zur herrschenden Staatsphilosophie geworden. *Yamato-damashii* sei „‚viel tiefer geschichtlich begründet, viel umfassender (weil allen Volksklassen gemeinsam) und viel heilsamer für die weitere Entwickelung Japans' als der *Bushidō*."[216] Glühender Nationalstolz ziele darauf ab, den Kaiser wieder in seine Rechte einzusetzen, das Land zu zentralisieren, den Staat – strukturiert nach europäischem Vorbild – gleichrangig mit der übrigen Welt zu machen. So könne sich Japan selbstbewusst gegen Herausforderungen von außen behaupten.

Nationale Geschichte muss dialogfähig sein

Für die von ihm gewünschte und geförderte „Dialogfähigkeit" einer jeden nationalen Geschichtsschreibung hat Riess selbst ein Beispiel von großem Format gegeben. Während es in der Vergangenheit üblich war, Geschichte säuberlich nach Ländern abzugrenzen, bietet Riess in einer vollständigen Neubearbeitung des mehr als 2200 Seiten umfassenden Werkes *Georg Webers Weltgeschichte in zwei Bänden* eine synchronische Übersicht welthistorischer Ereignisse an:

---

214 Hearn zitiert nach Nishikawa (2007): S. 352.

215 Nishikawa (2007): S. 352.

216 Ebd., S. 353.

> Denn nur bei einer strengen und durchgängigen Festhaltung der Zeitfolge kann das gemeinsame Interesse der Kulturmenschheit, das einheitlich durch die Jahrhunderte flutet und gerade wegen seiner mannigfaltigen Wandlungen trotz aller nationalen Gegensätze immer wieder in ungebrochener Kraft hervorquillt, verständlich gemacht und gewürdigt werden.[217]

Diese Darstellung ermöglicht es ihm, in einem Kapitel, in dem er die weltpolitischen Vorstöße Englands, Russlands, Italiens, Deutschlands und der Vereinigten Staaten in der Zeit von 1885 bis 1899 behandelt, auch Japan zu berücksichtigen:

> Deutschland verlor infolge seiner Besitzergreifung in Kiautschou die moralischen Eroberungen, die es seit 1884 in Japan gemacht hatte; denn es tat gerade das, was es beim Frieden von Schimonoseki im Interesse des Friedens den Japanern widerraten hatte. [...] Zu einer Anerkennung des deutsch-chinesischen Pachtvertrages hat sich die japanische Regierung niemals herbeigelassen.[218]

Solche manchmal unerwarteten Querverbindungen finden sich an vielen Stellen in seinem Werk. Typisch auch, dass er seiner umfangreichen Arbeit – nicht ohne Selbstironie – ein Wort Friedrich Rückerts voranstellt:

> Wie die Welt läuft immer weiter,
> wird stets die Geschichte breiter;
> und uns wird je mehr je länger
> nötig ein Zusammendränger.[219]

Bei der Abfassung seiner *Weltgeschichte* versucht er, sich selbst in Disziplin zu üben, indem er sich zur Kürze zwingt. Angesichts des zu bewältigenden immensen Stoffes gibt es für ihn dazu keine Alternative. Er legt großen Wert darauf, keine unnötige „Spreu", wie er es nennt, in sein Werk aufzunehmen. So ist seine Weltgeschichte zum Klassiker geworden. Sie wird nicht nur im Antiquariat nachgefragt, sondern bis in die Gegenwart immer wieder neu aufgelegt.

Mit seiner Arbeit lieferte Riess eine historische Grundlage, die die Meiji-Reformer für ihre Neuerungen nutzen konnten. Sein großes Werk zur Weltgeschichte macht deutlich, dass Japan nicht abseits des großen Stromes steht, sondern sich einen durchaus ehrenvollen Platz in der Mitte der großräumigen Entwicklungen sichern kann. Doch darüber hinaus gelingt es Ludwig Riess, den Japanern mit knappen, aber präzisen Schilderungen einzelne Episoden ihrer Ge-

---

217 Riess (1918[1]): S. III.

218 Riess (1918[2]): S. 961f.

219 Riess (1918[1]): S. III.

schichte nahezubringen. Viele seiner Manuskripte müssen als verloren gelten. Aber es gibt doch eine Quelle, die ergiebig ist. Aus seinen Aktivitäten für die *Deutsche Gesellschaft für Natur- und Völkerkunde Ostasiens* stehen uns einige Texte zur Verfügung, die seine Diktion und vor allem sein Bemühen um Objektivität erkennen lassen. Dafür einige Beispiele.

Riess scheute sich nicht, auch kritische Themen der Geschichte anzufassen, selbst wenn er befürchten musste, damit Kontroversen auszulösen. So ging er den Erzählungen nach, raffiustige Ausländer hätten Japan in betrügerischer Absicht um seine Goldschätze gebracht. Riess wies dies ins Reich der Legende. Dem liege ein nachweisbar falscher Bericht Marco Polos zugrunde, der bereits Ende des 13. Jahrhunderts Aufsehen damit erregte, Japan besitze einen Goldschatz von fast unendlicher Größe. Auf den Inseln des Landes gäbe große Funde. Aber sein König erlaube keine Ausfuhr. Unter Einbeziehung vieler Quellen macht Riess dazu eine Rechnung auf, mit der er dieser Legende entgegentritt:

> Japan ist niemals ein hervorragend ergiebiges Goldland gewesen. Aber seine Goldproduktion und der chinesische Zufluß haben für die Bedürfnisse des bis in die neueste Zeit wesentlich in der Naturalwirtschaft stehen gebliebenen japanischen Verkehrs mehr als ausgereicht. In keinem europäischen Lande konnte die Kunstindustrie so frei mit dem edlen Metalle schalten, wie in Japan. [...] Von einer Goldentleerung des ostasiatischen Inselreiches durch die Goldausfuhr im 16., 17. und 18. Jahrhundert kann im Ernste nicht die Rede sein.[220]

Ein anderes Beispiel., nicht weniger kontrovers. Die Vertreibung der Portugiesen aus Japan:

> Fassen wir zum Schluss das Resultat kurz zusammen: Die Portugiesen sind in den 25 Jahren von 1614 bis 1639 in Japan immer mehr zurückgedrängt und schliesslich ganz verdrängt worden, weil sie ihren Zusammenhang und ihre Sympathien mit der katholischen Propaganda nicht aufgeben konnten, der sich die Reichsregierung in Japan immer schroffer widersetzte. Die Holländer, und während einer kurzen Periode auch die Engländer, haben von Anfang an in ihrer Feindschaft und Handelsconcurrenz gegen die Portugiesen mit Erfolg Anlehnung gesucht an die Antipathien der Behörden gegen die heimlichen Priester. Sie haben später noch einmal vergeblich eine kleinliche Intrigue versucht. Aber den Ausschlag hat gegeben, dass damals der propagandistische Enthusiasmus der Kirche in der romanischen Welt stärker war als die Tendenzen der Wohlfahrtspolitik und die Interessen des Handels, denen er indirekt entgegenwirkte. Auf dem Trümmerfelde dieses Zerstörungsprocesses ist das holländische Handelsmonopol in Japan entstanden, das für lange Zeit der Schlussstein für den hochgespannten Finanzbau der holländischen Ostindischen Compagnie war und dadurch das holländische

[220] Riess (1905): S. 126f.

> Colonialreich in Südostasien in die Napoleonische Periode hinübergerettet hat. Macao ist seit dem Aufhören des Handels die Ruine geworden, als die es heute erscheint.[221]

Soweit einige Originaltöne des Mannes, dem dieses Kapitel gewidmet ist. Das letzte Wort aber gebührt mit Yoichi Nishikawa, dem eingangs genannten Autor aus unserer Zeit, der sich darum bemüht hat, einen fast vergessenen deutschen Brückenbauer in Erinnerung zu rufen. Er hat ihm erfreulich klare Konturen gegeben. Nishikawa merkt an, dass Riess im Bewusstsein handelte, den Geist der Aufklärung (den „Genius des Okzidents") im Gepäck zu führen und seiner Objektivität damit Grenzen gesetzt waren:

> Diese universalistische Geschichtsbetrachtung von *Rieß* mag zwar im Kontext des damaligen deutschen Geschichtsdenkens bereits überholt gewesen sein. Sie konnte jedoch die japanischen Historiker davor bewahren, einer Mythisierung der Nationalgeschichte zu erliegen oder ihre Unvergleichbarkeit einseitig hervorzuheben und so darauf zu verzichten, sich allgemeinen wissenschaftlichen Maßstäben zu stellen. Sein durch die Aufklärung bestimmtes Staatsdenken forderte, dass nicht nur die positivrechtliche Ordnung des Staates, sondern auch die traditionellen Beziehungen zwischen Staat und Individuen nach dem modernen europäischen Muster uminterpretiert werden mussten. In diesem Sinn bedeutete die Einführung der deutschen Geschichtswissenschaft des 19. Jahrhunderts nicht nur eine zunehmende Verwissenschaftlichung und Spezialisierung, sondern auch eine Möglichkeit der gründlichen Umwandlung der Idee des Staats und der Nation für *Meiji*-Japan.[222]

Der „Genius des Okzidents", der mit den Geisteswissenschaften kam, war nicht überall willkommen. Riess bekam das zu spüren. Der „Genius des Okzidents" brachte eine schmerzhafte auf Veränderung gerichtete Botschaft. Aber er bereitete den Naturwissenschaften den Weg und führte Japan binnen weniger Jahrzehnte in die Spitze der großen Industrienationen.

---

221 Riess (1898): S. 26.

222 Nishikawa (2007): S. 356f.

13. Karl Haushofer (1869–1946) Wissenschaftliche Erkenntnisse oder gefährliche Visionen?

Mit Sicherheit lässt sich darüber streiten, ob es berechtigt ist, Karl Haushofer, den Geografen und Geopolitiker, zu den wichtigsten „Brückenköpfen" der deutsch-japanischen Beziehungen zu zählen. Schließlich handelt es sich bei Haushofer um „einen der umstrittensten Repräsentanten des 20. Jahrhunderts"[223], wie sein Biograf Christian W. Spang urteilt. Haushofer sei ein Wissenschaftler, der die Bedeutung des „Raumes" als wichtige historische Größe erkannt und analysiert habe – so sehen es manche. Er habe den Deutschen nach der schmerzhaften Niederlage im Ersten Weltkrieg als wertvoller Ratgeber die Augen für ein weiträumiges kontinentales Denken öffnen wollen – so ihre Begründung. „Insbesondere ging es ihm darum, den verantwortlichen Politikern das nötige geographisch-politische Wissen zur Verfügung zu stellen, mit dem diese den Wiederaufstieg Deutschlands bewerkstelligen sollten."[224] Andere betrachten ihn als Wegbereiter der Nationalsozialisten in Deutschland, der den Machthabern nach 1933 das intellektuelle Rüstzeug für ihren „Blitzkrieg" und dem Militärregime in Japan die Begründung für einen raumgreifenden Eroberungskrieg geliefert habe.

Ein Blick auf Haushofers recht bewegten Lebenslauf mag die Deutung erleichtern. 1869 als Spross einer angesehenen Münchner Professorenfamilie geboren, entscheidet er sich entgegen der Tradition nicht für die Wissenschaft, sondern für die Offizierslaufbahn. Obwohl zeitweise zum Generalstab abkommandiert, verläuft seine Karriere zunächst nur mäßig erfolgreich; seinen großen Ehrgeiz kann sie nicht stillen. Gefallen findet er jedoch an seiner Entsendung an die Kriegsakademie, wo er Kriegsgeschichte unterrichtet. Damit bewegt er sich auf einem Feld, das ihn auch später immer wieder beschäftigen sollte. Als für ihn sehr wichtig erweist sich auch seine Ehe mit Martha Mayer-Doss (1877–1946), Tochter eines zum Katholizismus konvertierten jüdischen Tabakfabrikanten, die ihn klug, willensstark und ebenfalls ehrgeizig begleitet – durch gute und durch schwere Zeiten, denn an Lebenskrisen fehlte es nicht. Über wichtige Phasen seines Weges führt sie Tagebuch und steht ihm auch bei seiner wissenschaftlichen Arbeit zur Seite. Sie ist es auch, die Karl Haushofer dazu drängt, den Sonderauftrag anzunehmen, der ihn 1909 für ein gutes Jahr als militärischen Beobachter nach Japan führt. Diese begrenzte Zeit nutzt er, um zu Politikern und Militärs gute Kontakte aufzubauen, die er auch nach seiner Rückkehr nach

[223] Spang (2013): S. 75.

[224] Ebd., S. 75.

Deutschland weiter pflegt. Von Bedeutung ist beispielsweise seine Begegnung mit dem hohen japanischen Kolonialbeamten Honda Kumatarō (1874–1948), den er auf seiner Reise durch die Mandschurei kennenlernt. Er wurde später japanischer Botschafter in Berlin. Über viele Jahre standen beide Männer in regelmäßigem Austausch.

Trotz langer Krankheit arbeitet Haushofer nebenberuflich an seiner Promotion. Thema seiner 1913 veröffentlichten Dissertation ist Japan; bereits ihr Titel markiert sein künftiges Interessengebiet: *Der deutsche Anteil an der geographischen Erschließung Japans und des Subjapanischen Erdraums, und deren Förderung durch den Einfluß von Krieg und Wehrpolitik*. Was nun folgt, ist für Haushofer gleich mehrfach von Bedeutung. Zunächst einmal bewährt er sich an der Front, und seine militärische Karriere verläuft daraufhin steil bergauf. Als er 1919 seinen Abschied vom Militär nimmt, tut er dies als Generalmajor, eine Bezeichnung, die er fortan auch auf den Titelblättern zahlreicher Veröffentlichungen führt. Einer seiner Frontkameraden ist der deutlich jüngere Rudolf Heß (1894–1987) – eine Begegnung, aus der sich eine lebenslange Freundschaft entwickelt. Heß gehört später zu den Gefolgsleuten Adolf Hitlers und hilft ihm während der gemeinsamen Haft in der Festung Landsberg bei der Niederschrift von *Mein Kampf*. Später, als Stellvertreter Hitlers in einflussreicher Stellung, hält Heß in Form eines „Schutzbriefes" seine Hand über die Familie Haushofer und bewahrt sie so vor der NS-Judenverfolgung.

Den Nationalsozialisten verdankt Haushofer den Lehrstuhl in München

1933 wird Haushofer in München, wo er vorher bereits Gastvorlesungen gehalten hatte, zum Ordentlichen Professor an der dortigen Universität bestellt. Er gehört zu den Gründungsmitgliedern der nationalsozialistischen *Akademie für Deutsches Recht* und bewegt sich in NS-nahen Organisationen, tritt der NSDAP jedoch nicht bei. Obwohl er niemals nach Fernost zurückkehrt, bemüht er sich um einen Ruf als Japankenner. In intensiven Studien macht er sich sachkundig, muss sich dabei aber auf „Ferndiagnosen" beschränken. Dennoch findet sein Werben um eine Achse mit Japan schließlich Gehör. Die dramatische Flucht seines Freundes Rudolf Heß nach England im Jahr 1941 lässt ihn allerdings in der Gunst der Machthaber stark sinken. Nach dem deutschen Einmarsch in die Sowjetunion im selben Jahr gerät er immer mehr in Opposition zur herrschenden Politik. Von nun an wird er verdächtigt, verfolgt, verhaftet. Er muss miterleben, wie sein Sohn Albrecht (1903–1945), der in den Putschversuch vom 20. Juli 1944 verwickelt ist, vom Volksgerichtshof zum Tode verurteilt und hingerichtet wird. Haushofer sieht sein Weltbild zerstört, verliert sich in Depressionen, die ihn schon früher zeitweise heimgesucht hatten, und nimmt sich schließlich im Frühjahr 1946 gemeinsam mit seiner Frau das Leben. In der seinem verbliebenen Sohn und seinem Anwalt hinterlassenen Erklärung nennt Haushofer als Grund für den gemeinsamen Freitod:

> […] unheilbare Trauer um das Schicksal von Land und Volk, dem ich vergeblich meine ganze Lebensarbeit geweiht hatte; und um den vorzeitigen Tod unseres Sohnes Albrecht, in dem ich den Erben meines wissenschaftlichen Werkes verloren habe.[225]

So viel zu Haushofers schicksalhaftem Lebenslauf, geprägt von Höhen und Tiefen in dichter Folge. Sein Bild in der Geschichte ist allerdings noch ohne feste Kontur. Sicher ist, dass sein einjähriger Japanaufenthalt für Haushofer richtungsweisend war. Unbestritten ist auch, dass er mit seiner Geopolitik-Lehre sowohl von der nationalsozialistischen Regierung in Deutschland als auch von den Verantwortungsträgern im fernöstlichen Kaiserreich in Anspruch genommen und von beiden Seiten für politische Zwecke vereinnahmt wurde. Dabei hat er durchaus die Nähe zu Führungspersönlichkeiten in beiden Lagern gesucht. Verortete er seine Rolle auch zunächst im Hintergrund, so wehrte er sich später jedoch nicht gegen die große Medienpräsenz, wie sie ihm insbesondere in den Jahren nach 1930 zuteilwurde. Vermutlich hat er die hohe Wertschätzung durchaus genossen, die ihm vor allem vonseiten Japans entgegengebracht wurde – auch wenn man ihn möglicherweise überschätzte. Zu nennen ist hier beispielhaft Iimoto Nobuyuki, der Generalsekretär der *Japanischen Gesellschaft für Geopolitik* (*Nihon Chiseigaku Kyōkai*). In einem Interview von einem Gesprächspartner nach dem beeindruckendsten Erlebnis eines langen Lebens gefragt, erzählt Iimoto Jahrzehnte später von seinem Besuch in Haushofers Münchner Wohnung im Jahr 1938, der ihn offenkundig sehr nachhaltig geprägt hat:

> Was ich nicht vergessen werde, ist mein Besuch bei Haushofer zu Hause. […] Wie Sie wissen, war er innerhalb der Geopolitik ein berühmter Mann. […] Ich habe von ihm zwei Widmungen erhalten. Eine in „Geopolitik des Pazifischen Ozeans", und eine in „Weltpolitik von heute". Ich besitze die Bücher noch heute. Es sind beeindruckende Bücher. […] Er war ein Freund Japans. „Meine Frau und ich lieben Japan. Es gibt keine Europäer, die Japan mehr lieben", sagte er einige Male. […] Haushofer hatte offensichtlich dem Meiji-Tennō die Hand geschüttelt. Er sagte, dies sei eine große Inspiration für ihn gewesen. […] Er war ein echter Kenner Japans. Wahrscheinlich von einem geopolitischen Standpunkt aus sagte er u. a., daß […] Japan, Deutschland und Rußland keine Macht der Welt fürchten müßten, wenn sie einen Dreimächtepakt schließen würden.[226]

Tatsächlich ist dieser Dreimächtepakt zwei Jahre später, 1940, geschlossen worden. Die Japaner gingen davon aus, dass Haushofer dafür ein entscheidender Impulsgeber war. Sie wussten, dass

---

[225] Wikipedia (https://de.wikipedia.org/wiki/Karl_Haushofer)

[226] Spang (2013): S. 605.

er mit Rudolf Heß befreundet war und darüber hinaus über Kontakte zum NS-Außenminister Joachim von Ribbentrop (1893–1946) verfügte.

Nimmt man sein 1913 erschienenes wichtigstes Werk *Dai Nihon: Betrachtungen über Groß-Japans Wehrkraft, Weltstellung und Zukunft* zur Hand und verfolgt seine Arbeit über mehr als ein Dutzend weiterer Publikationen, Bücher und kleinerer Schriften hinweg, so ergibt sich eine durchgehende Linie wichtiger Thesen, die in unterschiedlicher Form immer wieder auftauchen. Wenn dabei die Nähe zu nationalsozialistischem Gedankengut auch nicht zu leugnen ist, so sind die beiden Ansätze dennoch nicht deckungsgleich. Zum Beispiel sucht man bei Haushofer vergebens eine Reihe der rassistischen Elemente, die zur NS-Kernsubstanz gehören. Verheiratet mit einer Frau aus jüdischer Familie, fehlte seiner „Geopolitik" der erste Teil der Blut-und-Boden-Doktrin, die für Hitler und seine Parteigänger von besonderer Bedeutung war.

Geopolitik – Eckpunkte einer neuen Lehre

Um einen Einblick in Haushofers Gedankenwelt zu gewähren, sei hier ein Text von 1933 wiedergegeben, der seine geopolitische Position für den Fernen Osten in konzentrierter Form deutlich macht – verpackt in eine Würdigung des Meiji-Kaisers:

> Trotz Deutschland und Italien – denen es wahrlich an innerer Dynamik nicht fehlt – ist heute das japanische Reich der Erdenraum, der unter dem gefährlichsten Hochdruck steht; mit mehr als 90 Millionen auf viel zu engem Raum; im Altkulturgebiet, wenn man das reine hochwertige Kulturland allein rechnet, mit dem furchtbaren Gedränge einer Volksdichte von fast tausend Menschen auf dem Quadratkilometer des Stammbodens.
>
> Es gibt für Japan kein Zurück, keine Form der ruhigen, statischen, stetigen Entwicklung, nur eine Dynamik, die entweder schnell zu mehr Raum und neuen Hochspannungen führt oder ins Verderben durch Atemenge und Verkümmerung oder Niederbruch.
>
> So bedarf Japan eines Schutzheiligen in dringender Not. Aber es sucht ihn nach echt altjapanischer Staatskultur und Sitte nicht mit gleichem Ungestüm in der Gegenwart eines Diktators, etwa im Stile Italiens oder Deutschlands; sondern es klammert sich mehr als seit langem an die nach dem Staatsglauben der Nation unabreißbare Reihe der schützenden Vorfahren, der Kami, unter denen heute der Reformkaiser Meiji als der größte und am sichersten Führende erscheint. Es sucht die weggeleitenden Hände auf dem in zweieinhalb

> Jahrtausenden erprobten evolutionären Weg seiner Institutionen, dem Götterpfad Shinto, nicht durch die einzelne, das Tao durchbrechende Persönlichkeit.[227]

Legt man – auf der Suche nach Haushofers Thesen – diesen Text zugrunde und ergänzt ihn um weitere Quellen aus seiner Feder sowie um Aspekte, die Spang herausgearbeitet hat, so ergibt sich für Japan eine Position aus den folgenden zwölf Elementen:

1. Japan leidet an Übervölkerung: Die Geopolitik führt zu einem Anspruch, den vorhandenen Raum gerecht zu verteilen. Was als gerecht anzusehen ist, ist allerdings nicht eindeutig abzuleiten. Der Grundgedanke findet sich aber in einer anderen Veröffentlichung Haushofers in einiger Breite:

> In der in solchen Fragen [...] immer bewußter, mündiger werdenden Welt gibt es eben neben dem Buchstaben, dem Claimrecht des Besitzenden, auch ein Naturrecht auf ein Daseinsmindestmaß an Raum. Um dieses fühlt man sich in der Volksenge Ostasiens weit verkürzt und sieht, wie die angelsächsischen Großraumeigner nebenan weite Landstriche aus Mangel an Händen gar keiner Entwicklung zuführen können und dennoch nicht für fleißige Einwanderer freigeben wollen.[228]

2. Die Ausdehnungs-Chancen sind sorgfältig zu kalkulieren: In 24 Thesen diskutiert Haushofer die aus seiner Sicht möglichen Bewegungsspielräume für das „im Innern vor seismischem und sozialem Druck bebende Reich[229]"[230]. Ins Bild gehört auch die Herausforderung durch „eine angriffsweise von Hawaii aus vorstoßende US-Amerikanische Flotte, die mit ‚leeren Bunkern und vollen Kielen' vor der überaus wehrhaften Küste des Inselreiches – einem schwer blockierbaren Fuchsbau mit vielen Ausgängen – ankäme [...]."[231] Zugleich bietet Haushofer eine Rechtfertigung für eine japanische Mandschurei-Offensive, die dem Land Verfügungsgewalt über deren Kohle und Kriegsmetalle gäbe.[232] Dies alles sind zunächst nur Teile gedanklicher Kriegsspiele, die später – wenn auch in partiell abgewandelter Form – im großen pazifischen Krieg an Bedeutung gewinnen sollten.

---

227 Haushofer (1933²): S. 50f.

228 Haushofer (1933¹): S. 212.

229 Gemeint ist Japan (Anm. d. Verf.).

230 Haushofer (1933¹): S. 225.

231 Ebd., S. 224.

232 Ebd., S. 225.

3. Eine auf Raumgewinnung angelegte Strategie muss Realitäten berücksichtigen: Eine auf Expansion zielende Politik darf nicht mit gleicher Intensität nach allen Seiten betrieben werden. Japan soll nicht in Richtung des alten Gegners Russland Erweiterung suchen, sondern sich nach Süden orientieren. Dort muss es allerdings mit dem erbitterten Widerstand der alten Kolonialmächte rechnen, die sich bereits seit längerem im Pazifikraum festgesetzt haben.

4. Der Monsunraum bietet ein lohnendes Ziel für Expansion: Allen ethnischen, kulturellen und religiösen Unterschieden zum Trotz ist der Monsunraum als Einheit von 900 Millionen in Süd-, Südost- und Ostasien lebenden Menschen zu betrachten. Das verbindende Element all dieser Völker sieht Haushofer in dem Naturphänomen des Monsun, der allen Sturm und Regen bringt. (Allerdings gibt es auch eine andere überraschende Begründung für diesen ungewöhnlichen, von Haushofer verwendeten Sammelbegriff der „Monsunvölker“: Auf seiner Fernostreise erschien dem Deutschen jedes der Länder, das er kennenlernte, als kulturell so fremd, „dass er daraus im Umkehrschluß glaubte postulieren zu können, diese müßten untereinander relativ ähnlich sein.“[233])

5. Es muss einen „Kontinentalblock“ Deutschland, Russland und Japan geben: Ein Zusammenwirken dieser drei Länder ist ein Eckstein der Haushoferschen Geopolitik. Eine solche Formation hätte dem angloamerikanischen Anspruch auf Weltherrschaft etwas entgegenzusetzen. Vor diesem Hintergrund begrüßt er den Hitler-Stalin-Pakt von 1939 und hat später Schwierigkeiten damit, den Einmarsch deutscher Truppen in die UdSSR gedanklich zu verarbeiten. Doch gelingt ihm dies, indem er den Einmarsch als deutschen Angriff auf das auch in Japan verhasste kommunistische System und nicht etwa als Versuch Deutschlands interpretiert, machtpolitisch Raum zu gewinnen.

6. Angloamerikaner sind die großen Gegner: Haushofer betrachtet die USA, deren Eingreifen den Ersten Weltkrieg zum Nachteil Deutschlands entschieden hatte, als mächtigsten Feind eines möglichen Wiederaufstiegs Deutschlands. Auch für Japan verkörpern die Vereinigten Staaten das größte Hindernis, um im Pazifikraum Geländegewinne zu verbuchen. Haushofer registriert, dass die USA sich durch eine konsequente Inselpolitik feste Stellungen verschafft (z. B. auf Hawaii und den Midwayinseln) und Japan gleichzeitig ein Flottenabkommen abgetrotzt haben, das einem etwaigen Ausbau der japanischen Kriegsmarine schmerzhafte Grenzen setzt. Schließlich haben sie das expandierende Japan mit einem Wirtschaftsboykott attackiert und ein Öl-Embargo verhängt, das den Inselstaat schwer traf. Dem muss sich Japan widersetzen.

---

233 Spang (2013): S. 722.

7. Wehrerziehung ist ein wichtiger Teil im japanischen Bildungskanon: Haushofer denkt in Konflikten. Deshalb beschäftigt er sich ausführlich mit militärischen Fragen. Höchstes Lob finden bei ihm die Meiji-Reformer:

> So konnte dem neuen Japan ein für das verjüngte Reich geradezu vollendetes Wehrkleid angepaßt werden, im räumlichen Wachstum wie in dem Ausbau der Inseln zu natürlichen Festungen durch geschickte Wehrbauten, sowie in der Wehrkrafterziehung der an sich keineswegs kriegerischen, sondern eher durch Hochkultur verweichlichten Massen. Es ist höchst bezeichnend, daß neben Kriegsministerium und Generalstab durchaus selbständig ein eigener Erziehungsstab steht, der darüber zu wachen hat.[234]

> Den stärksten Halt und Antrieb empfängt freilich die japanische Wehrgeographie aus dem glühenden gemeinsamen Lebenswillen eines sich noch als Einheit empfindenden Volks und der stolzen Selbstverständlichkeit, sein in 2600 Jahren niemals von einem Feind erfolgreich betretenes Land heilig und unberührt, wie es von den Ahnen ererbt ist, an die kommenden Geschlechter übergeben zu wollen.[235]

8. Japan muss den Völkerbund verlassen: Nippons Geschichte ist einzigartig und erschließt sich fremden Beobachtern nur schwer:

> Das[236] ist es, was auch die neuzeitliche japanische Geschichte dem Fremden so schwer verständlich macht. Darin liegt auch eine ernsthafte Gefahr, die des Nichtverstandenwerdens in weiten internationalen Kreisen, so daß der Austritt aus dem Völkerbund in einer wirklichen Krise dem Kenner Japans fast als moralische Notwendigkeit erscheint – wenn es nicht revolutionäre Wege beschreiten wollte, bei denen es aber zuerst seine eigene Vergangenheit, seine nationale Seele hätte verleugnen müssen.[237]

9. Der Meiji-Kaiser ist die Inkarnation des Staates:

> Denn Mutsuhito[238] war eine in ihrer Art fast vollendete Gestaltung der japanischen Volksseele in ihrem Verhältnis zu Ahnen und Geschichte: das war seine Stärke; aber es bedingte

---

234 Haushofer (1933^1): S. 134.

235 Ebd., S. 139.

236 Gemeint ist der „Staatsglaube der Nation“ an die „unabreißbare Reihe der schützenden Vorfahren“ und Japans Suche nach „weggeleitenden Händen“ auf dem „Götterpfad Shinto“ (Haushofer (1933^2): S. 50).

237 Haushofer (1933^2): S. 51.

238 Mutsuhito ist der ursprüngliche Name des Meiji-Kaisers.

auch das völlige Opfer seiner Persönlichkeit, so eigenartig und gehaltvoll sie war, zum fast unpersönlichen Diener, zuletzt zum ruhenden und doch allseitig wachen Sinnbild des Staats.[239]

10. Japan hat die Kraft zur Tat: Ein Teil der politischen Wissenschaften neigt dazu, sich in abstrakten Begriffen zu erschöpfen und bestenfalls in der Analyse steckenzubleiben. Nicht so die Geopolitik. Haushofers Selbstverständnis ist es, „mit Worten andere zu Handlungen anzuspornen"[240]. In aller Welt schätzt das Militär eher diese Mentalität, die politische Positionen in Strategien umsetzt. Der bereits erwähnte Geograf Iimoto Nobuyuki, der die Gedanken Haushofers dem japanischen Publikum nahebrachte, fasste den Willen zur Tat in folgende Worte:

Die Anstrengung, Asien den Asiaten zu sichern, ist eine dringende Angelegenheit. Aber wann werden die Asiaten die Tatsache erkennen, daß das gesamte Monsungebiet eine geopolitische Einheit darstellt. Wann wird die Zeit kommen, wenn die 900 Millionen in Asien aufstehen […]. Die Zeit verstreichen zu lassen, bringt nichts.[241]

11. Japan erhebt den Anspruch zu führen: Auch hier lässt Iimoto Nobuyuki, seit 1925 mit Haushofer bekannt, keinen Zweifel: „Japan ist durch sein Schicksal dazu verpflichtet, sich zu erheben und die Bewegung zu führen."[242]

12. Ein Dreimächtepakt sichert den Sieg: Ehe Japan beginnt, seine Ansprüche gewaltsam durchzusetzen, muss es Sicherungsmaßnahmen treffen. Eine der wichtigsten ist die am 27. September 1940 mit Berlin und Rom geschlossene völkerrechtliche Vereinbarung, deren Artikel 2 lautet: „Deutschland und Italien anerkennen und respektieren die Führung Japans bei der Schaffung einer neuen Ordnung im großasiatischen Raum."[243] Aus Sicht Japans bedeutet das freie Hand für die angestrebte Veränderung in der Region. In Artikel 3 sichert es sich für den Krisenfall den Beistand der beiden Partner:

[Deutschland, Italien und Japan] übernehmen ferner die Verpflichtung, sich mit allen politischen, wirtschaftlichen und militärischen Mitteln gegenseitig zu unterstützen, falls einer

---

239 Haushofer (1933^2): S. 51.

240 Spang (2013): S. 712.

241 Ebd., S. 496f.

242 Ebd., S. 497.

243 Haushofer (1941): S. 317.

> der drei vertragschließenden Teile von einer Macht angegriffen wird, die gegenwärtig nicht in den europäischen Krieg oder in den chinesisch-japanischen Konflikt verwickelt ist.[244]

Klar erkennbar zielt das vor allem auf die USA, die zu diesem Zeitpunkt – zumindest formal – in dem bereits begonnenen Ringen in Europa ihre Neutralität wahrten. (Tatsächlich aber hatten die USA bereits damit begonnen, Großbritannien im Krieg gegen Deutschland mit finanziellen Mitteln und kriegswichtigen Rohstoffen zu unterstützen.) Bereits ein Jahr nach Vertragsschluss steigen japanische Jagdbomber auf, um in Pearl Harbor einen Teil der amerikanischen Pazifikflotte zu vernichten. Der große Krieg im Pazifik, der alle beteiligten Nationen zahllose Opfer kosten würde, nimmt damit seinen Anfang.

„Geopolitik des Pazifischen Ozeans" gewinnt Herrschaft über Köpfe

Doch auf welchem Wege konnten diese und andere Thesen überhaupt nach Japan gelangen? Haushofer konnte nicht persönlich für seine Position werben, da er, wie bereits erwähnt, nach 1910 nicht mehr nach Japan zurückgekehrt ist. Nur sein Sohn Albrecht, der sich in vielerlei Hinsicht als Vertreter seines Vaters verstand, war 1937 im Lande unterwegs. Aber ihm standen auch andere Mittel zur Verbreitung seiner Lehre zur Verfügung. Eines davon war die von ihm bereits 1924 mitbegründete *Zeitschrift für Geopolitik (ZfG)*, die sich in ihrer Ausrichtung anfangs vor allem auf den bedeutenden Geografen Friedrich Ratzel (München, Leipzig) und den Politologen Rudolf Kjellén (Uppsala) stützte, später allerdings von Haushofer immer mehr zur Verbreitung seiner eigenen politischen Vorstellungen genutzt wurde. Darüber hinaus erwiesen sich seine Bücher, wie z. B. *Geopolitik des Pazifischen Ozeans* (1925), *Grenzen in ihrer geographischen und politischen Bedeutung* (1927), *Japan und die Japaner* (1923) sowie *Japans Werdegang als Weltmacht und Empire* (1933), als besonders erfolgreich.

Nach 1933 konnte Haushofer zur Verbreitung seiner Ideen zudem auf amtliche Mithilfe rechnen. In der vom *Japanisch-Deutschen Kulturinstitut* in Tokio und dem *Japaninstitut* in Berlin gemeinsam herausgegebenen *Zeitschrift für japanisch-deutsche Kultur* (*Nichi-Doku Bunka*) fanden sich immer wieder Hinweise auf die von ihm vertretene Geopolitik. Ähnliches gilt für die Arbeit der deutschen Botschaft: „Haushofers Publikationen in Japan zu fördern, war aus Sicht der Diplomaten damals nichts anderes als semi-offizielle Kulturpropaganda bzw. Öffentlichkeitsarbeit."[245] Ferner setzte sich das Auswärtige Amt nachweislich für Übersetzun-

[244] Ebd., S. 317.

[245] Spang (2013): S. 534.

gen seiner geopolitischen Texte ins Japanische ein. Diese Medienhilfe war durchaus erfolgreich: In seiner Haushofer-Biographie gelang es dem Historiker Spang, mehrere Dutzend Veröffentlichungen nachzuweisen[246], die auf diese Weise zustande gekommen sind.

Die Wirkung der Lehre auf die politische Entscheidungsfindung

Doch trotz all dieser Anstrengungen war der „Geländegewinn" anfangs eher schleppend. Denn in den Jahren nach dem Ersten Weltkrieg, aus dem Japan als Siegermacht hervorgegangen war, war der Boden noch kaum für die Durchsetzung einer auf Expansion gerichteten Politik bereitet. Das änderte sich erst 1937 grundlegend, als japanische Truppen in der Mandschurei gegen die Chinesen kämpften. Der Hitler-Stalin-Pakt von 1939, der die Japaner zunächst sehr erschreckt hatte, weckte letztlich ihr weiteres Interesse. Haushofer gelang es zunehmend, sich mit einflussreichen Japanern ein Netzwerk aufzubauen, darunter etwa Kikuchi Takeo, Vorsitzender der *Gesellschaft für japanischen Geist (Nihon Seishin Kyōkai)* sowie die Professoren Kanokogi Kazunobu (1884–1949), zeitweise Leiter des Berliner Japaninstituts, und Hiraizumi Kiyoshi (1895–1984), der für die *Kokutai*-Lehre in besonders konservativer Auslegung (*Kokokushikan*) eintrat. Besonders aufschlussreich ist die Einschätzung der Zürcher *Weltwoche*, veröffentlicht im Oktober 1940:

> In Tokio wurden die Aeusserungen des früheren Militärattachés[247] und jetzigen Beraters Hitlers natürlich gern vernommen. Wohl zum ersten Male rechtfertigte ein Weißer die expansionistischen Bestrebungen Nippons und erkannte ihm vor aller Welt den Führungsanspruch in Asien zu. Haushofer wurde [...] unaufgefordert und vielleicht ungewollt zum politischen Berater Japans. Nirgends wurden seine Bücher und sein monatlicher Ueberblick über den indopazifischen Raum eifriger gelesen als in den Kreisen der japanischen Imperialisten. Sie machten sich Haushofers Argumente zu eigen, sie formten daran ihre eigenen Ideologien des kommenden Großasiens, in dem der „raumfremde weiße Mann" nichts mehr zu suchen habe.[248]

Die japanische Rechte ließ sich gern darin bestätigen, auf dem richtigen Weg zu sein. Allerdings tat sie sich nach dem Hitler-Stalin-Pakt mit der ebenfalls von Haushofer vertretenen Idee

---

246 Vgl. Ebd., S. 786ff.

247 Haushofer bekleidete nie dieses Amt; er war militärischer Berater in untergeordneter Stellung (Anm. d. Verf.).

248 Spang (2013): S. 543.

schwer, gemeinsam mit der UdSSR, die sie doch als ihren eingefleischten Gegner betrachtete, einen „Kontinentalblock“ zu bilden. Aber auch den Kursschwenk der deutschen Ostpolitik ging Japan nicht mit. Als deutsche Truppen in die Sowjetunion einfielen, erteilte Tokio dem Berliner Wunsch eine klare Absage, die UdSSR auch in Asien – von Europa aus gesehen gewissermaßen im Rücken – anzugreifen. Japan übte sich in Neutralität, auch wenn es ihm am Ende nicht gedankt wurde: Nach dem Atombombenabwurf auf Hiroshima – Nippons Niederlage war greifbar nahe – erklärte Moskau Japan noch schnell den Krieg, um sich die Kurilen als Kriegsgewinn zu sichern.

Um Einfluss zu gewinnen, wechselte Haushofer mehrfach die Blickrichtung. Mit seinen Publikationen wandte sich Haushofer zunächst nur an die führenden Köpfe, die für ihr Land auf der Suche nach Zukunftsmodellen waren. Doch in der zweiten Hälfte der 1930er Jahre gewann die Diskussion, die zunächst auf Fachzeitschriften begrenzt war, immer mehr an politischem Gewicht. Dank der Beharrlichkeit Haushofers und seines Sohnes Albrecht, aber auch aufgrund der Unterstützung vonseiten deutscher und japanischer Politiker, wurden immer breitere Teile der Gesellschaft einbezogen. Es gelang ihnen, in patriotischen Vereinen, in Hochschulen und Schulen, vor allem aber im Militär – und dies zu keineswegs nur unter den Offizieren – emotionale Kräfte zu mobilisieren. Anfang der 1940er Jahre lagen Haushofers Bücher in den japanischen Buchläden direkt neben Hitlers *Mein Kampf* und den Biografien des amtierenden Kriegspremiers Tōjō Hideki (1884–1948), was nicht zuletzt auf einen sehr hohen Bekanntheitsgrad Haushofers in Japan schließen lässt.[249]

Das Land bereitete sich nun umfassend auf eine neue Gesellschaftsordnung vor. Dazu nur einige Beispiele: Die Kaiserliche Universität Tokio eröffnete ein *Büro für Verteidigungswissenschaft* (*Tokyo Teikoku Daigaku Kokubō Kenkyūshitsu*); das Kulturministerium rief ein Rohstoff-Forschungsinstitut (*Shiryō Kagaku Kenkyūjo*) ins Leben; zahlreiche Vereine schossen wie Pilze aus dem Boden: die *Gesellschaft für das Neue Ostasien (Shin-Tōa Kyōkai)*, die *Pazifische Gesellschaft (Taiheiyō Kyōkai)* und die *Japanische Gesellschaft für Geopolitik (Nihon Chiseigaku Kyōkai – NCK)*, um nur einige zu nennen.

Haushofer erfreute sich eines wachsenden Vertrauenskapitals – jedenfalls solange das nationalsozialistische Deutschland in einem „Blitzkrieg“ große militärische Erfolge erzielte, die seine Lehre von der Geopolitik zu bestätigen schienen. Hinzu kam, dass Haushofer ein begabter Ideologe war, der es vermochte, aus der Glut, die er vorfand, Feuer zu entfachen. Er verlieh er dem Expansionsdrang des Kaiserreichs die notwendige Rechtfertigung. Viele Japaner verstanden seine Thesen geradezu als wissenschaftliche Begründung der Okkupationspolitik

[249] Vgl. ebd., S. 570.

Krieg ist nicht mehr die Ultima Ratio der Politik

An dieser Stelle sei noch einmal die Frage gestellt: Gehört Haushofer in eine Sammlung von Lebensbildern, die für die deutsch-japanischen Beziehungen von Bedeutung sind oder es jedenfalls waren? Darüber kann man geteilter Meinung sein. Dafür spricht, dass Haushofer sich forschend und schreibend ein halbes Leben lang mit Japan und seinem Umfeld beschäftigt hat. Er hat Quellen studiert, Kontakte geknüpft und sich bei seinen Gesprächspartnern, aber auch in der Öffentlichkeit, erfolgreich Gehör verschafft. Auch wenn er nicht davor zurückschreckte, das zusammengetragene Wissen mithilfe der eigenen Fantasie zu ergänzen, auch wenn er im Irrtum war – in den Jahren zwischen den beiden Weltkriegen war er von prägender Kraft. Er meinte, Japan verstanden zu haben. Damit lag er vermutlich falsch. Aber fühlten sich nicht viele Japaner auch von ihm verstanden? Ist es sinnlos oder vielleicht sogar notwendig, dem nachzuspüren, warum die tatsächliche Entwicklung über viele Etappen den von Haushofers Thesen vorgezeichneten Weg nahm? Auch wenn viel Unheil geschehen ist und er daran Anteil hatte – ihn zu ignorieren, wäre ein Fehler.

Doch nicht nur Fragen, auch klare Worte sind notwendig: Die Wege, die er mit der Ratio zu begründen versuchte, haben sich als Irrwege erwiesen. Angriffskriege zum Zwecke des Raum- und Machtgewinns verbieten sich nicht nur aus moralischen Gründen. Die Zeiten, dass sich kriegführende Mächte nach blutigen Siegen eines vergrößerten Besitzes erfreuen konnten, sind lange vorbei. Schon die Weltbrände des 20. Jahrhundert kannten angesichts der Verluste nur Verlierer auf beiden Seiten. Für die Zukunft gilt das mehr denn je. Angesichts von Nuclear War, Cyber War, Battlestars, angesichts von Guerillataktik und Terrorschlägen sind Waffengänge, jedenfalls in seiner bisherigen Form, nicht mehr Ultima Ratio der Politik. Geopolitik muss umdenken, wenn sowohl Angreifer als auch Angegriffene mit dem Verlust der eigenen Existenz zu rechnen haben. Eine mit allen Mitteln geführte militärische Auseinandersetzung würde den Lebensraum vieler Völker zerstören. Im schlimmsten Fall würde die Erde unbewohnbar, denn die Menschheit hätte ihre eigene Daseinsgrundlage vernichtet. Dennoch wird es auch in Zukunft das Bemühen geben, bestehende Machtverhältnisse zu verändern. Die „Mächte des Beharrens" und die „Mächte der Erneuerung" – wie Haushofer sie bezeichnet – werden einander auch künftig (feindlich) gegenüberstehen. Doch müssen Spannungen solcher Art in Zukunft auf andere Weise abgebaut oder gelöst werden. Wie das aussehen kann, ist bereits heute andeutungsweise erkennbar, denn wir leben in einer Zeit des hybriden Friedens und des hybriden Kriegs.

Viele der Spuren, die die hier diskutierte (antiquierte) Geopolitik in unseren Gesellschaften hinterlassen hat, sind vergessen oder bewusst beseitigt worden. Die heute lebende Generation weiß mit dem Namen Haushofer nur noch wenig anzufangen. Wer sich im wissenschaftlichen Diskurs in Japan dennoch auf seinen Namen bezieht, läuft Gefahr, nicht mehr ernst genommen zu werden:

> Nach dem Zweiten Weltkrieg wurde die Geopolitik in Japan [...] zum Tabu. Sie wurde aus der Welt der Wissenschaft gestrichen. Wenn man nur das Wort Geopolitik in den Mund nahm, schien es, als ob man aus dem Gelehrtenkreis ausgeschlossen würde.[250]

In Deutschland steht besonders Wichtiges an. Unter Einfluss Haushofers ist die Geografie zur Geopolitik mutiert. Das hat dem Fach nicht gut getan. Es muss einiges geschehen, um die unerwünschte Nähe zu beseitigen und die notwendige Distanz zur Politik wiederherzustellen. Es ist noch manches aufzuarbeiten. Der deutsche Historiker Christian W. Spang, der an der Daitō Bunka Universität in Tokio forscht und lehrt, hat in dieser Hinsicht bereits Verdienstvolles geleistet. So hat er sich in seinem 2013 erschienenen Buch *Karl Haushofer und Japan*, auf das sich dieses Kapitel im Wesentlichen stützt, auf gut tausend Seiten intensiv mit der umstrittenen Rolle Haushofers und der von ihm entwickelten Geopolitik befasst. Arbeit in dieser Richtung bedarf der Fortsetzung.

[250] Spang (2013): S. 725.

14. Wilhelm Solf (1862–1936) Grundlagen für eine fruchtbare Partnerschaft

1920 fiel im Auswärtigen Amt in der Berliner Wilhelmstraße die Entscheidung, den ehemaligen Kolonialbeamten Wilhelm Solf zum deutschen Botschafter in Japan zu ernennen. Eine ungewöhnliche Wahl – denn berufliche Erfahrung in einer Kolonie schien für diese fordernde, ja heikle Aufgabe die denkbar schlechteste Voraussetzung zu sein. Diese Art von Übersee-Diensten stand nicht unbedingt im besten Ruf. Lange Zeit hatte es in Deutschland überhaupt keine zielgerichtete Kolonialpolitik gegeben. Otto von Bismarck scheute die Eroberung ferner Territorien; vielmehr räumte er der Festigung des Deutschen Reichs den Vorrang ein, auch weil er zusätzliche Verteilungskonflikte mit anderen Großmächten vermeiden wollte. Dennoch gab er – und mehr noch seine Nachfolger – letztlich dem innenpolitischen Druck nach, indem er Privatunternehmen, die in dieser Hinsicht auf eigenes Risiko aktiv wurden, staatlichen Schutz zusicherte. Mit einem solchen eigentlich veralteten System der *Chartered Company*, d. h. einem staatlich garantierten Privatunternehmen, fanden in den Jahren 1884/85 viele der deutschen Kolonisationsbemühungen statt – so u. a. in Kamerun, Togo, Deutsch-Südwestafrika (Namibia) und Deutsch-Ostafrika (Tansania).[251]

Das mobilisierte Menschen eines besonderen Schlages – kaltblütige Kaufleute, die Risiken und einen handfesten Zugriff nicht scheuten, und an der Spitze von Schutztruppen harte Militärköpfe, die den Widerstand der Einheimischen ohne Skrupel zu brechen wussten. Feinfühlige diplomatische Fähigkeiten waren in diesem Feld weniger gefragt. Doch als Solf zum Botschafter berufen wurde, waren im Kolonialdienst bereits einige Fortschritte sichtbar. Die Marine hatte ihre ursprüngliche Zuständigkeit für die Schutztruppen 1896 an das Auswärtige Amt abgeben müssen, das wiederum seine Kompetenzen in eine nachgeordnete Behörde – das Reichskolonialamt – eingebracht hatte. Vor allem Bernhard Dernburg (1865–1937), von Hause aus ein Bankier, der sich u. a. als Sanierer in der Montanindustrie einen Namen gemacht hatte, konnte als Leiter des Kolonialamtes Reformen durchsetzen: Von nun an sollten weniger Alkohol und weniger Waffengewalt die Kolonialpolitik prägen. Neu war außerdem eine Art Wirtschaftsförderung für überseeische Gebiete. Im Vordergrund des kolonialen Bemühens stand aber nach wie vor eine möglichst intensive Ausbeutung von Bodenschätzen und einheimischen Arbeitskräften.

---

[251] Vgl. Zimmerer (2013): S. 27.

Solf hatte nach seiner Ernennung als Botschafter in Japan eine besonders schwere Aufgabe zu lösen. Um die deutsch-japanischen Beziehungen, die in der Frühphase partnerschaftlich gewesen waren, stand es schon seit längerem nicht mehr gut. Für Japan stellte beispielsweise die deutsche Mitwirkung an der *Tripel-Intervention von Shimonoseki* im Jahr 1895 eine tiefgreifende Enttäuschung und Demütigung dar: Deutschland hatte entscheidenden Anteil daran, dass Tokio gezwungen wurde, die im Chinesisch-Japanischen Krieg unter blutigen Verlusten eroberte Halbinsel Liaodong wieder an China abzutreten. Felix von Gutschmid (1843–1905), einer der Vorgänger Solfs im Amt des Botschafters, spielte durch seine Berichterstattung in diesem Zusammenhang eine höchst unglückliche Rolle. Noch dazu hatte er den traditionell deutschfreundlichen japanischen Regierungschef Itō Hirobumi persönlich verletzt. Daraufhin war Japan ins englische Lager gewechselt und im Ersten Weltkrieg zum Gegner Deutschlands geworden.

Gerade weil die Vorzeichen auch nicht zum Besten standen, erwies sich Solfs Ernennung als besonderer Glücksgriff, kam doch mit ihm eine Persönlichkeit mit weitem Horizont und ausgeprägt schöngeistigen Interessen zum richtigen Zeitpunkt und an der richtigen Stelle in die Verantwortung. Solf hatte an verschiedenen deutschen Universitäten Indologie studiert und 1885 in Halle sein Examen in indischer Philologie, Sanskrit und Philosophie mit „summa cum laude" abgelegt. In seiner Dissertation hatte er sich mit altindischer Liebeslyrik befasst. Mithin war er gewiss kein Kolonialist des alten Schlages! Aber gleichzeitig bewies er viel Sinn für das nüchterne Machtspiel großer Staaten. Obwohl immens fleißig, war er dennoch kein Schreibtischtäter, sondern weitgereist und weltgewandt. Während seiner Zeit als Botschafter in Japan war er auch für den diplomatischen Spitzenposten in Washington im Gespräch. Doch das sollte sich zerschlagen – was für ihn bedauerlich gewesen sein mag. Er blieb umso länger in Tokyo – den deutsch-japanischen Beziehungen kam das zugute.

Vor den Trümmern einer verfehlten Politik

Ein halbes Jahrhundert nach Ende seiner Dienstzeit in Japan haben diplomatische Kollegen die Solf-Jahre in Tokio bewertet. Sie kamen zu dem Ergebnis, dass er in drei Feldern besonders erfolgreich war: Er fand eine stockkonservative deutsche Gemeinde vor, die dem untergegangenen Kaiserreich nachtrauerte oder alldeutschen Vorstellungen nachhing. Aus derlei Träumereien musste er sie wecken, ihre Köpfe für ein realistisches Weltbild und für die Weimarer Republik gewinnen. Das ist ihm Zeitzeugenberichten zufolge gelungen.[252] Die geistigen Strukturen, die er bei seinen Landsleuten vorfand und überwinden musste, hatte Heinrich Heine 1844 in *Deutschland. Ein Wintermärchen* in Worte gefasst:

[252] Vgl. Schwalbe / Seemann (Hg.) (1974): S. 85.

Franzosen und Russen gehört das Land,
Das Meer gehört den Briten.
Wir aber besitzen im Luftreich' des Traums
Die Herrschaft unbestritten.

Hier üben wir die Hegemonie,
Hier sind wir unzerstückelt;
Die anderen Völker haben sich
Auf platter Erde entwickelt. – –[253]

Doch Solf hatte auch anderes auszuräumen. Vor seiner Zeit hatten professionelle Beobachter aus Deutschland in Peking und Tokio auf brüchiger Grundlage Informationen gesammelt und diese – mit fragwürdigen eigenen Anschauungen vermischt – nach Berlin weitergereicht. Und das Auswärtige Amt hatte falsche Schlüsse daraus gezogen. Als Solf berufen wurde, waren die schlechten Ratgeber zum Teil noch auf ihren Posten. Wenn es darum geht, desaströse Fehlentscheidungen zu korrigieren, ist das Wirken aus der Ferne eine eher undankbare Sache. Dennoch gelang es Solf, für die Neuausrichtung der deutschen Ostasienpolitik Wirkungsvolles zu leisten.

Vor allem war ihm ein Anliegen, in Japan an verlorene Freundschaften wieder anzuknüpfen und erneut verlässliche Partner zu gewinnen. Solf hatte eine ausgesprochene Begabung zur Freundschaft: er vermochte geduldig zuzuhören, Verständnis zu entwickeln, liebenswürdig und einfühlsam Rat zu geben oder, wenn nötig, auch zu schweigen. Dabei ließ er sich von einem liberalen humanistischen Weltbild leiten. Seine japanischen Gesprächspartner wussten dies zu schätzen. Er konnte für sein Land und auch für sich selbst ein hohes Maß an Sympathie gewinnen.

Doch solche Erfolge auf rutschigem Parkett erringt man nicht allein durch charakterliche Werte. Auch freundliche Beredsamkeit reicht dafür nicht. Solf war sich dessen bewusst und bemühte deshalb auch andere diplomatische Mittel. Ihm werden Sätze zugeschrieben, die dem Kursbuch junger Eleven des Auswärtigen Amtes entnommen sein könnten: „Alle Dinge lassen sich besser am weißen als am grünen Tisch erledigen." Oder: „Ein tüchtiger Diplomat muss auch einen guten Magen haben."[254] Er verfügte über diese Gaben eines guten Gastgebers und Gastes – und dies offenbar reichlich.

[253] Heine (1844): S. 34.

[254] https://de.wikipedia.org/wiki/Wilhelm_Solf

Ein Diplomat nutzt alle Chancen für einen Neuanfang

Wilhelm Solf gelang es auf vielen Wegen, Menschen unterschiedlicher Kulturen zusammenzuführen. Die oben bereits zitierte kritische Nachlese *Deutsche Botschafter in Japan 1860–1973* fand dafür Anerkennung – wohltönend in den Formulierungen, ganz sicher auch gut gemeint – und dennoch etwas blass, d. h. ohne hinreichenden Beleg für das, was Solf bewegen konnte. Es fehlen konkrete Hinweise auf das, was er bewirkt und was seine Amtszeit bei weitem überdauert hat. Um diese Lücke zu füllen, hier nur einige Beispiele: In ihrer Siegeslaune hatten die Alliierten 1918 in Versailles u. a. einen Boykott gegen die deutsche Wissenschaft verabredet. Die fortan aus der internationalen Wissenschaftsgemeinschaft ausgeschlossenen deutschen Gelehrten erlebten dies als sehr schmerzhafte Diskriminierung. Während sich viele Nationen an diese Verabredung hielten, hatten die Japaner allerdings frühzeitig signalisiert, dass sie auf den Austausch mit deutschen Forschern, der vor dem Krieg rege und ergiebig gewesen war, nicht verzichten wollten. In dieser Situation kam der Zufall zu Hilfe. Der schon damals berühmte Physiker Albert Einstein (1879–1955) hatte sich 1922 auf Einladung eines Verlages, vermutlich nicht ohne Mitwirkung der deutschen Botschaft, zu einem Vortrag in Japan angemeldet. Zu diesem Zweck hatte er sich bereits am 7. Oktober 1922 in Marseille eingeschifft. Er war noch auf hoher See, als ihm am 9. November in Stockholm der Nobelpreis zuerkannt wurde. So kam es, dass dem Mann, der im Begriff war, der Menschheit ein neues Weltverständnis zu vermitteln, bei seiner Ankunft in Tokio am 17. November eine große Menschenmenge zujubelte. Er reiste auf einer Woge der Sympathie durch das Land und versäumte darüber auch die feierliche Nobel-Zeremonie, die für den 10. Dezember in Stockholm angesetzt war. Der ungeheure Zulauf, den seine sechs öffentlichen Vorträge erlebten – sie dauerten bis zu fünf Stunden – mag ein gewisser Ausgleich dafür gewesen sein. Für die deutsch-japanischen Beziehungen von größerer Bedeutung war, dass der von den Versailler Mächten ausgesprochene Bann damit zum ersten Mal durchbrochen wurde.

Ein weiterer prominenter Besuch, den Solf angeregt hatte, wirkte in ähnlicher Richtung. Dem deutschen Chemiker Fritz Haber (1868–1934) war einige Jahre vor Einstein der Nobelpreis für das Haber-Bosch-Verfahren zur katalytischen Synthese von Ammoniak aus den Elementen Stickstoff und Wasserstoff verliehen worden. Reichspräsident Friedrich Ebert (1871–1925) schickte Haber 1924 mit dem Auftrag nach Japan, vor Ort zu erkunden, in welcher Form eine künftige regelmäßige und offizielle wissenschaftliche und kulturelle Zusammenarbeit möglich sein könnte. Haber war kein einfacher Gesprächspartner. Zudem wurde er von vielen als janusköpfiger Charakter wahrgenommen. Seine Forschungsergebnisse waren zwar der Schlüssel zur Herstellung von Düngemitteln, die der Sicherstellung der Ernährung der schnell wachsenden Menschheit dienten. Sie erleichterten aber auch die Produktion von Sprengstoffen, die im Krieg eingesetzt wurden. Schlimmer noch: die von ihm entwickelten chemischen Formeln ermöglichten die Herstellung von Giftgas, das in den erbittert geführten Grabenkämpfen des Ersten Weltkriegs als Massenvernichtungswaffe zum Einsatz kam. Seine Frau, Clara Immerwahr, selbst eine promovierte Chemikerin, hatte von dem Giftgaseinsatz an der Front erfahren. Die Nachricht hatte sie so erschüttert, dass sie sich mit der Dienstwaffe ihres Mannes das Leben genommen hatte. Die Japaner allerdings bewiesen Respekt vor diesem Schicksal, bei dem Licht und Schatten so eng beieinanderlagen. Sie sorgten dafür, dass Habers Mission des guten Willens zu einem beachtlichen Erfolg wurde.

Gründungsvater zweier Kulturinstitute

Mit Solfs tatkräftiger Unterstützung, aber auch dank des Einsatzes des hochangesehenen japanischen Politikers Gotō Shimpei (1857–1929), der bei Robert Koch in Berlin und bei Max von Pettenkofer in München studiert hatte, kam der Beschluss zustande, in Berlin und Tokio jeweils Kulturinstitute zu schaffen, die dem gegenseitigen Austausch beider Länder dienen sollten. Bereits zwei Jahre später, im Mai 1926, wurde in der deutschen Hauptstadt das *Institut zur wechselseitigen Kenntnis des geistigen Lebens und der öffentlichen Einrichtungen in Deutschland und Japan* (kurz: *Japaninstitut*) gegründet. Dem Einsatz von Adolf von Harnack (1851–1930) ist es zu verdanken, dass es Räume im Berliner Schloss bekam. Im Juni des folgenden Jahres wurde im Gegenzug das *Japanisch-Deutsche Kulturinstitut* in Tokio gegründet.

Doch Solf gelang es nicht nur, verschüttete Wege wieder freizumachen. Er trug auch dazu bei, die notwendige materielle Unterstützung zu mobilisieren, um dem Wissenschaftsbetrieb in Deutschland einen neuen Schub zu verleihen. Nach dem Ersten Weltkrieg ging Deutschland durch dunkle Jahre: große Teile des Landes waren von fremden Truppen besetzt, das Volk hungerte, das kulturelle, wissenschaftliche und wirtschaftliche Leben lag am Boden. Die Japaner waren die Ersten, die eine helfende Hand ausstreckten. Zum Teil handelte es sich dabei um ehemalige Studenten, die einst an deutschen Universitäten ausgebildet worden waren. Inzwischen bekleideten sie im eigenen Land verantwortungsvolle Funktionen, erinnerten sich aber in bester konfuzianischer Tradition ihrer alten Lehrer. Sie sammelten Gelder – nach heutiger Währung viele Millionen Euro.

Dabei verdient es ein Mann, der nicht einmal in Deutschland, sondern in Amerika studiert hatte, besonders hervorgehoben zu werden: Hoshi Hajime (1873–1951), ein erfolgreicher pharmazeutischer Unternehmer, stellte der auf Mitinitiative von Fritz Haber 1920 gegründeten *Notgemeinschaft der Deutschen Wissenschaft* einen erheblichen Teil seines Vermögens zur Verfügung. Mit seinen Spenden konnten annähernd einhundert deutsche Forschungsprojekte finanziert werden. Dabei ließ er den großen deutschen Forschern jener Zeit, wie Fritz Haber, Max Planck (1858–1947), Richard Willstätter (1872–1942) und Otto Hahn (1879–1968), bei der Entscheidung über die Verwendung der Mittel weitgehend freie Hand. Wilhelm Solf spielte in diesem Prozess die wichtige Rolle des Vermittlers, der das notwendige Vertrauen schuf, der Anregungen gab, die solche Projekte in Gang brachten.

Angesichts der ungewöhnlichen Großzügigkeit der Hoshi-Stiftung stellt sich die Frage: Wie ist es möglich, dass selbst Wissenschaftshistoriker so wenig über diese Zusammenhänge wissen? Die Antwort muss insbesondere uns Deutsche nachdenklich stimmen: Nach 1933 umhüllten die Nationalsozialisten alles, was mit dem „System Weimar" in Verbindung stand, mit dem Mantel des Schweigens. Dazu gehörte in ihren Augen auch die Erinnerung an Hoshi Hajime. Erschwerend kam hinzu, dass in diesem Zusammenhang viele jüdische Namen eine Rolle spielten. Eine Wiedergutmachung war überfällig. Gegenwärtig trägt insbesondere die Max-Planck-Gesellschaft dafür Sorge, der noblen Hilfe in schweren Zeiten, die zugleich ein gutes Stück japanisch-deutscher Geschichte ausmacht, einen angemessenen Platz im Bewusstsein der Deutschen zu verschaffen.

Rückblickend betrachten viele Beobachter die 1920er Jahre als das „Goldene Zeitalter" der deutsch-japanischen Beziehungen. Doch es währte nur kurz. Den Kulturinstituten waren in beiden Ländern nur zu Anfang Jahre der uneingeschränkten freien Arbeit vergönnt. Schon bald entwickelten sich unerfreuliche politische Unterströmungen. Nach Hitlers Machtergreifung wurden unverkennbar nationalistische Töne laut. Im Zweiten Weltkrieg schließlich waren beide Länder Verbündete, kämpften aber unabhängig voneinander auf weit entfernten Kriegsschauplätzen. Japan im Pazifik, Deutschland in Ost- und Mitteleuropa. Angesichts der jeweils eigenen Probleme war für Kulturaustausch kein Raum. 1945 wurden beide Kulturinstitute aufgelöst. Es folgten viele Jahre des Schweigens, da beide Nationen vor allem mit sich selbst beschäftigt waren. Zudem betrachteten die Siegermächte des Zweiten Weltkriegs alle Versuche mit Argwohn, den gegenseitig fruchtbaren Dialog aus der Vorkriegszeit wiederaufzunehmen.

Ein wertvolles Erbe ist nicht hinreichend genutzt worden

So vergingen nach dem Kriegsende fast zwanzig Jahre, bevor die auf private Initiativen hin ins Leben gerufenen verschiedenen deutsch-japanischen Gesellschaften sich 1964 zu einem gemeinsamen Verband zusammenfanden und mit ihren Freunden in Japan wieder regelmäßig Kontakt suchten. Offizielle Kulturinstitute wurden noch später wieder gegründet: Die *Japan Foundation* machte 1969 mit der Eröffnung des *Japanischen Kulturinstituts* in Köln den Anfang. Deutschland wiederum eröffnete Goethe-Institute in Tokio, Osaka und Kyōto. 1985 folgte auf Anregung der beiden Regierungschefs Helmut Kohl (1930–2017) und Nakasone Yasuhiro (1918–2019) die Schaffung des *Japanisch-Deutschen Zentrums Berlin* (jzdb). Sein Zweck besteht laut Paragraph 2, Absatz 1 der Stiftungsurkunde darin, „die japanisch-deutsche und internationale Zusammenarbeit auf den Gebieten der Wissenschaft und Kultur zu fördern und zu vertiefen."[255] In Japan ist seit 1988 das *Deutsche Institut für Japanstudien* (DIJ) in Tokio aktiv.

Was den Kern ihrer Aufgaben betrifft, stehen beide zuletzt genannten Einrichtungen – wenn auch mit unterschiedlichen Akzenten – in der Tradition der Kulturinstitute der 1920er Jahre. Ihr Auftrag ist es, das Verständnis für die jeweils andere Kultur zu pflegen und zu vertiefen. Keine dieser Organisationen bekennt sich jedoch zu der Gründung aus der Solf-Zeit. Die Vergangenheit wird weitgehend mit Schweigen belegt. Das hat Gründe: Die deutschen Institutsleiter in der NS-Zeit, die Japanologen Wilhelm Gundert (1880–1971) und Walter Donat (1898–1970), hatten sich früh mit dem Nationalsozialismus arrangiert. Beide hatten eine Umgestaltung ihrer Arbeit im Sinne des NS-Staats und seiner Propaganda in Angriff genommen, waren um „Gleichschaltung" bemüht, wie Annette Hack in ihrer Analyse 1995 kritisch konstatierte:

> Schon die Anordnung der geplanten Reihe zeigt, daß Donat Kulturvermittlung als Ideologievermittlung auffaßte, als Vermittlung von „Weltanschauung". [...] Grundannahmen und Fragestellungen in den Kultur- und Gesellschaftswissenschaften leiteten sich aus der Rassenlehre ab. Entsprechend steht sie an erster Stelle, wenn das Dritte Reich dem gebildeten Japan präsentiert werden soll.[256]

Für diese Einschätzung gibt es eindeutige Belege, u. a. einen Presseartikel, den Donat unter seinem Namen veröffentlicht hat: „Wir sehen heute die kulturellen Beziehungen engstens in die großen politischen Beziehungen eingewoben. Wir können sie überhaupt nicht mehr getrennt voneinander betrachten."[257]

Es ist durchaus nachvollziehbar, dass die Initiatoren, die nach dem Zweiten Weltkrieg den deutsch-japanischen Dialog wiederbelebten, um Distanz bemüht waren. Aber war es deshalb zwingend erforderlich, Neugründungen den Vorzug zu geben? War damit nicht zugleich eine Absage an die Tradition der Weimarer Zeit verbunden, für die eine Persönlichkeit wie Wilhelm Solf steht? Damit wurden auch die Bemühungen dieses Mannes um einen unbelasteten fruchtbaren Austausch über die Grenzen entwertet. Ist es in solchen Fällen nicht der bessere Weg, politische Fehlentwicklungen zwar deutlich anzusprechen und klare Trennungslinien zu ziehen, aber die Tradition trotzdem zu bewahren?

---

255 Stiftungsurkunde für das Japanisch-Deutsche Zentrum Berlin. (https://www.jdzb.de/fileadmin/Redaktion/Images/wir-ueber-uns/JDZB-Stiftungsurkunde-D.pdf)

256 Hack (1995): S. 90.

257 zitiert nach Hack (1995): S. 100.

Fragen dieser Art, hier leider verspätet gestellt, könnten in einem ähnlichen Fall jedoch durchaus an Aktualität gewinnen: Die altehrwürdige *Deutsche Gesellschaft für Natur- und Völkerkunde Ostasiens* (OAG), gegründet 1873, steht ebenfalls im Verdacht, in den kritischen Jahren vom Nationalsozialismus erheblich „kontaminiert" worden zu sein. Sie hat sich nicht für Auflösung und Neugründung, sondern für Kontinuität entschieden. Steht sie also zu ihrer Vergangenheit? Es hat den Anschein, dass sie sich für eine offene Auseinandersetzung entschieden hat. Zur Vorbereitung auf das 2023 anstehende 150. Gründungsjubiläum hat die OAG dem Vernehmen nach schon einen angesehenen Historiker beauftragt, die NS-Zeit und die in diesen Jahren agierenden Persönlichkeiten genauer unter die Lupe zu nehmen. Ob nun bewusst oder unbewusst – die Japaner haben in dieser Beziehung eine Richtung vorgegeben. Der Direktor ihres Kölner Kulturinstituts rief anlässlich eines Jubiläums seines Hauses 2019 ein japanisches Sprichwort in Erinnerung: „onko chishen" – was soviel bedeutet wie: Man lernt für die Zukunft, wenn man die Vergangenheit betrachtet.[258]

In jeder Lage ein Mann des ruhigen, besonnenen Ausgleichs

Die acht Jahre, die Wilhelm Solf in Japan als Botschafter wirkte (1920–1928), stellten in seinem durchaus turbulenten Leben eine wichtige Station dar. Aber es war nur ein Abschnitt von vielen. Vor einer zusammenfassenden Wertung noch einmal eine Einblendung, die eine Sicht auf dieses Leben erleichtert: Eingangs ist bereits deutlich geworden, dass Solf in der Kolonialverwaltung – im Gegensatz zu anderen, mit harter Hand agierenden Kollegen – als ein Mann des ruhig-besonnenen Ausgleichs bekannt war. Seine Sonderstellung wird umso deutlicher, wenn man andere Namen aus diesem Umkreis beleuchtet: etwa Paul von Lettow-Vorbeck (1870–1964), Hans Dominik (1872–1945), Hermann von Wissmann (1853–1905) oder Carl Peters (1856–1918). Sie alle müssen die Helden-Podeste wieder räumen, auf die sie die deutsche Öffentlichkeit einst gehoben hat. Erinnerungsorte in Form von Straßennamen sollen getilgt werden. So fordert es dieser Tage – ob nun zu Recht oder Unrecht – eine neue Generation von Historikern. Mit Wilhelm Solf allerdings, der doch als Staatssekretär und Leiter des Reichskolonialamtes in besonders exponierter Stellung war, gehen selbst unnachsichtige Anhänger dieser Bewegung, sehr behutsam um. Einer von ihnen, der Historiker Jürgen Zimmerer, der 2011 das Buch *Von Windhuk nach Auschwitz? Beiträge zum Verhältnis von Kolonialismus und Holocaust* vorgelegt hat, lässt in dem 2013 von ihm herausgegebenen Sammelband *Kein Platz an der Sonne – Erinnerungsorte der deutschen Kolonialgeschichte* folgende Passage durchgehen:

---

258 Vgl. Japan Foundation: Über uns, Abschiedsgrußwort im April 2019.

> Gouverneur Wilhelm Solf (1862–1936) wollte die „edlen Wilden“ Samoas und ihre Traditionen von allen fremden kulturellen Einflüssen rein halten, ohne deshalb jedoch die Legitimität der deutschen Herrschaft in Frage zu stellen oder der Selbstbestimmung für Samoaner großes Gewicht beizumessen. Er sprach sich gegen die Zuwanderung deutscher Siedler und chinesischer Kontraktarbeiter ebenso aus wie gegen „Mischehen“. Samoanische Gebräuche, Kultur und „Rasse“ sollten in jeder Hinsicht intakt und „unverdorben“ bleiben. Die Realität sah allerdings anders aus.[259]

Gemessen an der eher raubeinigen Art, in der Geschichtswissenschaftler heutzutage die jüngere deutsche Geschichte durchforsten, sind das sanfte Töne. Offensichtlich bot Solf auch Kritikern, die gern hart zufassen, kaum Anlass, ihm am Zeug zu flicken. Er war eine politische Begabung, aber in vieler Hinsicht auch ein Außenseiter; kein Parteiarbeiter im üblichen Sinn. Entsprechend schwer ist es, ihn einzuordnen. Er galt als Anhänger eines eher konservativen Liberalismus, stand der Fortschrittlichen Volkspartei nahe; später wurde er Mitglied der republikanisch orientierten Deutschen Demokratischen Partei (DDP).[260] Gegen Ende des deutschen Kaiserreichs und zu Beginn der Weimarer Republik war er für kurze Zeit Leiter des Auswärtigen Amts, in der Stellung eines Außenministers, und sogar als Reichskanzler im Gespräch.

Auch in seinen Japan-Jahren, die hier im Mittelpunkt stehen, blieb er sich und einer gradlinigen Haltung treu – auch angesichts sich verändernder Verhältnisse. „Aus dem Geist seiner Ideale der Versöhnung von Völkern und Kulturen“[261] gelang dem Botschafter vieles, was andere vergeblich versuchten, so urteilten seine Kollegen ein halbes Jahrhundert später über seine Zeit in Tokyo. Am Ende seiner Amtszeit verfügte er über ein erhebliches Vertrauenskapital. Als Anfang 1928 seine altersbedingte Ablösung anstand, so berichtet sein Biograf, gab das Gaimusho – ungewöhnlich genug – Signale, die deutsche Regierung möge ihn noch bis Ende des Jahres im Amt zu belassen, damit er bei den anstehenden Krönungsfeierlichkeiten für Tennō Hirohito als Doyen des diplomatischen Corps die Glückwünsche der Diplomaten übermitteln könne, da er „die etwas engherzige Meinung derer, die glaubten, eine solche Huldigung müsse als eine Konzession des Christentums an das Heidentum gedeutet und daher vermieden werden“ am ehesten überwinden könne.[262] Keiner der diplomatischen Kollegen, die zur gleichen Zeit in Japan im

---

259 Wendt (2013): S. 47.

260 Vgl.: https://de.wikipedia.org/w/index.php?title=Kategorie:DDP-Mitglied&pagefrom=Reh%2C+Heinrich%0AHeinrich+Reh#mw-pages

261 Schwalbe/Seemann (Hg.) (1974): S. 89.

262 Ebd.

Amt waren wie er, konnte sich einer auch nur annähernd ähnlichen Wertschätzung vonseiten der Gastgeber erfreuen. Waren also die von Wilhelm Solf geprägten 1920er Jahre tatsächlich das „Goldene Zeitalter" der deutsch-japanischen Beziehungen? Das ist wahrscheinlich zu hoch gegriffen. Zum einen war sein Wirkungszeitraum zu kurz bemessen; zum anderen hat auch Solf nicht verhindern können, dass der Zug nur wenige Jahre später auf völlig falsche Gleise geriet. Dennoch kann keinerlei Zweifel daran bestehen, dass er ein kostbares Kapitel der Gemeinsamkeit beider Länder geschrieben hat.

15. Bruno Taut (1880–1938) Die Suche nach dem „Dritten Japan“

Es begann mit einer Flucht. Die Nationalsozialisten hatten den angesehenen und erfolgreichen Architekten Bruno Taut als „Kulturbolschewisten“ abgestempelt, seine Existenzgrundlagen zerstört, ihm insbesondere den Lehrstuhl an der Technischen Universität Berlin und die Mitgliedschaft in der Akademie der Künste entzogen. Er verließ Deutschland schon im Frühjahr 1933. Dazu nutzte er eine Einladung junger japanischer Kollegen, die seine Verdienste um die moderne Architektur kannten, ihr Land zu besuchen. Sie erhofften sich von ihm Anregung und Ermutigung für ihre eigene Arbeit, insbesondere eine wirkungsvolle Einordnung ihrer eigenen Bemühungen um die zeitgenössische Baukunst. Taut hatte in Berlin und anderen Städten bereits große Projekte erfolgreich abgeschlossen, in erster Linie aufsehenerregende genossenschaftliche Vorhaben. Sein Wort hatte Gewicht. Sein Aufenthalt in Japan sollte eigentlich nur wenige Wochen dauern und nicht mehr als eine Zwischenstation sein. Moskau und New York standen bereits auf Tauts Agenda. Doch am Ende blieb er drei Jahre in Japan, für ihn eine besonders ereignisreiche und prägende Zeit. Aber es wurde auch zu einer Reise ohne Wiederkehr.

Wie sah die geistige Landschaft aus, die Taut erwartete, als er japanischen Boden betrat? Um das zu verstehen, muss man in die ersten Meiji-Jahre zurückblenden. Die mit den Fremden hereinströmenden Ideen waren einem großen Erdbeben vergleichbar. Die Erschütterungen, die mit der Meiji-Restauration einsetzten, sind aus den Worten eines deutschen Arztes abzulesen, die aus den turbulenten Anfangsjahren überliefert sind. Der Japaner, mit dem er sich austauschte, fasste die Verwerfungen in zwei kurze Sätze: „Wir haben keine Geschichte. Unsere Geschichte beginnt heute.“[263] Das entspricht in keiner Weise den Tatsachen, lässt aber erkennen, in welchem Ausmaß die eigene Kultur in diesem Augenblick in Frage gestellt, ja entwertet wurde

Die Regierung in Tokyo trug ihren Teil zu dieser Verunsicherung bei. Sie erließ eine Verordnung, nach der zur erwünschten Industrialisierung Japans nur westliche Formen des Bauens genutzt werden sollten. Um die dafür notwendigen Voraussetzungen zu schaffen, berief sie 1877 den Engländer Josiah Conder (1852–1920) als ersten Architektur-Professor an das 1873 neu gegründete *Imperial College of Engineering*. Der Gast bemühte sich nach Kräften, mit historisch Gewachsenem zu brechen, entwarf offizielle Gebäude im neoklassizistischen Stil und unterrichtete auch seine Studenten in dieser Formensprache. Die Umsetzung in der Praxis erwies sich

[263] Locher (2010): S. 37 („We have no history. Our history begins today.“).

allerdings als schwierig. Die Handwerker versuchten zwar, mit der Zeit zu gehen, indem sie alte und neue Formen miteinander kombinierten, aber sie hielten noch immer an althergebrachten Arbeitsweisen und Materialien fest. Im Ergebnis entstanden Gebäude im *Giyōfū*-Stil, das heißt mit pseudowestlichem Charakter – westlich waren Größenordnung und Proportionen der Gebäude, Details und Verzierungen hingegen ausgesprochen japanisch. Obwohl ihr Kern aus Holzrahmen bestand, gelang es auf raffinierte Weise, die Gebäude aussehen zu lassen, als bestünden sie aus Mauerwerk.[264]

Doch auch diese Phase des Übergangs vom Alten zum Neuen war zeitlich begrenzt. Bei solchen Bauten – Scheinlösungen im modernen Gewand – wollte es der Nachwuchs nicht belassen, zumal Amerika und Europa inzwischen damit begonnen hatten, für ihre Bauten Stahl, Beton und Glas zu verwenden. In den 1920er Jahren kam es zu einer Rebellion, in der auch eine Rückbesinnung auf frühe historische Vorbilder gefordert wurde. In diesem Zusammenhang war die Einladung an Taut ergangen. Das entsprach nicht zuletzt auch einem Anliegen der offiziellen japanischen Politik, die zunehmend auf Anerkennung bedacht war. Aber der Gast aus Deutschland fand sich dennoch in einem Dissens mit der offiziellen Linie, die für Schlichtheit und klare Linienführung nicht zu gewinnen war. Stattdessen legte sie Wert auf Macht- und Prachtsymbole, die der Architektur von Nikkō, das heißt der *Togukawa*-Zeit, entlehnt waren. Am besten wird dieser *teikan-yōshiki*-Stil durch das Hauptgebäude des heutigen Nationalmuseums Tokio verkörpert, das 1937 nach einem Entwurf von Watanabe Jin als *Imperial Household Museum* fertiggestellt wurde.

Ein Geburtstagsgeschenk von ganz besonderem Gewicht

Tauts Gastgeber in Japan war Shimomura Shōtaro, Besitzer und Präsident der *Daimaru*-Warenhauskette. Er stellte dem Gast Ueno Isaburo (1892–1972) als Dolmetscher und Führer zur Seite, einen Architekten, der in Deutschland Philosophie studiert hatte. Für Taut hatte er ein dicht gepacktes Besuchsprogramm vorbereitet. Bereits am ersten Tag nach seiner Ankunft in Kyōto erwartete ihn als eine Art Geburtstagsgeschenk ein Besuch in der Villa Katsura, der Residenz eines japanischen Prinzen aus dem 17. Jahrhundert – ein Ensemble aus Wohnbauten und Teehäusern, eingebettet in einen Park in der Nähe der alten Kaiserstadt Kyōto. Dieser Besuch, der schon damals nur mit einer Sondergenehmigung des kaiserlichen Hofamtes möglich war, wurde für Bruno Taut zu einem „Schlüsselerlebnis, so überwältigend und nachhaltig, dass es für sein gesamtes Denken über japanische Architektur und über Architektur im Allgemeinen völlig

[264] Ebd., S. 39.

bestimmend wurde, fast so wie der Nordpol für einen Kompaß."[265] Er sah darin, was er schon lange gesucht hatte, den Kern seines eigenen Bemühens, vollendet im Werk eines japanischen Architekten. Er hielt fest: „Kunst ist Sinn. In der größten Einfachheit liegt die größte Kunst."[266] Und später: „In Katsura denkt das Auge. [...] Das Auge ist Medium zwischen Gedanke und Kunst oder Philosophie und Wirklichkeit."[267]

Ganz offensichtlich erwarteten seine Gastgeber schriftliche Zeugnisse seines Denkens und Fühlens. Im Vorfeld hatte er das versprochen. Wie im Rausch brachte er seine ersten Eindrücke zu Papier – 145 druckfertige Schreibmaschinenseiten in nur 18 Tagen. *Nippon mit europäischen Augen gesehen* war für japanische Leser bestimmt und sollte eigentlich noch im Herbst 1933 erscheinen. Es kam jedoch erst am 25. Mai 1934 mit 1000 Exemplaren auf den Markt und wurde ein großer Erfolg. Bereits nach zweieinhalb Wochen war es vergriffen. Das japanische Kulturministerium bedachte es mit einer Auszeichnung. Von einer Zeitung wurde es gar zur Lektüre in den Schulen empfohlen. Taut allerdings war sich bewusst, dass es sich dabei um einen Schnellschuss handelte. Es bedurfte noch eines umfassenderen und sorgfältigeren Studiums. Das Ergebnis dieser Bemühungen erschien, breiter angelegt, im Oktober 1935 als eigenständige Arbeit – mit einem Titel, der dem des ersten Buches allerdings zum Verwechseln ähnlich war: *Japans Kunst mit europäischen Augen gesehen*.

Taut verfügte nicht nur über eine genaue Beobachtungsgabe; er ließ auch gern seiner Fantasie freien Lauf. Gelegentlich sollte ihn das jedoch in die Irre führen. So war er z. B. der festen Überzeugung, Schöpfer des von ihm so bewunderten Bauwerks, der Villa Katsura, sei der Prinz Kobori Enshū gewesen. Mit großer Hochachtung, ja Verehrung spricht er von diesem fürstlichen Bauherrn, Architekten und Teemeister des 17. Jahrhunderts. Er stattet ihm am Grab einen Besuch ab, verneigt sich im *Daitoku-ji*-Tempel und legt Blumen nieder. Aber damit nicht genug. Er verleiht ihm – in seinen eigenen Aufzeichnungen – den Titel eines „Reformators" der japanischen Kunst und fragt zugleich: „Wann wird Nippon seinen zweiten Reformator finden?"[268] Seinen privaten Papieren fügt er ein sehr persönlich gestaltetes Blatt hinzu: „Kobori Masakazu von Enshu! Wir bewundern Dein Bauen: letzte notwendigste Einfachheit, Bescheidenheit und deshalb Freiheit."[269]

Später beschäftigt ihn die Frage, unter welchen Bedingungen Kobori Enshū ein derart bedeutendes Bauwerk schaffen konnte. Er findet die Lösung in einer Formel, die – gelegentlich – in ähnlicher Weise noch heute von Architekten bemüht wird: Der Bauherr soll auf jeglichen

---

265 Speidel (2009): S. 169.

266 Taut (2005): S. 340.

267 Ebd., S. 346.

268 Speidel (2009): S. 175.

269 Taut (2005): S. 340.

Termindruck verzichten.- Er soll sich völlig zurücknehmen, den Fortgang des Baus nicht ständig verfolgen; „der Bauherr soll den Bau im Bau nicht sehen. Weil Sehen nicht genügt, und Sagen und Zeichnen auch nicht."[270]Der Bauherr darf die Kosten des Baus nicht begrenzen. Das Material muss nicht das teuerste sein. Aber der Architekt muss es genau wählen und „alle Auswüchse" vermeiden – insbesondere auf jeglichen Prunk verzichten.[271]

Taut legt sehr viel Fantasie in seinen Besuch der Katsura-Villa. Was er jedoch nicht wissen konnte: Er war Opfer einer Fehlinformation. Als Erbauungsdatum war ihm eine Zeit genannt worden, zu der Kobori noch gar nicht hätte tätig sein können. Später sollte das korrigiert werden. Der Tautsche „Reformer" wurde erstmals Mitte des 18. Jahrhunderts im Zusammenhang mit der Restaurierung einer inzwischen verfallenen Anlage erwähnt. Ist das alles nur Legende? Aber ist eine Antwort auf diese Frage wichtig? Taut führte – und dies ist entscheidend – den jungen japanischen Architekten hier frühe, japaneigene Elemente einer Baukunst vor Augen, die von Einfachheit, Sachlichkeit und konstruktiver Klarheit bestimmt war. Die nachwachsende Generation suchte nach einer Entwicklung in dieser Richtung. Deshalb hatten ihn seine Gastgeber bereits am ersten ereignisreichen Tag nach seiner Ankunft an diesen Ort geführt. Sie schätzten sich glücklich, ihre Einschätzung in seiner Reaktion bestätigt zu finden, denn sein Urteil hatte durchaus das Potenzial, in der öffentlichen Meinung Japans Überzeugungskraft zu entfalten.

Japanischer Barock oder ein Bekenntnis zum Tenno-Geist

Erst einige Zeit später besuchte der Deutsche auch den Ise-Schrein, das höchste Heiligtum des zur Nationalreligion aufgestiegenen Shintoismus – mehr als tausend Jahre älter als die Villa Katsura. Er erkannte, dass dieses Bauwerk unter Einhaltung ähnlicher Prinzipien errichtet worden war und ihm in der Weltarchitektur eine herausgehobene Bedeutung zukam: „Nach dem ersten Besuch in Ise weiß man, was Japan ist."[272] In seiner Einschätzung wusste er sich mit Kishida Hideto von der Universität Tokio einig. Er stellte sich gleichzeitig gegen den zur damaligen Zeit berühmtesten Kirchenarchitekten, den Amerikaner Ralph Adams Cram (1863–1942), der den Schrein als „roh [...] hässlich und barbarisch"[273] bezeichnet hatte.

270 Ebd., S. 345.

271 Vgl. Ebd., S. 345.

272 Locher (2010): S. 40 („ [...] after the first visit to Ise one knows what Japan is.").

273 Ebd., S. 40 („The ‚rude contrivance of Ise,' he wrote, is ‚ugly and barbarous.'").

Taut bekennt sich zum „Tennō-Geist", der der geistigen und künstlerischen Aktivität des seiner politischen Macht beraubten Kaisers in der *Tokugawa*-Zeit verpflichtet ist. Zugleich wendet er sich gegen den „Shōgun-Geist", der militärische Machtansprüche mit Prunk zur Schau stellt. Deshalb auch gilt sein Missfallen der „barocken Überladenheit der *Tokugawa*-Mausoleen"[274]. Mit aller Entschiedenheit spricht er sich andererseits gegen den Zeitgeschmack, die Oberflächlichkeit und Fassadenmaskerei der modernen Geschäftsbauten in der *Ginza* aus. Damit wirkt er klärend und zugleich verwirrend. Die Militärdiktatur, die in den 1930er Jahren an der Macht ist, begrüßt seinen historischen Ansatz. Sie pflichtet ihm auch bei, wenn er den „Budencharakter" der an US-Vorbildern orientierten Geschäftsbauten kritisiert.[275] Doch sein Angriff auf Nikkō trifft das Selbstverständnis der Generäle und Admiräle. Sie reagieren mit Zustimmung und Abwehr; und dies jeweils im gleichen Maß:

> [...] Tauts Appell an den Tennō-Geist und an das „echt Japanische" im Gegensatz zu einem oberflächlichen „Amerikanismus" stieß in den 30er Jahren im Zuge eines zunehmenden Nationalismus bei den Machthabern Japans auf offene Ohren und war offensichtlich für sie eine willkommene Propaganda.[276]

Aber die Militärs zu stärken, war sein Anliegen nicht. Ihm ging es darum, ein neues Qualitätsbewusstsein zu schaffen. Auch war er weit davon entfernt, Kopien alter Formen in die Neuzeit zu übertragen. Ihm ging es vielmehr um eine Weiterentwicklung der Tradition. Er hatte erkannt, dass insbesondere der Wohnungsbau neuer Formen bedurfte. Vermutlich hätte er sich sehr gewünscht, als Berater in Anspruch genommen zu werden. Das hätte ihm die Chance gegeben, seine genossenschaftlichen Ideen den japanischen Verhältnissen anzupassen. Doch solche Möglichkeiten sollten sich ihm nicht eröffnen.

Visionär, Revolutionär, akademischer Lehrer und Tatmensch

Taut trug viele Seelen in seiner Brust. Da ist der Visionär, der Berge bekrönen und einer „alpinen Architektur" den Weg bereiten will – einer Traumwelt, die nichts mit Bergwiesen-, Alphorn- und Trachtenromantik zu tun hat. Eine abenteuerliche Idee! Um weitere Kriege zu verhindern, sollten alle wirtschaftlichen und kulturellen Energien, so forderte er allen Ernstes, in eine Überbauung der Alpen investiert werden – „mit Kristallformen aus Glas, die auf Bergesspitzen

274 Speidel (2009): S. 171.

275 Vgl. Speidel (2009): S. 172.

276 Ebd., S. 171.

leuchten und strahlen sollten" – ein „Friedensmanifest".[277] In den japanischen Bergen, in den Museumsbauten von *Hime*, einem religiösen Zentrum, und *Atami*, einem Kunsttempel, sollte sie dennoch – posthum – ein Stück Wirklichkeit werden.

Da ist außerdem der Theoretiker, der eigenwillige Weltbilder entwirft. Mit Blick auf Japan unterscheidet er z. B.:

- Das „Erste Japan", das auf der Grundlage der *Yamato*-Kultur seinen Höhepunkt im Ise-Schrein erreicht.
- Das „Zweite Japan", das Strömungen aus Korea und China verarbeitet. Dies findet er bei Kobori Enshū und seiner Baukunst wieder, wie sie in der Katsura-Villa erhalten ist. Aber ebenso in der Poesie des *Genji Monogatari*[278].
- Den kulturellen Verfall Japans, der im Shōgunat und dessen streng militärischer Organisation sowie den dazugehörigen Prunkbauten von Nikkō seinen Ausdruck gefunden hat.
- Schließlich die Hoffnung auf ein „Drittes Japan", das zu den eigenen historischen Wurzeln zurückfindet, zugleich eine geistige Begegnung mit der westeuropäischen Kultur sucht und sich damit entschieden von den Bestrebungen einer nationalistischen „*bunkaku-kai*" der 1930er Jahre abwendet.

Da ist der Revolutionär, der sich schon im Deutschland der 1920er und 1930er Jahre entgegen dem vorherrschenden Zeitgeist als Pazifist bekennt, genossenschaftliche Baukonzepte propagiert – und daran selbst in Japan inmitten des militärischen Umfelds weiter festhält. Zu seinen öffentlichen Bekenntnissen gehört u. a. seine ins Japanische übersetzte Version der 1919 publizierten *Alpinen Architektur*, die als Anti-Kriegsschrift wirken sollte: „Tauts Vision einer kriegsfreien Welt, die all ihren Überfluß in die kristallene Überbauung der Alpen investieren würde anstatt in Kriegsmaschinerie."[279]

Da ist der Professor, der seine japanischen Kollegen und ihre Schüler dazu ermuntert, einen japanischen Weg in eine moderne Baukultur zu finden. Er erinnert sie an die Grundlagen guter Architektur, die von den Vorfahren lernt, die klimatischen Gegebenheiten der Heimat in ihrer Arbeit zu berücksichtigen. Er hebt zugleich ins Bewusstsein, dass eine neue Lebensform mit Stuhl, Tisch, Bett und Schrank vom Architekten eine neue Raumgestaltung erfordert. Er macht deutlich, dass eine seelenlose und sinnentleerte Übernahme amerikanischer und westeuropäischer Vorbilder in die Irre führe, wohingegen japanische Lösungen durchaus denkbar seien:

---

[277] Speidel (2003): S. 24.

[278] *Genji Monogatari (Die Geschichte vom Prinzen Genji)* ist der erste psychologische Roman der japanischen Literaturgeschichte und wird der Hofdame Marusaki Shikibu (ca. 978–1014) zugeschrieben.

[279] Speidel (2011): S. 211.

> Bloßes Erhalten der Tradition führt, so argumentiert er, zu toter Museumsbildung, nur Kopieren des Alten zu Romantik und Kitsch. Nachahmen der westlichen Kunst führt zu Formalismus, in der Baukunst zu Disfunktionalität und zu gleichmachender Internationalität.[280]

Und da ist nicht zuletzt auch der Tatmensch, der in Berlin und Moskau über neues Wohnen in einer veränderten Gesellschaft nicht nur nachgedacht, sondern über alle politische Widerstände hinweg anspruchsvolle, seinen theoretischen Ansprüchen genügende Wohnviertel entworfen und buchstäblich aus dem Boden gestampft hat. Allein in den Jahren von 1924 bis 1932 war er an Planung und Bau von mehr als 10 000 Wohnungen in Berlin und Umgebung beteiligt, z. B. an der *Siedlung Schillerpark* im Wedding (1924), an der Erweiterung der Siedlung *Freie Scholle* in Tegel (1924), an der *Hufeisensiedlung* in Britz (1925), der Waldsiedlung *Onkel Toms Hütte* in Zehlendorf (1926), an der Wohnstadt *Carl Legien* in Prenzlauer Berg (1929) und vielen mehr.[281]

Von den Nationalsozialisten als „Kulturbolschewist" gebrandmarkt, schlug ihm in Deutschland schließlich Verachtung entgegen. Zwar konnte er seinen Häschern entkommen, doch ist ihm ein erheblicher Teil seines Vermögens unter dem Vorwand einer „Reichsfluchtsteuer" entrissen worden. In Japan landete er – trotz Einladung – beinahe wie ein Schiffbrüchiger. Doch findet er dort treue Freunde, die seine Leistungen zu schätzen wissen. Trotzdem ist er auch dort vor polizeilicher Verfolgung nicht sicher und muss weiterhin mit Misstrauen rechnen. Als gern gesehener Gast innerhalb seines Kollegenkreises mag er dennoch nicht auf Kosten seiner Freunde leben und bietet seine Arbeitskraft an. Seinem Tagebuch ist zu entnehmen, dass er sich um mehr als ein Dutzend meist kleiner Projekte bewirbt – leider erfolglos. Das, was er erdacht und zu Papier gebracht hat, kann er nicht umsetzen. So muss er den Beweis für die Schlüssigkeit seines Denkens weitgehend schuldig bleiben. Das starre Militärregime verkennt seine Begabung und verweigert ihm die Möglichkeit, in Japan tiefere Wurzeln zu schlagen. Das wirft einen Schatten auf seine im Übrigen so fruchtbare Zeit in diesem Land.

Im unfreiwilligen Wartestand und in Hoffnung auf das „Dritte Japan"

Obwohl das „Dritte Japan", von dem Taut träumt, in weiter Ferne liegt, wird ihm immerhin die Genugtuung zuteil, seine Leistungsfähigkeit einmal unter Beweis zu stellen. Ein sensibler, kluger Bauherr aus dem Umfeld der alten Kaiserstadt Kyōto schenkt ihm Vertrauen. In Atami baut er im Auftrag des Kaufmanns Rihē Hyūga dessen Villa, die heute – annähernd 100 Jahre

280 Ebd., S. 205.

281 Vgl. Akademie der Künste Berlin (1980): S. 157.

später – als Durchbruch zu einer neuen Architektur gefeiert wird. In einem Konzept, das von den Kritikern als geniale Lösung anerkannt wird, macht er mit Hilfe seines japanischen Kollegen und Freundes Yoshida Tetsurō (1894–1956) sichtbar, dass es möglich ist, japanische und europäische Ansprüche unter einem Dach zusammenzuführen. Fortan pilgern viele, die sich für dieses Experiment interessieren, von weither nach Atami, um sich mit eigenen Augen davon zu überzeugen.

Doch war Taut damit keineswegs ausgelastet. Im Grunde befand er sich – fast während seines gesamten dreijährigen Japanaufenthalts – im Wartestand. Er war, vielleicht ohne sich dessen selbst bewusst zu sein, zwischen die Mühlsteine der großen Politik geraten. Einerseits wollte er nach Moskau zurückkehren, wo er 1932 begonnen hatte, sich ein Büro aufzubauen. Andererseits hoffte er auf eine Einladung nach New York. Dort war er korrespondierendes Mitglied des *American Institute of Architects*. Das Rockefeller Center hatte ihm Avancen gemacht, am Bau von Arbeiterwohnhäusern mitzuwirken. Doch am Ende kam es zur Absage. Über die Gründe kann man nur spekulieren. Die internationalen Spannungen wuchsen von Jahr zu Jahr. Er war als unruhiger, unabhängiger „Wanderer zwischen den Welten" nur schwer einzuordnen und damit wohl auch nicht willkommen.

Natürlich versucht er seine Zeit zu nutzen. Im praktischen Baugeschäft kaum gefragt, betätigt er sich als Schreibtischtäter. In seinen Japanjahren legte er drei Bücher vor. Davon erfuhr das Buch *Nippon mit eigenen Augen gesehen* nach einer Zwischenzählung allein zwischen 1991 und 2009 in Japan noch 25 Auflagen; *Japans Kunst mit europäischen Augen gesehen* brachte es zwischen 1992 und 2008 auf 13 Auflagen.[282] „Man kann sagen Taut wurde in Japan zu einem der meist aufgelegten Schriftsteller über japanische Kultur."[283] Dazu kamen viele einzelne Texte, die der Architekt und Architekturtheoretiker Manfred Speidel sehr viel später in dem Sammelband *Bruno Taut: Ich liebe die japanische Kultur* vereinte. Auch um das Kunstgewerbe bemühte sich Taut mit kritischen Texten und eigenen Entwürfen, deren Verkauf ihm jedoch keinen dauerhaften Erfolg bescherte.

Mit seinen Veröffentlichungen zur Katsura-Villa und dem Ise-Schrein löste Taut sehr schnell eine lebhafte Diskussion aus und stieß zugleich eine Entwicklung an, die bis heute nachwirkt. Welches sind die Elemente, die eine „Japan-Architektur" prägen – die zum einen das Ursprungsland erkennen lassen und zum anderen „weltmarktfähig" sind? Mit Blick auf diese Frage sind Theoretiker und Baupraktiker zu durchaus unterschiedlichen Aussagen gekommen. Aber sie machen auch eine Gemeinsamkeit deutlich: Das Teehaus ist die Ursprungszelle. Seinen Charakter beschreibt der mehrfach preisgekrönte Architekt Andō Tadao (*1941) als „infinitely expanding universe in an

---

282 Vgl. Speidel (2011): S. 211.

283 Ebd., S. 211.

enclosed, very small space."[284] Dazu nur ein paar Stichworte: Der Bezug zur Natur ist unverzichtbar. Das Innen und das Außen bedürfen einer engen Verbindung. Das Haus beruht auf einer schlichten sichtbaren Pfeiler-Konstruktion. Das Dach ist tiefgezogen und mit ausgeprägtem Überstand. Dazu der Verzicht auf jegliche Dekoration, die eine Zuordnung der Bauelemente verschleiert.

Aber schon über die Auslegung dieser Stichworte gibt es Streit unter den Fachleuten. Vor allem darüber, welche Baustoffe zulässig sind, gehen die Meinungen weit auseinander. Der Architekt Kuma Kengo (*1954) beispielsweise baut Teehäuser und übt zugleich heftige Kritik an der Verwendung von Beton als Baumaterial, denn „concrete is by far the main reason for the terrible decline of Japan's traditional building culture"[285]. Sein Kollege Fujimori Terunobu (*1946) wiederum setzt bei seinen Kreationen auf Baustoffe wie Gips, Rinde, Holz, Metall und Glas, die er auf überraschende Weise miteinander kombiniert. Selbst die traditionelle Erdverbundenheit ist für ihn kein Muss. Er hat Teehäuser auch in über sechs Metern Höhe auf Baumstämmen errichtet. Für solche Häkeleien unter Fachkollegen hätte Taut vermutlich wenig Verständnis aufgebracht. Es ist kaum vorstellbar, dass er sich überhaupt daran beteiligt hätte. Kritisch sieht das auch die Architekturhistorikerin Mira Locher, die zu dem Schluss kommt:

> The role of tradition in contemporary Japanese architecture is constantly changing as architects experiment with new forms, construction methods, and materials. It seems that in contemporary Japanese architecture, the role of tradition is no longer traditional.[286]

Mit Tauts Hilfe hat Japan den Zugang zur eigenen Geschichte gefunden

Zusammenfassend lässt sich sagen: Taut kam mit einer vorgefassten Meinung nach Japan. Er äußerte sich sogar geradezu herablassend:

> Die japanische moderne Bewegung hat bisher wohl mehr den Charakter der Gutwilligkeit als des Resultats [...]. Es sollen keineswegs die formalen Äußerlichkeiten (der modernen europäischen Architektur) sich wie ein verdünnter Aufguß über die ganze Welt ergießen. Anzeichen dafür sind leider schon vorhanden, z. B. in Japan.[287]

---

284 Locher (2010): S. 43.

285 Ebd., S. 43.

286 Ebd., S. 43.

287 Speidel (2003): S. 8f.

Das war aber immer noch vergleichsweise wohlwollend, gemessen an dem, was man in Deutschland über den Stand der Architektur in Japan lesen konnte. Der österreichische Architekt Richard Neutra (1892–1970), der Nippon 1930 besucht hatte, bewunderte zwar „den unglaublich schnellen Sprung nach vorwärts", doch fügte er an, das Land zehre „in allen materiellen Dingen der Technik, der Organisation, der Erziehung von dem amerikanischen Vorbild." Dafür zahle es einen hohen Preis: „Das junge Japan fühlt sich selbst als amerikanisches Einflußgebiet." Er kommt zu dem Schluss, das japanische Wohnen und sein Lebenshintergrund seien „etwas in sich ungemein logisch Entwickeltes, […] dazu bestimmt, auf dem Vormarschweg der Amerikanisierung sich aufzulösen […]. Das japanische Haus verliert den funktionalen Maßstab, die funktionale Ausstattung, die funktionale Berechtigung. Es wird vollends fast spurlos verschwinden […]."[288]

Obwohl er in Japan durchaus auf Material zur Bestätigung dieses Vorurteils stieß, war Taut in der Lage, dies schnell hinter sich zu lassen. Ohne den Irritationen, die auf ihn einstürmten, Raum zu geben, fand er durch seinen Besuch der Katsura-Villa und des Ise-Schreins den ihm wichtigen Zugang.

> […] zum „wirklichen" oder „originalen" Japan, das seinen Vorstellungen einer geläuterten, ja nahezu neutral gewordenen Architektur entsprach, die Weltrang haben konnte. Insbesondere die Anlage von Katsura ist ohne Starrheit und ohne eine strenge Systematik, vielmehr in ihrer asymmetrischen Abstufung ein Beispiel dafür, daß das Leben nicht abgeschlossene Formen benötigt, sondern eher auf die gute Beziehung der Teile untereinander angewiesen ist. Taut nannte Katsura eine Architektur der Relativität.[289]

Japan war für Traut eigentlich nur eine Station auf einer weit angelegten Reise, die in die USA führen sollte. Ein kurzer kollegialer Austausch mit Kollegen, einige Anmerkungen des Gastes gegen den Mainstream der Zeit, eine Episode – mehr hätte es nicht sein sollen. Kontroversen in der Politik haben jedoch den vorgezeichneten Weg versperrt und damit Zeit für einen Dialog geschaffen, nein erzwungen. Die drei Jahre des Austauschs haben sich als überaus fruchtbar erwiesen. Taut hat Entscheidendes dazu beigetragen, Japan den Zugang zu seiner eigenen Geschichte wieder zu öffnen und damit eine eigene Identität zu bewahren. Er wusste, dass er dafür nicht nur Zuspruch ernten, sondern auch heftigen Widerstand auslösen würde. Es gab auch Zeiten, in denen er für politische Entwicklungen missbraucht wurde, die ihm fremd waren. Davor ist niemand gefeit. Ob er darunter gelitten hat, wissen wir nicht. Etwa ein Jahr vor Ausbruch des Zweiten Weltkriegs ist er gestorben – 1938 im türkischen Exil.

288 Speidel (1983): S. 62.

289 Speidel (2011): S. 34.

Allen, die sich um eine Vertiefung der kulturellen Beziehungen zu Japan bemühen, hat Taut eine Art Vermächtnis hinterlassen:

> Zum **geistigen Europa** gelangt ein Japaner nur vom geistigen Japan – ebenso wie der Europäer nur vom geistigen Europa zum geistigen Japan gelangt. Und beide werden auf diesem Wege reicher. Es entsteht eine gegenseitige Hilfe, die gern und offenen Herzens gegeben wird, weil auch der Gebende gewinnt.[290]

Mit einem vergleichbaren Aufruf tritt ihm der Japaner Hideo Shinoda zur Seite, der Taut würdigt, zugleich aber betont, wie wichtig es ist, an diesen Brücken auch weiterhin zu bauen:

> [...] a work of a genius who has shown undoubted insight into the depth of culture with the architecture as one of its manifestations and has tried to expound, in a scientific and most tangible fashion, the underlying principles and, for another, there has been no time in history, in which the need for a cultural bridge spanning the two hemispheres has been so keenly felt as at present by humanity.[291]

[290] Taut (2011): S. 195 (Hervorhebung im Original).

[291] Shinoda (1958): S. IV.

16. Robert Schinzinger (1898–1988) Verteidigung der Wissenschaft gegen Ideologien

Der *Hidden Champion* ist in der Wirtschaft mittlerweile zum feststehenden Begriff geworden. Damit gemeint sind Unternehmen, die in ihrem Bereich zwar Marktführer sind, von der Öffentlichkeit allerdings kaum wahrgenommen werden. Doch nicht nur, wer bei der Produktion materieller Werte erfolgreich ist, sondern auch derjenige, der gesellschaftliche Werte schafft, ohne dabei besonders ins Rampenlicht zu treten, kann ein *Hidden Champion* sein. Dazu könnte man beispielsweise auch Lehrer zählen, wenn sie charakterlich gefestigte, erfolgreiche Schüler haben – gemeint sind an dieser Stelle die Pädagogen, die sich vor hundert Jahren oder noch früher auf den Weg nach Japan, in ein damals noch unsicheres Umfeld, gemacht haben, um dort die Güter der westlichen Bildung zu vermitteln. Sie gehörten zu den Baumeistern eines aufstrebenden jungen Staates, der seinen Platz in der Weltgeschichte suchte.

Überraschend viele von ihnen kamen aus Deutschland. Die bereits erwähnte Publikation *Brückenbauer: Pioniere des japanisch-deutschen Kulturaustausches292* führt neun Namen auf, deren Reihenfolge möglicherweise zufällig ist, jedenfalls nicht begründet wird. Sie sind nicht nur ganz unterschiedlichen Charakters, sondern auch in ihrer Bedeutung von verschiedenem Gewicht: Wilhelm Gundert (1880–1971), Herbert Zachert (1908–1979), Fritz Karsch (1893–1971), Hermann Hoffmann (1864–1937), Hermann Bohner (1884–1963), Raphael von Koeber (1848–1923), Rudolf Lehmann (1842–1914), Karl Florenz (1865–1939) sowie Wilfried Spinner (1854–1918). Tatsächlich ist der Kreis deutscher Lehrer und Professoren, die in den Aufbaujahren Japans tätig waren, noch weitaus größer.

Diese deutschen Pädagogen waren in der Regel Philologen, oftmals Germanisten, aber auch Theologen und Philosophen. Ihre japanischen Schüler und deren Nachkommen ebenso wie japanische Fachkollegen haben die Erinnerung an sie bewahrt und ihnen in der Sammlung *Brückenbauer* in Form kurzer Lebensbilder Dank für ihre Arbeit zum Ausdruck gebracht. Diese Persönlichkeiten haben an japanischen Oberschulen und Universitäten gelehrt, dort vor allem Kenntnisse in deutscher Sprache und Kultur vermittelt und sich darüber hinaus um ein tiefergreifendes Verständnis ihres Gastlandes, seiner Sprache und Kultur bemüht. Sie haben junge Japaner und nach ihrer Rückkehr junge Deutsche darauf vorbereitet, Ähnliches zu tun –

[292] Japanisch-Deutsches Zentrum Berlin / Japanisch-Deutsche Gesellschaft (Hg.) (2005): *Brückenbauer: Pioniere des japanisch-deutschen Kulturaustausches*, München: iudicium Verlag.

tragfähige Brücken zwischen den Völkern zu bauen. Nicht zuletzt waren sie auch forschend tätig und haben in ihren Veröffentlichungen wissenschaftliche Grundlagen für die folgenden Generationen hinterlassen. Die breite Öffentlichkeit hat vom Leben und Wirken dieser Männer – Frauen sind in dem hier genannten Kreis noch nicht zu finden– wenig Kenntnis: Sie sind *Hidden Champions* – unerkannte Leistungsträger.

Viele starke Persönlichkeiten von ganz unterschiedlicher Begabung

Ohne die Leistung anderer zu schmälern, soll das folgende Kapitel einige Anmerkungen zu vier der genannten Persönlichkeiten – Karl Florenz, Raphael von Koeber, Hermann Hoffmann und Wilhelm Gundert – enthalten. Vor allem soll es jedoch besonderes Augenmerk auf ein fünftes Lebensbild richten, auf einen Mann, der aus unerfindlichen Gründen nicht Teil der *Brückenbauer*-Anthologie geworden ist. Auf Robert Schinzinger.

Karl Florenz, geboren 1865 in Erfurt, gilt gleichermaßen „als Pionier der Germanistik in Japan und der Japanologie in Deutschland".[293] Nach einer sprachwissenschaftlichen Ausbildung ging er 1888 nach Japan. Bereits drei Jahre später wurde er an der Kaiserlichen Universität Tokio zum Ordentlichen Professor für Germanistik und Vergleichende Sprachwissenschaft ernannt. In den 25 Jahren seiner Hochschultätigkeit betreute er mehrere Generationen japanischer Germanisten, bevor er 1914 nach Deutschland zurückkehrte. Im 1908 gegründeten Hamburgischen Kolonialinstitut, das später in der Universität Hamburg aufging, wurde er zum Gründungsprofessor für Japanologie. Zu seinen bekanntesten wissenschaftlichen Werken zählt die *Geschichte der japanischen Literatur*[294]. Seine Studien zum *Man'yōshū*, der ältesten auf Japanisch verfassten Gedichtsammlung, gelten als sein Lebenswerk. In seiner Haltung gegenüber Japan schwankte er zwischen tiefer Hingabe und Enttäuschung. Ritterlichkeit, Idealismus, Opfermut und Ahnentreue waren aus seiner Sicht gemeinsame Tugenden von Japanern und Deutschen. Doch unter dem Eindruck kriegerischer Ereignisse beklagte er 1914 aufs Heftigste, dass Tokio sich auf die Seite Englands geschlagen hatte und mit der Eroberung Tsingtaus eine deutsche „Kulturquelle ersten Ranges"[295] vernichten wolle. Seine eigene Arbeit in und für Japan sei ebenso wie die Leistung vieler anderer deutscher Lehrer mit Undank vergolten worden.[296] Auch wenn manche Karl Florenz als einen Verehrer Adolf Hitlers betrachten, sind seine wissenschaftliche Leistung und die damit verbundenen Verdienste um den deutsch-japanischen Dialog unbestritten.

[293] Hiyama (2005): S. 351.

[294] Florenz, Karl (1906): *Geschichte der japanischen Litteratur*, Leipzig: Amelang.

[295] Florenz (1914): S. 12.

[296] Vgl. Ebd., S. 11f.

Raphael von Koeber, geboren 1848 in Russland, war ein Mann von besonderen Gaben, ja ein genialer Kopf, aber ein ebenso schrulliger Sonderling. Lange Zeit schwankend, in welche Richtung seine berufliche Zukunft gehen sollte – Musik oder Philosophie – entschied er sich am Ende für die Geisteswissenschaft. Auf Empfehlung seines Lehrers Eduard von Hartmann (1842–1906) reiste er – wenn auch lustlos – nach Japan, wurde dort allerdings 1893 sehr schnell zum Professor für Philosophie an der Kaiserlichen Universität in Tokio berufen. Er zeigte lebhaftes Interesse für die neuesten philosophischen Strömungen, konzentrierte sich jedoch auf die Lehre der Klassiker. Darüber hinaus lehrte er Griechisch und Latein, gab an der Musikhochschule Tokio aber auch Klavierunterricht. Sein Universitätsvertrag war stets befristet, wurde aber sieben Mal erneuert. Er lehrte „Wissenschaft in wahrhaftester bzw. orthodoxester Form"[297], während er eigenständigem Denken, wie sein Chronist Watanabe berichtet, mit schroffer Ablehnung entgegentrat. Heiraten wollte er nie, wohl aber brachte er einen „Gehilfen" mit. Zur japanischen Kultur hielt er Abstand. Das abschließende Gesamturteil seines Biografen liest sich wie ein Text aus der Feder Thomas Manns:

> Für ihn, einen europäischen Intellektuellen äußerst orthodoxer Prägung, war es tabu, eine Haltung, die völlig unangebracht gewesen wäre, dem japanischen Volk, der Gesellschaft und der Geschichte des Landes wegen ihrer Rückständigkeit mit Verachtung und Herablassung zu begegnen oder sich im Gegenteil besinnungslos in ihr zu verlieren, ebenso wie es sich für ihn verbot, die europäische und japanische Kultur umstandslos miteinander zu vergleichen und so zu relativieren. Er stand in allem konsequent über den Dingen. Wie man annehmen muss, zeigte er für Japanisch nicht das geringste Interesse.[298]

Ist das ein geeigneter „Brückenbauer"? Man mag es berechtigterweise bezweifeln; im herkömmlichen Sinne ganz gewiss nicht! Dennoch vermochte er es, seinen Studenten die westliche Philosophie präzise und umfassend zu vermitteln. In den Augen seiner japanischen Zeitgenossen verkörperte er geradezu das Bild eines Philosophen – stilvoll und vollendet. Zugleich war er ein „Ordentlicher" Professor alter deutscher Prägung, in der akademischen Welt ein unbeschränkter Herrscher, von seinen Studenten verehrt – in der heutigen Universitätslandschaft allerdings undenkbar.

Hermann Hoffmann, Jahrgang 1864, war ein Jesuitenpater aus Elberfeld. Er kam 1910 nach Japan – mit dem Auftrag seines Ordens, sich dort um die höhere Bildung zu kümmern. Trotz großer Anlaufschwierigkeiten konnte er in Tokio bereits 1913 eine Privatuniversität zur „Ver-

---

[297] Watanabe (2005): S. 295.

[298] Ebd., S. 297.

mittlung einer umfassenden höheren Bildung in den Fächern Philosophie, deutsche Literatur und Handel"[299] eröffnen. Eine beachtliche Leistung, vor allem wenn man bedenkt, welchen Berg an Bürokratie und Misstrauen er dazu überwinden musste, zumal so kurz vor dem Ausbruch des Ersten Weltkriegs, in dem Japan und Deutschland Gegner waren. Daraus wurde die Sophia-Universität in Tokio, inzwischen eine der anerkanntesten akademischen Institutionen Japans. Sie trägt viel zum deutsch-japanischen Austausch bei. Hoffmann, ihr erster Rektor, unterrichtete Deutsch und Philosophie. Er verkörperte „den christlichen Geist und die Ideale der Societas Jesu [...]; gleichzeitig hat er die Seele und die Kultur Japans verinnerlicht."[300] 1937 ist er in Japan, seiner zweiten Heimat, gestorben.

Der vierten herausragenden Persönlichkeit in dieser Reihe mit nur wenigen Sätzen gerecht zu werden, stellt die schwierigste Herausforderung dar. **Wilhelm Gundert** kam 1880 in Stuttgart zur Welt, studierte in Tübingen und Halle ostasiatische Sprachen, ging dann für fünf Jahre als Missionar und Deutschlehrer nach Kumamoto und wurde anschließend von Karl Florenz in Hamburg mit seiner Arbeit *Der Schintoismus im japanischen Nō-Drama* promoviert. Zurück in Japan folgten fünf Jahre als Lektor für deutsche Sprache in Mito. Vermutlich dank der Fürsprache des deutschen Botschafters Wilhelm Solf wurde Gundert 1927 als Leiter des neugegründeten Japanisch-Deutschen Kulturinstituts in Tokio berufen. Dabei war nicht zuletzt die hohe Qualität seiner literarischen Arbeit von ausschlaggebender Bedeutung. Vertrauensbildend hatte möglicherweise auch Gunderts enge Verbindung zu Hermann Hesse gewirkt. Beide hatten einen gemeinsamen Großvater, Hermann Gundert, der ein bekannter Sanskritist war. Hesse und Gundert waren demnach Vettern und betrachteten sich zudem als Seelenverwandte, da ihnen das Interesse für alte buddhistische Schriften und Weisheiten gemeinsam war. Es ist belegt, dass Hesse den zweiten Teil seines großen Werkes *Siddhartha* aus Dank für den gegenseitigen intensiven Austausch diesem Vetter widmete. Doch wusste Hesse auch dessen Arbeit sehr wohl zu schätzen: „Ich verneige mich dankbar, lieber Wilhelm, Du hast mich überwältigend beschenkt"[301], hieß es etwa in einem späteren Brief.

Die OAG wiederum äußert sich zu Gunderts wissenschaftlichem Wirken in einer 1955 erschienenen Glückwunschadresse aus Anlass seines 75. Geburtstags überraschend allgemein. Ihr damaliger Vorsitzender Emil Helfferich (1878 –1972) schreibt:

---

[299] Nakai (2005): S. 231.

[300] Ebd., S. 235.

[301] Weber (2011): S. 8.

> Keinem, der sich, wo immer in der Welt, um ein Verständnis japanischen Geistes bemüht, braucht heute noch erläutert zu werden, was seine wissenschaftlichen Forschungen auf den Gebieten der japanischen Literatur und Religion bedeuten.[302]

Das ist denkbar knapp und lässt ein hohes Maß an Reserve spüren. Bei vielen Fachkollegen hingegen stößt Gundert mit seiner Arbeit auf ein ungeteilt positives und sachlich fundiertes Urteil.[303] Diese und viele andere Quellen breiten allerdings über Gunderts politisches Engagement für den Nationalsozialismus den Mantel des Schweigens. Das ist zwar verständlich, jedoch der Sache nicht dienlich. Gundert war nicht nur seit 1934 Mitglied der NSDAP, sondern, wie Hesse schon 1939 beklagte, zwar „ein feiner gewissenhafter Gelehrter", aber zugleich „ein Bewunderer Hitlers und Fanatiker des 3. Reiches".[304] Hesse teilte seinem Vetter unmissverständlich mit, was er davon hielt. Im Februar 1934 hielt er Gundert eine (schriftliche) Standpauke, die es in sich hatte:

> Daß man in solchen Zeiten „bei seinem Volke stehen" müsse, wie auch Du es ausdrückst, mag schon richtig sein, aber man kann das auf viele Arten tun. Durch Mitschreien bei dem großen Geschrei und Mithassen bei all den Pogromen gegen die Juden und den Geist, gegen Christentum und Menschentum nützt man ja seinem Volk wenig, für das „Volk" sind die „großen Zeiten" ja immer die des Hassens und der Kriegsbereitschaft. Wir Geistigen, auch wenn wir uns dadurch unbeliebt machen, sollten dazu schweigen, solang es möglich ist, und sollten zwar zum Volk, nicht aber zu seinen Leidenschaften, Roheiten und Gemeinheiten stehen, dazu sind wir nicht da.[305]

Diese tiefgreifenden politischen Meinungsunterschiede haben dazu geführt, dass die zwei Männer auf lange Zeit jeden Kontakt miteinander abbrachen. Zu keinem Zeitpunkt jedoch hat Hesse jemals die große wissenschaftliche Leistung Gunderts in Frage gestellt; vielmehr hat er ihm nach Ende des Zweiten Weltkriegs die Hand zur Versöhnung gereicht und dessen „gewaltiges Alterswerk"[306] gelobt. Auch die nachfolgenden Generationen dürfen sich durch die umfassende Literaturgeschichte, den Schlüssel zum Zen-Buddhismus, der uns dank Gunderts Übertragung

---

[302] Helfferich, Emil (1955): „Herr Professor Wilhelm Gundert feiert am 12. April 1955 seinen fünfundsiebzigsten Geburtstag", in: *Nachrichten der Gesellschaft für Natur- und Völkerkunde Ostasiens (NOAG) 77* (1955), S. 4.

[303] Vgl. Seckel, Wilhelm: „Zum Gedenken", in: *Neue Zürcher Zeitung*, 11. Dezember 1971.

[304] Weber (2011): S. 7.

[305] Hesse (1976): S. 114.

[306] Weber (2011): S. 8.

des *Bi-Yän-Lu307* zur Verfügung steht, und seine anderen wissenschaftlichen Arbeiten bereichert fühlen, wenn auch in dem Wissen, dass selbst große Köpfe politisch gewaltig irren können.

Gemessen an diesen vier Persönlichkeiten aus der großen Gruppe der Pädagogen sind alle übrigen, die hier nicht herausgehoben worden sind, eher als fleißige Arbeiter im großen Weinberg der Bildung zu betrachten – handwerklich solide und stets darum bemüht, ihren Studenten die deutsche Sprache und Kultur bestmöglich zu vermitteln. Dennoch hat auch ihr Wirken eine angemessene Würdigung verdient.

Robert Schinzinger gehört zum engsten Kreis tatkräftiger Brückenbauer

Warum ausgerechnet Robert Schinzinger in dem von der OAG und den Deutsch-Japanischen Gesellschaften gemeinsam herausgegebenen Erinnerungsbuch *Brückenbauer* keinen Biografen gefunden hat, ist schwer nachvollziehbar. Er hat fast sein ganzes Leben ohne Unterbrechung in Japan verbracht, war dort an exponierter Stelle tätig und hat dabei viel Gutes bewirken können. Geboren 1898 in Freiburg (Breisgau), studierte er in Hamburg Philosophie und promovierte 1922 bei dem berühmten Neukantianer und späteren Naturphilosophen Ernst Cassirer (1874–1945) über die Arnauld-Malebranche-Kontroverse. Ein Jahr später ging er nach Japan, wo auch er zunächst als Deutschlehrer wirkte, mithin also zu der Gruppe gehört, von der in diesem Kapitel die Rede ist. Später wurde er an der Universität Tokio Lektor für deutsche Sprache und Literatur. Als 1945 nach Kriegsende die meisten Deutschen Japan verlassen mussten, also mehr oder weniger unsanft „repatriiert" wurden, durfte Schinzinger nicht nur im Land verbleiben, sondern übernahm 1946 sogar eine Professur an der Gakushūin-Universität in Tokio. In der OAG ist ihm der Verfasser erstmals 1970 begegnet; in den folgenden Jahren hat es häufig Begegnungen gegeben. In dieser Zeit ging er regelmäßig in der OAG ein und aus und nahm regen Anteil an allem, was um ihn herum geschah. Dabei war er inzwischen beinah völlig erblindet, und auch seine körperlichen Kräfte ließen zunehmend nach. Geistig jedoch war er hellwach. Im Auftreten bescheiden und zurückhaltend – und dennoch absolut präsent. Man spürte die menschliche Wärme, die ihn erfüllte. Einige kleine Episoden, die all das verdeutlichen, hat der Verfasser bereits im Rahmen der Publikation *Gelebte Partnerschaft*[308] festgehalten.

---

[307] Das Bi-Yän-Lu (auch: Biyan-Lu) ist eine Sammlung von 100 Kōan (=Anekdoten) in zehn Faszikeln (=Heften) aus der Blütezeit des chinesischen Chan-Buddhismus der Song-Dynastie, die Anfang des 11. Jahrhunderts ursprünglich von dem Yunmen-Mönch Xuedou Chongxian zusammengetragen, im 12. Jahrhundert jedoch erweitert und ergänzt wurde (vgl. https://de.wikipedia.org/wiki/Biyan_Lu). Gunderts Übersetzung erschien unter dem Titel *Bi-Yän-Lu – Niederschrift von der Smaragdenen Felswand* 1960 erstmals im Münchner Hanser Verlag.

[308] Vgl. Vondran (2014): S. 16ff.

Für die OAG, die traditionsreiche Stätte deutscher Kultur in Japan, war Schinzinger sehr prägend. Das gilt insbesondere für die Jahre nach 1933, die auch für die kleine deutsche Gemeinschaft in Fernost bewegte Zeiten darstellten. Ideen und Ideologien standen gegeneinander. Es gab eine Fülle offener Fragen: Traten Deutschland und Japan mit berechtigten Ansprüchen an den Tisch der Völker, oder überzogen sie ihre Forderungen im nationalen Rausch? Ging es um honorige patriotische Gefühle, um eine notwendige Korrektur des unglücklichen Versailler Diktats? Ging es um ein berechtigtes Aufbegehren gegen Handelssperren? Oder war da nichts außer nationalistischen Phrasen, Hochmut und Übermut? Konnte man darauf hoffen, dass die Zeit groteske Überzeichnungen nationalistischer Politiker abschleifen wird oder wird es bei der unangenehm grellen Färbung ihrer Parolen bleiben? Waren da Überzeugungstäter am Werk oder Opportunisten, die ihre Chance auf eine Karriere wittern? Eine brisante Gemengelage! Die kleine Gruppe der Japan-Deutschen, einseitig und schlecht informiert, hatte das zu ordnen und musste Entscheidungen treffen.

Was in jener Zeit innerhalb der OAG vorging, wissen wir nicht genau. Kurt Meißner (1885–1976), langjähriger Vorsitzender des Vereins und ein hochangesehener Mann mit vielen Verdiensten, hat zwar ein Buch über Deutsche in Japan geschrieben[309]; von dessen insgesamt 108 Seiten widmet er jedoch der kritischen NS-Zeit gerade einmal zweieinhalb und handelte dabei den oben angesprochenen Diskussionsstand in nur vier Sätzen ab:

> Die Hitler-Zeit brachte auch in Japan viele Umwälzungen. Eine politische Gemeinde wurde gegründet, die die deutschen Vereinigungen und die Klubs in Yokohama und Kobe verschluckte. Partei, Gestapo, Botschaft und japanische Gendarmen (Kempeitai) führten ein strenges Regiment. Die neugegründete politische Gemeinde organisierte während des Krieges eine zusätzliche Verpflegung, ohne die viele Deutsche und besonders deren Kinder gehungert hätten.[310]

Das ist tatsächlich alles, was wir von ihm erfahren. Doch ist dieses Schweigen durchaus beredt; man kann die Verlegenheit geradezu spüren. Eine andere Quelle zum Verständnis der NS-Zeit in Japan ist da ergiebiger, wenn auch eher ein Zufallsfund. Die Autorin Annette Hack bestätigt in ihrer Untersuchung „Das Japanisch-Deutschen Kulturinstitut in Tokio zur Zeit des Nationalsozialismus“[311] die Konzentration aller deutsch-orientierten Organisationen zu einer „Ein-

---

[309] Meißner, Kurt (1961): *Deutsche in Japan: 1639–1960*, in: Deutsche Gesellschaft für Natur- und Völkerkunde Ostasiens Tokyo / Gesellschaft für Natur- und Völkerkunde Ostasiens e. V. Hamburg (Hg.): *Mitteilungen der Deutschen Gesellschaft für Natur- und Völkerkunde Ostasiens, Supplementband XXVI*, Wiesbaden: Kommissionsverlag Otto Harrassowitz.

[310] Meißner (1961): S. 91.

[311] Hack, Annette (1995): „Das Japanisch-Deutsche Kulturinstitut in Tôkiô zur Zeit des Nationalsozialismus. Von Wilhelm Gundert zu Walter Donat“, in: *Nachrichten der Gesellschaft für Natur- und Völker-*

heitsgesellschaft". Die Erfahrung bestätigt es immer wieder: alle Diktaturen legen auf derartige Fusionen großen Wert, um sich politische Kontrolle zu sichern. In einer schwer überschaubaren Vielzahl selbständiger Vereine wittern sie einen Hort des Widerstands.

Die personelle Besetzung des Deutsch-Japanischen Kulturinstituts in Tokio war von großer Bedeutung. Zum „Generalsekretär" wurde 1936 der ehemalige Deutschlektor und promovierte Germanist Walter Donat (1898–1970) ernannt. Ab 1938 übernahm er die Leitung auf Dauer, nachdem er in Deutschland noch die Gelegenheit zur Habilitation bekommen hatte.[312] Angeblich erfolgte seine Berufung ohne Abstimmung mit der deutschen Botschaft oder anderer deutscher Behörden, sondern ging einzig auf die Initiative Japans zurück.[313] Als „Kulturwart" der NSDAP hatte Donat, der bereits seit Anfang der 1930er Jahre Parteimitglied war, zugleich die Aufsicht über alle in Japan unterrichtenden deutschen Lehrer. Von der OAG wurde ihm die zentrale redaktionelle Verantwortung übertragen. Aus der Feder des deutschen Emigranten Klaus Löwith stammt eine wenig schmeichelhafte Beschreibung seiner Person:

> [...] der eigentlich gefährliche Mann war Dr. D., Japans „Kulturwart". Er konnte gut japanisch reden und sogar lesen und war darum doppelt erfolgreich. [...] Herr D. war von Ansehen ein mickriger Herr, der alles eher als einen Germanen vorstellen konnte, er war vielmehr die typische Assistentenfigur aus deutschen Universitätsseminaren: beflissen und streberhaft, subaltern und kleinbürgerlich. Sein vergrämtes Gesicht war von einer scharf hervorstechenden Nase beherrscht, der häßliche Mund und das schwächliche Kinn paßten zu seinen herabhängenden Schultern.[314]

Deutsche und Japaner waren hinsichtlich der Kompetenzverteilung innerhalb des Kulturinstituts unterschiedlicher Auffassung. Auch über die wahrzunehmenden Aufgaben war man sich uneins. Als dessen frischernannter Leiter setzte sich Donat für ein Programm ein, das sich auf „Werbung für das Verständnis des Dritten Reiches"[315] konzentrierte. So schlug er für den Bereich der Veröffentlichungen entsprechende Arbeitsgebiete vor, darunter der „gegenwärtige Stand der Rassenkunde", deren Auswirkung auf die Geschichtswissenschaft und andere Fakultäten, „neue Probleme der deutschen Medizin (Volks- und Erbhygiene, Sterilisation, vorbeugende Medizin u. a.)" sowie die „Rechtsauffassung im Dritten Reich".[316] Solche propagandistische Arbeit war

---

kunde Ostasiens (NOAG) 157/158, Hamburg, S. 77–100.

312 Vgl. Ebd., S. 83.

313 Vgl. Ebd., S. 78, Anm. 3.

314 Löwith (1986): S. 117f.

315 Hack (1995): S. 90.

316 Ebd., S. 90.

nicht im Sinne der japanischen Partner. Für die Rassenlehre konnten sie wenig Verständnis aufbringen: In Japan sei „der wissenschaftliche Wert einer Lehre und nicht [...] die Person, von der sie vorgetragen wird, entscheidend“[317], so die Reaktion des zuständigen japanischen Botschaftssekretärs Kōda Jōtarō.

Auch an anderer Stelle übte Japan Kritik. In einer Denkschrift aus dem Juni 1934 etwa heißt es:

> [...] dass ja an deutschem Kultureinfluss in Japan kein Mangel sei, während in Deutschland in Bezug auf Japan eine fast völlige Unkenntnis herrsche [...]. Es wurde dem deutschen Leiter vom Vorsitzenden des Direktoriums, Professor Takakusu, mehrmals bedeutet, seine Aufgabe sei weniger, dem deutschen Kultureinfluss Vorschub zu leisten, als vielmehr seinen japanologischen Studien obzuliegen und darüber Veröffentlichungen herauszubringen [...].[318]

Offenbar ging es auch der japanischen Seite bei dieser Auseinandersetzung nicht nur um objektive Wissenschaft, sondern „um die Durchsetzung eines ‚politisch korrekten‘ Japanbildes, insbesondere in der Bewertung der japanischen Mandschureipolitik“.[319] Mithin standen zwei unterschiedliche propagandistische Ansprüche einander – recht unversöhnlich – gegenüber.

Die Wissenschaft in stürmischen Zeiten – Anker für die OAG

Dieser Streit brachte die OAG in eine sehr missliche Lage. Sie sah sich in der Tradition einer möglichst objektiven Wissenschaft. Offenbar unter Meinungsführung von Robert Schinzinger fand sie jedoch einen Ausweg aus dieser Bedrängnis. Wie er selbst berichtete, „übten sehr viele Mitglieder, die aus eifrigem Patriotismus Mitglieder der NSDAP geworden waren, einen Druck auf den Vorstand aus, indem sie verlangten, daß die OAG weniger über den Fernen Osten und mehr über das neue Deutschland berichten solle.“[320] Dem begegnete der OAG-Vorstand klugerweise in einem Beschluss von 1934 mit der in der Satzung verankerten Konzentration auf ostasiatische Themen. Ein wichtiger Schritt, um den wissenschaftlichen Charakter des Hauses zu bewahren. Er berief sich zudem auf das Prinzip der Arbeitsteilung und delegierte auf diese Weise

---

317 Ebd., S. 89.

318 Ebd., S. 80f.

319 Ebd., S. 81, Anm. 7.

320 Schinzinger (1974): S. 90.

die ihm ungelegenen Vorhaben in die Verantwortung anderer Organisationen.[321] Dass dieser mutige Beschluss in der Folgezeit nicht immer konsequent umgesetzt wurde, sollte an dieser Stelle nicht verschwiegen werden. Schinzinger selbst schrieb dazu: „Bis zum Kriegsende hat sich die OAG auf ihre eigentliche Aufgabe beschränkt, wie die Bände der ‚Mitteilungen' zeigen. Nur in Themenwahl und Stil zeigte sich gelegentlich der Einfluß der nationalistischen Epoche."[322] Es waren nun einmal politisch sehr turbulente Zeiten.

In vielen kritischen Situationen war Robert Schinzinger auf Ausgleich bedacht. Das lässt sich auch seinen eigenen Ausführungen entnehmen, so etwa schriebt er in seinem Aufsatz *Japanische Weltanschauung – einst und jetzt*:

> Auch im heutigen Japan gilt im Grunde, wenn auch selten ausdrücklich genannt, die Harmonie als höchster weltanschaulicher Wert. Das Handeln der Menschen soll darauf gerichtet sein, die kosmische Harmonie von Himmel, Mensch und Erde nicht zu stören. Alles Handeln ist letztlich auf die Erhaltung der Harmonie in Familie, Gruppe und Gesellschaft überhaupt gerichtet.[323]

Diese Maxime hat er nicht nur zu Papier gebracht, sondern auch gelebt. Dafür gibt es eine Reihe eindrucksvoller Beispiele. Die OAG hat eine ältere Schwester, die *Asiatic Society of Japan* (ASJ), gegründet 1872, und damit ein halbes Jahr vor der deutschen Gesellschaft. Unter ihrem Dach finden sich Mitglieder zusammen, die zur englischen Sprachfamilie gehören und ähnliche kulturelle Ziel verfolgen wie die OAG. Es wäre nicht verwunderlich gewesen, hätten sich beide Vereine in Konkurrenz zueinander bewegt, zumal in der nüchternen Welt der Politik die Interessen oft hart gegeneinanderstehen. Stattdessen jedoch herrschte zwischen beiden Institutionen von Anfang an Harmonie und Arbeitsteilung, selbst unter angespannten politischen Verhältnissen. Nach dem Ersten Weltkrieg beispielsweise wählte die ASJ, die doch auf Seiten der Kriegsgegner Deutschlands gestanden hatte, den deutschen Botschafter Wilhelm Solf zu ihrem Präsidenten. 1930, als Schinzinger bereits in Japan war, fanden Bibliothek und Büro der ASJ in einem eigens dafür errichteten Anbau des OAG-Hauses Platz; gleiches galt für Vortragsveranstaltungen und Mitgliederversammlungen der englischsprachigen Schwestervereinigung. Dies währte bis 1938, denn obwohl manche OAG-Mitglieder eine „Überfremdung" beklagten, hat Schinzinger diesen Schatz der Gemeinsamkeit – so lange es ihm möglich war – verteidigt.[324]

Bei aller Bereitschaft zur Harmonie hatte er aber auch einen nüchternen Blick für das Notwendige. Die NSDAP-Landesgruppe betrieb ab 1935 den Zusammenschluss aller deutschen Vereinigungen

---

321 Vgl. Ebd., S. 90.

322 Ebd., S. 92.

323 Schinzinger (1973): S. 18.

324 Vgl. Schinzinger (1974): S. 90f.

zur „Deutschen Gemeinde"; im Dezember 1936 schließlich fasste eine außerordentliche Generalversammlung der OAG „freiwillig und einstimmig" den Beschluss, der „Deutschen Gemeinde" ihr Haus zur Benutzung zu überlassen, mit der Konsequenz, dass die NSDAP ebendort ihr Hauptquartier einrichtete.[325] Wenige Jahre später fiel Schinzinger gemeinsam mit zwei Kollegen die Aufgabe zu, die für Außenstehende verwirrenden Zusammenhänge zu erläutern und mit den Besatzungsmächten die Rückgabe des nach Kriegsende beschlagnahmten OAG-Besitzes zu verhandeln. Dieses Bemühen war 1951 schließlich erfolgreich. Das Gebäude selbst war zwar im Mai 1945 Brandbomben zum Opfer gefallen, doch das in der Nähe des Parlaments gelegene Grundstück war sehr wertvoll. Die Mittel aus dessen Verkauf reichten aus, um an anderer Stelle den im März 1956 eröffneten OAG-Neubau zu errichten.[326] In anderer Form besteht er, wenn auch mit vielen Mängeln behaftet, dort noch heute.

Schwierige Neuausrichtung nach Ende der NS-Diktatur

Als die OAG 1951 mit einer neuen Satzung wieder gegründet wurde, blieb Schinzinger im Führungskreis, zunächst als ihr stellvertretender Vorsitzender. Die Nachfolge des 80-jährigen Vorsitzenden Carl von Weegmann (1879–1969) übernahm er 1959. Die OAG verdankt Schinzinger einen wesentlichen Teil der damals notwendigen Neuausrichtung: Sie kann nicht mehr wie vor dem Krieg wissenschaftliches Zentrum der Japanologie sein. Dazu gibt es inzwischen an den Universitäten entsprechende Institute. Dennoch hat sie „die wichtige Aufgabe, die Kluft zu überbrücken, die zwischen der zünftigen Japanologie und dem allgemeinen gebildeten Publikum entstanden ist. Rein japanologische Arbeiten wenden sich an Japanologen und sind dem Nichtfachmann unverständlich und uninteressant."[327] Tatsächlich bilden Japanologen und Sinologen seither nur noch eine Minderheit unter den OAG-Mitgliedern. Vielmehr gilt:

> [...] jeder [ist] willkommen, der mit offenen Augen in Ostasien lebt und von seinen Beobachtungen und Erfahrungen berichten will. Dies hat noch den weiteren Vorzug, daß unsere Vorträge und Veröffentlichungen aus wirklicher Sympathie zum Gegenstande erwachsen und nicht die frostige kritisch-kühle Distanziertheit der Fachwissenschaft an sich haben.[328]

---

325 Vgl. Ebd., S. 91.

326 Vgl. Ebd., S. 93ff.

327 Vgl. Ebd., S. 96.

328 Schinzinger (1974): S. 97.

Es ist das Vermächtnis Schinzingers, dass sich die OAG auch weiterhin für eine umfassende Verständigung zwischen Ost und West einsetzen möge. Ein Blick auf seine Verdienste rechtfertigt es, ihn unter den *Hidden Champions* besonders hervorzuheben. Mit kluger Orientierung hat er das Schiff OAG durch schwere Wetter gesteuert, es trotz gefährlicher Brandung in einen sicheren Hafen gelenkt, es dort aufgetakelt und für neue Fahrten flottgemacht. 90-jährig ist Schinzinger 1988 in Japan gestorben. In dem Land, dem seine wissenschaftliche Arbeit, seine Zuneigung und Liebe galt, hat er auch seine letzte Ruhestätte gefunden.

17. Helmut Schmidt (1918–2015): Freundschaft unter Politikern ist möglich

Helmut Schmidt hat gelegentlich die Geometrie bemüht, um politische Kraftlinien deutlich zu machen. So hat er von einem Dreieck USA – Westeuropa – Japan gesprochen und bedauert, „daß in diesem Dreieck zwar die beiden Schenkel USA-Japan und USA-Europa weit entwickelt seien, nicht aber die Verbindung Europa-Japan.“[329] Das ist eine vermutlich auch heute noch gültige Beschreibung. Als deutscher Bundeskanzler hat er es allerdings nicht bei dieser Analyse belassen, sondern sich bemüht, die aus seiner Sicht vernachlässigte Beziehung zu beleben. Er hat immer großen Wert darauf gelegt, politische Kontakte durch persönliche Begegnungen der Entscheidungsträger zu festigen. In diesem Sinne hat er in enger Abstimmung mit dem damaligen französischen Präsidenten Valéry Giscard d'Estaing bereits 1974 ein erstes Treffen für die verantwortlichen Staatsmänner der damals größten Industrienationen vorbereitet. Es fand 1975 auf Schloss Rambouillet im Südwesten von Paris statt. Teilnehmer dieses Gipfelgesprächs waren neben den beiden Initiatoren Harold Wilson (Großbritannien), Aldo Moro (Italien), Gerald Ford (USA) – und Miki Takeo (Japan). Also G6. Damit war geboren, was seither Weltwirtschaftsgipfel genannt wird. Vor der Tür blieben bei der Gründung beispielsweise Kanada, das erst 1976 dazu kam, und Russland, das erst 1998 in diesen Kreis aufgenommen wurde. China, Brasilien und andere wurden damals noch als Entwicklungsländer betrachtet.

Obwohl niemand in der Abgeschiedenheit von Rambouillet voraussehen konnte, welche Tradition diese erste Zusammenkunft gewinnen sollte, war sich Schmidt der Bedeutung dieses Ereignisses durchaus bewusst. Dies wird zumindest durch eine kleine Anekdote belegt: Bei einem gemeinsamen Frühstück bat er alle Teilnehmer, ihre Unterschrift auf einer Speisekarte zu hinterlassen. Diesem „Dokument“ fügte er später das mit grünem Stift verfasste Manuskript seines eigenen Diskussionsbeitrags hinzu, versah das Ganze mit einer Kordel in den Farben des Gastlandes und verwahrte dieses Ensemble in seinem Privatarchiv.[330] Heute wird es in Erinnerung an die Gründung der Weltwirtschaftsgespräche vermutlich in der Helmut-Schmidt-Stiftung in Hamburg aufbewahrt.

---

329 Schmidt (1987): S. 435.

330 Vgl. Meyer-Odewald, Jens (2017): „Als Helmut Schmidt den Weltwirtschaftsgipfel erfand“, in: *Hamburger Abendblatt*, 27. Juni 2017.

Die Teilnahme von Miki Takeo (1907–1988) war zum einen politisch motiviert. Der asiatische Kontinent sollte einen Sprecher haben. Für Schmidt kam hinzu, dass er in der kleinen Runde einen Mitstreiter für die Verteidigung seines eigenen wettbewerbsorientierten Standorts suchte. Mit Blick auf die zwei anderen europäischen Länder musste er deren Vorliebe für Handelsbeschränkungen befürchten. Allerdings war auch Japan von solchen Versuchungen noch nicht frei. Aber etwas anderes dürfte hinzugekommen sein: Er kannte Japan bereits recht gut aus eigener früh gesammelter Erfahrung. Seine Sympathien zeigte er unverhohlen. Aus der Zahl seiner Reisen ist das deutlich ablesbar. Gegen Ende seines Lebens berichtete er, er habe Japan „40- oder 50-mal" besucht und er kenne das Land „von Okinawa bis Hokkaidō".[331]

Es kommt darauf an, die Seele des anderen Volkes zu verstehen

Allein die in Rambouillet und in den Nachfolgekonferenzen bewiesene Nähe zum japanischen Premierminister – so wichtig sie für Japan war – würde es nicht rechtfertigen, Helmut Schmidt zu den Brückenköpfen zu zählen, von denen in diesem Buch die Rede ist. Auch andere deutsche Politiker haben sich zu dieser Partnerschaft bekannt und Denkwürdiges geleistet. Zu erwähnen ist hier beispielsweise sein Nachfolger Helmut Kohl, der das *Japanisch-Deutsche Zentrum Berlin* aus der Taufe gehoben hat. Helmut Schmidts Engagement für Japan allerdings reichte in tiefere Schichten, war von größerer Breite und Dauer. Schon als Abgeordneter, aber auch später in seiner Funktion als Verteidigungs- und als Finanzminister sowie als Kanzler hat er sein Interesse an einer Partnerschaft mit Japan immer wieder zum Ausdruck gebracht. Er hat mit allen japanischen Premierministern seiner Zeit einen regen Austausch gesucht, ihnen Rat gegeben und den ihrigen erbeten. In seinen Memoiren nennt er ausdrücklich Sato, Miki, Fukuda, Ohira und Suzuki. Diesen Austausch hat er auch nach seinem Rückzug von allen hohen politischen Ämtern bis ins hohe Alter hinein gepflegt.

Einem der japanischen Premiers, Fukuda Takeo (1905–1995), stand er besonders nahe. In seinen Büchern hat er ihn mehrfach als seinen Freund bezeichnet. Helmut Schmidt gilt als Realpolitiker. Daher war ihm bewusst, dass viele – insbesondere in der Politik – mit dem Begriff der Freundschaft sehr liederlich, gar zu sorglos und schlimmstenfalls sogar in böser Absicht umgehen. Um sich vor solchen Missverständnissen zu schützen, hat er Wert darauf gelegt, deutlich zu machen, was er darunter versteht. Hier sein Selbstzeugnis:

> Auf die Frage, was der Grund oder der Kern solcher Freundschaften sei, antworte ich: zunächst persönliche Sympathie […]. Sodann aber Aufrichtigkeit und Zuverlässigkeit im

[331] Schmidt (2010): S. 13.

> Verhältnis der Freunde zueinander. Auf die weitere Frage, ob persönliche Freundschaften für die auswärtige Politik von Wert sind, antworte ich: Jede Freundschaft im Leben ist eine wertvolle Bereicherung; in der internationalen Politik ist eine persönliche Freundschaft darüber hinaus wertvoll, weil sie hilft, die Geschichte, die Interessen und die Seele des anderen Volkes zu verstehen. Auf die dritte Frage, ob internationale Freundschaften nicht auch blind machen können, muß ich antworten: Ja, dergleichen ist nicht auszuschließen! Und auf die Frage, ob solche Freundschaften auch instrumentalisiert werden können, gibt es aus meiner Erfahrung die Antwort: Ja, das ist möglich, wenn *beide* Freunde dies wollen.[332]

Für das letztgenannte Phänomen gibt er ein Beispiel: den NATO-Doppelbeschluss, der ohne das bewusst freundschaftliche Zusammenspiel von Valéry Giscard d'Estaing, Jim Callaghan und ihm selbst nicht zustande gekommen wäre.

Auswege aus gefährlichen Krisenlagen

Seinem Freund Fukuda Takeo hat Helmut Schmidt in seinem Buch *Weggefährten* ein eigenes langes Kapitel gewidmet.[333] Es ist die Summe eines jahrzehntelangen Austauschs – ein sehr emotionaler Text aus der Feder eines Mannes, der sich als aktiver Politiker gern als „Macher" darstellte und dem die Äußerung zugeschrieben wird: „Haben Sie Visionen, dann gehen Sie zum Arzt!"

Seiner Schilderung zufolge ist er Fukuda das erste Mal in den sechziger Jahren begegnet. Aus der gleichzeitigen Finanzverantwortung in der *Library Group*, einem von dem Amerikaner George Shultz zusammengerufenen kleinen Kreis der Finanzminister der damals fünf währungspolitisch wichtigsten Staaten der Welt, ergab sich eine enge Zusammenarbeit. 1973 bemühten sie sich gemeinsam, die durch die Ölkrise verschärften Währungsturbulenzen zu glätten. Zu einem noch tiefergreifenden Austausch fanden sie von 1976 bis 1978 zusammen, als Fukuda an der Spitze der japanischen Regierung stand und Schmidt in Deutschland das Amt des Bundeskanzlers innehatte. Aber selbst als beide ihre Führungsämter abgegeben hatten, standen sie miteinander weiterhin in engem Kontakt. Von nun an begegneten sie sich vor allem im Rahmen des *InterAction Council*. Der scherzhaft auch „Old Boys' Club" genannte Kreis aus ehemaligen Inhabern höchster Staatsämter bemühte sich darum, gesammelte Erfahrungen und angereichertes Wissen an die folgenden Führungsgenerationen weiterzugeben. Die Gründungsin-

---

332 Schmidt (1996): S. 306.

333 Ebd., S. 307ff.

itiative war von Fukuda ausgegangen. Im Laufe der Zeit stießen viele bekannte Persönlichkeiten zu diesem Kreis, beispielsweise Malcolm Fraser, früherer Premierminister Australiens (einst Ehrenvorsitzender), die früheren US-Präsidenten Jimmy Carter und Bill Clinton, Goh Chok Tong aus Singapur, Jusuf Habibie aus Indonesien, Valéry Giscard d'Estaing aus Frankreich, Franz Vranitzky aus Österreich, Helmut Schmidt und Richard von Weizsäcker aus Deutschland, Fukuda Takeo aus Japan, Nelson Mandela aus Südafrika sowie zahlreiche andere ehemalige Staats- und Ministerpräsidenten.

Gegenstand der Beratungen waren die großen globalen Themen: Wie kann der Frieden bewahrt werden? Wie ist der Übervölkerung entgegenzuwirken? Wie lassen sich die großen Krisen bewältigen – Umweltverschmutzung, Energie-, Wasser-, Nahrungsmittelversorgung, Rassenhass, religiöse Spannungen, Terrorismus ... In Ergänzung zur Erklärung der allgemeinen Menschenrechte hat der *InterAction Council* 1997 unter Federführung von Hans Küng eine „Allgemeine Erklärung der Menschenpflichten" verabschiedet. In deren Präambel heißt es: „Sie soll ein gemeinsamer Maßstab sein für alle Völker und Nationen, mit dem Ziel, dass jedes Individuum und jede gesellschaftliche Einrichtung, dieser Erklärung stets eingedenk, zum Fortschritt der Gemeinschaften und zur Aufklärung all ihrer Mitglieder beitragen mögen." Die Erklärung hat keine bindende Wirkung; sie ist auch nicht unumstritten. Was ebenfalls für den Council selbst gilt. Juristische Kompetenz hat er nie gehabt, wohl aber stellt er eine moralische Instanz dar, die sich von Fall zu Fall Gehör zu verschaffen weiß.

Helmut Schmidt nennt den Council „das Werk Fukudas". Er rechnet es ihm hoch an, dass sein japanischer Freund – gegen den Widerstand der eigenen Partei – Worte zur Bewältigung des Zweiten Weltkriegs gefunden hat. Es sei das blutigste Ereignis in der Geschichte der Menschheit gewesen „mit einer horrenden Zahl von Toten und mit einem nie dagewesenen Ausmaß von Unrecht, wobei er eindeutig japanisches Unrecht einschloss, ohne es jedoch zu nennen."[334] Als wichtigstes Ergebnis seiner beiden Amtsjahre habe Fukuda den Friedens- und Freundschaftsvertrag mit China zustande gebracht und eine Erklärung an die südostasiatischen Nachbarn gerichtet, dass sein Land zu Frieden und Wohlstand in der ganzen Region, zur Versöhnung und Überwindung noch bestehender Differenzen beitragen wolle und nicht danach strebe, wieder eine Militärmacht zu werden. „In den restlichen zwei Jahrzehnten seines Lebens ist Fukuda diesen Prinzipien treu geblieben."[335] Helmut Schmidt schildert ihn als „japanischen Patrioten" und zugleich als „echten Internationalisten", der die Gefährdung durch den weltweiten Rüstungswettlauf und den verschwenderischen Lebensstil der Industrieländer angegriffen habe. Er habe

334 Ebd., S. 308.

335 Ebd., S. 312.

es verstanden, das Übel mit wenigen Sätzen zu brandmarken. Man handele nach der Maxime: „Laßt es uns produzieren, laßt es uns gebrauchen, laßt es uns wegwerfen."[336]

Die beiden Politiker haben ganz offensichtlich über das Einverständnis in der Sache Schritt für Schritt zu einer sehr persönlichen Harmonie gefunden. Auch an ihrem Briefwechsel ist dies abzulesen: Eröffnete Fukuda seine Briefe zunächst mit der Anrede „Your Excellency", ging er später zu „Dear Dr. Schmidt" über, woraus „Dear Mr. Schmidt" wurde, um schließlich bei der Anrede „Dear Helmut" zu enden. Der Deutsche empfing seinen japanischen Gast auch in seinem Privathaus; beide bezogen sie ihre Familien mit ein. Als Fukuda starb, hielt ihm der deutsche Freund vor einer großen Trauergemeinde eine Abschiedsrede. Am Tag nach der Totenfeier stattete er der Witwe einen Besuch ab. In der Familie, so berichtet Schmidt, habe es keine dunkle Stimmung, sondern eine religiös gestimmte Fröhlichkeit gegeben, „weil Fukuda nun ein Buddha sei."[337]

Es wäre ein Fehler zu glauben, die persönliche Nähe habe die Urteilskraft des deutschen Freundes getrübt. Im Gegenteil: für das Establishment, zu dem Fukuda gehörte, findet Schmidt sehr harsche Worte der Kritik:

> Seine konservative Partei hingegen, die sich irreführend Liberal-Demokratische Partei nennt, erschien mir in gewisser Weise eher wie eine Fortsetzung der alten Adelsherrschaft, dabei spielten ihre Unterhausabgeordneten die Rolle der Krieger, und die Fraktionsführer (es muß zeitweise innerhalb der LDP bis zu sieben Fraktionen gegeben haben) waren die modernen Daimyos (Grundherren). Diese halten ihre Fraktionen durch politische Karriereversprechungen, durch wechselseitige persönliche Loyalität, vor allem aber durch Geld zusammen, das hauptsächlich dazu verwendet wird, die Wähler im Wahlkreis durch tausend Geldgeschenke und andere Vorteile (...) an sich zu binden. Das Geld sammeln die „Daimyos" in der Wirtschaft; daß dabei auch persönliche Bereicherung vorkommt, ist ziemlich offensichtlich.[338]

Damit trifft Schmidt sicher einen wunden Punkt. Dennoch muss man einer solch harschen Wertung in dieser allgemeinen Form nicht uneingeschränkt zustimmen. Er selbst sieht Fukuda Takeo nicht als Teil „einer weitgehend finanziell korrumpierten politischen Klasse". Er sei „ein sauberer Mann geblieben."[339] Es gibt mit Sicherheit auch andere in der japanischen Politik, die sich von der Korruption fernzuhalten wissen. Zudem ist zu berücksichtigen: dies ist die Wer-

---

336 Ebd., S. 313.

337 Ebd., S. 316.

338 Ebd., S. 311.

339 Ebd., S. 311.

tung eines deutschen Sozialdemokraten, der nicht frei ist von Misstrauen gegenüber der Wirtschaft. Vor allem darf man Demokratie in Asien nicht an westlichen Vorbildern messen. An anderer Stelle lobt Schmidt ausdrücklich den Gruppenzusammenhalt in Japan. Gerade er findet auch im politischen System seinen Ausdruck, selbst in innerparteilicher Demokratie. Entscheidend ist, dass ein Machtwechsel – auf unblutige Weise – durch die Entscheidung des Volkes an der Wahlurne möglich ist.

Japan weiß nicht, wir man Freunde gewinnt

Der Umgang mit der Vergangenheit war für Helmut Schmidt, der selbst im Rang eines Oberleutnants Kriegserfahrungen gesammelt hatte, ein Thema, auf das er in öffentlichen Äußerungen sehr häufig zurückkam. In seinen Erinnerungen prangert er an, dass

> [...] einige Deutsche von der ‚Gnade der späten Geburt' schwatzen und wieder andere Deutsche bisweilen in den Fehler verfallen, den Heranwachsenden die eigene Geschichte tendenziell als Verbrecheralbum darzustellen; beide versimpeln Schuld und Schicksal zu einem Schwarzweißgemälde.[340]

Doch auch den Umgang der Japaner mit ihrer Geschichte beurteilt er kritisch:

> Die Japaner tun etwas anderes: Sie verschweigen soweit wie nur möglich die dunklen Seiten ihrer Geschichte in den dreißiger und vierziger Jahren. Hier liegen Gefahren für die Entwicklung des japanischen Denkens. Fukuda hat sie verstanden, Nakasone scheint sie zu verkennen.[341]

Er spricht aus, was ihm notwendig erscheint: „[...] man möchte gern Freunde haben – aber man weiß nicht, wie Freunde gewonnen werden."[342] Die Japaner seien unfähig, den Argwohn der Nachbarn zu verstehen. Das sei einer der Gründe dafür, dass es „nach Kriegsende über ein Vierteljahrhundert praktisch keine japanische Außenpolitik gegeben hat."[343]

Später jedoch – und das gehört ebenfalls ins Bild – hat er den Japanern auch Brücken aufgezeigt, die ihm selbst als Kenner der Geschichte vertraut waren. Dazu fand er beispielsweise im

---

340 Schmidt (1987): S. 431.

341 Ebd., S. 431.

342 Ebd., S. 430.

343 Ebd., S. 430.

Oktober 2010 Gelegenheit, also rund 20 Jahre nach Abschluss seiner oben zitierten Memoiren, anlässlich des 25-jährigen Jubiläums des *Japanisch-Deutschen Zentrums Berlin*. Noch einmal war die Kriegsschuldfrage sein Thema. Was er dazu sagte, mag in manchen Ohren wie eine Relativierung geklungen haben:

> Wenn die japanischen Aggressionen gegen Korea, gegen die Mandschurei, später gegen China insgesamt und gegen eine Reihe von Staaten Südostasiens 100 oder 130 Jahre früher geschehen wären, dann hätte die Außenwelt sie verglichen mit dem Imperialismus der großen europäischen Staaten, mit Napoleons Eroberung von beinahe ganz Europa oder mit den kolonialen Eroberungen der meisten europäischen Staaten in Asien, in Afrika und in Ibero-Amerika. Wenn die Sklaverei koreanischer Arbeiter und koreanischer *comfort women* 100 Jahre früher geschehen wäre, dann hätte man sie damals vielleicht verglichen mit der Sklaverei in den USA, die erst in den 1860er Jahren mittels eines blutigen Bürgerkrieges überwunden werden konnte. Und der Angriff auf Pearl Harbor im Jahr 1941, wenn er 130 Jahre früher geschehen wäre, wäre verglichen worden mit der Bombardierung der dänischen Hauptstadt Kopenhagen durch die britische Flotte.[344]

Er verbindet diese Einordnung in die Geschichte mit einem Hinweis, den er zugleich wohl auch an seine deutschen Landsleute richtet: Es gebe keine allgemeine Haftung für die Verbrechen der politischen oder der militärischen Führung, keine kollektive Schuld. Wohl aber seien sowohl Deutsche als auch Japaner „mitverantwortlich dafür, dass derartige Verbrechen sich in der Zukunft nicht wiederholen können. Und es bleibt unsere Aufgabe, in diesem Sinne an die nachfolgenden Generationen zu appellieren."[345] Zudem mahnt er, beide Völker dürften die schrecklichen Ereignisse aus der ersten Hälfte des 20. Jahrhunderts nicht schneller vergessen als die jeweiligen Nachbarn. Aus diesen und auch aus machtpolitischen Gründen kommt er zu dem Ergebnis, dass beide Länder weltpolitisch nur eine eingeschränkte Bedeutung haben. Ihr Streben nach einem ständigen Sitz im Sicherheitsrat der Vereinten Nationen erscheint ihm „mindestens als voreilig, wenn nicht als eine unnötige Erschwernis."[346]

Mit Blick auf die Zukunft sieht Schmidt für Deutschland etwas größere Chancen, „nationale Interessen durch international wirkende Einflüsse zu verfolgen"[347], da es ebenso wie fast alle seine Nachbarländer Mitglied der Europäischen Union ist und gemeinsam mit anderen Nationen das umfassende Nordatlantische Bündnis bildet. Auf diese Weise könne es – gewissermaßen mittel-

---

344 Schmidt (2010): S. 13f.

345 Ebd., S. 14.

346 Ebd., S. 20.

347 Ebd., S. 18.

bar – diplomatisch Einfluss nehmen, ohne in jedem Fall scharfe Konturen zeigen zu müssen. Solche politischen Optionen sieht er für Japan nicht. Damit bleibt der Deutsche bei seiner Analyse, die er schon Jahrzehnte vorher öffentlich vertreten hatte. Das kommt bereits in seinen Memoiren zum Ausdruck, in denen er das letzte Kapitel seiner Betrachtungen zu Ostasien unter die Überschrift „Die beschränkte Rolle Japans"[348] stellte. Angesichts dreier Großmächte in seinem Umfeld – China, Russland und die USA – seien Japan äußerst enge Grenzen gesetzt, eigene politische Initiativen zu entwickeln. Es sei auf Gedeih und Verderb auf die Allianz mit den Vereinigten Staaten von Amerika angewiesen. Japan besitze zwar großes wirtschaftliches Potenzial, verfüge allerdings nur über eine schwache, den Großmächten bei weitem unterlegene militärische Streitmacht und eine zudem vergleichsweise eher geringe Bevölkerung, deren Zahl zudem auch noch schrumpft.

Für Helmut Schmidt wiegt es schwer, dass Japan in drei für eine künftige Entwicklung wichtigen Feldern Schranken gesetzt sind. Wirtschaftliche Erfolge erwecken Argwohn, nicht nur bei den unmittelbaren Nachbarn, sondern auch in den USA. Der große Bündnisgenosse betrachte Japan schnell als handelspolitischen Konkurrenten und sogar als „Feind", der mit angeblich unfairen Mitteln angreift. Die amerikanische Geduld sei scheinbar rasch erschöpft. So weiß Schmidt von einem offenbar schon länger zurückliegenden Gespräch mit einem nicht namentlich genannten US-Außenminister zu berichten, der ihm sagte, „die Japaner trachteten nach einem neuen Pearl Harbor, diesmal allerdings lediglich mit ökonomischen Mitteln."[349] Auf einen Ausbau der japanischen Streitkräfte reagierten alle Nachbarn – mit Ausnahme der USA – höchst sensibel. Dem Gedanken, der schrumpfenden Bevölkerung durch Aufnahme ausländischer Arbeitskräfte entgegenzuwirken, stünden erhebliche innenpolitische Widerstände entgegen.

Ähnliche Sensibilitäten gebe es gegenüber Deutschland – auch ein Grund für beide Länder, den Austausch miteinander zu suchen. Schon sehr frühzeitig hat sich Schmidt dabei die Frage gestellt, ob es klug ist, gleichgelagerte Interessen gemeinsam zu verfolgen. Er gelangt zu dem Schluss, dass die Deutschen „etwas mehr Verständnis für das Dilemma Japans"[350] haben, weil beide Länder handels- und wirtschaftspolitisch oft gemeinsam auf der internationalen Anklagebank Platz nehmen müssen, warnt jedoch gleichzeitig:

> Aber um nicht unselige Erinnerungen an den letzten Weltkrieg und an die Achse Berlin–Tokio zu wecken, wird sich jede deutsche Bundesregierung bemühen, ihre Zusammen-

---

348 Schmidt (1987): S. 423.

349 Ebd., S. 428.

350 Ebd., S. 437.

> arbeit mit Japan innerhalb des Rahmens der europäischen Zusammenarbeit zu halten und auch so darzustellen.[351]

Fukuda und er seien sich der Notwendigkeit bewusst gewesen, nach außen nicht zu viel deutsch-japanische Zusammenarbeit zu zelebrieren. Das dürfte auch heute noch von Bedeutung sein.

Diese Einschätzung bedarf im Licht der Gegenwart allerdings einer Differenzierung. Der Bewegungsspielraum auf japanischer Seite dürfte mittlerweile etwas größer geworden sein. Der bis September 2020 amtierende japanische Premierminister Shinzō Abe erwies sich als ein Staatsmann, der vom amerikanischen Präsidenten Donald Trump mehr Wertschätzung erfuhr als andere Politiker. Er verstand es, in Handelsfragen geschickt vertretbare Zugeständnisse zu machen, und wusste zugleich, den politischen Raum zu nutzen, den er Japan damit schuf. Auf den Rückzug der USA aus dem Pazifischen Freihandelsabkommen hat er schnell reagiert und ist näher an die ASEAN-Staaten herangerückt. Außerdem ist es ihm gelungen, die für ein *Economic Partnership Agreement* (EPA) mit der EU verbliebenen Hürden auszuräumen und somit der japanischen Industrie Vorteile auf dem europäischen Markt zu sichern. Darüber hinaus ist er bei internationalen Konflikten als Vermittler in Erscheinung getreten. So hat er sich beispielsweise – wenn auch vergeblich – darum bemüht, die heftigen Auseinandersetzungen zwischen der EU und den USA in Bezug auf das Atom-Abkommen mit dem Iran zu schlichten. Suga Yoshihide ist als Ministerpräsident noch zu kurz im Amt, um über seine Bewegungsspielräume ein Urteil abzugeben.

Nicht nur Machtwille, sondern auch ein Hang zum Musischen

Zu vielen Fragen dieser Größenordnung hat Helmut Schmidt über ein halbes Jahrhundert hinweg mit japanischen Freunden den Dialog gesucht. Fukuda Takeo starb 1995. Helmut Schmidt folgte ihm erst 20 Jahre später, 2015. Wie lautet das Urteil der Geschichte über den Mann, der acht Jahre lang die Geschicke der Deutschen entscheidend bestimmte und auch international von prägender Kraft war? Noch sind wir zu dicht dran; noch ist es sehr früh, darüber zu befinden.

In seinen Nachrufen wurde er vor allem als ein Politiker mit Machtinstinkt, Machtwillen, als ein Liebhaber deutlicher, oft auch harter Worte gezeichnet. Er selbst legte offenbar großen Wert darauf, ein möglichst breites Spektrum abzudecken – als „Publizist, Philosoph, Weltökonom und Weichensteller."[352] Hartmut Soell zitiert in seiner Schmidt-Biografie Fritz René Allemann,

---

[351] Ebd., S. 437.

[352] Schlamp, Hans-Jürgen (2015): „Der Jahrhundert-Lotse", in: *SPIEGEL Online*, Hamburg, 10. November 2015.

einen „der scharfsinnigsten Beobachter der Bonner Szenerie“[353], um auch auf die Widersprüche aufmerksam zu machen, die sich in Schmidts Persönlichkeitsbild finden:

> [...] bei Schmidt, der das „Zeug zur Demagogie“ habe, verbinde sich diese Gabe auf eine „ganz ungewöhnliche Weise mit einem Drang zum Konstruktiven, zur positiven Leistung, zur administrativen Genauigkeit und zur Hingabe an die Sache“. Hinzu komme noch etwas anderes, was nicht notwendigerweise zum Politiker gehöre, was aber bei dem „ausgeprägten Macht- und Willensmenschen“ das Gegenteil schaffe: „das künstlerische Temperament, die Neigung zum Musischen“.[354]

Helmut Schmidt nahm auch für sich in Anspruch, eine Begabung zur Freundschaft zu besitzen. Man geht nicht fehl, wenn man sagt: Er war ein verlässlicher Freund Japans. Überraschend viele Japaner haben diese Zuneigung erkannt und erwidert. Deshalb zum Schluss noch diese kleine Anekdote: Ende 1981 hatte Schmidt bei einer Schallplatten-Produktion von Mozarts Konzert für drei Klaviere mitgewirkt. Er war ja ein fast konzertreifer Pianist. Als später das Japan-Programm der Deutschen Welle die Verlosung von 30 Schmidt-Platten ankündigte, meldeten sich mehr als 9000 Japaner, die daran teilnehmen wollten.[355] Nur eine Episode? Gewiss – aber auch ein deutliches Zeichen.

---

[353] Soell (2003): S. 852.

[354] Ebd., S. 852.

[355] Vgl.: „Personalien: Helmut Schmidt“, in: *DER SPIEGEL 10/1983*, Hamburg, 7. März 1983.

18. Otto Graf Lambsdorff (1926–2009) Die Freiheit des Menschen und des Marktes

Otto Graf Lambsdorff – streitbarer Parlamentarier, erfolgreicher Parteipolitiker und ordoliberaler Wirtschaftsminister – das ist das Bild, das entsteht, wenn wir uns die von ihm hinterlassenen Spuren vor Augen führen. Sein besonderes Interesse für Japan und sein Beitrag zum Ausbau der deutsch-japanischen Beziehungen aber haben bis heute kaum eine angemessene Würdigung erfahren.

Der 1926 in Aachen geborene Otto Graf Lambsdorff entstammt einer weitverzweigten deutschen Adelsfamilie, die im Baltikum und in Russland, aber auch im Rheinland zu Hause war. Einen prägenden Teil seiner Ausbildung absolvierte er – durchaus standesgemäß – im Internat der *Ritterakademie* in Brandenburg/Havel. Doch als 17-Jähriger wurde er jäh in den Strudel des Zweiten Weltkriegs gerissen, als er noch vor dem Abitur als Offiziersanwärter eingezogen wurde. Bei einem Tieffliegerangriff kam er zwar mit dem Leben davon, wurde allerdings schwer verletzt. Er verlor ein Bein und war von nun an in seinem Bewegungsspielraum eingeschränkt. Andere würden mit einem solchen Schicksal vielleicht hadern, er jedoch betrachtete es – diszipliniert, ja hart gegen sich selbst – als eine Herausforderung an die eigene Willenskraft. Die „Silberkrücke", die er sich später zulegen sollte, galt ihm nicht etwa als Symbol seiner Behinderung, sondern als Ausdruck seiner charakterlichen Stärke, wie sie sowohl im geschäftlichen als auch im parteipolitischen Feld, in denen er sich zeitlebens bewegen sollte, eher selten anzutreffen ist.

Von den Deutschen wurde Lambsdorff zu Lebzeiten anders wahrgenommen, als es den Japanern möglich war. Seine deutschen Zeitgenossen schätzten ihn vor allem als einen Politiker, dem es darum ging, staatlichem Handeln enge Grenzen zu setzen, individueller Initiative hingegen größtmögliche Freiräume zu sichern. Japaner setzen solche Akzente in der Regel anders. Vielen Deutschen war Lambsdorff sympathisch, weil er politische Entscheidungen auf Basis eines klaren Ordnungssystems zu treffen wusste, wobei er sich von den Ideen der Ökonomen Friedrich August von Hayek (1899–1992) und Walter Eucken (1891–1950) leiten ließ. Er war ein „Ordnungspolitiker" – ein Begriff, der sich in fremde Sprachen, auch ins Japanische, nur schwerlich übersetzen lässt.

Mit der Bildung einer christlich-liberalen Regierungskoalition im Jahr 1982 hat Lambsdorff in Bonn eine politische Wende bewirkt, eine für Deutschland tiefgreifende Richtungsentscheidung, die von Japan aus zwar interessiert, aber eher teilnahmslos zur Kenntnis genommen wurde –

vielleicht sogar mit Unbehagen, kostete sie doch den dort sehr angesehenen Helmut Schmidt das Kanzleramt.

Andererseits gibt es viele gute Gründe, Lambsdorff zu einem der wichtigsten Brückenköpfe der deutsch-japanischen Beziehungen zu zählen. Er hatte sich den Ruf erworben, ein Mann fester Grundsätze zu sein, gepaart mit Fairness und Verlässlichkeit. Auch in Japan schätzt man Menschen mit Charakter. Von Graf Lambsdorff gab es kein Politiksprech, sondern eine klare, oft kernige Sprache. Und er machte keinen Hehl daraus, dass er den Japanern und ihrem Land mit Sympathie begegnete. Frühzeitig erkannte er auch die gemeinsamen Interessen beider Länder. Für Japan und Deutschland, beide rohstoffarm und ideenreich, ist ein weltweiter ungehinderter Güter- und Dienstleistungsaustausch von vitaler Bedeutung. Gegen große Widerstände – im eigenen Land, in Europa und in aller Welt – setzte sich Otto Graf Lambsdorff für die Freiheit der Meere und des Marktes ein.

Nach eigener Aussage hat er Japan mehr als dreißig Mal besucht: sowohl aus privatem Interesse als auch in seiner Eigenschaft als Vorstandsmitglied der *Trinkaus Bank* und der *Victoria* Versicherung, aber ebenso als Politiker. Er hatte sich mit der Geschichte des Landes eingehend vertraut gemacht und wusste um die politischen Strömungen. Am Volkscharakter der Japaner schätzte er besonders ihren Gemeinschaftssinn, ihre Liebe zum eigenen Volk, ihre Fähigkeit zur Bewahrung traditioneller Werte gepaart mit der Bereitschaft, sich auf Neues einzulassen, ihr Pflichtbewusstsein und ihre Hingabe für die ihnen gestellten Aufgaben.

Wollen Sie den Arbeitern in Wolfsburg japanische Normen vorgeben?

Graf Lambsdorff scheute sich auch nicht, seiner Bewunderung für die Leistungen der Japaner Ausdruck zu verleihen, woran seine Landsleute gelegentlich durchaus Anstoß nahmen. So etwa 1980, als er nach seiner Rückkehr von einer Japanreise der deutschen Öffentlichkeit von seinen dortigen Erfahrungen und Begegnungen berichtete. Daraufhin wurde er in einem *SPIEGEL*-Interview gefragt: „Sie haben aus Japan eine Antwort auf die japanische Herausforderung mitgebracht: Mehr arbeiten, weniger krankfeiern, die Produktivität steigern. Wollen Sie die Bandarbeiter in Wolfsburg und Rüsselsheim an die langen Arbeitstage deutscher Minister gewöhnen?" Dieser provokativen Frage begegnete er mit seiner Beobachtung, „daß unser Hauptwettbewerber auf den internationalen Märkten mehr arbeitet, produktiver arbeitet, billiger anbietet und wettbewerbsfähiger ist. Darauf müssen die am Wirtschaftsleben Beteiligten – und das sind in erster Linie Unternehmen und Gewerkschaften – Antworten geben." Auf seine direkte Art und um jeder Begriffsstutzigkeit vorzubeugen, ergänzte er das für den Alltagsgebrauch noch etwas deftiger: „In der Automobilindustrie gibt es seit Jahren Erscheinungen, die uns stutzig machen sollten. Die frohgemute Preispolitik, erst mit der IG Metall den Haustarif auszuhandeln, dann das Ergebnis auf die Preise zu knallen und dem Verbraucher abzufordern, wird wohl eine Grenze erreicht haben."[356]

Seine liberale Grundhaltung bewährte sich besonders im Bereich der internationalen Handelspolitik. Nach dem Zweiten Weltkrieg erlebte auch Japan ein „Wirtschaftswunder", allerdings etwas später als Deutschland. Seit den 1960er Jahren war Nippon mit seinen industriellen Erzeugnissen besonders auf dem deutschen Markt erfolgreich. Vor allem Produkte der Unterhaltungselektronik, aber auch Kameras, Motorräder, Autos und Maschinen stießen in Deutschland auf großes Interesse. Zeitgleich ließ die Nachfrage nach Investitionsgütern aus Deutschland immer mehr nach. Aufgrund der so veränderten Warenströme konnte Deutschland in den 1970er Jahren nur noch die Hälfte seiner Importe aus Japan mit Erlösen aus Exporten in den fernöstlichen Inselstaat begleichen. Aber Nippons Exportzahlen stiegen auch in anderen Ländern geradezu dramatisch an – zu nennen wären hier insbesondere die USA, die darauf mit ziemlicher Schroffheit reagierten, indem sie Japan „Dumping", „Subventionsmissbrauch" und „Protektionismus" vorwarfen. Die Welt stand am Rande eines Handelskrieges, als Graf Lambsdorff 1977 das Amt des Wirtschaftsministers in Bonn übernahm. Einem Liberalen seines Zuschnitts konnten die drohenden Handelsrestriktionen nicht gefallen. Seinen Spitznamen „Der Marktgraf" trug er völlig zu Recht, denn er ließ sich stets von dem Gedanken leiten: Die Märkte müssen offen bleiben, und eine Verhärtung der Fronten hilft niemandem. Eine Lösung des Konflikts konnte nur in einem unternehmensorientierten Ausgleich liegen. Dabei dachte er in drei Richtungen:

Zum einen wollte er dem Image des Leistungsvermögens der deutschen Industrie, das unterdessen etwas verblasst war, in Japan wieder schärfere Konturen verleihen. Dazu wollte er bewusst an die Tradition der betont freundlichen deutsch-japanischen Zusammenarbeit aus der Vorkriegszeit anknüpfen. Zweitens wollte er deutschen Firmen die Chancen des japanischen Marktes vor Augen führen, da er davon ausging, dass diese Potenziale bei weitem nicht ausgeschöpft sind. Und schließlich wollte er Abwehrmaßnahmen, die einen Handelskrieg auslösen konnten, unter allen Umständen vermeiden.

[356] „‚Das muß ganz und gar freiwillig sein' – SPIEGEL-Interview mit Wirtschaftsminister Otto Graf Lambsdorff", in: *DER SPIEGEL 30/1980*, 21. Juli 1980 (https://www.spiegel.de/spiegel/print/d-14315362.html).

Deutsche Leistungsschau in Tokio gegen die Chefs des Maisons

Zur Verfolgung oben genannter Ziele entwickelte er beispielsweise das Konzept einer „Deutschen Leistungsschau" in Tokio *. Dabei hatte er insbesondere den Maschinenbau im Blick, der schon immer das Rückgrat der deutschen Exportwirtschaft darstellte. Dabei ging es ihm nicht darum, kurzfristig die Orderbücher deutscher Industrieunternehmen zu füllen. Vielmehr wusste er als guter Kenner des Landes, dass Imagewerte in Japan von besonderem Gewicht sind, dass es allerdings meist lange Zeit dauert, sich ein solches Image zu erarbeiten. Kurzatmig darf man in dieser Hinsicht nicht sein. Doch fand er mit seinen Überlegungen längst nicht überall offene Türen. Im Gegenteil: in Deutschland wurde seinem Vorhaben sogar mit heftigem Widerstand begegnet. Die Führungskräfte großer Unternehmen, die Lambsdorff dafür zu gewinnen suchte, gaben lieber näherliegenden Märkten den Vorzug, und das nicht nur mit Blick auf die damit verbundenen Transporte. Sie scheuten auch die Markterschließungskosten in Fernost, die sie unrealistisch hoch bezifferten. Hinzu kamen die aus ihrer Sicht fast unüberwindbaren sprachlichen und kulturellen Barrieren. Bei ihrer Einschätzung beriefen sie sich auf die Erfahrung, dass die Überwindung von Zollmauern allein nicht genügt, da vor allem behördliche Hindernisse im Inland, die zur Abwehr von Einfuhren dienen, ein Problem darstellen.

Die Diskussion über den richtigen Weg wurde auch öffentlich geführt, zeitweise äußerst heftig. So hatte sich beispielsweise der Chefreporter der *Zeit* in der Industrie umgetan. Die von ihm gesammelten Ansichten fanden am 20. Januar 1984 unter der Überschrift „Jahrmarkt der Peinlichkeiten. Der deutschen Industrieschau in Tokio droht ein blamabler Mißerfolg"[357] ihren Weg in die Öffentlichkeit: Die Großchemie erklärte, „man erwarte durch kollektive Leistungsbeweise keinen messbaren Popularitätsgewinn". Ein Unternehmen ließ sich mit dem Hinweis zitieren, „ein demonstrativer Auftritt in Fernost grenzt an Frivolität". Selbst die Deutsche Industrie- und Handelskammer in Japan klagte aus Sorge um die Reputation der von ihr vertretenen Kundschaft: „Ehe wir uns blamieren, dann doch lieber keine Leistungsschau".[358]

Doch allen Angriffen zum Trotz verfolgte der Minister seinen Plan weiter. Er setzte sich nicht nur auf schriftlichem Wege, sondern auch in direkten Telefongesprächen mit vielen Konzernchefs in Verbindung. Dabei ließ er vermutlich auch durchblicken, dass eine solche Präsentation in Japan ihm ein persönliches Anliegen ist. Um seine Entschlossenheit zu untermauern, beauftragte er Kurt Schoop, den damaligen Chef der Messe in Düsseldorf, mit der Ausarbeitung detaillierter Pläne.

---

357 „Jahrmarkt der Peinlichkeiten. Der deutschen Industrieschau in Tokio droht ein blamabler Mißerfolg", in: *DIE ZEIT 04/1984*, 20. Januar 1984.

358 Ebd.

Am Ende gelang es Lambsdorff zwar nicht alle, aber doch eine ausreichende Zahl von Unternehmen für sein Vorhaben zu gewinnen. Nach umfangreichen Vorbereitungen konnte die Präsentation 1984 am Hafen von Tokio in einer weißen, von deutschen Designern entworfenen Zeltstadt eröffnet werden. Und sie sollte sich als großer Erfolg erweisen. Selbst *Die Zeit* ruderte zurück und befand: Die deutschen Unternehmen „sollten die Gunst der Stunde nutzen. Eine so gute Chance, alte Fehler wiedergutzumachen, kommt so bald nicht wieder."

Am Ende fanden beide Seiten, sowohl Japan als auch Deutschland, Gefallen an dem, was ihnen dort gelungen war. Das wiederum blieb nicht ohne Wirkung auf die USA, so dass es zu dem befürchteten Handelskrieg nicht kam. Angesichts der Verhärtungen, die sich heute an vielen Stellen beobachten lassen, lohnt es durchaus, die Frage zu stellen: Wo stünden wir jetzt, wenn der „Marktgraf" sich damals nicht durchgesetzt hätte? Den Wohlstand, den wir in dieser arbeitsteiligen Welt geschaffen haben, gäbe es nicht, hätten die Handelspolitiker damals gegeneinander mobilgemacht. So betrachtet, stellt die „Deutsche Leistungsschau in Tokio" im Jahr 1984 einen Wendepunkt dar.

Arbeit für die Stiftung Erinnerung, Verantwortung und Zukunft

„Handel bringt Wandel", so verheißt es ein deutsches Sprichwort. Aber geschäftlicher Austausch allein genügt nicht, um nach verlustreichen Kriegsjahren wieder einen verlässlichen Frieden zu stiften. Um hier positiven Wandel zu schaffen, bedarf es weiterer Zeichen und Taten – ein Gedanke, für den Lambsdorff auch in Gesprächen mit japanischen Freunden geworben hat. In diesem Sinne hat er sich beispielsweise für die Entschädigung von NS-Zwangsarbeitern eingesetzt, die oft unter unmenschlichen Bedingungen in Rüstungsbetrieben arbeiten mussten. Er war sich zwar bewusst, dass gestohlene Jahre nicht durch Geld zu entschädigen sind, und hat dies auch offen ausgesprochen.[359] Aber Worte allein – so seine Überzeugung – haben keine heilende Kraft und so zögerte er nicht, sich Ende der 1990er Jahre für einen Fonds einzusetzen, aus dem solche Zwangsdienste entschädigt werden konnten – ein wagemutiges Unterfangen Denn es war weder absehbar, wie groß der Kreis der Betroffenen sein, noch wie deren Reaktion darauf ausfallen würde. Ungewiss war darüber hinaus, ob überhaupt finanzielle Mittel in der erforderlichen Höhe zusammenzubringen waren. Angesichts all dieser Unwägbarkeiten hatte Helmut Kohl in seiner Amtszeit als Bundeskanzler von einem solchen Vorhaben stets Abstand genommen.

---

[359] Vgl. Deutschlandfunk Kultur: *Lambsdorff: Finanzieller, aber kein moralischer Schlussstrich.* Kulturinterview / Archiv, Beitrag vom 12. Juni 2007 (https://www.deutschlandfunkkultur.de/lambsdorff-finanzieller-aber-kein-moralischer-schlussstrich.945.de.html?dram:article_id=132537).

Wer für ein solches Versöhnungsprojekt ins Obligo geht, bedarf vieler Talente. Er muss versuchen, quer durch alle Gruppen und Parteien Konsens zu bilden. Er muss Unternehmer von seinem Vorhaben überzeugen und dabei auch die ganz jungen, die den Krieg und seine Gräueltaten nicht aus eigenem Erleben kennen, auf seine Seite ziehen. Er muss alle bewegen, ansehnliche Beträge zu spenden, auch wenn sie selbst niemanden ausgebeutet hatten. Dies alles mit dem Risiko, dass Anwälte, die Chancen auf unmäßige Gewinne wittern, eine „Klage-Industrie" auf die Beine stellen. Um das möglichst abzuwenden, muss er in Gesprächen mit ausländischen Regierungen einen geeigneten Rechtsrahmen schaffen. Er sieht sich der Aufgabe gegenüber, aus den Reihen der geschädigten Zwangsarbeiter Mitwirkende zu gewinnen, die sich für eine gerechte Verteilung der Gelder einsetzen. Bei alledem weiß er: größtmögliche Harmonie ist notwendig, Streit kann im schlimmsten Fall neue Wunden schlagen.

Lambsdorff wusste um all dies und stellte sich der Herausforderung. Es war schwer genug: Anfangs waren nur zwölf Großunternehmen zur Mitwirkung bereit. Gemeinsam mit dem Daimler-Vorstand appellierte er an die Moral und zugleich an die Vernunft der Manager. Am Ende beteiligten sich 6500 Firmen – darunter zahlreiche Mittelständler – an der Stiftungsinitiative, so dass insgesamt 5,2 Milliarden Euro zusammenkamen. Nachdem die Medien auf allen Kanälen über diesen Fonds berichtet hatten, meldeten sich 1,7 Millionen Betroffene, die Zahlungen von jeweils bis zu 7500 Euro erhielten. Dabei legte die eigens gegründete Stiftung *Erinnerung, Verantwortung und Zukunft (EVZ)* Wert darauf, ihre Leistungen individuell zu erbringen und auf Sammelüberweisungen mit Streurisiko zu verzichten. Aus der Erfahrung früherer Jahre wusste Graf Lambsdorff: Sobald man die Übersicht verliert, fließt Staatsgeld in dunkle Kanäle. Deshalb sorgte er mithilfe einer vergleichsweise kleinen Organisation, die ein Daimler-Manager auf die Beine gestellt hatte, für eine betriebswirtschaftlich saubere Abwicklung. Nach sechs Jahren konnte die Kasse am 12. Juni 2007 offiziell geschlossen werden. Etwa 358 Millionen Euro verblieben für künftige Versöhnungsprojekte, z. B. für Begegnungen unter Jugendlichen, in der Stiftung *Erinnerung, Verantwortung und Zukunft*. „Es hat einen finanziellen Schlussstrich gegeben. Einen moralischen Schlussstrich unter diese Sache kann und darf es niemals geben"[360], betonte Lambsdorff in seinem Abschlussbericht.

Menschlich und politisch gleichermaßen herausragend

Lambsdorff bewies nicht nur in diesem Fall die Weitsicht eines guten Politikers, die Qualität eines umsichtigen Managers und ein hohes Maß an menschlicher Substanz. Das begründete im In- und Ausland großen Respekt. Japan erwies ihm sichtbare Anerkennung. Das Kaiserhaus be-

360 Ebd.

dachte ihn mit dem *Praemium Imperiale*. Zum Verständnis ein Ausflug in die japanische Kulturgeschichte: Mitte des 19. Jahrhunderts, als die Japaner sich der übrigen Welt öffneten, erlebten sie eine Überschwemmung mit westlicher Kultur. Sie reagierten 1879 unter dem Vorsitz von Sano Tsunetami mit der Gründung der *Ryuchi-kai*, einer Vereinigung, deren Ziel es war, nicht nur die heimische Kunst zu beleben, sondern ihr auch international Geltung zu verschaffen. Als *Japan Art Association* trat sie mit gestärktem Selbstvertrauen im Ausland auf, zum Beispiel im Jahr 1900 auf der in Paris stattfindenden Weltausstellung. Sie wurde auch vom Kaiserhaus unterstützt; Prinz Takamatsu (1905–1987) fungierte als langjähriger Ehrenpräsident. Er erweiterte die Aufgaben der Vereinigung, die sich nun mehr und mehr der Förderung der Kunst außerhalb der Grenzen widmete. Ein Jahr nach dessen Tod im Jahr 1989 wurde erstmals *Takamatsu no miya denka kinen sekai bunka-shō*, der *Weltkulturpreis zum Gedenken an seine Kaiserliche Hoheit Prinz Takamatsu* ausgelobt. Dieser *Praemium Imperiale* feiert die Kunst aller Völker als Ausdruck der menschlichen Kreativität.

Im ausgehenden 20. Jahrhundert gibt es wieder einen Veränderungsschub. Tokio bewegt die Sorge, das Land könnte international in eine Isolierung geraten. Die Regierung will ein Zeichen setzen, Japan sei zu multilateraler Zusammenarbeit bereit und beteilige sich gleichrangig am Gemeinschaftsleben der Völker. Erstmals wird der *Praemium Imperiale* 1989 an fünf herausragende Künstler aus der ganzen Welt verliehen. Von nun an werden herausragende Persönlichkeiten alljährlich zu internationalen Beratern erkoren, denen die ehrenvolle Aufgabe zufällt, Künstler zu benennen, deren Arbeiten von besonderer völkerverbindender Kraft sind.

Ein solcher Ruf erging 2008 an Otto Graf Lambsdorff. Um diese Aufgabe bestmöglich zu erfüllen, konnte er sich eines kleinen Beraterstabs bedienen. So berief er die damalige Leiterin des Kunstmuseums Bonn, Katharina Schmidt, den langjährigen Kulturkorrespondenten der *FAZ*, Heinrich Wefing, den ehemaligen Staatsintendanten der Bayerischen Staatsoper, Sir Peter Jonas, sowie den Filmregisseur Volker Schlöndorff, ihm beratend zur Seite zu stehen.

Die Qualität dieser Auszeichnung wird durch einen Blick auf frühere Preisträger deutlich. Lambsdorff trat in die Fußstapfen großer Staatsmänner, unter ihnen auch zwei Deutsche, der frühere Bundespräsident Richard von Weizsäcker und Altkanzler Helmut Schmidt. Dank der Vorschläge aus diesem Kreis erhielt bisher ein gutes Dutzend Künstler aus dem deutschsprachigen Kulturraum ein Preisgeld von jeweils 15 Millionen Yen – darunter Sigmar Polke, Anselm Kiefer, Gerhard Richter, Frei Otto und Pina Bausch. Mit diesen und vielen anderen klangvollen Namen hat der *Praemium Imperiale* inzwischen tatsächlich ein internationales Gewicht gewonnen, das seinem eigenen Anspruch als „Nobelpreis der Künste" gerecht wird.

Als Otto Graf Lambsdorff am 5. Dezember 2009 in Bonn starb, wurden seine Verdienste in der breiten Öffentlichkeit ausführlich gewürdigt. Bundeskanzlerin Angela Merkel charakterisierte ihn in ihrer Kondolenzbotschaft als „menschlich wie politisch gleichermaßen herausragende[n]

Liberale[n].“[361] Die *Frankfurter Allgemeine Zeitung* schrieb: „Bis heute ist das Amt des Bundeswirtschaftsministers nach Ludwig Erhard mit keiner anderen Persönlichkeit so verbunden wie mit Otto Graf Lambsdorff. Mit ordoliberaler Standfestigkeit kämpfte er gegen den keynesianischen Zeitgeist.“ „Ordnung aus Freiheitsliebe“, „Gradlinigkeit“ und „preußische Tapferkeit“[362]. Mit ihrer Würdigung fand sie in Deutschland breite Zustimmung. Auch aus dem Ausland kamen zahlreiche Trauerbekundungen – darunter besonders viele aus Japan. Graf Lambsdorff hat sich um Deutschland, aber auch um die deutsch-japanische Freundschaft verdient gemacht.

–

* Der Verfasser war von 1969 bis 1973 Leiter des Büros der Wirtschaftsvereinigung Stahl in Tokio. Er hat Otto Graf Lambsdorff, der damals noch für das Düsseldorfer Bankhaus Trinkaus tätig war, erstmals 1970 auf dessen Besuchsreise in Tokio begleitet. Auch in den folgenden Jahren war er in verschiedenen Funktionen (u. a. als Präsident des Stahlverbandes und als Bundestagsabgeordneter) häufig in Kontakt zum Wirtschaftspolitiker Lambsdorff. An der Vorbereitung der „Deutschen Leistungsschau“, die 1984 in Tokio stattfand, war der Verfasser in Form zahlreicher Vorträge beteiligt. Als direkte Folge dieser Leistungsschau ist 1986 in Zusammenarbeit mit Graf Lambsdorff und der Messegesellschaft NOWEA, vertreten durch Kurt Schoop, der *Deutsch-Japanische Wirtschaftskreis* (DJW) entstanden.

---

361 Angela Merkel: *Die Bundeskanzlerin zum Tod von Bundeswirtschaftsminister a. D. Graf Lambsdorff* (6.12.2009) (https://www.bundeskanzlerin.de/bkin-de/aktuelles/die-bundeskanzlerin-zum-tod-von-bundeswirtschaftsminister-a-d-graf-lambsdorff-748262).

362 Majid Sattar: „Ordnung aus Freiheitsliebe“, in: *Frankfurter Allgemeine Zeitung*, 6. Dezember 2009 (https://www.faz.net/aktuell/politik/inland/zum-tode-von-otto-graf-lambsdorff-ordnung-aus-freiheitsliebe-1625041.html).

19. Pina Bausch (1940–2009)
Tanz, tanz – sonst sind wir verloren

Der 10. November 2007 war von besonderem Gewicht im Leben der Pina Bausch. Ein kurzer Blick auf diesen Tag: Wieder einmal war sie in Kyoto, der alten Kaiserstadt Japans. Schon vorher war sie – aus dem engen Tal der Wupper kommend – hier und in anderen Städten des Inselreichs mehrfach zu Gast gewesen. Der Tanz, ihre Leidenschaft, gehört zur Kernsubstanz japanischer Kultur. Allerdings wird er hier in sehr traditionsgebundener Form gepflegt. Anfangs konnte Pina deshalb nicht sicher sein, für ihr ganz eigenes Verständnis dieser Kunst gerade in diesem lange isolierten Raum Beifall zu finden. Auf dem Weg durchs Land war sie jedoch gemeinsam mit ihrer Truppe nicht nur freundlich aufgenommen worden, sondern hatte, bei einem beträchtlichen Teil ihrer Zuschauer, eine geradezu begeisterte Zustimmung gefunden. Obwohl sie in Deutschland und Europa bereits einen steilen, wenn auch steinigen Höhenweg hinter sich hatte, war dieser Erfolg für sie von besonderer Bedeutung.

Als sie an diesem Tag in Kyoto sprach, hatte sie nicht nur in ihrem Heimatland Japan, sondern bereits in aller Welt, ein hohes Ansehen und einen festen Platz im Publikum. Aber auch in dieser Lage war die Erinnerung an den Anfang, an die ersten Jahre, an Jugend und Herkunft in ihr sehr lebendig. Sie kam aus bescheidenem Haus, war die Tochter eines Gastwirts in Wuppertal, hatte in dem Betrieb, den sie selbst liebevoll eine „Nachbarschaftskneipe“ nannte, zeitweise selbst am Zapfhahn gestanden und am prallen Leben der Gäste, an ihren Alltagssorgen und Nöten Anteil genommen. Jetzt sah sie sich in Japan einem exklusiven, sorgfältig ausgesuchten Publikum gegenüber. Der deutsche Bundeskanzler Helmut Schmidt hatte schon vor Jahren von dem ihm verliehenen Recht Gebrauch gemacht, sie im Rahmen der Stiftung „Premium Imperiale“ für einen Kunstpreis zu empfehlen. Diese hohe Auszeichnung hatte sie bereits 1999 entgegennehmen dürfen. Jetzt war ihr der „Kyoto-Preis“ zuerkannt worden. Die von dem japanischen Industriellen Inamori gestiftete Auszeichnung ist – nicht nur wegen ihrer großzügigen Ausstattung – von besonderem Rang.

In dieser Situation, 2007, berichtet sie in einem mit der Preisverleihung verbundenen „Werkstatt-Gespräch“ über ihr Leben. Gleich im Anfang kommt sie auf ein lange zurückliegendes Erlebnis zu sprechen: In Griechenland war sie einmal bei Zigeunerfamilien zu Gast. Ein kleines

Mädchen kam zu ihr mit der Bitte: „Tanz, tanz – sonst sind wir verloren"[363]. Ein naives Anliegen und schlichte Worte! Aber diese Erinnerung hat sie bewahrt. Sie waren ihr wichtig. Sie stellte dies bewusst an den Anfang ihres Vortrags auf großer Bühne. Zwar sprach sie es selbst nicht aus, aber „tanz, tanz, sonst sind wir verloren" war die kürzeste Form ihres eigenen Lebensberichts.

Der „Höhenweg", von dem hier die Rede war, begann in Essen. Noch keine Metropole – doch für die damals 14-jährige Pina schon „große Welt". Die Folkwangschule, die sie von nun an besuchte, bot ihren Schülern und Studenten ein umfassendes Programm: Oper, Schauspiel, Musik und Tanz, sowie Malerei, Bildhauerei, Grafik, Design und andere künstlerische Leistungen. Während das benachbarte Düsseldorf, heute das japanische Zentrum auf dem europäischen Kontinent, erst begann, eine Rolle als internationale Drehscheibe zu spielen, zog Folkwang bereits in den 50er Jahren Studenten aus vielen Ländern nach Essen. Ein Glücksfall für die blutjunge Elevin, die – aus einem beengten Umfeld kommend – sich von nun an in einer weltoffenen Künstlergesellschaft bewegte. Auch kam zu Hilfe, dass Kurt Jooss, ihr akademischer Lehrer, früh ihre Begabung erkannte und sie nach Kräften förderte. Am Ende der Ausbildung gewann sie den „Folkwang-Leistungspreis" und bald darauf ein DAAD-Stipendium nach USA. Sie entschied sich für New York und die „Juilliard School of Music", eine gute Wahl. „Big Apple" war eine bunte Mischung aus Kulturen und Hautfarben, vor allem aber ein Zentrum der internationalen Tanzwelt. Hier fand sie die besten Lehrer, bewunderte die Stars auf der Bühne und hospitierte zugleich an der Met: „In den Klassen von Antony Tudor trafen sich alle bedeutenden Tänzer – die klassischen und die modernen. Dort traf ich auch Donyo Feuer und Paul Sanasardo. Sie haben mich eingeladen, in ihr Studio zu kommen. Abends nahm ich Unterricht bei ihnen. Nachts haben wir an ihren Choreographien gearbeitet. Das machten viele damals: tagsüber wurde gearbeitet und Geld verdient und nachts wurde geprobt"[364] Für solche Studentenjobs benutzen die Japaner – nicht von ungefähr – das dem Deutschen entlehnte Wort „arbeito". Auf- und anregende Jahre: „Ich beschloss, von dem Geld, das für ein Jahr gedacht war, mindestens zwei Jahre zu bleiben. Das hieß sparen. Ich bin zu Fuß gelaufen. Ich habe mich lange Zeit fast nur von Icecream – Nusseis – ernährt. Dazu ein kleines Fläschchen Buttermilch, viel Zitrone, die auf den Tischen stand, und sehr viel Zucker … Eine wunderbare Hauptmahlzeit!"[365]

---

363 Pina Bausch: „Etwas finden, was keiner Frage bedarf" in The 2007 Kyoto Prize Workshop in Arts ans Philosophy, Internetfassung (kurz Workshop) S. 1.

364 Workshop, a. a. O., S. 5.

365 Pina Bausch: „Was mich bewegt" in Rede anlässlich der Verleihung des Kyoto-Preises im Jahr 2007, Internetfassung (Rede a. a. O.), S. 4.

Ein steiler aber auch steiniger Höhenweg

Tief eingetaucht in diese Welt, wollte sie über die zwei Jahre hinaus noch länger bleiben. Es bedurfte vieler Mahnungen ihres alten Lehrmeisters aus Essen zur Heimkehr. Er brauchte sie, bot ihr einen Lehrauftrag an und die Leitung eines kleinen Folkwang-Ensembles. Vor allem der darin enthaltenen Möglichkeit, wieder selbst zu tanzen und auch Gastrollen auf anderen Bühnen zu übernehmen, konnte sie nicht widerstehen. Einladungen dazu kamen auch aus ihrer Heimatstadt Wuppertal. Der Generalintendant dieser damals noch wenig bekannten Bühne, Arno Wüsthofer, bot ihr an, die Leitung des Wuppertaler Balletts zu übernehmen. Sonst immer von schneller Entscheidungskraft – hier zögerte sie. Ihre eigenen Worte: „Ich traute es mir nicht zu. Hatte auch viel Angst. Ich liebe die freie Arbeit". Doch dann schlug sie ein: „Ich kann es ja mal probieren!"[366]. Was sie noch nicht wissen konnte – es war eine Entscheidung fürs Leben. 40 Jahre blieb sie dem Hause treu. Kontinuität, aber auch sehr viele Veränderungen!

Doch das nun folgende Stück auf dem Höhenweg erwies sich als besonders steinig. Auf den Programmzetteln der von ihr übernommenen Bühne stand bisher klassisches Ballett. Das Publikum erwartete von ihr eine bestimmte Ästhetik. „Dass es noch andere Formen von Schönheit gab, stand nicht zur Debatte"[367]. Es hagelte Proteste von allen Seiten. Während der Vorstellung verließen Zuschauer, die Türen knallend, das Theater. Am Ende wurde gebuht und gepfiffen. Die Zeitung schrieb: „Die Musik war sehr schön. Sie können die Augen schließen." Pina erinnert sich weiter: „Auch der Chor und das Orchester haben es mir schwer gemacht. Ich wollte mit dem Chor sehr gerne etwas entwickeln. Sie haben sich jeder Idee verweigert"[368].

Sie brauchte Zeit, das bisher Erlebte zu verarbeiten, sich zugleich aber davon frei zu machen. Bisher war es ihre Aufgabe, Musik, geleitet von Choreographen, in eigene Bewegung umzusetzen. Sie hatte eine ihr zugedachte Rolle bestmöglich zu füllen. Dabei konnte sie Orientierung an den Leistungen anderer erstklassiger Tänzer finden, denen sie begegnet war, die sie bei der Arbeit beobachtet hatte. Nun konnte und wollte sie aber nicht mehr nur aus Vorhandenem schöpfen – sei es Klassik, seien es von modernen Interpreten übernommene Ausdrucksformen. Sie konnte und wollte sich nicht mehr darauf verlassen, fremde Regieanweisungen zu befolgen.

Von nun an war es nicht mehr genug, ihren eigenen Körper zu kontrollieren, ihn in eine strenge Disziplin zu nehmen, sich auf die eigenen Bewegungsabläufe zu konzentrieren. Zudem hatte sie den Ehrgeiz, etwas Neues zu wagen, der Tanzkunst einen neuen Rang zu geben. Als Choreographin musste sie das Ganze im Auge haben, auch Verantwortung für die anderen Tänzer übernehmen. Sie setzte sich ein hohes Ziel, sie wollte – ähnlich wie es Richard Wagner für die

---

366 Rede a. a. O., S. 4.

367 Workshop a. a. O., S. 10.

368 Rede a. a. O., S. 5.

Oper getan hatte – ein eigenes Bühnenwerk im wörtlichen und umfassenden Sinn schaffen. Dazu gehörte nicht nur die tänzerische Darbietung, das Bewegungsspiel von Solisten und Ballett-Truppe, ihr Miteinander und Gegeneinander, sondern auch die Musik, die Beleuchtung, die Kostüme und das Bühnenbild – die Architektur des Ganzen.

Eine Pionierin auf den Landkarten der menschlichen Seele

Inhaltlich ging es ihr um die großen Themen der Menschheit. Sie wollte ihrem Publikum zeigen, „was Tod, Trauer und Liebe mit den Menschen machen. Dass Tod, Trauer und Liebe oft zusammengehören“[369]. Dafür nutzte sie ihren besonderen Blick, dem Wim Wenders eine sehr liebevolle Würdigung gewidmet hat. Er schildert, dass sie ihren Worten wenig vertraute: „Jedenfalls vielmehr dem, was man sehen konnte, als dem, was es darüber zu sagen gab. Man sagt ja von Blinden, dass sie ihr Gehör zum Ausgleich mehr schärfen. Mit Pina war es sozusagen umgekehrt: aus Misstrauen gegen die Worte hat sie dafür umso mehr auf die Augen gesetzt. Aber auf eine ganz besondere, eigene, ja, einzigartige Weise. Sie hat ihren Blick ungeheuer geschärft für all das, was wir mit unseren Bewegungen und Gesten sagen“[370].

Es gibt viele Gründe, warum die Japaner sie schon früh besonders mochten und dies auch immer wieder zum Ausdruck brachten. Auch sie sind „Augenmenschen“. Man denke nur an die vielen Schriftzeichen, die sie sich einprägen müssen, allein 2000 Kanji, um eine Tageszeitung zu lesen. Das Studium schärft den Blick. Die hoch entwickelte Kalligraphie mit ihrem ästhetischem Anspruch. Die „Bilder einer fließenden Welt“(ukiyoe), ursprünglich nur für Werbezwecke bestimmt, doch von allem Anfang an mit aller Sorgfalt komponiert. Nicht zuletzt: die hohe japanische Kinokunst, die Weltrang hat.

Pina war – um noch einmal Wim Wenders zu folgen – „eine Pionierin der weißen Felder auf den Landkarten der menschlichen Seele. Weil sie ein Interesse an den Menschen hatte, war ihre große Kunst als Tänzerin und Choreographin eben nie nur auf Ästhetik aus, auf Effekte, auf „Schönheit“ oder Gefälligkeit ..., sondern immer auf ein Bild des Menschen in seiner Zeit und in seiner Gesellschaft, inmitten seiner Bedingungen, seiner Leiden, Ängste, Freuden und Passionen“[371]. Sie wurde damit vor allem von Menschen verstanden, denen es schwer fällt, über innere Tatsachen zu sprechen. Es gibt sie in Deutschland und aller Welt, ganz besonders aber in Japan, wo es der gesellschaftliche Kanon verbietet, Gefühlen freien Lauf zu geben.

---

369 Rheinische Post vom 5.9.2009.

370 Wim Wenders: „Für Pina am 4.9.09 anlässlich der Trauerfeier“, Internetfassung (kurz Wenders), S. 10.

371 Wenders a. a. O., S. 11.

In dem, was sie schriftlich hinterlassen hat, gibt sie auch etwas über ihre Arbeitsweise preis. Sie unterliegt im Lauf der Zeit großen Veränderungen. Zu Beginn europäisch planend, Schritt für Schritt. Ihre erste große Arbeit „Fritz", handelt von einem kleinen Jungen, der mit großen Augen die Welt erkundet. Ähnlich wie das Märchen „Von einem der auszog, das Fürchten zu lernen". Hier folgt sie noch einem alten Schema. „Danach habe ich das Planen aufgegeben. Seitdem lasse ich mich auf etwas ein, ohne zu wissen, wohin es geht"[372]. Sehr bald schon löst sie sich von einem durch herkömmliche Logik bestimmten Ansatz. Sie beginnt gedanklich, ein Thema einzukreisen, wie es ähnlich auch Japaner tun, nicht Schritt für Schritt vorwärts zu gehen, sondern in sich verengenden Kreisen. Sie horcht, spürt in sich hinein, sucht das Unterbewusste zu aktivieren. Sie meidet dabei, sich selbst präzise – wie sie es nennt „plumpe" – Fragen zu stellen. „Etwas finden, was keiner Frage bedarf", so hat sie ihren Lebensbericht überschrieben. Wenn ein Vergleich erlaubt ist, so erinnert dieser Ablauf an eine Fahrt im Nebel – wenn etwa ein Skiläufer einen steilen gefährlichen Hang ohne jede Sicht zu bewältigen hat. Es ist mehr die Intuition als die leichte vom Körper kaum registrierte Druckveränderung am Boden, die ihn den Weg finden lässt.

Pina berichtet von beglückenden Gefühlen, wenn etwas gelingt, ohne absichtsvoll danach zu suchen. „Dann freue ich mich, aber ich spreche nicht darüber"[373]. Manchmal sucht sie einen offenen Prozess, den Dialog mit ihren Tänzern. Aber es geschieht auch, dass sie ihre Truppe zeitweise völlig im Ungewissen lässt, in welche Richtung sich ihre Gedanken bewegen. „Auch die Tänzer wissen nicht, was ich suche oder besonders finde. Das gehört mit zu dem gegenseitigen Vertrauen, das wir in der Arbeit brauchen"[374]. Ein in mancher Weise kräftezehrender Schöpfungsprozess. „Ich denke jedesmal, ich möchte nie wieder eins (ein Stück) machen. Wirklich. Schon seit vielen Jahren. Warum mache ich das nur? Es ist eigentlich ziemlich grausam und wenn es dann raus ist, bin ich schon wieder bei den nächsten Plänen"[375].

Tiefe Wurzeln einer deutsch-japanischen Künstlerfreundschaft

Mit den Japanern teilt sie auch das Bemühen um Genauigkeit. „Alles wird wieder und wieder umgewendet und neu durchdacht. Jedes Detail durchläuft eine Vielzahl von Verwandlungen, bis es am Ende den richtigen Platz gefunden hat. Es dauert jedes Mal eine lange Zeit, bis etwas in Fluss kommt. Wenn man auch nur eine Kleinigkeit übersieht, geht die Arbeit in die falsche Rich-

---

[372] Workshop a. a. O., S. 10.

[373] Workshop a. a. O., S. 11.

[374] Workshop a. a. O., S. 11.

[375] Workshop a. a. O., S. 14.

tung"[376]. Das könnte auch ein Japaner, etwa ein guter Kunsthandwerker, genau so gesagt haben. Es liegt auf der Hand, dass eine solche Arbeitsweise sehr fordernd ist. Aber ganz ungewöhnlich dürfte sein, dass sie auch nach Abschluss zeitraubender Probearbeiten, nach Premieren oder einzelnen Aufführungen neue Gedanken einbringt und dies natürlich der ganzen Truppe zur weiteren Umsetzung vermitteln muss.

Pina hat mit ihrer „Tanzoper", wie sie ihr Theater gelegentlich nannte, sehr oft eine internationale Bühne gesucht. Es war ihr ein Bedürfnis, Unbekanntem zu begegnen, um es zu teilen und ohne Angst zu erleben, gern auch in Gemeinsamkeit mit anderen Bühnen. Die Idee dazu entstand durch eine Kooperation mit dem „Teatro Argentina" in Rom. Sie entwickelte ein Netzwerk, das die Welt umspannte. Besonders gern war sie in Japan. In 26 Jahren, so hat man ermittelt, hat das Tanztheater Wuppertal nicht weniger als 21 Stücke in Japan gezeigt[377]. Im Schnitt fand jede zweite der rund 40 Choreographien, die Pina Bausch zu verantworten hatte, den Weg in das fernöstliche Inselreich. Eine besonders herzliche Beziehung entwickelte sich dabei zu Kazuo Ohno, dem Mitbegründer des Butoh-Tanzes. Die Wurzeln dieser Künstlerfreundschaft reichen tief, denn sie ziehen Wasser aus vergleichbaren Schichten.

Butoh ist schon etwas älter als Pinas Tanztheater. Zum Verständnis dieser japanischen Kunstform ist der Hintergrund wichtig: Kazuo Ohno kommt aus einer Familie in Hakodate auf Hokkaido, der nördlichsten der vier Hauptinseln, von manchen gern der „Wilde Westen" genannt, wohl weil es machtpolitisch und kulturell erst Mitte des 19.Jahrhunderts in das kaiserliche Japan integriert, jungen abenteuerlichen Leuten gute Chancen des Fortkommens bot. Vater Ohno, offenbar ein rauer, naturverbundener Mann, sprach Russisch und ging rings um Kamtschatka dem Fischfang nach. Die Mutter, geprägt von japanischer Kultur, spielte die Koto (ein zitherähnlichens Saiteninstrument), war aber auch mit westlicher Musik und anderen Werten vertraut, sang viel mit ihren Kindern. Der Sohn Kazuo, ein eher mittelmäßiger Schüler, körperlich früh trainiert, später Sportlehrer in Yokohama, wurde 1938, im Alter von etwa 30 Jahren zur Armee einberufen. Geprägt von schrecklichen Kriegserlebnissen in China und Südostasien kam er erst nach 9 Jahren aus Kriegsgefangenschaft in Neuguinea zurück, verfolgt von den Bildern toter Soldaten, die inmitten giftiger Quallen mit meterlangen Tentakeln im Meer schwammen. Diese qualvollen Vorstellungen sublimierte er – mittlerweile mehr als 40 Jahre alt, in einem Tanzprojekt „Jellyfish".

Die Tanzform, die er mit Tatsumi Hijikata weiter entwickelte, Ankoku Butoh „Tänze der Finsternis", traf die Seele des noch von Krieg und erlittener Niederlage traumatisierten Landes. Es folgten Kinjiki „Verbotene Farben" auf Basis eines Textes von Yukio Mishima und „Admiring la Argentina", ein Eloge an die spanische Tänzerin Antonia Merce. Die Serie setzen sie gemein-

---

376 Workshop a. a. O., S. 12.

377 Quelle: Pina Bausch Foundation.

sam fort, darunter „Totes Meer" und „Wasserlilien". Choreographie jeweils von Tatsumi Hijikata, Solotanz Kazuo Ohno. Nicht nur in Japan, sondern in ganz Europa und auf allen Kontinenten waren diese revolutionären Projekte, die sich vom klassischen Ballett sehr weit entfernten, erfolgreich – und zugleich Ausdruck einer Seelenverwandtschaft großer Künstler aus unterschiedlichen Kulturen.

Bis ins hohe Alter blieb Kazuo Ohno ein Butoh Tänzer auf öffentlicher Bühne. Seine letzte Vorstellung vor internationalem Publikum gab er 93-jährig im Dezember 1999 in New York: „Reqiem for the 20th Century". Aber in Japan blieb er – das Augenlicht getrübt und auch sonst körperlich sehr geschwächt – noch weitere Jahre auf der Bühne: „When he could not walk by himself, he danced with the supports of others. When he could not stand even with the supports, he danced as he seated himself. When his legs did not move as he wanted, he danced with his hands … Kazuo Ohno is an artist who has enlarged human potentials"[378]. Als er 2010 im Alter von 103 Jahren starb, widmete ihm die „New York Times" einen langen Nachruf[379].

Was wenig beachtet wird: In ihrer Kunst haben Pina Bausch und Kazuo Ohno gewissermaßen zwei gemeinsame deutsche „Vorfahren". Einer ist Harald Kreutzberg aus Dresden. Wie die soeben zitierte amerikanische Zeitung berichtet, hat Kazuo Ohno, der spätere Butoh-Tänzer, 1934 eine Vorstellung dieses Symbolträgers des „New German Dance" in Yokohama besucht, die ihn tief beeindruckt hat. Das blieb nicht ohne Folgen. Ohno, bis dahin Sportlehrer an einer japanischen Highschool, entschied sich daraufhin, Tanzunterricht zu nehmen. Die zweite Vorfahrin ist Mary Wigman aus Hannover, die durch die von ihr entwickelte Form des Ausdruckstanzes weithin internationale Anerkennung gefunden hatte. Denn Ohno entschied sich auch, Baku Ishii und Takaya Eguchi als Lehrmeister zu wählen. Beide sind, wie Harald Kreutzberg auch, Wigman-Schüler. Eine gewisse „Familienähnlichkeit" all dieser Künstler, so resümiert die amerikanische Berichterstatterin der „New York Times", ist unverkennbar. Und auch Pina Bausch wird sie kaum leugnen.

Tanz ist der körperliche Ausdruck des Lebens

Es bedarf besonderer Anstrengungen die Tanzkunst auch der Nachwelt zu überliefern. Beide Seiten, Deutschland und Japan arbeiten daran. In Japan ist bereits seit langer Zeit ein Kazuo Ohno Archiv entstanden. Auch Hijikatas künstlerischer Nachlass wird verwahrt. Hier hat das Art Center der Keio Universität seine Möglichkeiten zur Verfügung gestellt. In Deutschland leistet das „Pina Bausch Archiv" in Wuppertal wertvolle Arbeit als offener Ort des Lernens, der

378 Kazuo Ohno Dance Studio, Offiicial Website S. 2.

379 NYT vom 1.6.2010.

Forschung und der Begegnung. Aber nicht nur das: Beide Seiten haben sich vorgenommen, eng zusammen zu arbeiten. Mit diesem Ziel waren Salomon Bausch, Pete Pabst und Nataly Walter zu Besuch in Japan. Alle Beteiligte wollen die von ihnen vertretene Tanzkunst in einem internationalen Netzwerk als körperlichen Ausdruck des Lebens feiern.

Es kann als sicher gelten, dass Pina Bausch diese grenzübergreifende Arbeit gern und warmherzig unterstützt hätte. Deshalb abschließend noch einmal eine Rückblende an ihren eingangs geschilderten vermutlich letzten Besuch in Kyoto. Der Lebensbericht, den Pina anlässlich der Verleihung des Kyoto-Preises hinterlassen hat, kann wie ein künstlerisches Testament gelesen werden. Sie schließt den Vortrag mit Gedanken, die weit über den Anlass hinausweisen und richtet sich dabei an uns alle: „Die Zuschauer sind immer ein Teil der Vorstellung, so wie ich selber auch ein Teil der Vorstellung bin, auch wenn ich nicht auf der Bühne bin. Jeder ist eingeladen, seinen eigenen Gefühlen zu vertrauen. Es gibt in unseren Programmheften auch nie einen Hinweis darauf, wie die Stücke zu verstehen sind. Wir müssen unsere eigenen Erfahrungen machen wie im Leben. Das kann uns keiner abnehmen … Die Realität ist viel größer als wir begreifen können. Manchmal können wir etwas nur dadurch klären, dass wir uns dem stellen, was wir nicht wissen. Und manchmal bringen uns die Fragen, die wir haben, zu Erfahrungen, die viel älter sind, die nicht nur aus unserer Kultur stammen und nicht nur von hier und von heute handeln. Es ist so, als bekämen wir dadurch ein Wissen zurück, das wir zwar immer schon haben, das uns aber gar nicht bewusst und gegenwärtig ist. Es erinnert uns an etwas, das uns allen gemeinsam ist. Das gibt uns eine große Kraft. Die Fragen hören nicht auf, die Suche hört nicht auf. Es liegt etwas Endloses darin, und das ist das Schöne daran. Wenn ich unsere Arbeit anschaue, habe ich immer noch das Gefühl, ich habe gerade erst angefangen."[380]

Nach diesem Schlusswort vom 7. November 2007 blieb ihr nur noch eine kurze Zeitspanne. Am 30. Juni 2009 ist sie gestorben. Wir müssen ohne sie weiter suchen.

---

[380] Workshop a. a. O. S. 17f.

20. Doris Dörrie (*1955)
Erleuchtung garantiert

Es war der Blockbuster einer bis dahin nahezu unbekannten Regisseurin. 1985 brachte Doris Dörrie ihren Film *Männer* auf die Leinwand, der knapp sechs Millionen Zuschauer in die Kinos lockte. Ursprünglich war *Männer* eine Auftragsarbeit für das Fernsehen, ausgestattet mit einem recht bescheidenen Budget, eine prickelnde Beziehungsgeschichte, die mit wenigen Sätzen erzählt ist:

> Ein Werbemanager entdeckt, daß seine Frau ihn mit einem langhaarigen Nichtstuer betrügt. Seine Rache ist ebenso subtil wie wirkungsvoll: Er nistet sich inkognito in der Wohngemeinschaft seines Rivalen ein und verwandelt den „Aussteiger" – zu dessen eigenem Leidwesen – in einen Erfolgsmenschen. Eine geistvolle, mit frechem Witz und treffenden Beobachtungen durchsetzte Filmkomödie über den Kampf der Geschlechter, die mit liebevoll-ironischem Grundton die kleineren und größeren Eitelkeiten der Männer verspottet und dabei ein überraschend sicheres Gespür für Komik beweist.[381]

Der *Filmdienst*, dem diese knappe Zusammenfassung zu verdanken ist, bewertet den Streifen mit dem Urteil: „Diskussionswert"[382]. Vergleicht man diese Einschätzung mit einer Schulnote, so ergibt sich in etwa ein „Befriedigend", wie es für eine eher durchschnittliche Leistung vergeben würde, mehr leider nicht. Andere Kritiker, wie etwa Ingbert Edenhofer, urteilen ebenso verhalten: „[…] der Film ist in der Ausführung weniger erfolgreich, als der Erfolg suggerieren sollte. […] die größeren Aussagen gehen dann doch verloren."[383] Edenhofer vergibt in seiner Bewertung nur drei von fünf möglichen Sternen. Zum Glück waren andere da sehr viel positiver. Aber über Erfolg oder Misserfolg entschieden haben letztlich die Zuschauer an den Kinokassen, und sie machten den Film zu einem wirklich großen Publikumsrenner. Danach war Dörrie auf dem Sprung nach Hollywood, wie *DER SPIEGEL* es ihr im November 1986 prophezeite. In seiner ausführlichen und sehr positiven Kritik vermerkte Hellmuth Karasek:

---

[381] *Filmdienst*: https://www.filmdienst.de/film/details/1461/manner-1985.

[382] Ebd.

[383] Ingbert Edenhofer: „Kind seiner Zeit?", in: Buchhändlerempfehlungen, https://www.thalia.de/shop/home/artikeldetails/ID32203121.html.

> Man muß sich das vorstellen: Die Filmerin, die sich bis heute ihr Telephon mit anderen teilt, weil sie mit ihrer studierenden Schwester und deren Freund in einer Münchner Wohngemeinschaft lebt, hat auf einmal eine eigene New Yorker Agentin, die Drehbuch-Angebote und Telephon-Attacken abwehrt.[384]

Sehr für die Qualität der Regisseurin spricht, dass sie danach nicht versucht hat, im gleichen Strickmuster weiterzumachen. Zwar spricht Dörrie noch heute gern darüber, ihr sei in den USA ein „Sixpack" angeboten worden. Tatsache aber ist: Sie kam nach Deutschland zurück. Nach den Gründen gefragt, gibt sie sich mit der Antwort nicht viel Mühe. In Gesprächen, die sie gern aufzeichnen lässt und ins Netz stellt, erzählt sie immer wieder, sie gehe in jedem Land gern in Super- und Baumärkte, da sie dort unendlich viel lernen könne. Dazu habe es in den USA allerdings keine Gelegenheit gegeben. Muss man das glauben? Zum Glück fügt sie noch einen weiteren Grund hinzu, sie habe befürchtet, in Amerika ihre eigene Sprache zu verlieren. Diese Aussage ist – auch in ihrer Vieldeutigkeit – vermutlich der überzeugendere Teil ihrer Antwort. Dörrie machte es sich danach nicht leicht; sie experimentierte mit Themen und Formen. Zu ihrem alten Schwung jedoch findet sie nicht gleich zurück. In den großen meinungsbildenden Zeitungen, wie der *Frankfurter Allgemeinen Zeitung* und der *Süddeutschen Zeitung*, überwiegen die eher kritischen Stimmen. Wie so oft erweisen sich auch in diesem Fall anfängliche Erfolge und überschwängliches Lob für eine künftige Karriere als drückende Last.

Hinzu kommen harte Schicksalsschläge im privaten Bereich: Nach schwerer Krankheit stirbt ihr Lebenspartner Helge Weindler, der ihr auch als Kameramann künstlerisch zur Seite gestanden hat. Sie sucht nach neuen Wegen, einer inneren Balance. Es ist wohl kein Zufall, dass sie gerade in dieser Zeit an dem Film *Erleuchtung garantiert* (1999) arbeitet. Er ist ein Roadmovie, in der Tradition Charlie Chaplins, der in seinem Film *The Tramp* (1915) Menschen zeigt, die auf dem Weg sind, auf der Suche nach Glück. Ein typisch amerikanisches Genre, das Dörrie vermutlich aus ihrer Studienzeit in den USA gut kennt. Der Film *Easy Rider* (1969) folgt ebenfalls dieser Linie, und auch Wim Wenders hat in dieser Richtung experimentiert. In *Erleuchtung garantiert* erzählt Dörrie die Geschichte zweier Brüder, die beide in einer Lebenskrise, in einem japanischen Zen-Kloster nach seelischem Halt suchen. Zunächst versacken sie in Tokios Kneipen, erreichen aber irgendwann ihr abgelegenes Ziel, kommen dann allerdings mit den dortigen Gegebenheiten nur schwer zurecht. Die *Washington Post* urteilt: „A brilliant comedy about self discovery."[385] In der englischen Werbung zum Film erschien ein Buddha mit einer Video-Kamera im Anschlag. Auf den deutschen Plakaten hingegen prangt ein roter Schalter, wohl als Symbol

---

384 Hellmuth Karasek (1986): „Deutscher Film: Auf dem Sprung nach Hollywood", in: *DER SPIEGEL 45/1986*, 3. November 1986 (https://www.spiegel.de/spiegel/print/d-13520156.html).

385 *The Washington Post*, 9. Februar 2001.

dafür, dass man in seinem Leben den Schalter durchaus noch einmal umlegen kann. Die Kritik bemängelt:

> Ein digital aufgenommener, nachträglich auf 35 mm aufgeblasener Film, der stilistisch wenig überzeugend zwischen Home-Video, Einführung in den Zen-Buddhismus und fernöstlichem Road Movie oszilliert. Trotz dieser formalen Schwächen berührt nachhaltig die Ernsthaftigkeit, mit der die spirituelle Kraft meditativer Aufmerksamkeit thematisiert wird und existenzielle Töne anklingen.[386]

Es ist der erste von insgesamt fünf Dörrie-Filmen sein, die sich mit Japan beschäftigen. Dörrie zählt sich selbst nicht zu den 130 000 Buddhisten, die es in Deutschland geben soll. Zwar legt sie den Schalter in ihrem Leben nicht um, doch dafür geht sie – um im Bild zu bleiben – immer wieder kurzzeitig in die Sendepause. In einem Interview mit dem *TAGESSPIEGEL* spricht sie über Entspannungstechniken: „Einatmen, Ausatmen, sich ganz auf die Gegenwart konzentrieren. Das hat tatsächlich geholfen und einen angstfreien Raum geschaffen. So habe ich gemerkt, dass das Ganze ziemlich clever ist."[387] Ihre Gesprächspartnerin, die Journalistin Johanna Adorjan, beschreibt zum Auftakt Dörries Erscheinungsbild und hakt daraufhin kritisch nach:

> Im roten Kostüm mit langem Rock sitzt [Doris Dörrie] in der Bar des Hotels Four Seasons – an den Füßen extravagante Stiefel von Prada. Sie sind caramelfarben, enganliegend wie Strumpfhosen und haben einen abgewinkelten, giftgrünen Absatz. „Winterschlussverkauf", sagt sie und grinst.
>
> Hatte man Doris Dörrie in den letzten Jahren nicht immer wieder über ihre große Liebe zum Buddhismus reden hören? [...] Schuhe von Prada und die buddhistische Lehre vom Verzicht: Wie geht das zusammen? „Es ist schon schwierig, im Westen durchzuhalten, was der Buddhismus fordert und all den Ablenkungen zu widerstehen, denen wir hier ständig ausgesetzt sind."[388]

Religiös empfindsame Gemüter könnten an einer solchen Auslegung Anstoß nehmen, aber man kann auch vertreten: Das ist befreiend ehrlich – keine falschen Etiketten, keine falschen Töne. An anderer Stelle wird sie gar noch drastischer: „Hinsetzen, Klappe halten und auf den Atem

---

[386] *Filmdienst*: https://www.filmdienst.de/film/details/512164/erleuchtung-garantiert.

[387] Adorjan, Johanna (2000): „Wie Doris Dörrie vom Filmemachen zum Geschichtenschreiben kam. Und zum Buddhismus", in: *DER TAGESSPIEGEL*, 19. Januar 2000 (https://www.tagesspiegel.de/kultur/wie-doris-doerrie-vom-filmemachen-zum-geschichtenschreiben-kam-und-zum-buddhismus-/117526.html).

[388] Ebd.

achten!"[389] Ihr falle es schwer stillzuhalten. Aber das sei doch das Wesentliche der Meditation. Sie drückt sich gern direkt und ungezwungen aus.

Ihr bisheriges Lebenswerk, so kann man vielfach nachlesen, besteht aus etwa 30 Büchern und 20 Filmen. Doch wie ist angesichts eines solch beträchtlichen Umfangs Qualität möglich? Doris Dörrie gibt sich keine Mühe, daraus ein Geheimnis zu machen. Weil sie selbst gern gut unterhalten wird, möchte sie auch anderen gute Geschichten erzählen. Auf keinen Fall langweilen, wie sie ihrem Gesprächspartner anvertraut. Schweres leicht erscheinen zu lassen, sei die Aufgabe. Selbst einer tragischen Situation könne man – mit etwas Einfühlungsvermögen – durchaus Komisches abgewinnen. Das Glücksstreben vieler Menschen sei ihr verdächtig. *The Pursuit of Happiness* sei zwar in der amerikanischen Verfassung verankert, aber sie halte trotzdem wenig davon.

Seit 1997 ist Dörrie Professorin für Angewandte Dramaturgie und Stoffentwicklung an der *Hochschule für Fernsehen und Film (HFF)* in München. Was vermittelt sie ihren Studenten? Im Folgenden ein kleiner Einblick in ihr Unterrichtskonzept, dazu bestimmt, diese außergewöhnliche Lehrkraft etwas besser kennenzulernen:

- 90 % der Arbeit Filmschaffender besteht Dörries Auffassung nach aus dem aufmerksamen Zuhören (und vermutlich Zuschauen). Um dies zu üben, besucht sie gelegentlich mit ihren Studenten morgens um 10 Uhr das Münchner Hofbräuhaus. Die ihnen gestellte Aufgabe besteht dann darin, interessante Typen zum Reden zu bringen, wofür der Winter die beste Zeit ist, da man in der Regel auf weniger Touristen und mehr bayerische Originale trifft.
- Das Publikum soll niemals überfordert werden, da es sich ansonsten vom Film ab- und seiner Popcorn-Tüte zuwendet. Dabei ist es unvermeidbar, gelegentlich „an der Oberfläche zu surfen".
- In der Prosa kommt es auf den ersten Satz an, beim Film auf die erste Sequenz, den „curtain raiser".
- Für Reportagen gilt: die Wahrheit und nichts als die Wahrheit. Gute Geschichten bedürfen aber auch der Fiktion. Die Fiktion wird damit zur Realität.
- Das eigene „Netzverhalten" immer wieder auf den Prüfstand stellen, auch wenn eine Medienpräsenz unentbehrlich ist. Dörrie selbst ist nach eigenem Bekunden ständig auf diesem Feld unterwegs.
- Drehbücher sind ganz anders als Romane, denn jede Drehminute kostet Geld. Zudem muss sich der Autor an der 100-Minuten-Vorgabe orientieren. Romane bieten dem Schriftsteller eine viel größere Freiheit.

[389] „Große Müßiggänger und ihre Geschichten", in: *KURIER AM SONNTAG*, Wien, 2. August 2015.

Dörries zweiter Japan-Film, *Der Fischer und seine Frau* (2005), beruht auf dem gleichnamigen deutschen Märchen. In der Dörrie-Fassung geht es um ein junges Paar, das einige Zeit verliebt in Japan verbringt. Das ferne Land ist hier jedoch wenig mehr als „exotische" Kulisse. Der Butt aus dem deutschen Märchen wird durch einen Koi ersetzt, einen kostbaren, bunten japanischen Karpfen. Im Kern ein Ehedrama: Die Gemeinsamkeit der Liebenden scheitert am fehlenden Geld. Die Frau will immer mehr, als der Mann leisten kann. Zum besseren Verständnis zweier Kulturen trägt dieser Film wenig bei. Aber die bei dieser Gelegenheit gesammelten Japan-Erfahrungen und der spontane Charakter dieses Drehs – ein kleines Team, ein offenes Drehbuch, keine gar zu beengende „Shot-List" – erweisen sich später als gute Vorbereitung für Dörries dritten Japan-Film: *Kirschblüten – Hanami* (2008). Dazu inspiriert wird die Regisseurin nicht etwa von den Gebrüdern Grimm, sondern von einem japanischen Film – Ozu Yasujirōs *Die Reise nach Tokyo* (1953). Wieder geht es um ein deutsches Paar, wenn auch um ein wesentlich älteres. Nach dem plötzlichen Tod seiner Frau beschließt der Mann, ein Stück des von ihr gehegten, ihm lange verborgenen Lebensplans allein zu verwirklichen. Er macht sich auf die weite Reise nach Japan mit dem Ziel, den heiligen Berg, den Fuji, aufzusuchen. Unterwegs begegnet er einer jungen Japanerin, die ihn fortan begleitet. Als er ihrem Tanz zuschaut, erkennt er: Im Butoh-Tanz finden Leben, Liebe und Tod zueinander – eine Einsicht, die ihn tief bewegt. Eines nachts, als der Fuji wolkenlos im hellen Mondlicht erscheint, hüllt er sich in die Kleider seiner Frau und erliegt der Vision, ihr am Ziel ihrer eigenen Wünsche zu begegnen, mit ihr zu tanzen. Am nächsten Morgen wird er tot am Seeufer aufgefunden.

Eine sehr romantische deutsche Vorlage verbindet sich hier mit einem sehr japanischen Gedanken: Der Tod ist nicht das Ende, da die Geister der Toten die Begegnung mit den Lebenden suchen. Ein gewagtes Sujet. Es bedarf großer Sensibilität, dies in angemessener Weise ins Bild zu setzen. Bei der Auswahl ihrer Darsteller beweist die Regisseurin eine sichere Hand. Die männliche Hauptrolle vertraut sie Elmar Wepper an, der damit die Rolle seines Lebens findet; seine Frau spielte Hannelore Elsner, eine der größten Begabungen der deutschen Schauspielszene. Als Butoh-Tänzerin verpflichtet sie Aya Irizuki, ebenfalls eine sehr ausdrucksstarke Künstlerin. Und in einer eher kleinen Nebenrolle ist Kirin Kiki zu sehen, in Japan hochberühmt, hier aber – erstaunlicherweise – nicht einmal in den Filmdaten erwähnt. Einen sehr wichtigen Beitrag leistet zudem der Kameramann Hanno Lentz durch seine Bildgestaltung.

Der entstandene Film wurde ganz überwiegend positiv aufgenommen. Er rückt die Schönheit Japans in den Fokus und zeigt vor allem das, was die Deutschen im Allgemeinen an der japanischen Kultur interessiert. Das kommt auch in den Kritiken zum Ausdruck:

> Und wenn [Doris Dörrie] zu ihren finalen Bildern kommt, Bildern von beinah unwirklicher Schönheit, hält man ungläubig den Atem an: weil sie die Größe hat, diesen Triumph so gar nicht auszukosten, weil sie den Moment mit einer Leichtigkeit wieder ziehen lässt,

> dass man ihn festhalten will wie eine kostbare Erscheinung, wie das Glück selbst. Wer solche Weisheit mit solcher Lässigkeit zu verbinden weiß, auf welchem Weg der Erkenntnis auch immer – der muss ins Stadium der Meisterschaft eingetreten sein.[390]

Die *Welt* schreibt: „Ein Werk, das […] wirklich zu Herzen geht. Und nie ins Peinliche abgleitet."[391] „[…] bewegend und ohne falsche Sentimentalität"[392], heißt es im Internet-Portal *Programmkino.de*.

Aber ganz so einhellig positiv ist die Meinungskulisse dann doch nicht. Heftig ablehnende Stimmen kommen vor allem aus dem Lager, das der deutsch-japanischen Verständigung eher skeptisch gegenübersteht: „Wieder einmal hat Doris Dörrie Figuren erschaffen, die weder sie noch der Rest der Welt sonderlich ernst nehmen muss. Sich deren Auseinandersetzung mit dem Tod vom Leib zu halten, fällt etwa so leicht wie die Lektüre der *Brigitte* im Wartezimmer."[393] Oder auch: „Doris Dörries ‚Kirschblüten – Hanami' ist ein Wolf im Schafspelz – der nur oberflächliche Anstrich mit fernöstlicher Lebensphilosophie verdeckt einen substanzlosen Film, der in der zweiten Hälfte auch noch ins Lächerliche abgleitet."[394]

Mit ihrem vierten Japan-Film tut sich die Regisseurin schwer. Er ist erkennbar darauf angelegt, noch einmal in der Mine zu schürfen, die sich bereits als ergiebig erwiesen hatte. Aber nicht jedermann mag Serien oder Fortsetzungsromane. Und wie geht es weiter? Schon der Titel verheißt Wiedererkennungswert: immer noch *Kirschblüten*, diesmal jedoch mit dem Zusatz *Dämonen*. Beim Dreh sind – mit einer Ausnahme – dieselben Schauspieler am Start, inzwischen alle etwa zehn Jahre älter. Auch Dämonen, die schon im ersten Film wesentlich waren, sind in der zweiten Fassung wieder dabei, und dieses Mal keineswegs nur deshalb, weil sie nach Dörries Meinung zu Japan gehören. Nein, hier sind sie sogar absolut unverzichtbar, denn sie ermöglichen es überhaupt erst, die beiden im Vorgängerfilm verstorbenen Protagonisten wieder ins Spiel zu bringen. Diese nämlich kehren als Dämonen zurück und greifen ins Geschehen ein. Ein glücklicher Regieeinfall oder ein billiger Taschenspielertrick? Darüber mag man streiten. Die Toten machen es jedenfalls in diesem zweiten Film den Lebenden nicht leicht. Als Dämonen suchen sie die nachfolgende Generation immer wieder heim. Das führt zu Verwirrung und Verzweiflung, und am Ende ist (wieder einmal) Japan der Zufluchtsort. Hier soll wieder die Butoh-Tänzerin zu Hilfe kommen, die schon im ersten Teil so viel bewegt hat.

---

[390] Kniebe, Tobias (2008): „Ich bin dann mal futschi", in: *Süddeutsche Zeitung*, 11. Februar 2008.

[391] Zander, Peter (2008): „Erst in Japan finden Trudi und Rudi zu sich", in: *Welt*, 11. Februar 2008.

[392] „Kirschblüten – Hanami", in: *Programmkino.de*, https://www.programmkino.de/filmkritiken/kirschblueten-hanami/.

[393] Messmer, Susanne (2008): „Klischees bis der Parkbaum leuchtet", in: *taz*, 11. Februar 2008.

[394] Petersen, Christoph (2008): „Kirschblüten – Hanami", auf: FILMSTARTS, http://www.filmstarts.de/kritiken/133756/kritik.html.

Die *Deutsche Film- und Medienbewertung (FBW)* ringt sich zwar zum Prädikat „besonders wertvoll" durch. Doch mit der Begründung tut sie sich schwer – nichts als leere Phrasen: „In jedem Bild, in jedem Motiv mag sich ein Schlüssel zum besseren Verständnis verbergen, doch es ist erst die Gänze des Gezeigten, die den Film zu dechiffrieren hilft."[395] Auch andere Wohlmeinende bemühen sich um eine Sinnsuche, kommen aber zu dem Ergebnis: „Das geht nicht immer reibungsfrei auf, bisweilen holpert die Verflechtung von bayerischer Bodenständigkeit und japanischer Spiritualität sogar gehörig."[396] Ähnlich gallig geht es weiter – und das völlig zu Recht! Ein deutsch-japanischer Mehrwert ist bei diesem Filmprojekt nicht zu erkennen.

Doch Dörrie bewegt sich nicht nur in der Welt der Geister und Dämonen, sondern nimmt auch am realen Geschehen in Japan Anteil. 2011 akzeptiert sie eine Einladung des damaligen Bundespräsidenten Christian Wulff, an einer Reise teilzunehmen, die auch einen Besuch im Unglücksgebiet der Präfektur Fukushima vorsieht. Die Reise findet im Oktober 2011 statt, also etwa ein halbes Jahr, nachdem die Region von der Dreifach-Katastrophe aus Seebeben, Tsunami und Reaktorunfall heimgesucht worden ist. Das Land steht noch immer unter Schock. Die Zerstörungen durch die Flutwelle sind weithin sichtbar – verödetes, versalztes Land, Gebäuderuinen, bescheidene Ergebnisse erster Aufräumarbeiten. In den notdürftig aufgestellten Baracken fast nur alte Menschen. Die Jugend ist evakuiert worden oder hat die Unglückszone aus eigenem Antrieb verlassen. Die Strahlenbelastung ist zwar bereits zurückgegangen, aber dennoch durchaus messbar. Die Senioren jedoch klammern sich an ihr Stück Heimat. Sie zeigen Haltung, eine beeindruckende Würde. Aber über dem ganzen Land liegt ein schwarzgrauer Schleier der Tristesse.

Diese Stimmung hat jeder der Reiseteilnehmer in seine Heimat mitgenommen und auf jeweils eigene Weise verarbeitet. Doris Dörrie hat sie sublimiert, daraus Kunst werden lassen, indem sie 2016 den Film *Grüße aus Fukushima* dreht. Dabei handelt es sich nicht etwa um einen Dokumentar-, sondern um einen Spielfilm. Die Rahmenhandlung: Aufgrund einer Beziehungskrise macht sich eine junge Deutsche nach Japan auf mit der Absicht, beim dortigen Wiederaufbau zu helfen. Als Clown will sie den in der Nähe der geborstenen Reaktoranlage lebenden Barackenbewohnern Aufmunterung bringen. Bald muss sie feststellen, dass dieses Vorhaben zum Scheitern verurteilt ist. Sie will den Besuch schon abbrechen, als sie einer älteren Frau begegnet, die sich in den Ruinen wieder ein Zuhause schaffen will. Die Deutsche hilft ihr beim Räumen der Trümmer Im Gespräch stellt sich heraus, dass die Japanerin über eine umfassende Bildung verfügt: Sie ist die letzte Geisha in diesem unwirtlichen Umfeld.

---

395 FBW-Jurybegründung zu *Kirschblüten & Dämonen*, https://www.fbw-filmbewertung.com/film/kirschblueten_daemonen.

396 Meins, Michael (2019): „Kirschblüten & Dämonen", auf: *FILMSTARTS*, http://www.filmstarts.de/kritiken/262639/kritik.html.

Kein besonders aufwändiges, dafür aber umso sympathischeres Filmprojekt, mit dem die Regisseurin erneut ihre Verbundenheit zu Japan zum Ausdruck bringt. Fukushima hatte in Deutschland eine große Welle der Anteilnahme und tätigen Hilfe für Japan ausgelöst. Fünf Jahre danach hatte diese Zuwendung ihre ursprüngliche Kraft längst verloren. Der Film macht deutlich, dass vor Ort noch viele Wunden nicht verheilt sind. Es gelingt ihm, Aufmerksamkeitswerte und Sympathie für Japan zu gewinnen. Es wird erkennbar: Das ist Dörrie ein wichtiges Anliegen. Für die schauspielerische Leistung wird der Film mit dem Bayerischen Filmpreis ausgezeichnet.

Im Nachgang gibt es viele Gespräche, in denen sie sich überraschend kritisch zu ihren in Japan gesammelten Erfahrungen und Eindrücken äußert. Vor allem die im japanischen Alltag noch immer geltenden strengen Umgangsregeln erschrecken die Münchnerin:

> Als Japaner hat man irrsinnig viele Konventionen und Formen einzuhalten, die alle sehr unter Stress bringen. Allein wie man jemanden adressiert und mit ihm spricht [...] – das ist unendlich komplex. Als Ausländer ist man frei davon [...]. Aber die Japaner selbst, ganz besonders die Frauen, haben es nicht leicht in Japan. [...] Weil es eine sehr patriarchale und extreme Macho-Gesellschaft ist, die es für Frauen wirklich hart macht. [...] Die Frauen werden bis heute vor eine bittere Wahl gestellt: Kinder oder Beruf. Dazu kommt, dass sie auch keine vernünftigen Ehen führen können, weil sie ihre Männer nie sehen.[397]

Sie äußert sich auch sehr heftig zu den Themen industrielle Verschmutzung und Umweltzerstörung und beklagt einen ausgeprägten Rassismus, „gegenüber allem, was nicht japanisch ist. Haifu, das sind Leute mit gemischtem ethnischen Background, aber auch Koreanern, Chinesen und allen anderen Ausländern gegenüber." Auf die Frage ihres Interview-Partners, wie sich dieser Rassismus äußere, antwortet sie:

> Zum Beispiel darin, dass sich Leute in der U-Bahn von jemandem wegsetzen, der woanders herkommt. Oder darin, dass man als Westler in bestimmte Hotels und Restaurants nicht reinkommt. [...] Das ist eine große Aufgabe, die das Land vor sich hat: Japan muss sich öffnen und diverser werden, die Politik muss sich verändern. Die Regierung hat gerade einen Gesetzentwurf vorgelegt, wonach alle Transgender-Personen sterilisiert werden sollen, bevor sie heiraten dürfen. Das finde ich nicht nur extrem reaktionär, sondern einfach entsetzlich.[398]

---

[397] Schmitz, Joachim: „Doris Dörrie: In Japan könnte ich nicht leben", in *noz*, 2. März 2019.

[398] Ebd.

Hier sind leider viele Fehlinformationen und Vorurteile beieinander! Fast nichts ist davon haltbar. In Summe: Da ist Licht, aber auch viel Schatten. Für den Betrachter ist es nicht leicht, das zusammen zu bringen. Offenbar gibt es heute mit Blick auf Japan zwei ganz verschiedene Sichtweisen: Die eine erkennt in einer mythenbehafteten Geschichte auch Geister und Dämonen, bewegt sich – der Tradition eines Lafcadio Hearn oder Max Dauthendey folgend – in einem exotischen Märchenland. Die andere geht auf die Suche nach sogenannten harten Fakten, will vor Augen stellen, was gefährdet oder gar zerbrochen ist und einer Reparatur bedarf. Zwei getrennte Sichtweisen – und dennoch Teile eines Ganzen. Wer sich um Völkerverständigung bemüht, muss sich bemühen, das Ganze in den Blick zu nehmen, kritisch zu werten, und entscheiden, was Gewicht hat. Mit ihren Filmen hat Doris Dörrie viel dazu beigetragen, Japan wieder stärker ins Bewusstsein der Deutschen zu heben und den Dialog der beiden Länder neu anzustoßen – ein großes Verdienst! Und besonders wichtig, denn China drängt mit seiner wirtschaftlichen Wucht. Wahr ist allerdings auch: Wer einen guten Namen hat, über die Kraft des Wortes wie des Bildes verfügt und von einer breiten Öffentlichkeit wahrgenommen wird, trägt eine hohe Verantwortung, seinen Beitrag besonders sorgfältig zu fassen.

Die Zukunft im Kopf

Über die Freundschaft

Schon der französische Staatsmann Talleyrand (1754–1838) wusste: Es ist wichtig, sich in der Historie auszukennen. Aber das reicht bei Weitem nicht aus. Eine rückwärtsgewandte Beschäftigung kann als Flucht aus der Gegenwart und Verweigerung der Zukunft gedeutet werden. Deshalb rät Talleyrand: „Man muß die Zukunft im Sinn haben und die Vergangenheit in den Akten." Aus gutem Grund deshalb an dieser Stelle noch einige ergänzende Anmerkungen des Verfassers, der viele Jahre im Dienst *Deutsch-Japanischer Gesellschaften* unterwegs war. Diese Vereinigungen haben zwar einen privatrechtlichen Charakter, besitzen aber einen öffentlich anerkannten gemeinnützigen Status. Jeglichen Versuch, sie in eine bestimmte (partei-)politische Richtung zu ziehen, weisen sie energisch zurück. Das schließt allerdings nicht aus, dass sie als *„grass roots"* bei der öffentlichen Meinungsbildung von Gewicht sein können. Für die politischen Entscheidungsträger ist es – jedenfalls in einer Graswurzeldemokratie – nicht ohne Risiko, sich von einer solchen „Bodenformation" gar zu weit zu entfernen.

Diese Gesellschaften haben sich in erster Linie der Freundschaft verpflichtet. Viele führen dieses Wort im Namen ihrer Vereinigung, alle in ihrer Satzung. Das ist ihr innerster und wesentlicher Kern, auch wenn das Wort selbst – mit Rücksicht auf die Finanzämter und deren Abgabenordnung – durch den nüchterneren steueramtlichen Begriff der „Völkerverständigung" ergänzt wird. Doch wie wird man einander zum Freund, wie werden diese Gesellschaften dem damit verbundenen Anspruch gerecht? Schon in der Umgangssprache wird von dem Begriff der Freundschaft geradezu inflationär Gebrauch gemacht: Einen „Freundschaftspreis" verlangt man, wenn man einem Menschen, der einem im Grunde gleichgültig ist, für eine Sache weniger bezahlen möchte, als es dem Verkehrswert entspricht. Ein „Freundschaftsspiel" ist dann angesagt, wenn es nicht um Punkte geht und eine eventuelle Niederlage nicht allzu schwer wiegt. Ein „politischer Freund" ist jemand, der zwar das gleiche Parteibuch in der Tasche hat, dem man aber trotzdem nicht besonders traut. Die Begriffe „Freund" und „Freundschaft" sind daher ambivalent -inhaltsschwer und leichtgewichtig zugleich. Was angesichts dessen umso mehr erstaunt: Wie sie belastbar mit Inhalt zu füllen wären, war bisher kaum Gegenstand des gemeinsamen Nachdenkens innerhalb dieser Gesellschaften. Dabei liegt es nahe, die Geschichte, Literatur und Philosophie danach zu befragen, welche Hinweise sie uns dazu geben können.

Staaten haben keine Freunde

Ein unnachgiebiger Satz scheint da zunächst den Weg zu versperren: „Staaten haben keine Freunde, sie haben nur Interessen." Dieses Zitat wird Lord Palmerston (1784–1864) zugeschrieben, einem angesehenen englischen Staatsmann des 19. Jahrhunderts. Ein ernüchterndes Statement! Wenn dieses Diktum auch die *Deutsch-Japanischen Gesellschaften* zutrifft, müssten sie fürchten, sich auf brüchigem Gelände zu bewegen. Um es in der Sprache der Wirtschaft zu formulieren: Sie könnten nicht sicher sein, ob sie mit dem Dienst an der Freundschaft das „richtige Geschäftsmodell" gewählt haben. Doch eine genauere Analyse zerstreut diese Zweifel: Palmerston war ein Händler von Staatsinteressen – im heutigen Sprachgebrauch würde man ihn wohl als „politischen Dealmaker" bezeichnen. Die Mitglieder und Vorstände der Vereinigungen, von denen hier die Rede ist, sehen sich jedoch nicht in dieser Rolle. Sie sind Treuhänder, die sich um eine Verständigung der Völker bemühen. Es geht hier nicht um die politische Organisation, die sich die Völker gegeben haben. Es geht hier nicht um die Staaten. Diese beiden Positionen sind sorgfältig voneinander zu trennen, so dass Palmerston den *Deutsch-Japanischen Gesellschaften* mit seinem Rat doch nicht wirklich im Weg steht.

Andere der in diesem Zusammenhang aufgespürten Quellen sind klug und anspruchsvoll. Hier wiederum stellt sich die Frage, ob sie wirklich praxistauglich sind. Ein Beispiel: Aristoteles hat uns hinterlassen: „Freundschaft, das ist eine Seele in zwei Körpern." Kimura Keizō, der für unseren japanischen Schwesterverband spricht und eingangs zitiert worden ist, sieht Deutsche und Japaner in einer „Seelenverwandtschaft". Doch wollen wir uns wirklich auf einen gemeinsamen Weg über ein so hohes philosophisches Plateau begeben? Riskieren wir damit nicht, dass uns nur wenige auf diese Höhenwanderung begleiten können, während viele zurückbleiben müssen? Und machen wir uns damit nicht zur Zielscheibe höhnischer Kommentare wie der eines Karl Kraus: „Das Niveau ist hoch, aber keiner ist drauf."?

„Dauernde Freundschaft kann nur zwischen Menschen von gleichem Wert bestehen", so formuliert es die österreichische Schriftstellerin Marie von Ebner-Eschenbach (1830–1916). Das hat deutlich mehr Bodenhaftung, ist aber ebenfalls sehr anspruchsvoll. Denn beide Seiten – Japan und Deutschland – sind stolz auf die eigene Kultur. Auch im „globalen Dorf" wollen viele der Bewohner etwas von ihren Unterschieden, Traditionen und Lebensformen bewahren. Doch richtig ist auch: In beiden Völkern gibt es das Gefühl, Teil einer übergeordneten Wertegemeinschaft zu sein. Diese Ordnung wird heute von vielen Seiten herausgefordert. Zumindest eine anspruchsvolle Schicht deutscher und japanischer Freunde ist darin einig, diesen gemeinsamen Besitz zu verteidigen.

Freundschaft ist eine Tür zwischen Menschen

„Freundschaft ist eine Tür zwischen zwei Menschen. Sie kann manchmal knarren, sie kann klemmen, aber sie ist niemals verschlossen.“ Dies sind Kernsätze eines spanischen Schriftstellers, der im 17. Jahrhundert gelebt und ein Buch über die Weltklugheit[399] geschrieben hat. Er war ein Jesuit und zugleich ein Anhänger der Aufklärung. Das konnte nicht gut gehen. Schließlich wurde es ihm verboten zu publizieren. Umso dankbarer müssen wir dafür sein, dass das Werk Baltasar Graciáns (1601–1658) heute wieder frei verfügbar ist. Er hat uns viel zu sagen, wird aber leider kaum gelesen. Seine Beschreibung der Freundschaft ist lebensnah und lebensklug. Damit kann man etwas anfangen. Innerhalb der *Deutsch-Japanischen Gesellschaften* spricht es sehr viele Menschen an.

Sehr sympathisch ist auch, dass wir in heimischem Gefilden auf ganz ähnliche Gedanken stoßen – Johann Wolfgang von Goethe schrieb einst: „Ältere Bekanntschaften und Freundschaften haben vor neuen hauptsächlich das voraus, dass man sich einander schon viel verziehen hat.“ Was haben uns die Japaner nicht schon alles nachgesehen! In 160 Jahren gelebter deutsch-japanischer Geschichte kommt da einiges zusammen. Hier seien nur beispielhaft die deutsche Überheblichkeit, Besserwisserei und pseudowissenschaftliche Umständlichkeit erwähnt. Aber auch wir waren gelegentlich klug genug, mit einiger Gelassenheit das hierarchische Denken der Japaner hinzunehmen – und auch ihre quälend langen Entscheidungswege und die Vieldeutigkeit ihrer Antworten. Die Liste des Verzeihens dürfte auf beiden Seiten sehr lang sein.

Auch andere Literaten haben sehr praxisnahe Hinweise gegeben – so z. B. Voltaire (1694–1778): „Das erste Gesetz der Freundschaft lautet, dass sie gepflegt werden muss. Das zweite lautet: Sei nachsichtig, wenn das erste verletzt wird.“ Diese Erkenntnis des berühmten Mannes sollten wir in jedem Fall beherzigen. Die Japaner tun das bereits. Sie kommen regelmäßig oder sogar häufig zu Besuch. Wir Deutsche dagegen machen uns selbst bei wichtigen Anlässen in Japan eher rar und können nur darauf hoffen, dass die Japaner das zweite Voltairesche Gesetz beherzigen und sich uns gegenüber in Nachsicht üben.

Auch in Italien hat man über die Freundschaft nachgedacht. Der Philosoph Ferdinando Galiani etwa urteilte: „Die schlechteste Münze, mit der man seine Freunde bezahlen kann, sind die Ratschläge. Nur die Hilfe ist die einzig gute.“ Beide seiner Gedanken treffen ins Schwarze. Leider entsteht immer wieder die Notwendigkeit, darüber zu sprechen, dass Ratschläge auch Schläge sind. Um das an konkreten Beispielen zu verdeutlichen: Es ist keinesfalls sinnvoll, die deutsche Energiepolitik als Exportgut nach Japan auf die Reise zu schicken. Genauso wenig ist

[399] Baltasar Graciáns *Handorakel und Kunst der Weltklugheit* (*Oráculo manual y arte de prudencia*) besteht aus 300 Sinnsprüchen, die nicht nur im 17. Jahrhundert eine intellektuelle Herausforderung darstellten.

es angebracht, japanische Freunde zu einem ebenso selbstkritischen Umgang mit ihrer von Gewaltausbrüchen nicht freien Geschichte aufzufordern, wie es die Deutschen in vergleichbaren Lagen getan haben.

Was Galianis zweiten Gedanken der „Freundeshilfe" betrifft, gibt es auch im deutschsprachigen Raum eine Stimme, die das Richtige und Wichtige wohltuend knapp und klar auf den Punkt bringt – Gottfried Keller, der in *Der grüne Heinrich* schrieb: „Diene Deinen Freunden, ohne zu rechnen." In der Tat – so halten wir es auf beiden Seiten! Ohne erst nachzurechnen, waren wir Deutsche zur Stelle, als Tsunami und Reaktorunglück 2011 Japan verwüsteten Und das nicht nur mit Geld und guten Worten! Gern erinnern wir uns daran, dass auch die Japaner Zeichen der Freundschaft gesetzt haben, als vor einigen Jahren Oder und Elbe über ihre Ufer traten. „Du magst diejenigen vergessen, mit denen du gelacht hast, aber nie diejenigen, mit denen du geweint hast." In diesen Zeilen des libanesisch-amerikanischen Dichters Khalil Gibran (1883–1931), der selbst ein äußerst bewegtes Leben hatte, liegt sehr viel Wahrheit. Auf beiden Seiten hatten wir Gründe zu weinen.

Mit der eher skeptischen Betrachtung eines englischen Staatsmannes hat dieser kleine literarische Exkurs begonnen. An dessen Ende soll jedoch das Wort eines Deutschen stehen, der als erfahrener Realpolitiker gilt – Otto von Bismarck: „Ein bißchen Freundschaft ist mehr wert als die Bewunderung der ganzen Welt." Zusammenfassend nur so viel: Freundschaft kann auf unterschiedliche Weise Ausdruck finden. Dabei sollte es keinen Zweifel daran geben: Wer Freunde gewinnen will, muss selbst die Kraft haben, ein Freund zu sein. Und auch dies gilt immer: wer Freundschaft über Grenzen tragen will, muss im eigenen Land damit anfangen. Denn völlig zu Recht heißt es bei den Engländern: „Charity begins at home." Ursprünglich als Gebot der Nächstenliebe gemeint, ist dieser Gedanke auch auf schlichte Freundschaft und das loyale Miteinander zu übertragen. Nur wer dazu fähig ist, wird – auch über Grenzen hinweg – glaubwürdig sein.

Höflichkeit – die kleine Schwester der Freundschaft

An dieser Stelle fehlt noch ein Wort zur „kleinen Schwester" der Freundschaft, zur Höflichkeit. Mit ihr pflegen Japaner und Deutsche einen recht unterschiedlichen Umgang. Kulturelle Tradition und Sozialisierung wiegen in dieser Hinsicht schwer. Fast allen Japanern ist gemein, dass ihnen im gesellschaftlichen Gefüge die Harmonie wichtig ist. Das gilt selbst dann, wenn dies – zumindest aus europäischer Sicht – zu Lasten von Klarheit und Wahrheit geht. Deutsche hingegen drängen auf größtmögliche Eindeutigkeit, selbst wenn es dabei zu Bruchlinien kommt und die Harmonie „zum Teufel" geht. Das kann zum Problem werden, wenn in einer Freundschaftsgesellschaft Brenzliges zu löschen oder auch nur vermeintlich Angebranntes zu bereinigen ist. Wenn es irgend möglich ist, tun Japaner dem mit einem angemessenen Maß an Worten und Verbeugungen genüge. Die Harmonie steht über allem – gleichgültig, ob es darum geht, eine Alltagsverfehlung oder einen weitreichenden Irrtum aus der Welt zu schaffen. In jedem Fall ist ein *gomen nasai*, ein *summi masen* oder auch eine wortreichere Entschuldigung zu erwarten. Das hohe Maß an Sensibilität ist ein Stück Kultur, das ein Zusammenleben erleichtert.

Viele Deutsche reagieren in solchen Situationen ganz anders. Ihnen gilt in einer Kontroverse das Beharren auf einer einmal bezogenen Position sogar als Qualität, ein Einlenken, eine Korrektur oder gar eine Entschuldigung eher als Schwäche. Oft genug fällt kein befreiendes Wort! Selbst dann nicht, wenn die Schieflage unverkennbar ist, wenn z. B. jemand den Tatsachen nicht den Raum gibt, der ihnen gebührt. Wohlgemerkt: Hier geht es um unterschiedliche Formen der Kommunikation. Freundschaft verlangt sehr viel mehr als nur Feingefühl in der Verständigung. Doch ohne einen Umgang, in dem der Respekt vor dem anderen Ausdruck findet, ist Freundschaft nicht zu haben, auch nicht in den *Deutsch-Japanischen Gesellschaften*.

Viele Gemeinsamkeiten und manches Trennende

Findet „Völkerfreundschaft" – satzungsgemäß Auftrag und Anspruch der *Deutsch-Japanischen Gesellschaften* – einen aufnahmebereiten Boden? Oder anders gefragt: Gibt es neben den in diesem Buch erörterten historischen Begegnungen viel an Gemeinsamkeit, die den gegenwärtigen und zukünftigen Dialog erleichtert? Darüber kann man durchaus unterschiedlicher Meinung sein. Fest- und Sonntagsredner machen es sich häufig zu einfach. Sie verweisen auf die Geschichte, wie sie auch hier in den *Brückenköpfen* deutlich geworden ist, um dann auszubreiten, was es auch gegenwärtig an gemeinsamen Wesenszügen gibt. Und in der Tat gibt es einen solchen Bestand. Beide Länder haben sich nach 1945 eine Grundordnung gegeben, die durchaus vergleichbar ist.

Der Souverän ist in beiden Ländern das Volk, das in demokratischen Wahlen die Regierung bestimmt. Beide Länder sind Rechtsstaaten. In ihrem Innern schützen sie die Grundrechte ihrer Bürger und achten auch nach außen hin die Menschenrechte. Zur Bewältigung internationaler Spannungen verzichten sie auf den Einsatz von Gewalt und suchen stattdessen nach Möglichkeit die vermittelnde Kraft der Vereinten Nationen. Es geht um Friedenssicherung in einem ganz umfassenden Sinn. Dabei verfolgen sie, wie es die Fachleute nennen, einen „multilateralen" Ansatz, d. h. sie suchen zur Lösung grenzübergreifender Probleme möglichst viele, besser noch alle beteiligten Nationen ins Boot zu holen.

Als traditionelle Industrieländer sehen sich beide mit ähnlichen Problemen konfrontiert. Sie sind arm an Rohstoffen, leiden an einer zunehmenden Überalterung ihrer Bevölkerung und müssen ihre sozialen Strukturen entsprechend umgestalten. Sie leben in hochverdichteten Räumen. Deshalb bedarf es auf beiden Seiten großer Anstrengungen zum Schutz der natürlichen Ressourcen. Um Sicherheit nach außen zu gewährleisten, sind beide Länder auf Allianzen, insbesondere auf Kooperation mit einer Großmacht angewiesen. Aus den genannten Gründen gibt es ein Fülle gemeinsamer Interessen. So setzen sie sich für einen weltweit freien Zugang zu Rohstoffen ein, plädieren für die Freiheit der Meere und sind zur Existenzsicherung ihrer Bevölkerung auf einen ungehinderten Handel angewiesen.

Doch gleichzeitig kann man auch das Gegenteil behaupten: Deutschland und Japan sind einander nicht sehr ähnlich. Um das zu erkennen, genügt ein Blick auf die Landkarte. Ihre geopolitische Position ist völlig unterschiedlich: Japan liegt am Rand des großen territorialen Blocks Asien, Deutschland im Zentrum des sehr viel kleineren, aber hochdifferenzierten Erdteils Europa. Japan lebt in Abseitslage isoliert, Deutschland dagegen Grenze an Grenze mit neun Nachbarstaaten. Dementsprechend gehen sie bei der Gestaltung von Politik nicht in dieselbe Richtung. Während Deutschland auf Integration setzt, legt Japan Wert auf die Erhaltung seiner Souveränität. Dafür gibt s gute Gründe: Deutschland hat offene Landesgrenzen – kein Zaun, keine Mauer, allenfalls ein paar Pfähle zur Markierung seines Hoheitsgebiets, in der Regel nicht einmal ein Schlagbaum an der Straße. Japan dagegen ist ein Inselstaat, nimmt sich wie eine vom Meer umspülte schwimmende Festung aus.

Deutschland war und ist das Ziel von großen Migrationswellen. Es sieht sich einem ungebrochenen Flüchtlingsstrom gegenüber, verursacht durch Krieg, Armut, Klimawandel oder angetrieben durch die Hoffnung auf bessere wirtschaftliche Chancen außerhalb des eigenen Herkunftslandes. „Unser Herz ist weit, aber unsere Möglichkeiten sind begrenzt“[400], so hat es der damalige Bundespräsident Joachim Gauck 2015 formuliert. Wo immer möglich, bietet Deutschland Flüchtenden Asyl und Integration. Japan hingegen nutzt seine Abseitslage, um den Strom der Zuwanderung zu begrenzen und seine Homogenität zu wahren.

Kein Gleichgang auch bei anderen politischen Richtungsentscheidungen: Deutschland setzt im Bereich der Wirtschaft vor allem auf die Kraft des Marktes. Das gilt, jedenfalls im Grundsatz, auch für Japan. Doch greift hier der Staat deutlich tiefer ein. – In Tokio eine betont lockere Geldpolitik, während Berlin einen konsolidierten Staatshaushalt anstrebt. – Deutschland setzt in der Energiepolitik auf alternative Quellen. Japan hingegen hält, zumindest theoretisch, an einer Stromversorgung auf Grundlage von Kernreaktoren fest. – In der Familienpolitik eine Emanzipation der Frau in Deutschland. In Japan eine sehr behutsame Gleichstellungspolitik, die Eingliederung der Frau in die Arbeitswelt steht noch am Beginn. Diese Liste ließe sich lange fortsetzen.

---

[400] Appenzeller, Gerd (2015): „Eine neue Einheit, nicht nur in Deutschland“, in: *DER TAGESSPIEGEL*, 4. Oktober 2015.

In Summe viel Gemeinsames, aber auch viel Trennendes. Angesichts unterschiedlicher Ausgangslagen und unter Berücksichtigung jeweils eigener Traditionswerte muss jedes Land selbständig seinen Weg finden. Natürlich bietet es sich dabei an, die Entwicklungen im jeweiligen Partnerland aufmerksam zu verfolgen: Wie machen es die Japaner? Wie werden die Deutschen mit den anstehenden Problemen fertig? Eine solche Neugier ist gut und notwendig. Es ist erfreulich festzustellen: Daran mangelt es derzeit noch nicht. Aber es sollte noch mehr hinzukommen.

Künftige Aufgaben

In Deutschland gibt es einen erfreulich lebendigen Kreis von Menschen, die oft im Austausch mit japanischen Freunden darüber nachdenken, wie die Beziehungen zueinander weiter ausgebaut werden können. Sechs solcher Themen, die bereits häufiger auf der Agenda standen, vor allem im „Verband Deutsch-Japanischer Gesellschaften", seien hier kurz skizziert. Japan kann in Deutschland auf viele Sympathien zählen. Dennoch fehlt es an einer wirklich kraftvollen Stimme. Über lange Zeit war das anders. Im Kaiserreich hat Otto von Bismarck der Iwakura-Mission die Türen geöffnet. In seiner Regierungszeit konnte Japan viele gute Köpfe gewinnen. Er selbst gehört zu den Brückenköpfen und hätte in diesem Buch einen besonderen Ehrenplatz verdient. Aber er wird ohnehin von vielen für so vieles in Anspruch genommen. In den Jahren zwischen den beiden Weltkriegen war Wilhelm Solf die Führungspersönlichkeit von besonderem Format; sein Votum hatte Gewicht. Zu Unrecht ist er weitgehend in Vergessenheit geraten. Nach 1945 sind Helmut Schmidt und Otto Graf Lambsdorff zu nennen. Doch gegenwärtig ist – bereits seit einiger Zeit – diese wichtige Position vakant.

Wenn es an Führungspersönlichkeiten fehlt, können Institutionen die Lücke füllen. Aber mit Blick auf Japan gibt es in der Wirtschaft keine einflussreiche Lobby von ähnlicher Durchschlagkraft, wie einflussreiche Industriekreise sie etwa in Richtung China entwickeln. Wohl gibt es viele Initiativen, die eine Verbindung zu Japan pflegen. Das wurde besonders im Jubiläumsjahr 2011 sehr deutlich, als die Bundesregierung zu gemeinsamer Aktion zusammenrief. Es gab einen unübersichtlichen, großen Tisch und ein vielfältiges Interessengewirr. Aber zu einem stimmigen Bild für einen gemeinsamen Auftritt in Japan kam es nicht. Konnte das *Japanisch-Deutsche Zentrum Berlin* (JDZB) hier hilfreich sein? Nein, das konnte es nicht. In der Bestandspflege hat es sich Verdienste erworben. Aber darüber hinaus hatte es schlicht nicht die notwendige Bewegungsfreiheit. Wird es ihm künftig möglich sein, in schwierigen Lagen Orientierung oder sogar Kraftlinien vorzugeben? Die Geldgeber – auf deutscher Seite das Auswärtige Amt und das Land Berlin, auf japanischer Seite das Gaimusho – sind gut beraten, dieser verdienstvollen Institution die notwendige Spielbreite zu geben, nicht nur den Bestand zu pflegen, sondern auch Neues anzustoßen. Das JDZB darf nicht zur nachgeordneten Behörde werden. Es sollte den vielen frischen Einzelinitiativen, die es in beiden Ländern gibt, mehr Beachtung schenken, sie nicht als Wettbewerber ansehen (was bisher manchmal der Fall war), sie nicht überformen aber doch nach Möglichkeit auf gemeinsame Ziele verpflichten. Mit einem neuen Generalsekretariat kann dann vieles gelingen.

Für die Gesellschaften ist es wichtig, und dies ist das zweite Thema, einen besseren Zugang zu den jüngeren Generationen zu schaffen. Nur so können wir sie für unsere Botschaft gewinnen, der deutsch-japanischen Partnerschaft neue Kraft zu verleihen. Was Form und Inhalt ihres Engagements betrifft, sollte die Jugend größtmöglichen Freiraum haben. Sie sollte sich in eigener Verantwortung auf die Suche nach den ihr wichtigen Themen machen und dabei selbst entscheiden: Was nehmen wir uns konkret vor? Was hat Priorität? Ebenso sollte es allein ihrer Verantwortung überlassen sein, wie sie die Themen ihrer Wahl organisatorisch aufbereiten und welcher Kommunikationsmittel sie sich dabei bedienen will. Jede Generation entwickelt eigene Formen der Verständigung.

Aber ganz ohne Bringschuld ist die ältere Generation nicht. Sie sollte den nachrückenden Jahrgängen die Bedeutung der gemeinsamen Geschichte nahebringen. Das Wissen, auf welchem historischen Boden wir uns bewegen, erleichtert einerseits das Verständnis der Gegenwart und bietet andererseits Orientierung für die Zukunft. Zum Teil betreten wir bei der Geschichtssuche vertrautes Gelände. Aber auch mit Blick auf die Vergangenheit gibt es noch immer Neues zu entdecken. Vor allem gilt es vieles freizulegen, was bereits verschüttet ist. Nur wenn es wieder ins Bewusstsein gehoben wird, kann es wirken.

Wenn die deutsch-japanische Partnerschaft vitalisiert werden soll – und dies sollte drittens noch einmal genauer ins Auge gefasst werden – ist der Gedanke eines Jugendwerks aufzugreifen, das sich am Beispiel der bereits seit langem verwirklichten Vereinbarungen über ein deutsch-französisches und ein deutsch-polnisches Jugendwerk orientiert. Der Verfasser hat dies bereits 2011 offiziell zur Diskussion gestellt. Sein Vorschlag war Teil einer Nachlese zu einem Besuch von Bundespräsident Wulff in der japanischen Präfektur Fukushima. Der Verfasser hat ihn später in einer Eingabe an Bundespräsident Gauck konkretisiert und insbesondere um den Hinweis auf eine einstimmige Empfehlung des Deutschen Bundestags ergänzt, die einen Koordinator für diese Jugendarbeit vorsah. Der Staatssekretär im Bundespräsidialamt hat dem leider eine Absage erteilt und dies mit dem Hinweis begründet, für diese Aufgabe stehe bereits das JDZB mit seinen Kapazitäten zur Verfügung.

In gleiche Richtung zielte, viertens, eine nachdrückliche Bitte an den Deutschen Bundestag, Japan in den Kreis der Länder aufzunehmen, die junge Bewerber für ein Parlamentsstipendium benennen können. Als Gäste in Abgeordnetenbüros können sie weitgehend „barrierefrei" fünf Monate lang die Abläufe in der deutschen Legislative mitverfolgen. Für alle beteiligten Länder stehen insgesamt 120 solche Plätze zur Verfügung. Für jede Nation nur eine schmale Brücke, die aber zu lebenslang wirksamen Erfahrungen führen kann. Auch diese Initiative ist abschlägig mit der Begründung entschieden worden, das Programm sei nur für Entwicklungsländer gedacht, die mit demokratischen Regeln noch nicht vertraut seien. Die Nachschau ergibt, dass mittlerweile auch junge Leute aus hochentwickelten Ländern Berücksichtigung finden – zu nennen sind beispielsweise Frankreich, Kanada, USA und Neuseeland – Japan aber immer noch vor der Tür bleibt. Mit welchem Recht?

Das fünfte Thema steht schon besonders lange an und ist auch an anderer Stelle in diesem Buch bereits angesprochen worden: Schon bald nach Herstellung diplomatischer Beziehungen schlossen sich die in Japan lebenden Deutschen zu einer Vereinigung ganz eigener Art zusammen, der *Deutschen Gesellschaft für Natur- und Völkerkunde Ostasiens (OAG)*. Allen Wirrungen zum Trotz gibt es sie – unter dem altmodisch-verstaubten Namen – noch immer. Demnächst kann sie ihren 150. Geburtstag feiern. Es ist ihr zu wünschen, dass sie noch ein langes Leben hat. Hier hatten sich Deutsche zusammengetan, die nicht nur in der Fremde Geld verdienen, sondern auch ihr Gastland und die benachbarten Territorien besser verstehen wollen. Sie nahmen sich vor, dabei einem wissenschaftlichen Anspruch gerecht zu werden. In Gemeinschaftsarbeit legten sie Sammlungen an – zu Flora, Fauna, Topografie, Klima; aber auch zu Geschichte, Religion, Kunst und Literatur – kurz zu allem, was erreichbar und des Wissens wert schien. Es entstanden ein Museum, eine Bibliothek und eine Zeitschrift von anspruchsvollem Niveau. Viele der Brückenköpfe, deren Portaits sich in diesem Buch finden, hatten Anteil an diesem Programm. Davon sind nur Erinnerungsstücke übrig geblieben.

Vieles davon ist Vergangenheit. Die früher so umfassenden wissenschaftlichen Aktivitäten haben andere übernommen: Universitäten und Forschungsinstitute, Wirtschaftskammern und Verbände, Museen und Bibliotheken. Ein tiefgreifender interner Transformationsprozess ist unvermeidlich: Eine Klärung von Eigentumsfragen und Nutzerrechten; die Verabschiedung einer neuen Satzung, eine neue Finanzordnung. Zum finanziellen Unterhalt tragen öffentlich-rechtliche Institutionen erheblich bei, Entscheidungsgewalt liegt aber weitgehend bei den Gremien eines privatrechtlich verfassten Vereins. Das muss zu Spannungen führen. Zeitweise gab es die Chance, daraus ein „Deutsches Haus“ zu machen. Ein Modell dazu hatte der heutige Bundespräsident Steinmeier ins Gespräch gebracht. Es hätte ein Schaufenster für den Wissenschaftsstandort Deutschland werden können, mit dem Auftrag, gemeinsame Wissenschaftsprojekte auf den Weg zu bringen. Diese Chance ist leider vertan. Ein anderes Modell könnte den Raum füllen. Die OAG bietet sich als ein Zentrum an, grenzübergreifend den deutsch-japanischen Dialog der jungen Generation zu fördern und zu organisieren. Die Verantwortlichen vor Ort sind sich des Handlungsbedarfs bewusst. Sie haben erkannt, dass es nicht genug ist, ein Ort für Geselligkeit zu sein und deutschen Landsleuten ein Stück Heimat in der Ferne zu geben. Was fehlt, ist ein von ihnen getragenes überzeugendes Geschäftsmodell. Auch ist es bisher nicht gelungen, in Berlin und Tokio zu vermitteln, dass hier eine kulturelle Institution von Rang in ihrer Existenz bedroht ist. Notwendig wäre eine politische Initiative, um der OAG einen Weiterbestand zu sichern.

Und auch ein weiteres Projekt, sechstens, steht schon lange auf der Agenda: Nach dem Zweiten Weltkrieg hat Japan erkannt, dass es für eine forcierte Industrialisierung und einen anschwellenden Strom fremder Einflüsse einen hohen Preis entrichten muss. Das hochentwickelte traditionelle Handwerk verliert seinen Boden, eine jahrhundertealte Bühnenkunst schwindet dahin, höfische Musik verstummt, altherkömmliche traditionelle Kulturangebote trocknen aus. Zudem wendet sich der Nachwuchs anderen Professionen zu, das Publikum begnügt sich mit importiertem Mainstream. Um einer kulturellen Verarmung entgegenzuwirken, brachte die japanische Regierung, gerade noch rechtzeitig, eine UNESCO-Konvention zum Schutz des immateriellen Kulturerbes auf den Weg. Eine kluge Tat, zu der sie auch die Unterstützung anderer Nationen gewinnen konnte. Mittlerweile ist es geltendes Völkerrecht. Auch Deutschland hat diese Konvention – wenn auch erst mit großer Verspätung – unterzeichnet und ratifiziert. Sie gilt also auch hier. Die Umsetzung erfolgte jedoch nur halbherzig. Japan ist uns weit voraus. Um aufzuschließen, haben die Deutsch-Japanischen Gesellschaften vor einiger Zeit hochrangige sachkundige Referenten aus dem fernen Inselland nach Berlin eingeladen. In einem Symposium erläuterten die Gäste, wie sie das kulturelle Erbe ihres Landes erfolgreich schützen. Damit ist immerhin ein wichtiger Schritt auch in Deutschland getan. Weitere müssen folgen.

Eine neue Zeit erfordert neues Denken

Es liegen damit einige Werkstücke auf dem Tisch, an denen wir Einsatz und Gestaltungskraft beweisen können. Aber die eingangs gestellte Frage von grundsätzlicher Natur bedarf noch einer Antwort: Wird die deutsch-japanische Partnerschaft Bestand haben? Es finden sich schnelle Zungen, die zu einer positiven Antwort bereit sind. Doch einfach sollten wir es uns nicht machen. Es gibt eine Drift, die trennend wirkt, so dass für den, der sehen will, Distanz sichtbar wird:

- Die Geopolitik zwingt beide Länder in unterschiedliche Richtungen. Japan – im Innern eine straffe Hierarchie, im Außenverhältnis auf seine Souveränität bedacht – sucht zur Sicherung seiner Interessen klassische Allianzen. Deutschland – föderal gegliedert, auf Integration zielend – tut sich schwer, einen Weg aus dem in wenigen Worten beschriebenen Dilemma zu finden: „Zu klein für die Welt, zu groß für Europa“ (Henry Kissinger).
- Japan hat Sorgen und erwartet von seinen Freunden, dass man sie teilt. Sein Umgang mit den unmittelbaren Nachbarn wird immer schwieriger. Nur ein Beispiel: Im ostchinesischen Meer stoßen die Interessen mit China immer härter aufeinander. Die Situation ist brandgefährlich. Im Reich der Mitte, für Nippon ein Aggressor, sieht Deutschland einen großen, geradezu stürmisch wachsenden Absatzmarkt. Um es mit keiner Seite zu verderben, übt sich Berlin nolenz volenz in „low profile“. Doch selbst hier eine Ausnahme zu Lasten Japans: Unter deut-

scher Präsidentschaft hat die EU Ende letzten Jahres, sogar gegen erheblichen inneren Widerstand, ein Freihandelsabkommen mit China geschlossen. Mit Blick auf Japan ist das nicht sehr partnerschaftlich, sondern legt offen, wie hart die Widersprüche aufeinanderprallen.
- Deutschland hat Sorgen an anderer Stelle. Spannungen in der Europäischen Union nehmen seine Führung fast ganz in Anspruch. Dieser „Union" droht Zerfall. Berlin muss große Kraft aufwenden, um den Zusammenhalt zu bewahren. Angesichts näherliegender Sorgen fehlt es an Atem, eine konsistente Asienpolitik zu verfolgen. Andere Europäer zeigen im Sinn Japans hier mehr Engagement, zumal Boris Johnsons „Globile Britain". Es betont die Wertepartnerschaft mit asiatischen Ländern. Japanische Ohren hören es gern: „Für uns (Briten) gibt es keine fernen Länder, von denen wir nur wenig wissen … Selbst wenn wir es wollten – was wir natürlich nicht tun – könnte sich das Königreich nie nach innen wenden oder zufrieden sein mit dem engen Horizont einer regionalen Außenpolitik" (FAZ 17.3.2021). Ein spöttischer Unterton klingt mit und macht das nicht besser.

Diese Andeutungen müssen genügen. Ergebnis: Harte Tatsachen, die schwer überbrückbar gegeneinanderstehen. Kein gutes Umfeld für eine beständige Partnerschaft Deutschland-Japan. Gefühlte Nähe gibt es dennoch. Umfragen belegen Respekt und Sympathie beider Völker füreinander. Die späte Ankunft in der Weltgeschichte, der gemeinsame Weg – mühsame Suche nach Platz am Tisch der Nationen, gewagte Höhenflüge, erschreckende Niederlagen und unverhoffte Auferstehung – das ist unvergessen. Bereicherung in kultureller Begegnung; wissenschaftlicher, wirtschaftlicher, technischer und politischer Austausch über viele Jahrzehnte. In jüngster Zeit junge Ideen (Pop, Manga, Cosplay), die von Japan kommend, heute beide Länder verbinden. Und schließlich Anteilnahme und Hilfe in Notlagen, für die beide Seiten dankbar sind. Viele „weiche" emotional besetzte Faktoren von kraftvoller und zugleich dauerhafter Substanz.

Doch wird das reichen, um eine traditionsreiche Partnerschaft zu stabilisieren, vor dem Austrocknen zu bewahren? Nein, wir sollten Ausschau halten, ob es nicht gemeinsame Interessen gibt, die „gefühlte Nähe" zu bewahren. In der Tat gibt es dafür Raum – trotz anhaltender geopolitischer Spannungen. Große Verantwortung liegt auf Regierungsebene. Berlin und Tokyo könnten sich gemeinsam auf „Leuchtturmprojekte" einigen, die die besten Kräfte auf beiden Seiten bündeln. Zurzeit steht die Eindämmung der Pandemie im Vordergrund. Vorsorge vor ähnlichen Katastrophen könnte eine weiterführende Aufgabe sein. Die Bewahrung des natürlichen Lebensraumes, der von vielen Seiten gefährdet ist, wäre ein gemeinsamer Auftrag. Auch eine menschenwürdige Steuerung der Migration könnte ein solches Ziel sein.

Gibt es eine Entscheidung für eine solche Schwerpunkt-Aktivität für das, was auf den Weg zu bringen ist, so bedarf es einer größtmöglichen Transparenz. Ministerien und gut geführte wissenschaftliche Institute pflegen einen erfreulich regen grenzübergreifenden Austausch. Aber was heute beispielsweise auf der Ebene eines Lehrstuhls läuft, ist – jedenfalls in Deutschland

– vielfach nicht einmal dem zuständigen Rektorat bekannt. Es wäre zu prüfen, ob die Spitzenorganisationen der Wissenschaft die notwendige Übersicht garantieren können.

Auch der Wirtschaftsaustausch könnte einige Anregungen gebrauchen. Gute Übersicht haben die offiziellen Industrie- und Handelskammern. Obwohl sie den in sie gesetzten Erwartungen nach besten Kräften entsprechen, ist der deutsch-japanische Warenaustausch von erstaunlich geringer Quantität bei gleichzeitig hoher Qualität. Es gibt noch Luft nach oben, ungenützte Potentiale. Der „Deutsch-Japanische Wirtschaftskreis", eine bereits bewährte private Initiative, ist darum bemüht, sie zu heben. Er könnte seine Anstrengungen weiter verstärken und dabei zugleich eine bessere Arbeitsteilung mit den Auslandshandelskammern suchen.

Auch auf kommunaler Ebene gibt es Möglichkeiten, die in der hier aufgezeigten Richtung liegen. Den Städtepartnerschaften sollte größere Bedeutung zugemessen werden. Wenn sich Bürgermeister und Stadträte gegenseitig besuchen, so hat das symbolische Kraft, die nicht unterschätzt werden darf. Doch grenzübergreifende gemeinsame Projekte könnten noch mehr Sinn ergeben. Düsseldorf lädt beispielsweise japanische Künstler ein, ihren Arbeitsplatz, zeitlich begrenzt, an den Rhein zu verlegen. Die Stadt stellt dazu Wohnraum, Atelier und Ausstellungsmöglichkeiten. Auch die japanische Gegenseite macht ein ähnliches Angebot. Private Sponsoren stützen das finanziell. In Rostock gibt es ein ähnliches Modell. Ideelle Bereicherung auf allen Seiten.

In den letzten Jahren ist viel aus den Fugen geraten. Inmitten der Pandemie sind „Kollapsologen" mit der Behauptung unterwegs, Corona sei nur Vorbote einer Serie von weiteren Katastrophen, die alles in den Abgrund ziehen. Natürlich auch die deutsch-japanische Partnerschaft. Falsche Propheten? Vermutlich ja. Resignation kann unsere Antwort nicht sein. Alfred Herrhausen hat uns einen Rat hinterlassen, der uns den Weg zeigen kann: „Die Zukunft ist stets ungewiss, und so dürfen wir ihr mit größtmöglicher Freiheit, Flexibilität und Verantwortung begegnen. Es gibt keinen Vorrat an konstruktiven Ideen. Wir müssen immer wieder neu anfangen, jeweils entsprechend der aktuellen Ausgangslage".

Nachwort

Die Brücke wird oft als Zeichen genutzt, um sichtbar zu machen, wie eine Kulturvermittlung gelingen kann. Das Bild ist schon deshalb nicht schlecht gewählt, da eine Brücke eine Trennung überwindet, von beiden Seiten zu begehen ist und auch dazu genutzt wird, um Begegnung zu ermöglich. Deshalb hat auch dieses Buch, das von der Vertiefung des gegenseitigen Verständnisses handelt, von dieser Metapher Gebrauch gemacht. Zudem knüpft sie, wie in der Einführung im Einzelnen dargelegt, an die „Brückenbauer" an, die als Veröffentlichung von japanischer Seite dazu vorgelegt worden ist.

Aber dennoch bleiben Zweifel. Sie sind von dem großen Anthropologen Claude-Levi-Strauss in seinem Buch „Die andere Seite des Mondes" (1) gestreut worden. Er hat Japan mehrfach besucht und ist zu dem Urteil gekommen, Kulturvermittlung könne nicht durch ein unbewegliches Bauwerk beschrieben werden, da die zu verbindenden Kulturen nicht mehr als feste Ufer zu betrachten seien. Wer auf eine Kultur von außen sehe, könne sie im Kern nicht begreifen. Ähnliches gelte aber auch für den, der innerhalb einer Kultur aufgewachsen sei, weil ihm die nötige Distanz fehle.

Deshalb sei einem anderen Bild der Vorzug zu geben: Wer Verständnis zwischen zwei Kulturen begründen und vermitteln wolle, sehe sich zusammen mit einem Fremden auf einem Boot unterwegs. Auf einer solchen Bootsfahrt schwimme die gemischte Gesellschaft nicht nur in beschaulichen Gewässern, sondern müsse jederzeit damit rechnen, in gefährliche Strudel zu geraten. Diesen Gedanken belegt der Anthropologe mit der japanischen Geschichte vom „Weißen Hasen" (Inaba no shiro usagi): Ein Hase, leider ein Nichtschwimmer, sitzt auf einer Insel fest, möchte aber zum Festland zurückkehren. Er schlägt den „Wanis" (Ungeheuern, die nach japanischen Vorstellungen Krokodilen ähnlich sehen) vor, im Wasser eine Reihe zu bilden, damit er sie zählen könne. Es sei doch interessant zu wissen, ob die Sippe der Krokodile zahlreicher als die der Hasen sei. So gelingt es ihm, aus Krokodilrücken eine Brücke zu bauen. Er kann aber, bevor er sein Ziel erreicht, nicht mehr den Mund halten und ruft triumphierend: Ich habe euch betrogen! Daraufhin schnappen sie ihn und ziehen ihm die Haut ab.

Wenn man dies zu Grunde legt, lebt der Autor dieses Buchs gefährlich. Er bewegt sich mit den 20 Lebensskizzen nicht immer auf den festen Planken einer Brücke, sondern balanciert auch über die schuppigen Rücken von Krokodilen. Einigermaßen festen Halt hat er nur, soweit er über das Angebot an Wissen und Ideen berichtet, mit dem die von ihm erwähnten Deutschen sich auf die Reise nach Japan gemacht haben. Aber sobald er einen Schritt weitergeht – und manchmal muss man das – wenn er sich anmaßt zu beurteilen, was die Japaner aus den Musterkoffern der Fremden ausgewählt oder sich gar zu Eigen gemacht haben, so bewegt er sich auf schwankender Grundlage und muss gewärtig sein, dass ihm die Krokodile die Haut abziehen. Die Zeit der Transformation ist ein besonderes Risiko: Nur in der frühen Meiji-Ära konnten die ins Land gerufenen fremden Fachleute aller Disziplinen damit rechnen, dass die Japaner ihnen weitgehend unbesehen abnahmen, was sie im Angebotskorb offerierten. Es galt die Annahme, westliche Kultur sei von überlegener Qualität, eine zurückgebliebene japanische Kultur müsse ihr Platz machen („sugureta seiyo bunka to okureta nihon bunka"). Aber die Aufnahmebereitschaft wandelte sich schon nach wenigen Jahren. Noch immer unter dem gleichen Kaiser, aber in der späteren Meiji-Zeit, lautete die Losung ganz anders: Westliche Technik ist zwar willkommen, aber der japanische Geist muss bewahrt werden („wakon yosai").

Am Ende ist nicht immer klar zu unterscheiden, was aus der Fremde eingebracht, und was japanisches Eigengewächs ist. Als Beispiel sei nur an die in diesem Buch enthaltene umstrittene Geschichte der ersten japanischen Verfassung erinnert. Was hat Hermann Roesler, was sein Kollege Isaac Albert Mosse oder einer der anderen Rechtsberater zu verantworten? Welche Entscheidungen haben sich die japanischen Meiji-Reformer vorbehalten? Oder es ist an Alexander von Siebold zu denken, der hier ebenfalls ins Licht gerückt worden ist. Er ist erst spät aus dem Schatten seines Vaters herausgetreten. Wir wissen: Er hat im Stillen viel bewirkt. Manches ist erst spät entdeckt, manches vielleicht noch gar nicht gewürdigt worden. Was als „Kulturtransformation" zu bewerten ist, bleibt also höchst unsicher. Und noch mehr steht dahin, ob es Gutes bewirkt hat. Der Verfasser ist sich dieses Risikos bewusst. Wenn er hier geirrt hat, werden ihn die Krokodile fressen.

Auswahlbibliographie

Akademie der Künste Berlin (1980): *Bruno Taut 1880–1938*, Ausstellungskatalog

Ando, Junko (2000): *Die Entstehung der Meiji-Verfassung. Zur Rolle des deutschen Konstitutionalismus im modernen japanischen Staatswesen*, München: iudicium

Ando, Junko (2002): „Japan und die Preußische Verfassung", in: Krebs, Gerhard (Hg.): *Japan und Preußen*, Deutsches Institut für Japanstudien, München: iudicium Verlag, S. 163–184

Anonymous / Koch, P. (1910): „Ein Matrosen-Tagebuch", in: *Marine-Rundschau*, 21. Jg., Heft 9, Berlin: Ernst Siegfried Mittler und Sohn, S. 1184–1192

Bälz, Toku (Hg.) (1931): Erwin Bälz – Das Leben eines deutschen Arztes im erwachenden Japan. Tagebücher, Briefe, Berichte, Stuttgart: J. Engelhorns Nachf.

Bausch, Pina (2007[1]): „Etwas finden, was keiner Frage bedarf", in: *The 2007 Kyōto Prize Workshop in Arts and Philosophy*, http://docplayer.org/12750153-Etwas-finden-was-keiner-frage-bedarf-pina-bausch.html

Bausch, Pina (2007[2]): *Was mich bewegt* – Rede von Pina Bausch anlässlich der Verleihung des Kyoto-Preises im Jahr 2007, https://www.pinabausch.org/de/pina/was-mich-bewegt

Becker, Bert (2002): „Der preußische Jurist Georg Michaelis in Japan (1885–1889)", in: Krebs, Gerhard (Hg.): *Japan und Preußen*, Deutsches Institut für Japanstudien, München: iudicium Verlag, S. 209–232

Berg, Albert (Hg.) (1867–1873): *Die preußische Expedition nach Ost-Asien nach amtlichen Quellen.* 4 Bände, Berlin: R. v. Decker

Carlyle, Thomas (2011): „Aus den Vorlesungen Über Helden, Heldenverehrung und das Heroische in der Geschichte (1840)", in: Stern, Fritz / Osterhammel, Jürgen (Hg.): Moderne Historiker: Klassische Texte von Voltaire bis zur Gegenwart, München: C. H. Beck, S. 151–160

Donat, Walter (1943): „Deutsch-japanische Kulturbeziehungen", in: *Deutsche Allgemeine Zeitung*, 8.7.1943; Ausschnitt in BA Kobl R64 IV/227; S. 27

Eulenburg-Hertefeld, Philipp Graf zu (Hg.) (1900): *Ostasien 1860–1862 in Briefen des Grafen Fritz zu Eulenburg*, Berlin: Mittler und Sohn

Florenz, Karl (1914): *Deutschland und Japan. 30. Oktober 1914*, Deutsche Vorträge Hamburgischer Professoren, Hamburg: L. Friederichsen & Co.

Franz, Edgar (2005): „Deutsche Mediziner in Japan – ein Beitrag zum Wissenstransfer in der Edo-Zeit", in: Schad-Seifert, Annette / Vogt, Gabriele (Hg.): *Japanstudien. Jahrbuch des Deutschen Instituts für Japanstudien, Band 17*, München: iudicium Verlag, S. 31–56

Grewe, Wilhelm G. (1978): *Verfassung und politische Realität im heutigen Japan*, OAG Aktuell, Deutsche Gesellschaft für Natur- und Völkerkunde Ostasiens (OAG)

Haasch, Günther (Hg.) (1996): *Die deutsch-japanischen Gesellschaften von 1888 bis 1996*, Berlin: Edition Colloquium im Wissenschaftsverlag Volker Spiess

Haberland, Detlef (1990): *Von Lemgo nach Japan: Das ungewöhnliche Leben des Engelbert Kaempfer, 1651–1716*, Bielefeld: Westfalen-Verlag

Haberland, Detlef (Hg.) (2005): *Engelbert Kaempfer (1651–1716) – ein Gelehrtenleben zwischen Tradition und Innovation*, Wolfenbütteler Forschungen Bd. 104, Wiesbaden: Harrassowitz Verlag

Hack, Annette (1995): „Das Japanisch-Deutsche Kulturinstitut in Tôkiô zur Zeit des Nationalsozialismus. Von Wilhelm Gundert zu Walter Donat", in: *Nachrichten der Gesellschaft für Natur- und Völkerkunde Ostasiens (NOAG) 157/158*, Hamburg, S. 77–100

Haushofer, Karl (1933[1]): *Japan und die Japaner – eine Landes- und Volkskunde*, zweite Auflage, Leipzig und Berlin: Teubner

Haushofer, Karl (1933[2]): *Mutsuhito – Kaiser von Japan*, in: Colemans kleine Biographien, Heft 36, Herausgegeben von Dr. Fritz Endres, Lübeck: Verlag Charles Coleman

Haushofer, Karl (1941): *Japan baut sein Reich*, Berlin: Zeitgeschichte-Verlag

Heine, Heinrich (1844): *Deutschland. Ein Wintermärchen*. Hamburg: Hoffmann und Campe

Heine, Wilhelm (1864): *Eine Weltreise um die nördliche Hemisphäre in Verbindung mit der Ostasiatischen Expedition in den Jahren 1860 und 1861*, 2 Bände, Leipzig: F.A. Brockhaus

Hesse, Hermann (1976): *Ausgewählte Briefe*, Zusammengestellt von Hermann Hesse und Ninon Hesse, Frankfurt am Main: Suhrkamp

Hiyama, Masako (2005): „Karl Florenz (1865–1939): Der Vater der Germanistik in Japan und der Japanologie in Deutschland", in: Japanisch-Deutsches Zentrum Berlin / Japanisch-Deutsche Gesellschaft (Hg.): *Brückenbauer: Pioniere des japanisch-deutschen Kulturaustausches*, München: iudicium Verlag, S. 350–357

Japanisch-Deutsches Zentrum Berlin (Hg.) (2006): *Symposium: Archäologie in Japan – Umbrüche und Kontinuitäten*. Japanische und europäische Archäologen im Gespräch, 21.–24.11.2004, jdzb documentation, Band 7, München: iudicium Verlag

Japanisch-Deutsches Zentrum Berlin / Japanisch-Deutsche Gesellschaft (Hg.) (2005): *Brückenbauer: Pioniere des japanisch-deutschen Kulturaustausches*, München: iudicium Verlag

Kapitza, Peter (2001): Engelbert Kaempfer und die europäische Aufklärung: Dem Andenken des Lemgoer Reisenden aus Anlaß seines 350. Geburtstags am 16. September 2001, München: iudicium Verlag

Kimura, Keizō *(2005): „Vorwort", in:* Japanisch-Deutsches Zentrum Berlin / Japanisch-Deutsche Gesellschaft (Hg.): *Brückenbauer: Pioniere des japanisch-deutschen Kulturaustausches*, München: iudicium Verlag, S. 8–11

Koch, Matthias / Conrad, Sebastian (Hg.) (2006): *Johannes Justus Rein. Briefe eines deutschen Geographen aus Japan 1873–1875*, Monographien, herausgegeben vom Deutschen Institut für Japanstudien (Bd. 40), München: iudicium Verlag

Kohte, Susanne / Adam, Hubertus / Hubert, Daniel (Hg.) (2017): *Dialoge und Positionen: Architektur in Japan*, Basel: Birkhäuser

Körner, Hans (1967): *Die Würzburger Siebold. Eine Gelehrtenfamilie des 18. und 19. Jahrhunderts*, Leipzig: Johann Ambrosius Barth Verlag

Krebs, Gerhard (2010): *Japan im Pazifischen Krieg. Herrschaftssystem, politische Willensbildung und Friedenssuche*, Monographien aus dem Deutschen Institut für Japanstudien, Band 46, München: iudicium Verlag

Krebs, Gerhard (Hg.) (2002): *Japan und Preußen*, Deutsches Institut für Japanstudien, München: iudicium Verlag

Leighton, John / Salmon, Béatrice / Birnie Danzker, Jo-Anne / Vilarasau, José (2004): „Einleitung: Art Nouveau und Siegfried Bing", in: Weisberg, Gabriel P. / Becker, Edwin / Possémé, Évelyne (Hg.): *L'Art Nouveau: La Maison Bing*, Katalog zur Ausstellung, Stuttgart: Belser Verlag, S. 6–7

Lesch, Harald / Forstner, Ursula (2020): *Wie Bildung gelingt – Ein Gespräch*, Darmstadt: WBG Theiss

Locher, Mira (2010): *Japanese Architecture. An Exploration of Elements & Forms*, North Clarendon: Tuttle Publishing

Löwith, Karl (1986): *Mein Leben in Deutschland vor und nach 1933. Ein Bericht*, Stuttgart: J. B. Metzlersche Verlagsbuchhandlung

Maron, Hermann (1863): Japan und China. Reiseskizzen entworfen während der preußischen Expedition nach Ost-Asien von einem Mitgliede derselben, Erster Band, Berlin: Otto Janke

Mehl, Margaret (2002): „Japan und die preußisch-deutsche Geschichtswissenschaft", in: Krebs, Gerhard (Hg.): *Japan und Preußen*, Deutsches Institut für Japanstudien, München: iudicium Verlag, S. 233–248

Meißner, Kurt (1961): „Deutsche in Japan: 1639–1960", in: Deutsche Gesellschaft für Natur- und Völkerkunde Ostasiens Tokyo / Gesellschaft für Natur- und Völkerkunde Ostasiens e. V. Hamburg (Hg.): *Mitteilungen der Deutschen Gesellschaft für Natur- und Völkerkunde Ostasiens, Supplementband XXVI*, Wiesbaden: Kommissionsverlag Otto Harrassowitz

Michel, Wolfgang (1999): *Von Leipzig nach Japan. Der Chirurg und Handelsmann Caspar Schamberger (1623–1706)*, München: iudicium Verlag

Nakai, Akio (2002): „Das japanische Preußenbild in historischer Perspektive", in: Krebs, Gerhard (Hg.): *Japan und Preußen*, Deutsches Institut für Japanstudien, München: iudicium Verlag, S. 17–30

Nakai, Chiyuki (2005): „Hermann Hoffmann SJ (1864–1937): Priester der Gesellschaft Jesu (Societas Jesu) – Der erste Rektor der Sophia Universität", in: Japanisch-Deutsches Zentrum Berlin / Japanisch-Deutsche Gesellschaft (Hg.): *Brückenbauer: Pioniere des japanisch-deutschen Kulturaustausches*, München: iudicium Verlag, S. 228–235

Nishikawa, Yoichi (2007): „‚Genius des Okzidents': Zur Bedeutung der deutschen Geschichtswissenschaft für das moderne Staatsdenken in Japan", in: *Zeitschrift für Staats- und Europawissenschaften (ZSE)*, Jahrg. / Vol. V (2007), Nr. 3–4, Herausgegeben von Joachim Jens Hesse, Berlin: De Gruyter Recht, S. 334–357

Pohl, Adelheid (1984): „Vorwort“ in: Heinrich Schliemann: *Reise durch China und Japan im Jahre 1865*, Konstanz: Rosgarten Verlag

Rein, Johannes Justus (1881): *Japan nach Reisen und Studien im Auftrage der Königlich Preußischen Regierung dargestellt*, Erster Band: „Natur und Volk des Mikadoreiches“, Leipzig: Verlag Wilhelm Engelmann

Rein, Johannes Justus (1886): *Japan nach Reisen und Studien im Auftrage der Königlich Preußischen Regierung dargestellt*, Zweiter Band: „Land- und Forstwirtschaft, Industrie und Handel“, Leipzig: Verlag Wilhelm Engelmann

Riess, Ludwig (1898): „Die Ursachen der Vertreibung der Portugiesen aus Japan (1614–1639), Teil 1“, in: *Mitteilungen der Deutschen Gesellschaft für Natur- und Völkerkunde Ostasiens*, Band VII, Tokyo/Berlin: Asher & Co., S. 1–52

Riess, Ludwig (1905): *Allerlei aus Japan II.*, Deutsche Bücherei, Band 28, zweite Auflage, Berlin: H. Neelmeyer

Riess, Ludwig (1918[1]): *Georg Webers Weltgeschichte in zwei Bänden*, Erster Band: „Altertum und Mittelalter“, Leipzig: Verlag Wilhelm Engelmann

Riess, Ludwig (1918[2]): *Georg Webers Weltgeschichte in zwei Bänden*, Zweiter Band: „Neuzeit“, Leipzig: Verlag Wilhelm Engelmann

Samida, Stefanie (2018): Die archäologische Entdeckung als Medienereignis. Heinrich Schliemann und seine Ausgrabungen im öffentlichen Diskurs, 1870–1890, Münster / New York: Waxmann

Schenck, Paul-Christian (1997): *Der deutsche Anteil an der Gestaltung des modernen japanischen Rechts- und Verfassungswesens. Deutsche Rechtsberater im Japan der Meiji-Zeit*, Stuttgart: Franz Steiner

Schinzinger, Robert (1973): „Japans Weltanschauung – einst und jetzt“, in: *Mitteilungen der Deutschen Gesellschaft für Natur- und Völkerkunde Ostasiens, Band LIII, Jubiläumsband 1873–1973*, Tokio: Deutsche Gesellschaft für Natur- und Völkerkunde Ostasiens, S. 3–34

Schinzinger, Robert (1974): „Die Beziehungen zwischen OAG und Asiatic Society in hundert Jahren“, in: *Mitteilungen der Deutschen Gesellschaft für Natur- und Völkerkunde Ostasiens, Band LVIII. – Sechs Vorträge im Jubiläumsjahr 1972–73*, Tokio: Deutsche Gesellschaft für Natur- und Völkerkunde Ostasiens, S. 82–97

Schlamp, Hans-Jürgen (2015): Der Jahrhundert-Lotse, in: *Der Spiegel*, Hamburg, 10.11.2015

Schliemann, Heinrich (1995): *Reise durch China und Japan im Jahre 1865*, Berlin: Merve Verlag

Schmidt, Helmut (1987): *Menschen und Mächte*, Berlin: Siedler Verlag

Schmidt, Helmut (1996): *Weggefährten – Erinnerungen und Reflexionen*, Berlin: Siedler Verlag

Schmidt, Helmut (2010): *Japan, Deutschland und ihre Nachbarn. Festvortrag von Altbundeskanzler Helmut Schmidt anlässlich des 25-jährigen Bestehens des Japanisch-Deutschen Zentrums Berlin, 20. Oktober 2010*, Berlin: Japanisch-Deutsches Zentrum Berlin

Schwalbe, Hans / Seemann, Heinrich (Hg.) (1974): *Deutsche Botschafter in Japan 1860–1973*, OAG, Tokio: Deutsche Gesellschaft für Natur- und Völkerkunde Ostasiens

Scurla, Herbert (Hg.) (1982): *Reisen in Nippon – Berichte deutscher Forscher des 17. und 19. Jahrhunderts aus Japan*, Berlin: Verlag der Nation

Soell, Hartmut (2003): *Helmut Schmidt, 1918–1969. Vernunft und Leidenschaft*, München: Deutsche Verlags-Anstalt

Spang, Christian W. (2013): *Karl Haushofer und Japan – Die Rezeption seiner geopolitischen Theorien in der deutschen und japanischen Politik*, Deutsches Institut für Japanstudien (Hg.), Band 52, München: iudicium Verlag

Speidel, Manfred (2003): „Bruno Taut in Japan" in: Taut, Bruno: *Ich liebe die japanische Kultur. Kleine Schriften über Japan*, Herausgegeben und mit einer Einleitung versehen von Manfred Speidel, Berlin: Gebr. Mann Verlag, S. 7–39

Speidel, Manfred (2009): „Nachwort", in: Taut, Bruno: *Nippon mit europäischen Augen gesehen*, herausgegeben, mit einem Nachwort und mit Erläuterungen versehen von Manfred Speidel, Berlin: Gebr. Mann Verlag, S. 165–180

Speidel, Manfred (2011): „Nachwort", in: Taut, Bruno: *Japans Kunst mit europäischen Augen gesehen*, herausgegeben, mit einem Nachwort und mit Erläuterungen versehen von Manfred Speidel, Berlin: Gebr. Mann Verlag, S. 204–213

Speidel, Manfred (Hg.) (1983): *Japanische Architektur – Geschichte und Gegenwart*, Akademie der Architektenkammer Nordrhein-Westfalen, Stuttgart: Verlag Gerd Hatje

Spieß, Gustav (1864): *Die preußische Expedition nach Ostasien während der Jahre 1860–1862. Reise-Skizzen aus Japan, China, Siam und der indischen Inselwelt*, Berlin, Leipzig: Otto Spamer

Stanzel, Volker (2016): *Aus der Zeit gefallen – der Tenno im 21. Jahrhundert*, Gesellschaft für Natur- und Völkerkunde Ostasiens (OAG) Tokyo (Hg.), München: iudicium

Straub, Eberhard (2018): *Das Ende einer großen Epoche*, Rotary Magazin, 1. September 2018, https://rotary.de/kultur/das-ende-einer-grossen-epoche-a-13020.html

Taut, Bruno (1958): *Houses and People of Japan*, Tokio: Sanseido Co., Ltd.

Taut, Bruno (1997): *Das japanische Haus und sein Leben – Houses and People of Japan*, Berlin: Gebr. Mann Verlag

Taut, Bruno (2003): *Ich liebe die japanische Kultur. Kleine Schriften über Japan*, Herausgegeben und mit einer Einleitung versehen von Manfred Speidel, Berlin: Gebr. Mann Verlag

Taut, Bruno (2005): „Reflections on Katsura", in: Ponciroli, Virginia (Hg.): *Katsura imperial villa*, Mailand: Electa architecture, S. 330–347

Taut, Bruno (2009): *Nippon mit europäischen Augen gesehen*, herausgegeben, mit einem Nachwort und mit Erläuterungen versehen von Manfred Speidel, Berlin: Gebr. Mann Verlag

Taut, Bruno (2011): *Japans Kunst mit europäischen Augen gesehen*, herausgegeben, mit einem Nachwort und mit Erläuterungen versehen von Manfred Speidel, Berlin: Gebr. Mann Verlag

Treitschke, Heinrich von (1922): *Politik. Vorlesungen gehalten an der Universität zu Berlin*, Erster Band, herausgegeben von Max Cornicelius, 5. Auflage, Leipzig: S. Hirzel

Vescovi, Gerhard (1972): *Erwin Bälz – Wegbereiter der japanischen Medizin. Ein Lebensbild*, Schriftenreihe der Bezirksärztekammer Nordwürttemberg, Nr. 22, Stuttgart: A. W. Gentner Verlag

Viets, Angelika (2005): „Vorwort“, in: Japanisch-Deutsches Zentrum Berlin / Japanisch-Deutsche Gesellschaft (Hg.): *Brückenbauer: Pioniere des japanisch-deutschen Kulturaustausches*, München: iudicium Verlag, S. 15–17

Viets, Angelika (2006): „Vorwort“, in: Japanisch-Deutsches Zentrum Berlin (Hg.): *Symposium: Archäologie in Japan – Umbrüche und Kontinuitäten*. Japanische und europäische Archäologen im Gespräch, 21.–24.11.2004, jdzb documentation, Band 7, München: iudicium Verlag, S. 7–8

Vondran, Ruprecht (Hg.) (2014): *Gelebte Partnerschaft: Deutschland und Japan*, Verband Deutsch-Japanischer Gesellschaften (VDJG), Düsseldorf: Droste

Watanabe, Kō (2005): „Raphael von Koeber (1848–1923): Dozent für Philosophie an der Kaiserlichen Universität Tōkyō“, in: Japanisch-Deutsches Zentrum Berlin / Japanisch-Deutsche Gesellschaft (Hg.): *Brückenbauer: Pioniere des japanisch-deutschen Kulturaustausches*, München: iudicium Verlag, S. 290–297

Bildnachweise

S. 22: https://commons.wikimedia.org/wiki/File:Caspar_Schamberger_1706.jpg © Public Domain

S. 54: https://www.sieboldhuis.org/en/about/siebold © SieboldHuis

S. 66: https://de.wikipedia.org/wiki/Erwin_B%C3%A4lz#/media/Datei:Erwin_Baelz.jpg © Public Domain, Gemeinfrei

S. 82: https://oag.jp/img/images/publications/oag_notizen/Notizen_0711_Feature_Bartels-Ishikawa.pdf OAG

S. 92: https://de.wikipedia.org/wiki/Heinrich_Schliemann

S. 106: https://de.wikipedia.org/wiki/Erwin_B%C3%A4lz#/media/Datei:Erwin_Baelz.jpg © Public Domain, Gemeinfrei

S. 120: https://oag.jp/img/images/publications/oag_notizen/Notizen_0711_Feature_Bartels-Ishikawa.pdf OAG

S. 140: https://www.titech.ac.jp/english/about/overview/history.html © Tokyo Institute of Technology

S. 150: https://de.wikisource.org/wiki/Johannes_Justus_Rein#/media/Datei:Johannes_Justus_Rein.jpg© Gemeinfrei

S. 164: https://en.wikipedia.org/wiki/Siegfried_Bing#/media/File:S._Bing_en_kimono.jpg © Public Domain

S. 176: https://en.wikipedia.org/wiki/Ludwig_Riess#/media/File:Ludwig_Riess,_Professor_of_History.jpg © Public Domain

S. 184: https://ja.wikipedia.org/wiki/%E3%82%AB%E3%83%BC%E3%83%AB%E3%83%BB%E3%83%8F%E3%82%A6%E3%82%B9%E3%83%9B%E3%83%BC%E3%83%95%E3%82%A1%E3%83%BC#/media/%E3%83%95%E3%82%A1%E3%82%A4%E3%83%AB:KarlHaushofer.jpg © Public Domain

S. 198: https://ja.wikipedia.org/wiki/%E3%82%AB%E3%83%BC%E3%83%AB%E3%83%BB%E3%83%8F%E3%82%A6%E3%82%B9%E3%83%9B%E3%83%BC%E3%83%95%E3%82%A1%E3%83%BC#/media/%E3%83%95%E3%82%A1%E3%82%A4%E3%83%AB:KarlHaushofer.jpg © Public Domain

S. 210: https://en.wikipedia.org/wiki/Bruno_Taut

S. 222: https://oag.jp/about/vorstand-beirat/ehemalige-vorsitzende-der-oag/ © OAG

S. 236: https://en.wikipedia.org/wiki/Helmut_Schmidt#/media/File:Verteidigungsminister_Helmut_Schmidt.jpg© Bundeswehr (CC BY 2.0)

S. 248: https://de.wikipedia.org/wiki/Otto_Graf_Lambsdorff

S. 258: http://www.pina-bausch.de/de/pina/reden/

S. 268: Mathias Bothor photoselection